做 C4D

Cinema 4D
电商视觉设计教程

张优优·编著

电子工业出版社
Publishing House of Electronics Industry
北京·BEIJING

内 容 简 介

本书共包含 8 章内容，从熟悉软件操作开始，使用一个一个精美的案例进行全流程讲解，细致入微地带领读者逐个进行电商技能专项突破，如常用元素制作方法、常见场景搭建技巧、快速便捷的建模思路、两种常用渲染器的使用方法等，把软件工具的学习融入真实的电商案例。此外，本书还讲解了流行的动画制作技巧，轻松地让作品动起来。

通过本书的学习，读者可以快速掌握 C4D 的使用技巧和 Octane 渲染器的使用方法。读者不但能跟随视频制作三维视觉作品，而且能提升综合设计能力。

未经许可，不得以任何方式复制或抄袭本书之部分或全部内容。
版权所有，侵权必究。

图书在版编目（CIP）数据

做 C4D Cinema 4D 电商视觉设计教程 / 张优优编著. —北京：电子工业出版社，2022.11
ISBN 978-7-121-44434-0

Ⅰ.①做… Ⅱ.①张… Ⅲ.①电子商务－视觉设计－三维动画软件－教材 Ⅳ.①F713.36②J062③TP391.414

中国版本图书馆 CIP 数据核字（2022）第 193638 号

责任编辑：高　鹏　　　　　　特约编辑：田学清
印　　刷：北京东方宝隆印刷有限公司
装　　订：北京东方宝隆印刷有限公司
出版发行：电子工业出版社
　　　　　北京市海淀区万寿路 173 信箱　　　邮编：100036
开　　本：787×1092　1/16　　印张：19.5　　字数：499.2 千字
版　　次：2022 年 11 月第 1 版
印　　次：2022 年 11 月第 1 次印刷
定　　价：128.00 元

凡所购买电子工业出版社图书有缺损问题，请向购买书店调换。若书店售缺，请与本社发行部联系，联系及邮购电话：（010）88254888，88258888。

质量投诉请发邮件至 zlts@phei.com.cn，盗版侵权举报请发邮件至 dbqq@phei.com.cn。

本书咨询联系方式：（010）88254161～88254167 转 1897。

前 言

很高兴我的第二本三维设计教程能够和大家见面,从我第一次接触C4D已经过去了很多年,但我直到现在依然对它抱有热情。它不只是我工作中的一件工具,更是一件久看不腻的玩具,我喜欢研究它的新功能,探索它的便捷用法,并将其一一给大家呈现出来,这是一件令人很有成就感的事情。

C4D是一个易用、高效、强大的三维设计软件,是我们提升设计作品品质和提高工作效率的好帮手,现在已经成为众多电商设计师和平面设计师的左膀右臂。它具有简单、易用的建模工具,搭配强大的第三方渲染插件,能够做出非常多变且逼真的画面效果,可写实、可卡通、可淡雅、可华丽,在帮助设计师表达画面时具有非常大的优势。

本书依然坚持不做枯燥的纯软件教学内容,而以精美的案例制作作为教学方式,要求能够在实战中学习。在本书中,对案例的选择也更贴近电商设计中的常用画面,实用性非常高。即便是零基础的朋友,也能够在学到软件功能的同时,又制作出工作中用得上的小案例,从而真正做到学以致用。

本书共包含8章内容,从基本的以熟悉软件为目的进行练习,一步一步,专项突破,到掌握制作电商主视觉中需要的标题文字、电商常用元素、场景常用配饰、场景搭建技巧等知识。从思路到建模方式、渲染要点,一一展开,让软件工具的学习融入一个个电商画面。

在介绍完基本的三维设计流程之后,第5章加入预设的知识,包含预设库的制作和软件的一些省力小技巧,把繁杂的重复性劳动交给预设,以提升工作效率。第6、7章讲解更深入的建模方式和渲染技巧,让读者从零开始制作产品模型,掌握多边形建模的基本知识和不同场景下的渲染技巧,掌握两种渲染器的使用方式,从而让读者的建模和渲染知识都能更上一层楼。

无论软件多么强大,使用多么熟练,设计的本质依然存在,画面的构图、配色、对比的运用等依然决定着一个设计作品质量的好坏,不会因为软件的不同而有所改变。在掌握软件的功能之后,本书的第8章也为设计基础薄弱的设计师提供设计锦囊,从而能够让画面得到提升。

把从点到面、从简到繁、从静到动的完整流程走下来,相信读者朋友们一定能够收获满满。当然,任何一项技能都需要不断练习,不动手永远无法开始,请跟着教程开始吧。

最后,感谢为本书的诞生给予帮助和支持的编辑老师们和朋友们,是你们让我拥有了持续努力的动力和信心。

Contents

目 录

第1章 C4D 基础知识

1.1 C4D介绍 2
  1.1.1 软件界面 2
  1.1.2 视图操作与常用快捷键 2
  1.1.3 常用设置与快捷操作方式 5

1.2 C4D快速入门 6
  1.2.1 参数化对象详解 6
  1.2.2 常用生成器工具 8
  1.2.3 常用变形器工具 10
  1.2.4 右键快捷菜单 12
  1.2.5 时间轴等动画工具 13
  1.2.6 灯光照明理论分析 15

1.3 Octane渲染器入门 16
  1.3.1 Octane渲染器简介 16
  1.3.2 Octane渲染器常用设置 16
  1.3.3 Octane渲染器渲染流程介绍 18

第2章 电商KV/Banner专项突破

2.1 常见立体字建模方式介绍 22
  2.1.1 直接创建立体字 22
  2.1.2 样条挤压创建立体字 27
  2.1.3 多边形画笔工具配合挤压工具创建立体字 30

2.2 参数化模型搭建积木文字 36
  2.2.1 模型搭建 36
  2.2.2 环境与灯光 40
  2.2.3 材质与渲染输出 41

2.3 文本工具制作立体字海报 44
  2.3.1 运动图形的文本工具详解 44
  2.3.2 积木拼接法搭建场景元素 46
  2.3.3 环境与灯光 48
  2.3.4 材质与渲染输出 48
  2.3.5 后期效果 51

2.4 挤压工具制作金属字海报 51
  2.4.1 AI样条置入 52
  2.4.2 挤压生成器制作立体字 54
  2.4.3 底座和背景板制作 55
  2.4.4 环境与灯光 58
  2.4.5 材质与渲染输出 59

2.5 扫描出的霓虹灯文字 62
  2.5.1 AI样条置入 62
  2.5.2 扫描生成器制作立体字 64
  2.5.3 背景板和元素制作 65
  2.5.4 环境与灯光 68
  2.5.5 材质与渲染输出 70

2.6 样条约束工具制作油漆字海报 73
  2.6.1 C4D绘制样条对象 73
  2.6.2 油漆笔刷制作 75
  2.6.3 油漆字制作 76
  2.6.4 场景和元素建模 77
  2.6.5 环境与灯光 79
  2.6.6 材质与渲染输出 80

2.7 体积建模工具构建巧克力字海报 83
  2.7.1 体积建模工具详解 83
  2.7.2 文字元素搭建 85
  2.7.3 背景板和元素制作 88
  2.7.4 环境与灯光 92
  2.7.5 材质与渲染输出 93

2.8 多边形画笔工具绘制卡通文字 97

2.8.1 多边形工具详解 ... 97
2.8.2 文字元素绘制 ... 98
2.8.3 气球元素与场景建模 ... 100
2.8.4 环境与灯光 ... 102
2.8.5 材质与渲染输出 ... 103

第3章 常见元素建模和渲染技巧

3.1 电商礼盒建模和渲染 ... 107
　3.1.1 礼盒盒体建模 ... 107
　3.1.2 丝带建模 ... 108
　3.1.3 开盖礼盒技巧 ... 111
　3.1.4 材质要点 ... 114
　3.1.5 渲染要点 ... 115
3.2 3种圣诞树建模和渲染 ... 117
　3.2.1 拼接法 ... 117
　3.2.2 圣诞树渲染 ... 119
　3.2.3 扫描法 ... 122
　3.2.4 渲染要点 ... 123
　3.2.5 粒子发射法 ... 124
3.3 精致星星建模和渲染 ... 127
　3.3.1 挤压制作八角星 ... 127
　3.3.2 星星场景建模 ... 129
　3.3.3 渲染要点 ... 130
3.4 节日灯笼建模和渲染 ... 133
　3.4.1 灯笼主体建模 ... 133
　3.4.2 灯笼骨架建模 ... 134
　3.4.3 灯笼穗建模 ... 136
　3.4.4 渲染要点 ... 138
3.5 电商罗马柱建模和渲染 ... 140
　3.5.1 罗马柱建模技巧一 ... 141
　3.5.2 罗马柱建模技巧二 ... 142
　3.5.3 现代简约展台柱建模 ... 144
　3.5.4 渲染要点 ... 145
3.6 烟花元素建模和渲染 ... 148
　3.6.1 烟花单体建模 ... 148
　3.6.2 克隆调整形态 ... 149
　3.6.3 粒子制作烟花模型 ... 150
　3.6.4 渲染要点 ... 152
3.7 拟人小物建模和渲染 ... 155
　3.7.1 身体建模 ... 156
　3.7.2 创建表情元素 ... 158
　3.7.3 四肢与配饰建模 ... 159
　3.7.4 更多拟人小物建模 ... 160
　3.7.5 渲染要点 ... 163

第4章 常用场景搭建技巧

4.1 圆形展台搭建 ... 167
　4.1.1 整体布局规划 ... 167
　4.1.2 单体展台搭建 ... 168
　4.1.3 展台组合方式 ... 172
4.2 让几何背景更有序 ... 173
　4.2.1 几何元素建模 ... 173
　4.2.2 几何元素组合方式 ... 175
　4.2.3 画面布局要点 ... 177
4.3 轻松搭建3种多边形展台 ... 178
　4.3.1 多边或多角形展台 ... 179
　4.3.2 楼梯形展台 ... 181
　4.3.3 不规则形展台 ... 183
4.4 如何制作无缝背景 ... 185
　4.4.1 默认渲染器无缝背景制作 ... 185
　4.4.2 Octane渲染器无缝背景制作 ... 187
4.5 光影营造场景氛围 ... 189
　4.5.1 场景搭建 ... 189
　4.5.2 灯光使用要点 ... 191
　4.5.3 光影氛围营造 ... 192
4.6 大角度透视背景 ... 193
　4.6.1 场景搭建 ... 193
　4.6.2 摄像机使用要点 ... 195
　4.6.3 透视角度选择和场景完善 ... 196
　4.6.4 渲染要点 ... 198
4.7 水面场景让画面更灵动 ... 201
　4.7.1 场景搭建 ... 201

4.7.2 渲染要点 ... 205

4.8 使用图片做实景合成 ... 207
4.8.1 图片筛选 ... 207
4.8.2 图片处理 ... 209
4.8.3 图片导入C4D ... 209
4.8.4 创建元素做合成 ... 211

第5章 创建预设库

5.1 预设库制作 ... 214
5.1.1 灯光预设 ... 214
5.1.2 HDR贴图预设 ... 216
5.1.3 贴图预设 ... 217
5.1.4 材质预设 ... 219
5.1.5 场景预设 ... 221

5.2 实用的预设小技巧 ... 222
5.2.1 Octane渲染预设 ... 222
5.2.2 C4D界面预设 ... 223

第6章 电商主图建模技巧

6.1 曲面建模 ... 227
6.1.1 曲面建模介绍 ... 227
6.1.2 洗面奶建模 ... 231
6.1.3 面霜建模 ... 235

6.2 多边形建模 ... 238
6.2.1 多边形建模介绍 ... 239
6.2.2 风扇建模 ... 242
6.2.3 手机无线充电支架建模 ... 251

第7章 进阶渲染技巧

7.1 标准渲染器快速出图技巧 ... 262
7.1.1 什么图适合使用标准渲染器 ... 262
7.1.2 巧用预设快速渲染场景图 ... 263
7.1.3 文创类产品渲染技巧 ... 264
7.1.4 设计样机制作 ... 266
7.1.5 物理渲染器使用要点 ... 270

7.2 Octane渲染器渲染技巧 ... 273
7.2.1 什么图适合使用GPU渲染器 ... 273
7.2.2 化妆品光泽渲染 ... 273
7.2.3 产品场景金属与混合材质渲染 ... 278
7.2.4 线材类凹凸纹理渲染 ... 285

第8章 设计方法论

8.1 不得不知的构图技巧 ... 291
8.1.1 有序表达法 ... 291
8.1.2 三分法 ... 294
8.1.3 平衡法 ... 295
8.1.4 对角线法 ... 297
8.1.5 三角线法 ... 298

8.2 一学就会的配色知识 ... 299
8.2.1 单色法 ... 299
8.2.2 顺色法 ... 300
8.2.3 撞色法 ... 301

8.3 一幅图上要有亮点 ... 302
8.3.1 主体最显眼 ... 302
8.3.2 最重要的东西最华丽 ... 303

8.4 常用对比手法 ... 304
8.4.1 大小对比 ... 304
8.4.2 远近对比 ... 304
8.4.3 虚实对比 ... 305
8.4.4 色彩对比 ... 305

第1章

C4D基础知识

本章简单地介绍C4D的软件界面、视图操作与常用快捷键、常用设置与快捷操作方式等。通过本章的学习，读者可以快速熟悉C4D的基本使用方式。

1.1 C4D 介绍

C4D 凭借自身上手简便、效果突出的优势，在电商设计中蓬勃发展，目前在各大电商页面中都能看到其三维效果。

1.1.1 软件界面

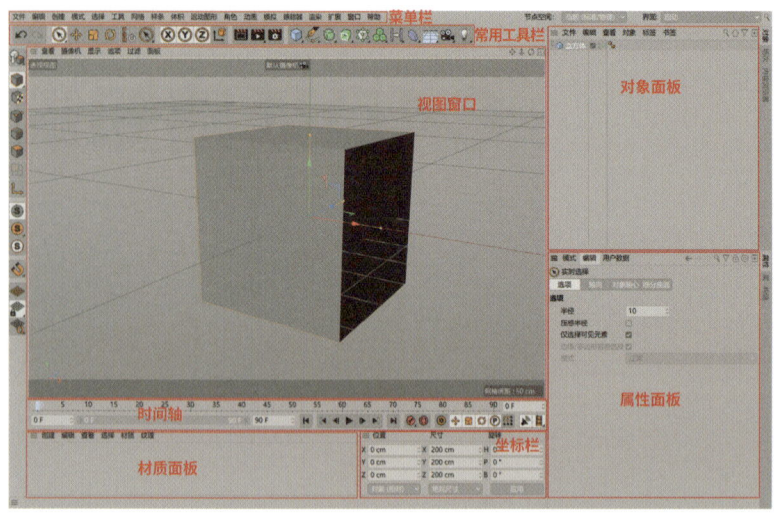

图 1-1

软件界面如图 1-1 所示。

菜单栏：所有功能集合。

常用工具栏：长按黑三角图标可以展开子菜单，右击工具栏空白处，可以通过显示的菜单来更改显示类型、尺寸和排列方式。

视图窗口：可以切换透视视图、顶视图、正视图和右视图。可以在摄像机处切换背视图和左视图等。

对象面板：创建的对象都会在这个面板呈现，树形结构，便于查找。

属性面板：调节参数化对象和各种编辑器的参数。

材质面板：双击面板可以创建默认材质球，可以创建更多的预设材质。

时间轴：在进行动画和动力学设置时需要用到，一般可以播放动画，添加关键帧等。

坐标栏：查看相对与绝对坐标。

1.1.2 视图操作与常用快捷键

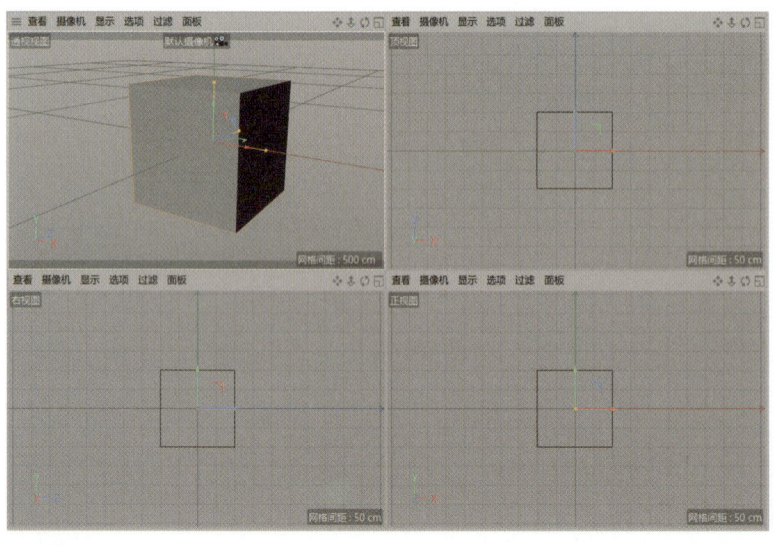

图 1-2

切换视图有两种方法，一种方法是按功能键。

F1：全屏显示透视视图。

F2：全屏显示顶视图。

F3：全屏显示右视图。

F4：全屏显示正视图。

F5：显示四视图。

另一种方法是将鼠标移动到单一视图上，单击鼠标中键，即可全屏显示所选视图，再次单击鼠标中键，即可回到四视图显示界面，如图 1-2 所示。

1. 视图快捷键操作

摇移视图：按住Alt键，同时按住鼠标左键并拖动。

缩放视图：按住Alt键，同时按住鼠标右键并拖动，或直接滚动鼠标中键。

平移视图：按住Alt键，同时按住鼠标中键并拖动。

2. 视图显示模式

在视图窗口的"显示"菜单中，可以选择不同的视图显示模式，如图1-3所示。

"光影着色"模式是默认的显示方式，带有光影的形体，快捷键是依次按下N键和A键，如图1-4所示。

图1-3

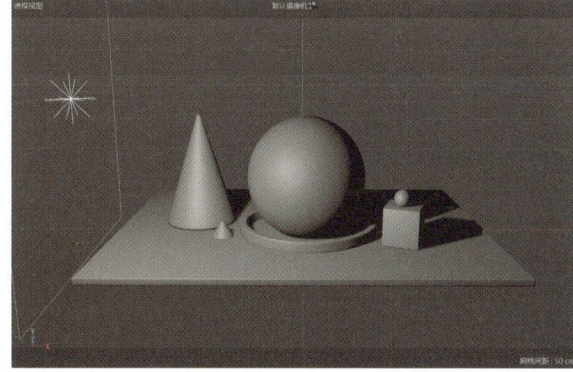

图1-4

"光影着色（线条）"模式，既显示光影又显示模型分段线，快捷键是依次按N键和B键。"光影着色"模式和"光影着色（线条）"模式是两种比较常用的显示模式，如图1-5所示。

"快速着色"模式是去除光源影响的显示模式，如图1-6所示。

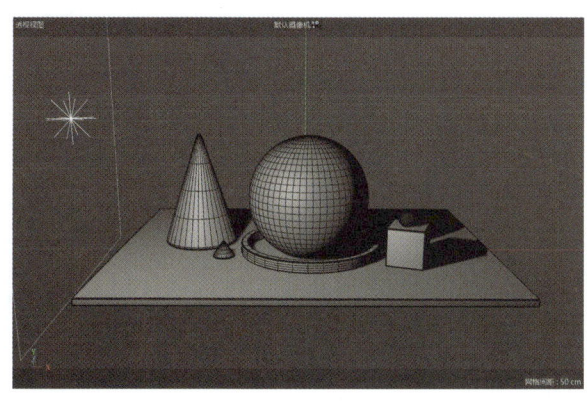

图1-5

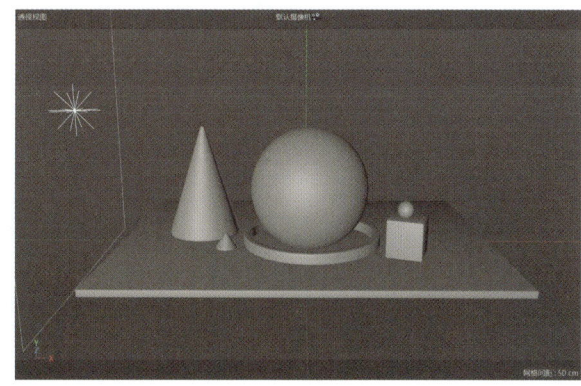

图1-6

"快速着色（线条）"模式是去除光源影响的显示分段线的模式，如图1-7所示。

"常量着色"模式是只有形体，没有光影和明暗的显示模式，如图1-8所示。

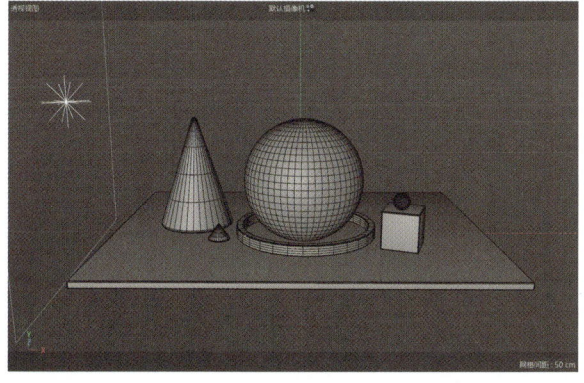

图1-7

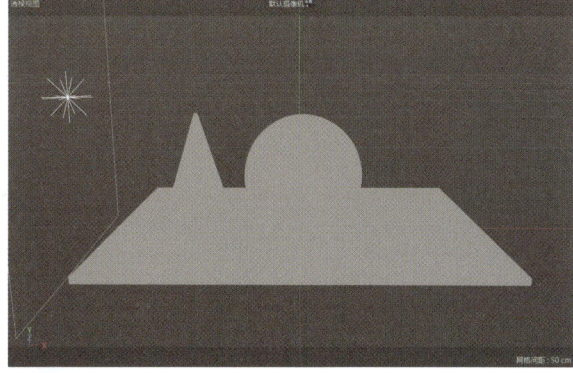

图1-8

"常量着色(线条)"模式是只有形体和分段线,没有光影和明暗的显示模式,如图1-9所示。

"隐藏线条"模式是只有形体和分段线的显示模式,如图1-10所示。

"线条"模式是虽然隐藏了形体,但是可以看到整体分段线的显示模式,如图1-11所示。

  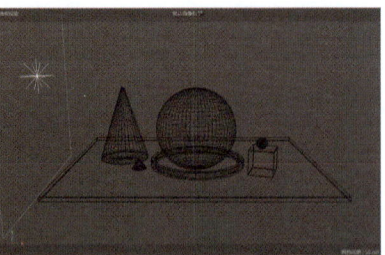

图 1-9　　　　　　　　　　　图 1-10　　　　　　　　　　　图 1-11

3. 模型变换的基本操作工具

模型变换的基本操作:

选择对象:选择工具有4种模式可以选择对象,分别是实时选择、框选、套索选择和多边形选择。

实时选择,快捷键为9,是默认的选择工具,单击模型即可选中相应的对象,按住Shift键可以加选,按住Alt键可以减选。

框选,快捷键为0,长按"实时选择"按钮可以展开下拉菜单。使用框选工具,可以在视图中拉出矩形选框,选框内的对象会被选中。

套索选择,快捷键为8,可以在视图中画出随意形状的选框,选框内的对象会被选中。

多边形选择,单击即可画出多边形选框,选框内的对象会被选中。

移动对象,快捷键为E,可以移动选中的对象。

自由移动:当光标定位在空白处时,可以自由移动。

沿着轴向移动:当光标定位在轴向的高亮处时,会按照对应的轴向移动。

沿着平面移动:当光标定位在两轴组成的平面处时,会按照对应的平面移动。

缩放对象,快捷键为T,对对象进行放大或缩小。

等比缩放:当光标定位在空白处并拖动时,可以使对象进行等比缩放。

非等比缩放:需要先把参数化对象转为可编辑对象,然后才能对进行模型进行非等比缩放。

沿着轴向缩放:当光标定位在轴向的高亮处时,会按照对应的轴向缩放。

沿着平面缩放:当光标定位在平面的高亮处时,会按照对应的轴向缩放。

旋转对象,快捷键为R,对对象进行旋转操作。

自由旋转:当光标定位在轴向的高亮处时,会按照对应的轴向旋转。

沿着轴向旋转:当光标定位在空白处时,可以自由旋转,轴向不定。

复位PSR,快捷键为Alt+0或Ctrl+Alt+0,当希望复位已经旋转或移动的对象时,可以单击"复位PSR"按钮,这时会使当前模型的位置和旋转归零。

4. 文件自动存储设置

在菜单栏中选择"编辑"菜单,在下拉菜单中选择"设置"命令,会弹出"设置"窗口,如图1-12所示。

选择"设置"窗口的"文件"选项,在右侧的"自动保存"选区可以设置保存间隔时间和保存目录,这样可以在软件意外关闭时保留制作的文件,如图1-13所示。

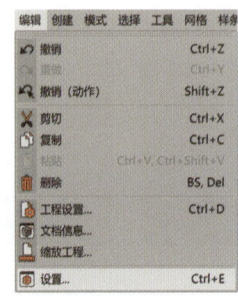 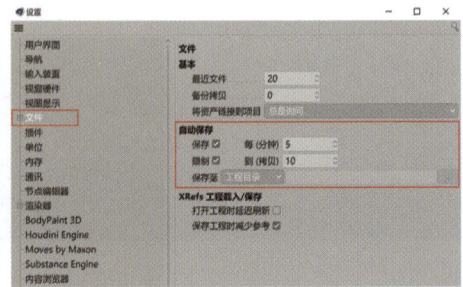

图 1-12　　　　　　　图 1-13

1.1.3 常用设置与快捷操作方式

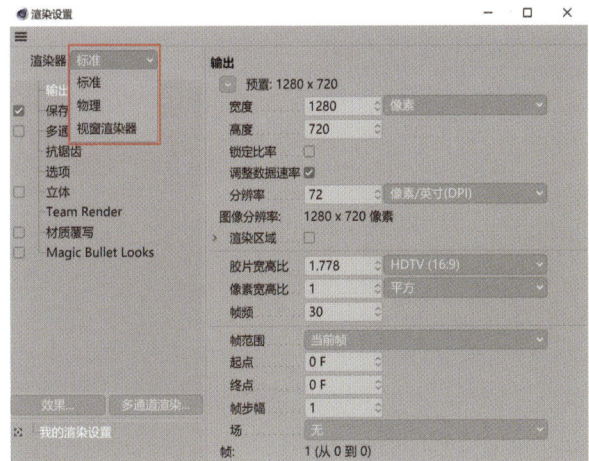

图 1-14

渲染设置 ![], 快捷键为 Ctrl+B。

1. 渲染器选择

在单击"渲染设置"按钮后, 在左上角第一项中选择"渲染器", 默认是"标准"渲染器, 在下拉列表中还会显示"物理""视窗渲染器"和自行安装的第三方渲染器, 可以根据需要选择, 如图 1-14 所示。

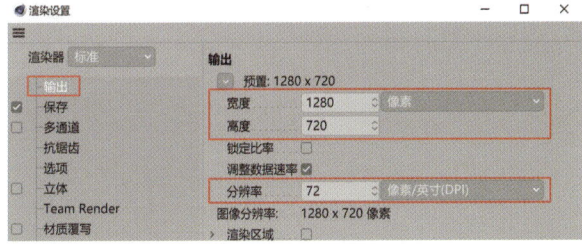

图 1-15

2. 渲染输出设置

画面输出尺寸要在"输出"选区中设置, 可以改变"宽度""高度"和"分辨率"等信息, 如图 1-15 所示。

图 1-16

3. 渲染保存设置

选择"保存"选项, 设置文件保存地址和保存格式等, 如图 1-16 所示。

图 1-17

4. 渲染抗锯齿设置

选择"抗锯齿"选项, 在右侧的"抗锯齿"选区选择"抗锯齿"下拉列表中的"最佳"选项。这样可以让画面中的贴图不会出现锯齿, 如图 1-17 所示。

1.2 C4D 快速入门

本节会介绍 C4D 中的参数化对象、常用建模工具和一些简单的灯光渲染基础知识，使初学者可以轻松、快速地入门。

1.2.1 参数化对象详解

参数化对象可以通过调节属性数值来控制对象形态，长按工具栏中的"立方体"按钮，就可以看到所有参数化对象了，如图1-18所示。这些常用的基础模型形态，对于快速搭建模型场景很有帮助。

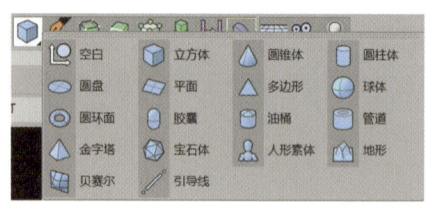

图 1-18

可以调节的参数主要有以下几类。

尺寸：控制长度、宽度、高度、半径等模型基础形态。

圆角或封顶：模型边缘倒角尺寸和分段，控制模型边缘的平滑程度。

分段：分段、高度分段、导管分段、旋转分段等，控制模型表面分段线的分布方式与密度。需要注意，对于有弧度的模型要仔细调节这个参数，这决定了模型表面的平滑程度。

切片：圆柱、圆锥、圆环、胶囊、管道等对象有切片参数，可以控制旋转方向，使其呈扇形。

下面是一些调节参数后的效果示例。

1. 圆角

勾选与不勾选立方体对象的"圆角"复选框，模型边缘会呈现不同的平滑效果，如图1-19所示。

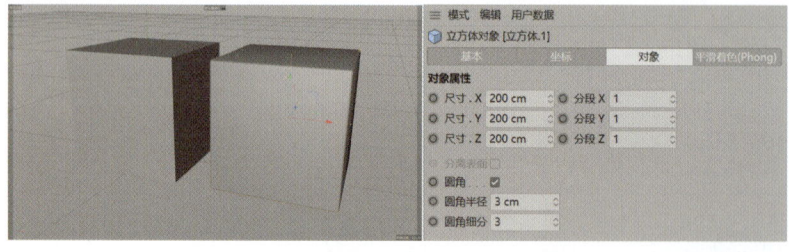

图 1-19

2. 分段

球体对象默认的分段数值一般都较小，当分段数值增加到48时，模型表面会变得平滑。模型的平滑程度与分段数值呈正比，但分段数值不要过大，否则会影响画面操作的流畅度。

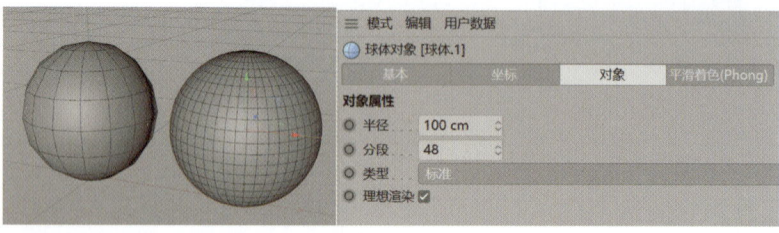

图 1-20

3. 切片

以圆环对象为例，切片效果默认为360°，在勾选"切片"复选框后，圆环就变成180°旋转了，这里可以通过控制起点和终点的角度来控制切片的形态。

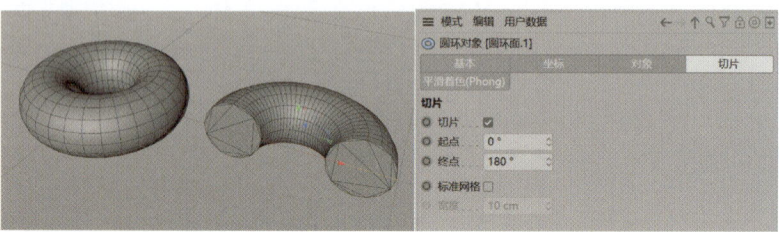

图 1-21

圆柱对象与管道对象在默认形态,以及圆角分段、切片参数调整后的状态如图1-22所示。

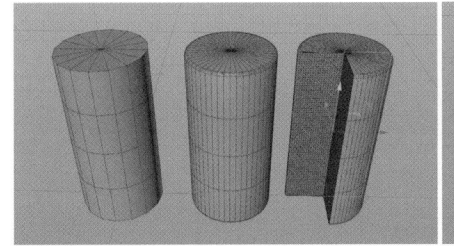
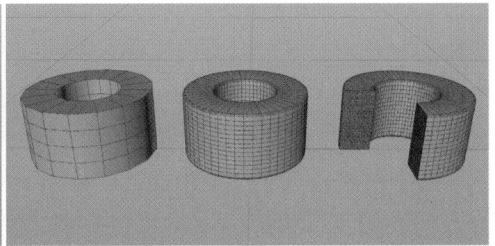

图1-22

4. 类型

使用宝石对象除了能够调节半径和分段数值,还可以调整类型,生成不同的宝石形状。图1-23分别是默认状态、四面体、六面体、八面体、十二面体、二十面体和碳原子形态的效果。

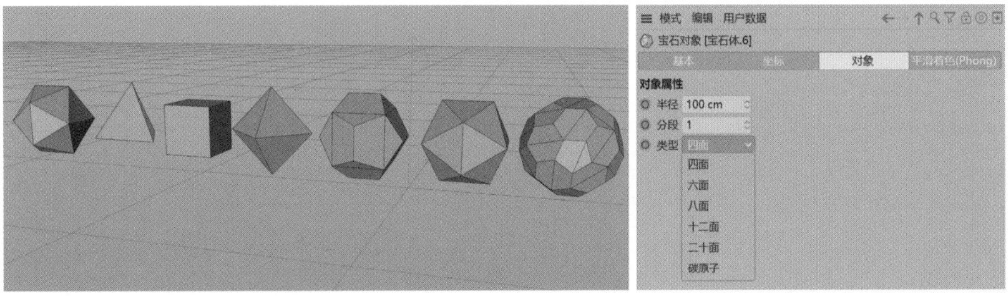

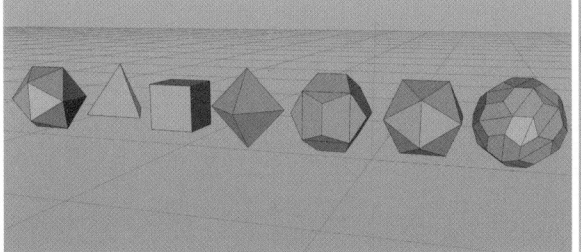

图1-23

5. 其他

还有一些特殊的参数化图形,如使用地形对象,可以制作山脉形态。勾选"球状"复选框,可以制作出圆形爆炸状对象,如图1-24所示。

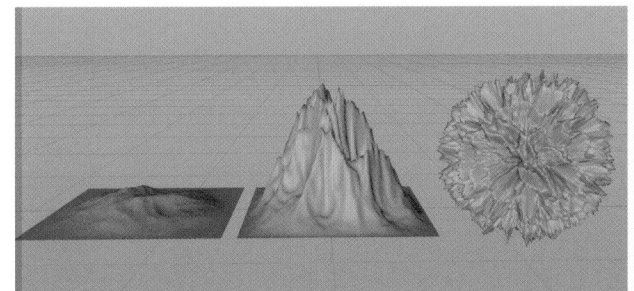

图1-24

使用人形素体对象,可以创建一个小人模型。它的调节比较特殊,首先需要把模型转为可编辑对象,然后按C键,在对象面板中展开模型子级,可以看到各个关节四肢的模型,最后使用旋转工具调整人形动作,如图1-25所示。

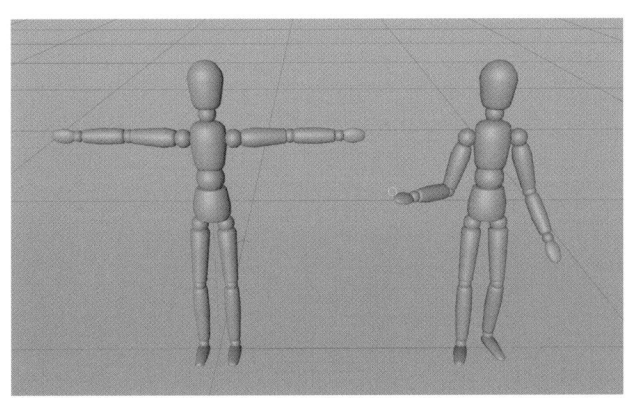
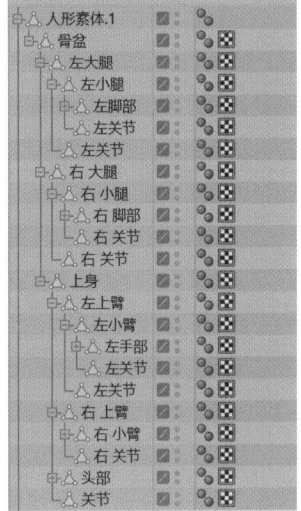

图1-25

贝塞尔对象的调节需要在点模式下进行调整,可以使用移动工具移动贝塞尔点,从而调整模型形态,如图1-26所示。

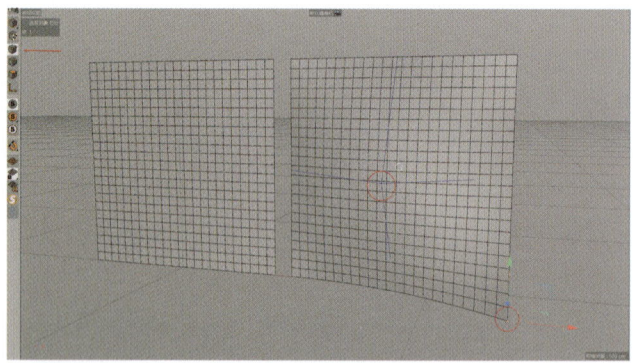

图1-26

> **知识拓展**
>
> 图1-27是C4D内置的参数化模型,建议读者把每个模型都打开熟悉一下,了解所有参数类型,并熟悉每个参数对模型都有什么影响,这样能快速掌握建模和搭建场景的方法。
>
>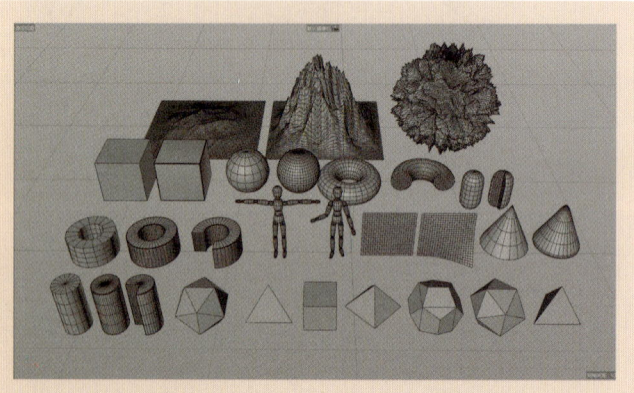
>
> 图1-27

1.2.2 常用生成器工具

C4D中除了拥有参数化模型,还拥有强大的模型生成工具。挤压、旋转、放样和扫描是常用生成器工具,如图1-28所示。

生成器工具的使用方法也非常简单,通常需要配合样条线使用,C4D也内置了丰富的可调节参数的样条线,如图1-29所示。

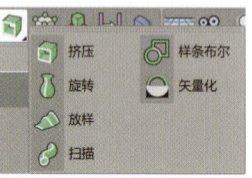

图1-28

图1-29

1. 挤压生成器

第1步:分别单击"多边"和"挤压"按钮,在对象面板中就会出现对应的两个对象,如图1-30和图1-31所示。

第2步:把多边对象拖动到挤压的子级中,就可以在视图窗口看到样条对象已经被挤压出厚度了,如图1-31所示。

图1-30

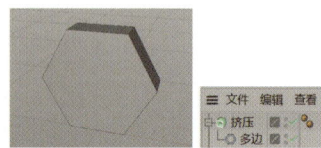

图1-31

第3步：调节挤压对象的"封盖"属性面板中的倒角尺寸数值，调节出圆角效果，和参数化对象的调节方法一样，如图1-32所示。

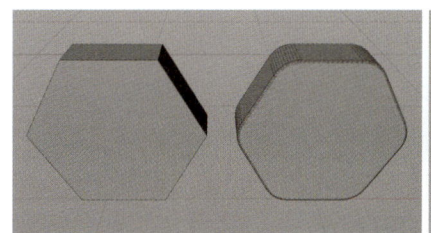
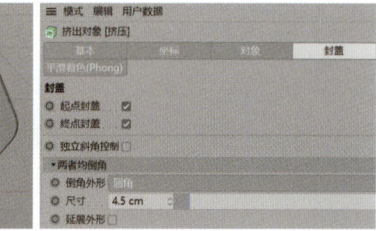

图1-32

2. 旋转生成器

第1步：按F4键可以切换到正视图，选择样条画笔工具，贴近Y轴中心位置画出样条线，如图1-33所示。

第2步：单击"旋转"按钮，在对象面板中把样条对象拖入旋转对象的子级，可以在视图窗口中看到样条对象被旋转一周，生成了杯子的模型，如图1-34所示。

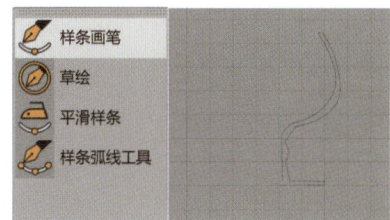

图1-33　　　　　　　　　图1-34

3. 放样生成器

第1步：单击"圆环"按钮，调整半径，从下到上依次创建不同尺寸的圆环样条线，如图1-35所示。

第2步：按照从上到下的顺序，把圆环拖入放样对象的子级，得到如图1-36所示的罐子。

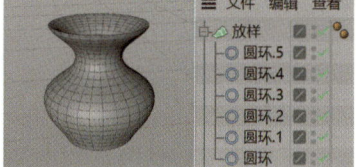

图1-35　　　　　　　　　图1-36

4. 扫描生成器

第1步：分别单击"扫描""弧线""圆环"按钮，如图1-37所示。

第2步：在对象面板中，把两个样条对象同时拖入扫描对象的子级，注意这里有顺序要求，横截面在上，扫描路径在下，这里的圆环和弧线有一个上下关系。这样在视图窗口就可以看到扫描出来的模型了，可以通过调节圆环半径来控制管道的粗细，如图1-38所示。

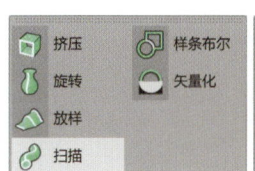
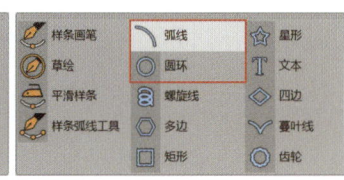
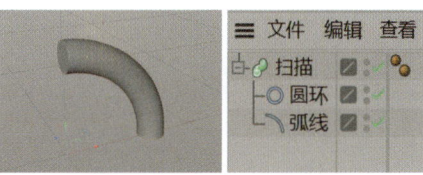

图1-37　　　　　　　　　图1-38

> **知识拓展**
>
> 在对象面板中，每个对象之间都有层级关系，不同的层级关系会影响生成器和变形器的效果，总共可以分为3级。
>
> 父级：绿色图标的生成器工具，都需要位于作用对象的父级。
>
> 子级：紫色图标的变形器工具，可位于作用对象的子级。
>
> 平级：紫色图标的变形器工具，也可位于作用对象的同级。

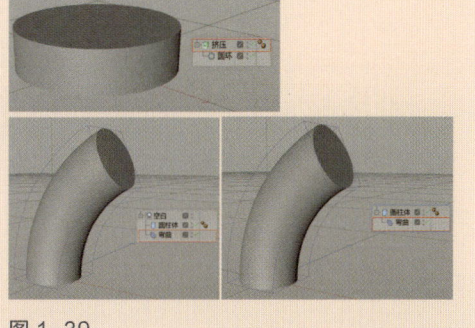

图1-39

1.2.3 常用变形器工具

变形器工具能够在无须编辑对象的点、线、面的情况下,直接作用于参数化对象,使对象发生相应的形变。它的使用方法和生成器工具类似,只不过它位于要影响对象的子级或平级,前一种只能影响一个对象,而后一种在可以影响多个对象的同时,还能对影响的对象做各种动画而不影响变形器,如图1-40所示。

下面介绍几种常用变形器工具的使用方法和效果。

1. 弯曲变形器

第1步:在创建圆柱对象和弯曲对象时,要为圆柱增加足够多的分段线,如图1-41所示。

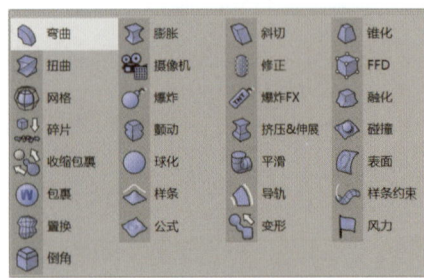
图1-40

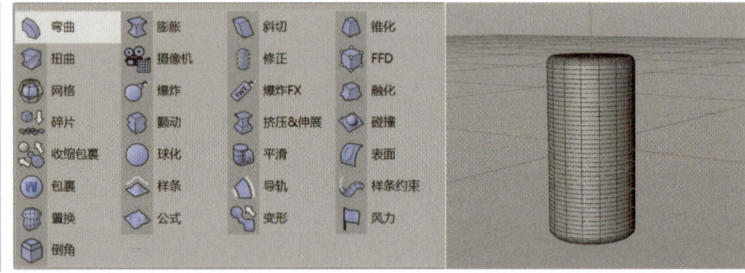
图1-41

第2步:在对象面板中,把弯曲对象拖入圆柱对象的子级,这样变形器的效果才能作用到圆柱对象上,在视图窗口中看到的紫色边框,就是弯曲变形器作用的边界框,如图1-42和图1-43所示。

第3步:在弯曲对象的"对象"属性面板中,先单击"匹配到父级"按钮,使边界框匹配到圆柱身上,再调整"强度"选项,就可以看到圆柱对象随着变形器的引导变得弯曲了,如图1-43所示。这样可以轻松地让条状模型沿着扇形方向变形。

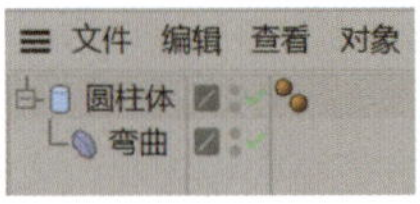

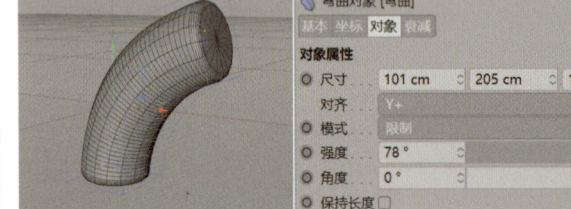

图1-42   图1-43

知识拓展

分段线对对象形变的影响。

当应用变形器时,对象表面的分段线会在变形时起到平滑转折的作用。例如,圆柱对象的"高度分段"默认是4,当弯曲90°时就会出现棱角,如图1-44的左图所示。如果增加"高度分段"到50,那么弯曲后会变得平滑起来,如图1-44的右图所示。

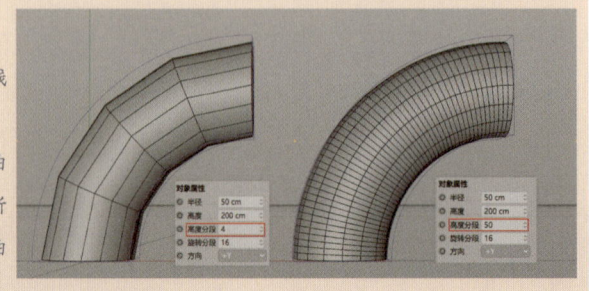
图1-44

2. 扭曲变形器

第1步：创建立方体对象，并增加立体对象表面的分段数值，在对象面板的子级中创建扭曲对象，如图1-45所示。

第2步：在螺旋对象的"对象"属性面板中单击"匹配到父级"按钮，将"角度"设置为128°，就可以把立方体扭曲成128°，如图1-46所示。只要模型的分段线足够，这个变形器就可以非常便捷地让模型呈螺旋状扭曲。

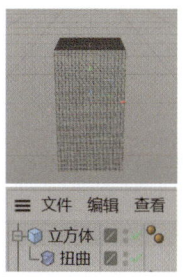
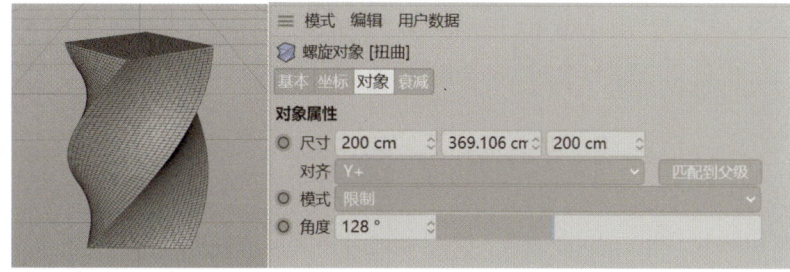

图1-45　　　图1-46

3. 倒角变形器

第1步：首先创建宝石对象，然后在宝石对象的子级中创建倒角对象，如图1-47所示。

第2步：倒角对象无须匹配尺寸，会作用于宝石对象的所有分段线，改变倒角属性的"偏移"为2cm，"细分"为1，这样宝石对象的每条边都倒出了2cm的圆角，如图1-48所示。

这个工具可以非常方便地为模型表面的分段线做倒角。

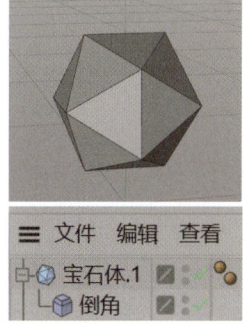
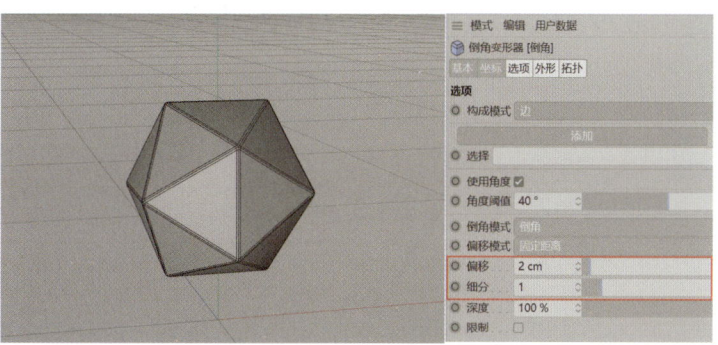

图1-47　　　图1-48

4. FFD变形器

第1步：创建球体对象，并设置其"半径"为100cm，"分段"为64，如图1-49所示。

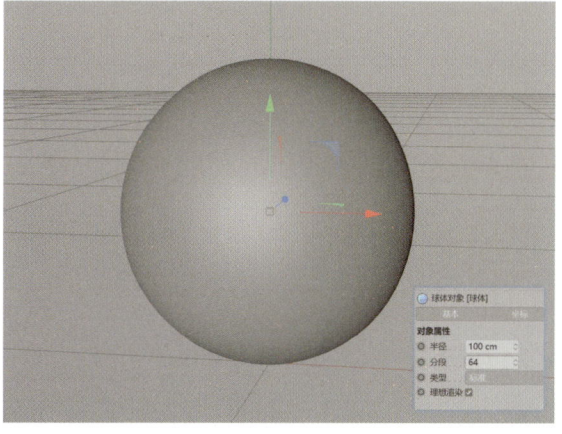

图1-49

第 2 步：创建 FFD 对象。在对象面板中将 FFD 对象拖入球体对象的子级，在 FFD 对象的"对象"属性面板中单击"匹配到父级"按钮，可以看到 FFD 对象已经形成了球体对象大小的边界框，如图 1-50 所示。

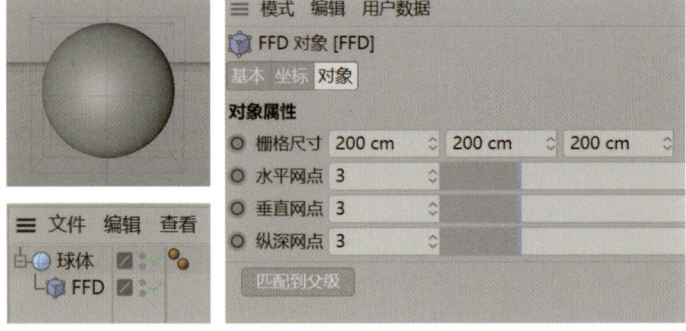

图 1-50

第 3 步：切换到点模式，使用框选工具选中 FFD 对象顶端的 3 个点，使用移动工具将 FFD 对象沿着 Y 轴负方向拖动，使 FFD 对象变形，可以看到球体对象也有相应的变化，如图 1-51 所示。

只需要调整边界框点的位置，就可以非常方便地调整模型形态。

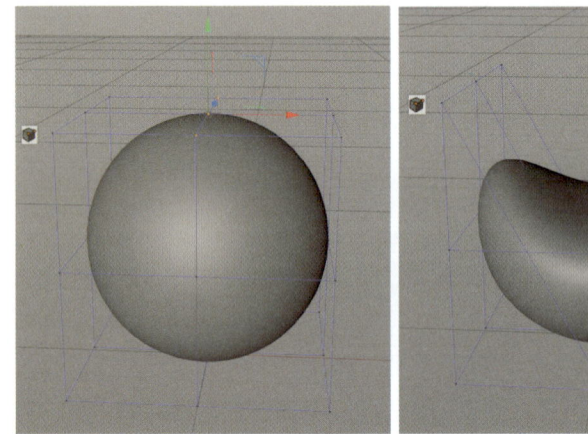

图 1-51

> **知识拓展**
>
> 变形器出错的解决办法。
>
> 在应用变形器时，有时会出现模型坡面或变形器错误的情况，这时检查以下 3 项，就可以解决。
>
> （1）切换到"光影着色（线条）"模式，检查模型表面的分段线是否足够。
>
> （2）查看变形器的边界框是否已经全部包裹住模型，有时在单击"匹配到父级"按钮后，还要手动把边界框的尺寸加大，以确保变形器完全包裹住模型，这样会解决大部分变形坡面的情况。
>
> （3）变形器也有方向，检查变形器的属性中是否有"方向"属性，将变形器切换到正确的方向如果不确定是否已切换到正确的方向，可以每个方向都调试一下，基本就可以确定了。

1.2.4 右键快捷菜单

C4D 中有一组右键快捷菜单。这组右键菜单虽然只在特定操作方式下才会出现，但是非常实用，常用于编辑多边形。

显示右键快捷菜单很简单，需要满足以下两个条件。

（1）对象处于可编辑状态。

（2）处于点、边或多边形（面）模式。

在满足以上两点后，右击就会看到这组快捷菜单，并且在点、边或多边形（面）模式下右键快捷菜单中的工具也会有相应的变化。在不同模式下，可用的工具非常多，如图 1-52 所示。

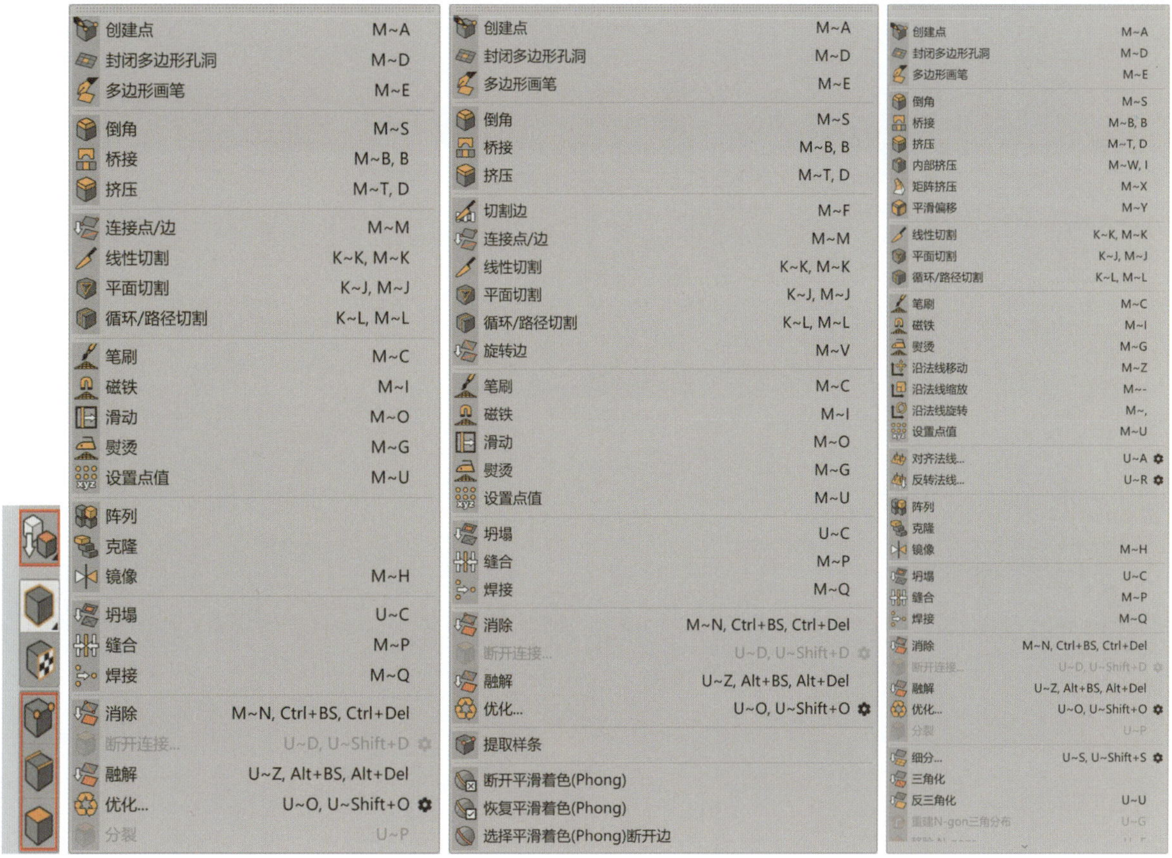

图 1-52

右键快捷菜单在建模时很常用，具体的用法会在之后结合案例来讲解，这里只要能够找到这组工具的位置就可以了。

1.2.5 时间轴等动画工具

C4D的动态工具也非常强大，在电商设计中用它们制作一些画面动态效果和循环动画会非常方便，这里主要介绍动画工具。

1. 时间轴和动画菜单

在视图窗口下方是时间轴，时间轴中间的黑色三角按钮是播放控制按钮，使用这些按钮可以进行播放、暂停、前进与后退。如果在视图窗口中有带动画的对象，单击播放按钮就可以直观地看到动画效果，使用红色按钮可以记录活动对象和给动画加入关键帧，如图1-53所示。

图 1-53

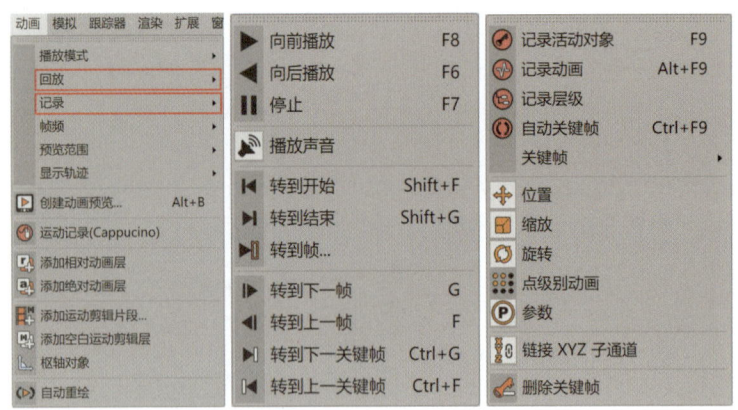

图 1-54

在菜单栏的"动画"菜单中可以查看完整的工具,这里集成了全部动画相关工具,在后面的章节中会介绍常用工具的具体用法,如图 1-54 所示。

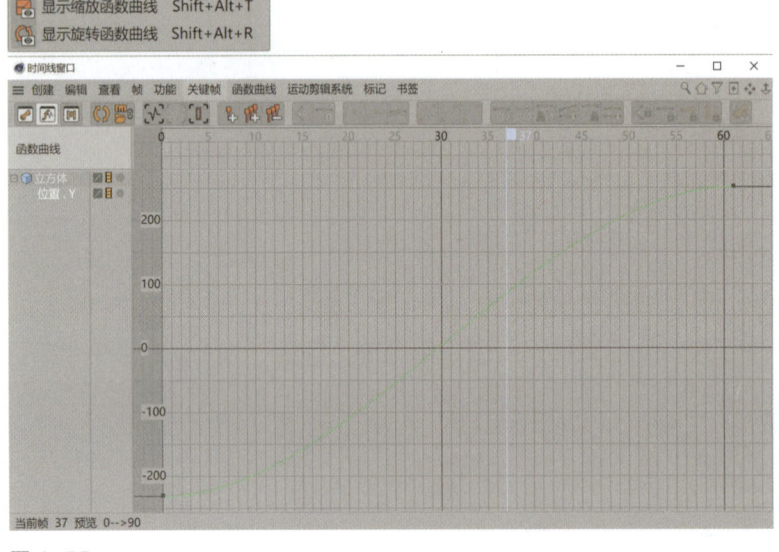

图 1-55

2. 时间线窗口

在菜单栏中选择"动画"→"显示轨迹"命令,可以打开时间线窗口,它是在进行动画编辑时的常用窗口,如图 1-55 所示。

几个常用的快捷键如下。

按 Shift+Alt+E 快捷键,可以打开时间线窗口。

按 Alt+A 快捷键,可以显示和隐藏所有对象。

按空格键,可以播放和暂停动画。

框选关键帧,按 L 键,可以把默认的样条插值转为线性插值。

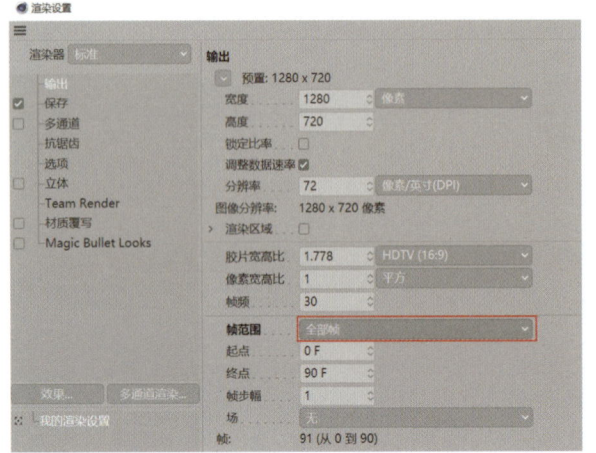

图 1-56

3. 渲染设置要点

第 1 步:在编辑好动画后,需要在"渲染设置"窗口中选择"输出"选项,在右侧的"输出"选区中选择"帧范围"下拉列表中的"全部帧"选项。这样在渲染时才会把全部动画帧渲染出来,如图 1-56 所示。

第 2 步：选择"保存"选项，在右侧的"保存"选区选择"格式"下拉列表中的"MP4"选项，如图 1-57 所示。

第 3 步：在保存渲染设置时，在"类型"下拉列表中选择"动画"选项，在"格式"下拉列表中选择"MP4"选项。这样就可以直接保存动画了，如图 1-58 所示。

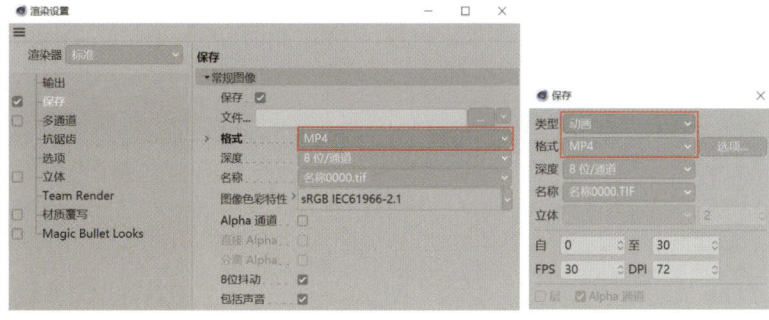

图 1-57　　　　　　　　　　　图 1-58

1.2.6 灯光照明理论分析

在三维设计中，除了模型和材质设计，光影关系的塑造也是至关重要的。它与灯光、环境和材质相关，缺一不可，抛开环境谈材质没有意义。

1．灯光

灯光是主要光源，有光才有影，有影才有形，光影关系是画面塑造形体的重要部分。对比图 1-59 中左侧的无光源和右侧的创建的区域光，可以明显看出添加了光源的图形更有形体感。

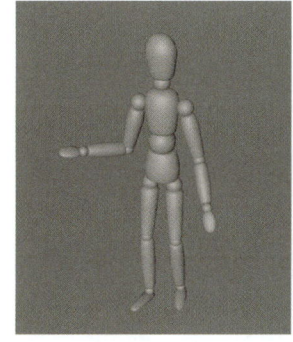

图 1-59

2．环境

环境是反射材质的反射素材，只要场景中有反射材质，就需要有整体环境的光影变化。环境的颜色也会影响到整体场景，如图 1-60 所示。

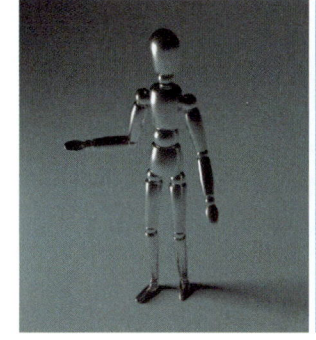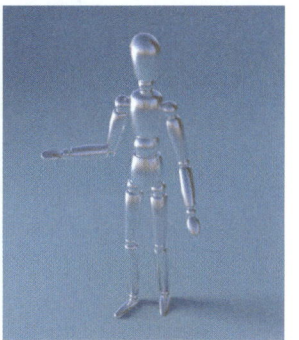

图 1-60

3．材质

材质的颜色、反射、粗糙度等决定了物体的质感。对于同样的模型来说，为其赋予不同的材质，会表现出完全不同的感觉，如图 1-61 所示。

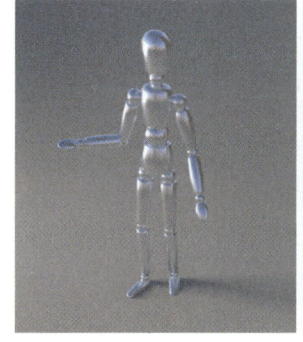

图 1-61

1.3 Octane 渲染器入门

因为 C4D 的默认渲染器有很多局限，所以目前流行使用第三方的 GPU 渲染器。其在材质表现和渲染速度方面都优于默认渲染器。本节会介绍 GPU 渲染器 Octane Render 的优势、常用设置和大致的渲染流程，使读者对这个渲染插件有一个初步了解。

1.3.1 Octane 渲染器简介

Octane Render 是一款独立于三维软件的渲染软件。它有可以安装于 C4D 中的渲染插件，简称 Octane 渲染器。它是一款基于 GPU 的渲染器。区别于传统的 CPU 渲染器，它的计算速度非常快，可以用更少的时间达到更好的画面效果，是当今主流的渲染器。

可以在 OTOY 的官网下载和订阅到最新版的 Octane 渲染插件。

Octane 渲染器的核心优势在于渲染速度快、实时显示渲染预览、高质量的图像计算能力。这使它成为众多三维设计师的首选渲染器。而在快节奏的电商设计中，渲染速度更是首先需要考虑的。一般推荐电商设计师使用 GPU 渲染器来创作，以获得更好的渲染速度和画面效果，如图 1-62 和图 1-63 所示。

图 1-62

图 1-63

1.3.2 Octane 渲染器常用设置

在 C4D 中安装 Octane Render 插件后，C4D 的菜单栏中会增加一个"Octane"菜单，选择"Octane"菜单，在下拉菜单中会出现 3 个命令，即"Octane 工具条"命令、"Octane 实时查看窗口"命令和"Octane 设置"命令，如图 1-64 所示。

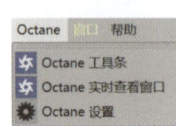

图 1-64

下面介绍 Octane 渲染器的常用设置。

选择"Octane 实时查看窗口"命令，会打开 Octane 渲染器的主要渲染窗口，即 Octane 实时查看窗口。可以把这个窗口放在 C4D 界面中的任意位置，这时窗口是黑色的，因为还没开始渲染，如图 1-65 所示。

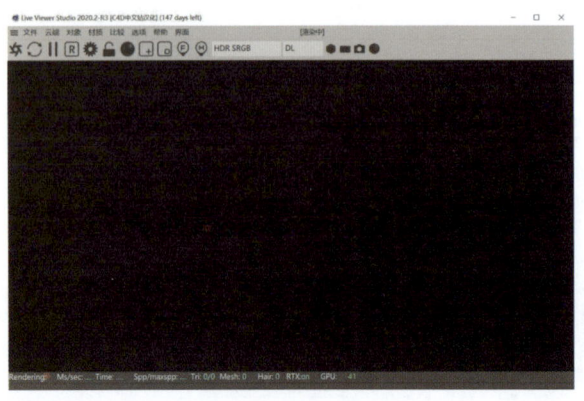

图 1-65

单击工具栏中的第一个按钮就可以开始渲染了,此时窗口中会出现建立的模型场景,画面效果会比较灰暗,接下来需要进行一些设置,使画面效果和渲染速度达到平衡,如图1-66所示。

图 1-66

图 1-67

第1步:将"核心"选项卡的渲染模式改为"路径追踪",这个模式是渲染效果和渲染速度之间比较平衡的一个模式。

第2步:最大采样数值是画面的采样数值。在预览效果时可以将其设置为比较小的数值,一般设置在80~200范围内即可。这样既能快速得到预览画面,又不会一直占用电脑资源,在最终出图时应根据需要把数值调节到2000~8000范围内,或更高,以得到更为精细的效果。

第3步:将"焦散模糊"改为0.3,使焦散效果朦胧一些。

第4步:将"全局光照修剪"改为10。当画面出现白色噪点光斑时,将"全局光照修剪"调整到1,就可以解决。

第5步:勾选"自适应采样"复选框,会让画面采样分布更合理。

在对Octane渲染器进行设置时,需要单击工具栏中从左往右数第5个按钮,如图1-67所示。

默认的"Octane设置"窗口是核心设置窗口,需要进行以下几步设置,如图1-68所示。

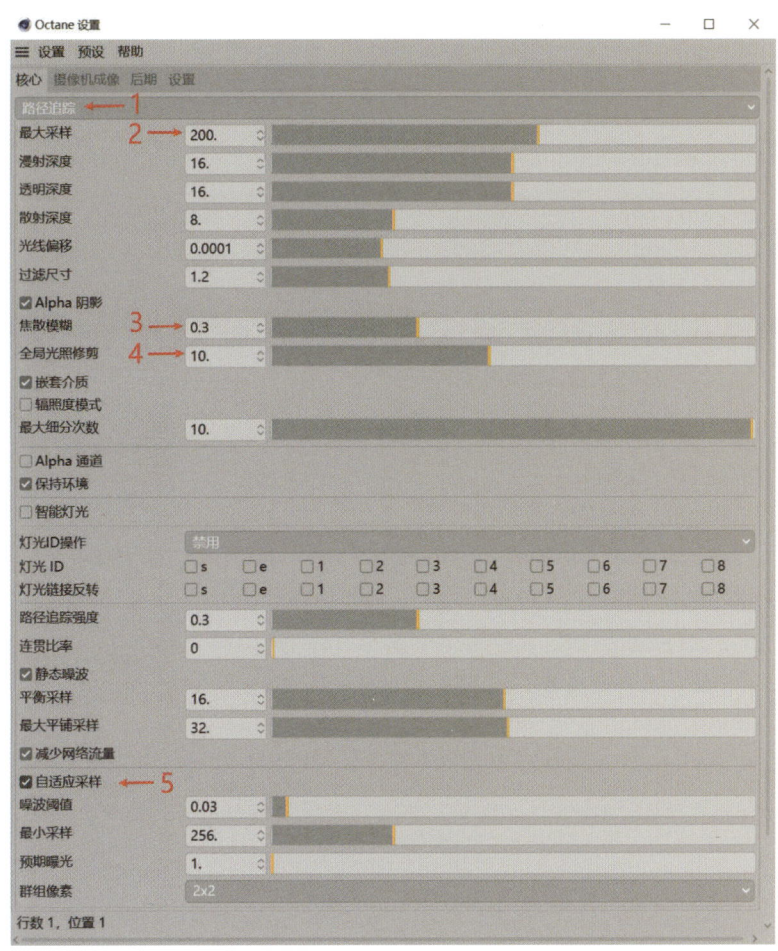

图 1-68

在"摄像机成像"选项卡中,选择"重定义空间"下拉列表中的"Gamma 2.2"选项。这样不会产生偏色,如图1-69所示。

在"降噪"选项卡中,分别勾选"启用降噪"复选框和"降噪体积"复选框,取消勾选"完成时降噪"复选框。这样可以实现实时降噪效果,如图1-70所示。

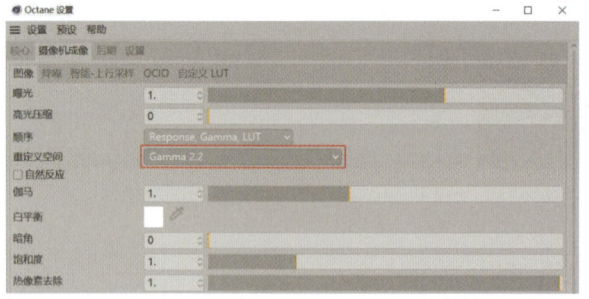

图 1-69

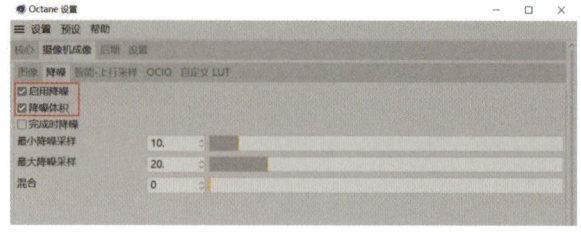

图 1-70

在经过这些设置后,画面效果将比较平衡,如图1-71所示。这些基础设置是在每次打光添加材质前都要完成的。

图 1-71

1.3.3 Octane 渲染器渲染流程介绍

下面介绍 Octane 渲染器的通用流程。在搭建好建模场景后,打开 Octane 渲染器,完成基础设置。遵循以下流程,就可以渲染一张画面。

1. 摄像机构图画面

选择"Octane 摄像机"命令,调整焦距,进入摄像机视角,如图1-72所示。

2. 布置环境

选择"Octane 纹理环境"和"Octane HDRI 环境"命令,前者是纯色天空,后者需要一张 HDR 贴图来模拟环境,如图1-73所示。

电商设计大多使用 Octane HDRI 环境,在创建后可以在对应的属性面板中选择"图像纹理"选项,并在打开的"着色器"属性面板中添加 HDR 贴图,如图1-74所示。

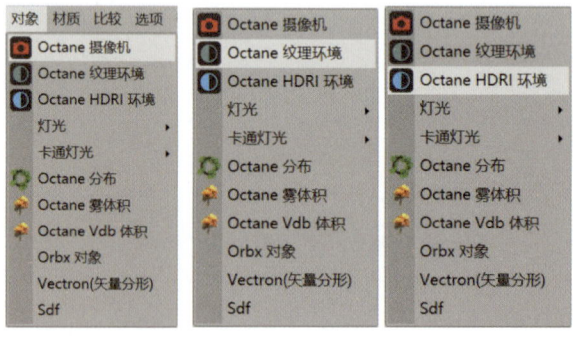

图 1-72　　　　图 1-73

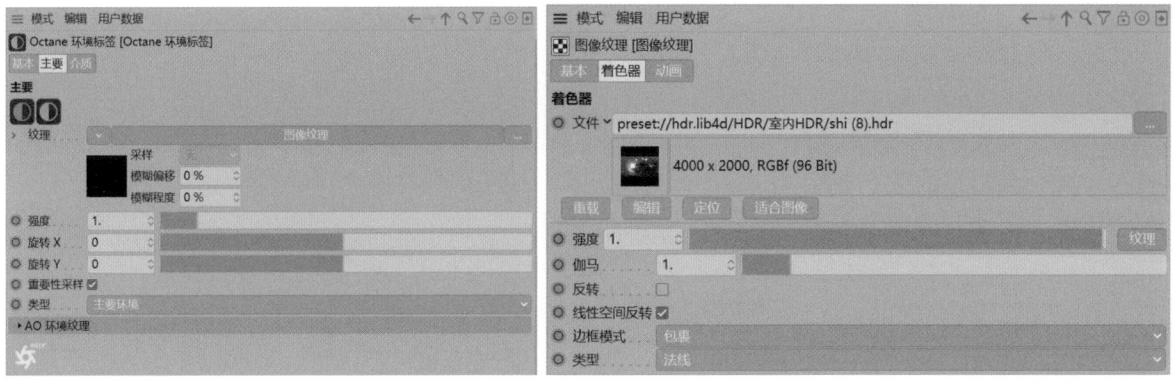

图 1-74

这时可以看到实时查看窗口的画面已经随着环境的改变有了光影效果，如图 1-75 所示。这里的环境色彩和光影位置都和 HDR 贴图有关。

图 1-75

3. 架设灯光

创建目标区域光，将灯光移动到场景的斜上方，并拉远一点，这时可以看到画面有了明显的主光和影子，如图 1-76 所示。

图 1-76

4. 赋予材质

创建光泽度材质球，将"指数"通道的"指数"改为1.4，"颜色"设置为默认，把这个材质球赋予模型，如图 1-77 所示。

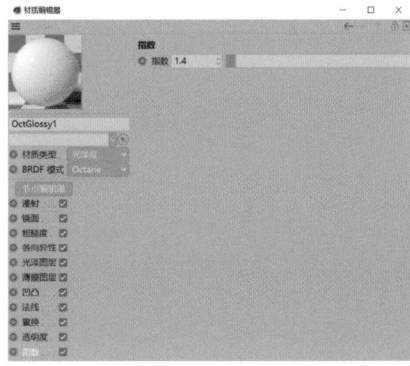

图 1-77

5. 渲染出图

单击"渲染到图像查看器"按钮，渲染出图，如图 1-78 所示。

图 1-78

6. 后期调整

渲染的图一般画面会显得比较灰暗，后期最好在软件中调整它的对比度或曝光值，使整体画面的光影更为明确，这样渲染流程才是完整的，如图 1-79 所示。

图 1-79

第 2 章

电商KV/Banner专项突破

本章介绍使用多种工具制作立体字,包括制作立体字海报、金属字海报、霓虹灯文字等常用电商设计手法,并通过案例使读者进一步了解C4D的基本功能和大致渲染流程,以快速提升画面效果。

2.1 常见立体字建模方式介绍

电商主视觉或入口图一般由3部分组成,包括文字标题、配图和引导按钮,标题字可以说是整幅画面的灵魂,用C4D可以制作出效果丰富的立体字,立体字在众多效果中很容易脱颖而出。使用立体字可以使画面更为吸引人。本节会介绍3种制作立体字的常用方法,可以快速提升画面效果,如图2-1所示。

图2-1

2.1.1 直接创建立体字

在C4D中制作立体字非常简单,只需要一个命令就能够实现。选择"运动图形"下拉菜单中的"文本"命令,就可以创建出立体字,如图2-2所示。下面是一个案例,一起来感受下立体字工具的强大。

在文本对象的"对象"属性面板的"文本"文本框中输入文字"浪漫七夕专场",选择"字体"下拉列表中需要的字形,设置"深度"为40cm。在"封盖"属性面板中将倒角"尺寸"改为5cm,"分段"改为5,如图2-3所示。

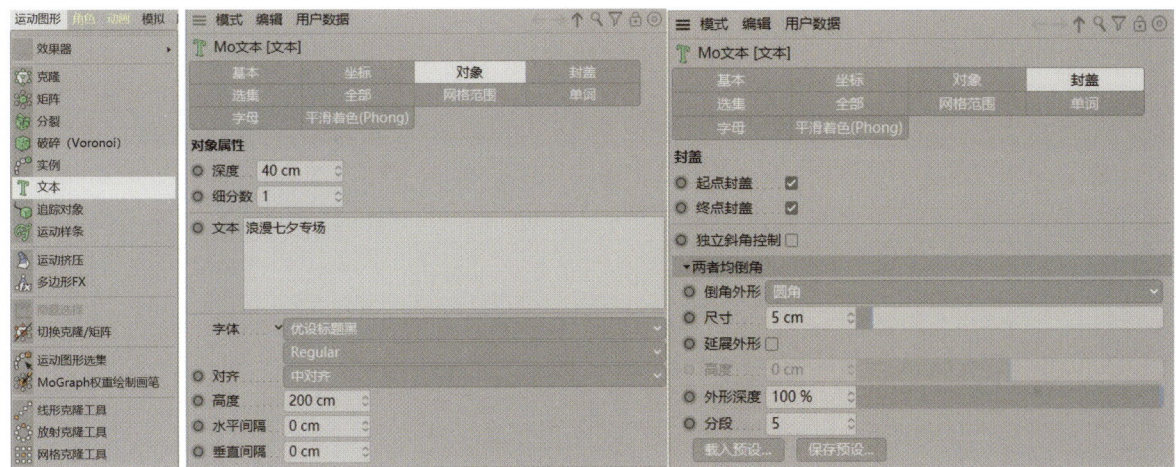

图 2-2　　　　图 2-3

立体字效果如图 2-4 所示。在"光影着色（线条）"模式下查看"封盖"属性面板中的分段数值是否合适，在保证圆滑的情况下分段数值越小越好。

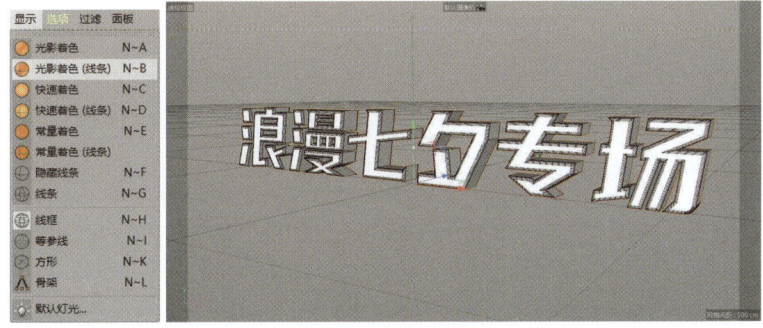

图 2-4

为了产生层次丰富的效果，可以先使用快捷键 Ctrl+C 和 Ctrl+V 复制并粘贴一层文字，再使用移动工具将复制并粘贴好的文字向后拖动。在文本对象的"封盖"属性面板中勾选"外侧倒角"复选框，文字会比原有的字形大一圈，这样一层层叠加的效果更好，如图 2-5 所示。

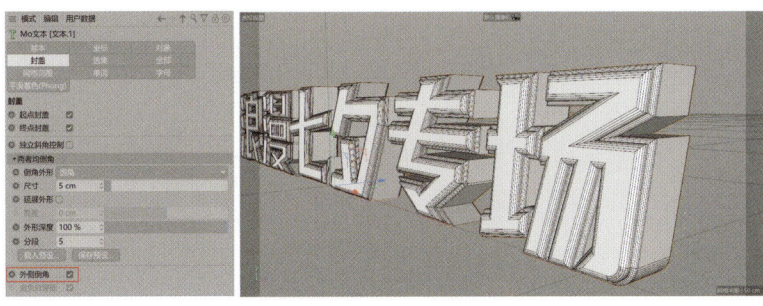

图 2-5

再次复制并粘贴一层文字，并将其向后移动，将封盖倒角尺寸数值调整得更大一些，从而得到三层文字叠加的效果，如图 2-6 所示。

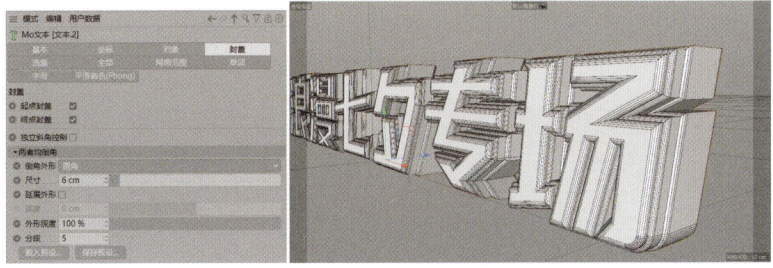

图 2-6

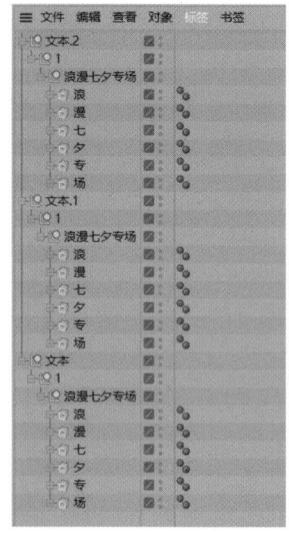

在文字设置好后,需要单独调整文字的位置。在选中文本对象后按C键,就可以把文本对象转为可编辑对象。在对象面板中展开子级,可以看到每个文字都有一个单独的挤压对象,分别选中对应的文字对象,使用移动和旋转工具调整出错落有致的文字的样式,如图2-7所示。

图 2-7

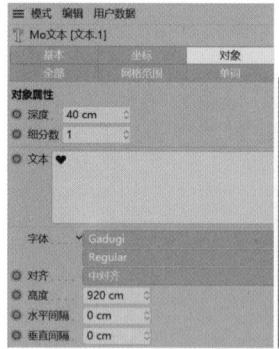

在设置运动图形的文本对象时,不但可以使用系统中的文字字形,而且可以输入一些符号,这样更为方便灵活。创建文本对象,在"文本"文本框中输入心形符号,加大其高度数值,并将其放到文字的后方,作为背景元素,如图2-8所示。

图 2-8

通过复制和粘贴,以及调整高度的操作,可以得到不同大小的心形符号模型。将这些模型多做几层放在背景位置,调小后点缀在文字周围,可以使画面丰富起来,如图2-9所示。

图 2-9

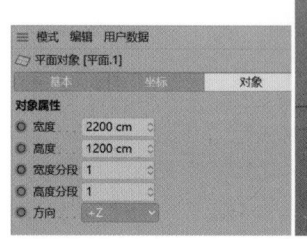

为场景创建一些元素,使画面更完整。创建平面对象,选择"方向"下拉列表中的"+Z"选项,并将平面对象移动到整体模型的后方,如图2-10所示。

图 2-10

复制并粘贴平面对象,将平面对象的高度缩小成条状,并将其旋转一些角度,置于背景前方,如图 2-11 所示。

图 2-11

再次复制并粘贴平面对象,缩小其高度,移动其位置,让其背景更丰富,如图 2-12 所示。

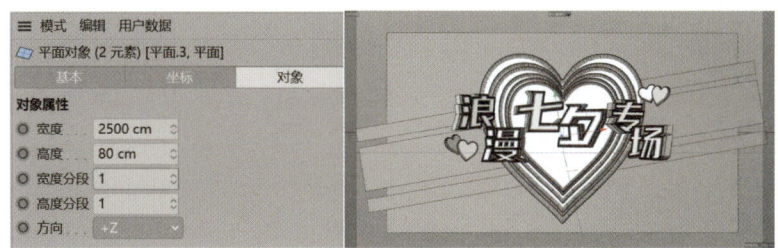

图 2-12

创建球体对象,增加分段数值,减小半径数值。将球体对象移动到文字和心形周围,作为画面的点缀。这样文字标题的模型就制作完成了,画面也比较完整了。在调整好角度后,可以通过创建 Octane 摄像机来固定画面,如图 2-13 所示。

图 2-13

打开 Octane 实时查看窗口,设置完成路径追踪模式和基础设置。创建 Octane HDRI 环境,在"纹理"栏添加一张 HDR 贴图,使整体环境明暗均衡,如图 2-14 所示。

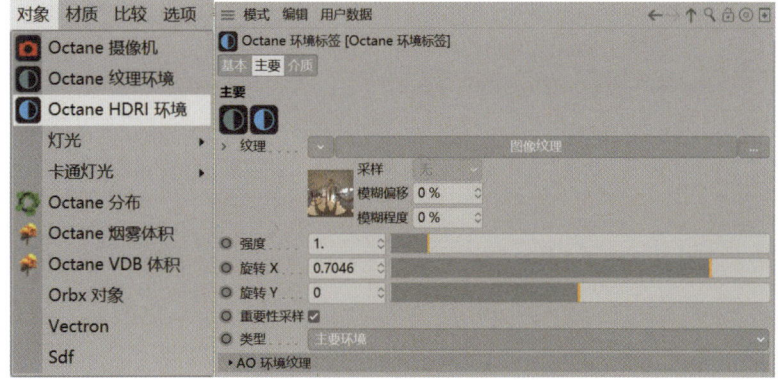

图 2-14

选择"Octane 目标区域光"命令,给画面创建主光源,目标位置在文字上,将灯光尺寸放大并移动到整体画面的斜上方,距离稍微远一点,使影子比较柔和,如图 2-15 所示。

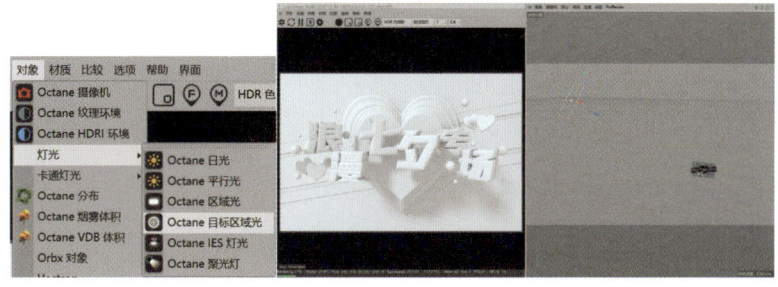

图 2-15

创建漫射材质球。将漫射材质球的颜色饱和度调低一些，并分别将其赋予背景板和背景装饰条上，如图2-16所示。

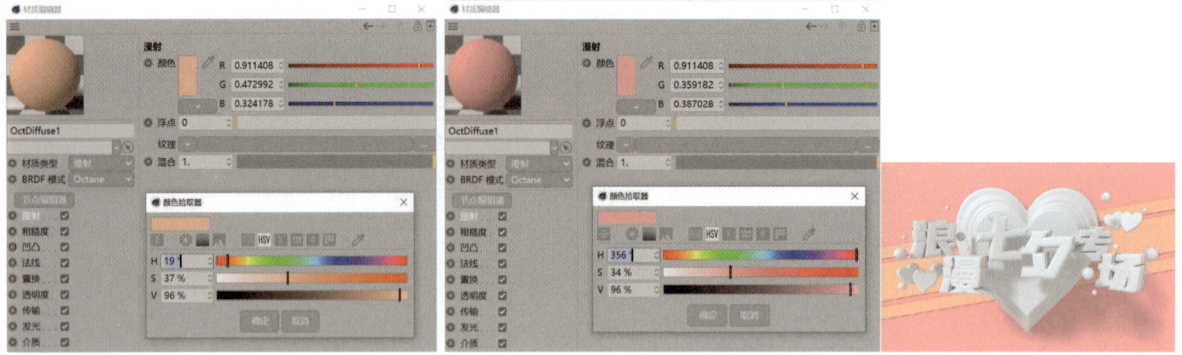

图2-16

通过叠加多层不同材质的文字，使立体字层次丰富，效果绚丽。创建3个光泽度材质球，并将其颜色分别调节成白色、紫色和红色，加大指数数值，提高材质的光泽度，如图2-17所示。

图2-17

再次创建光泽度材质球，取消勾选"漫射"通道，将"指数"通道的"指数"改为1。需要制作出金属材质球，金属色的设置在"镜面"通道的"颜色"选区中调节，将黄色的饱和度调低一点，如图2-18所示。

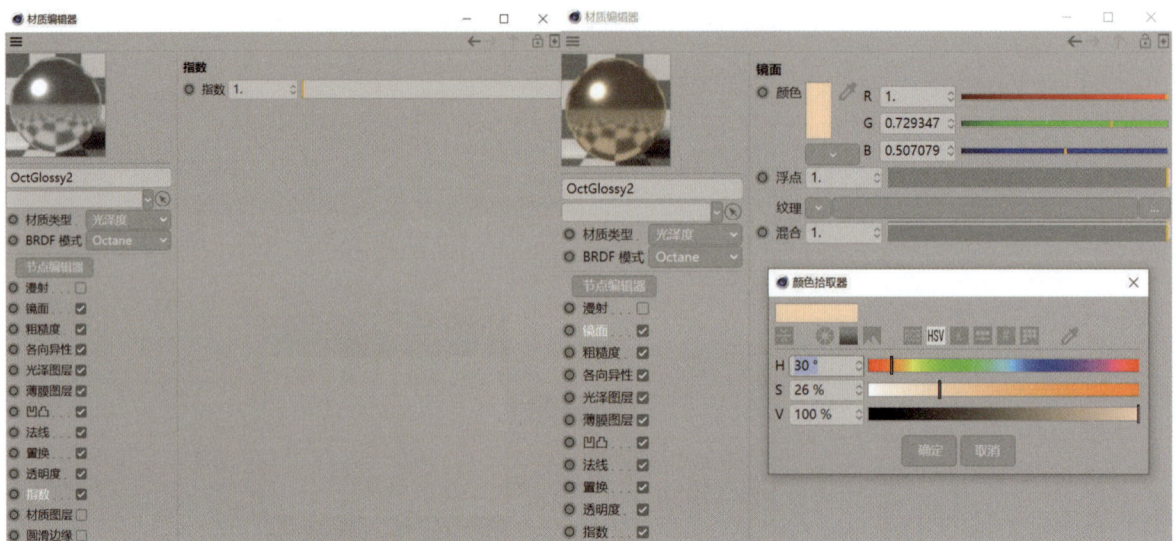

图2-18

将材质球分别赋予模型。主题的文字颜色使用白色，比较明显，二层的文字颜色使用金色，最外层的文字颜色使用红色，后方的心形背景使用紫色、红色和金色穿插上色，将整体色调调整得柔和一些，这样七夕专场的文字标题就制作完成了。提高渲染设置中的最大采样数值，渲染出图即可，如图 2-19 所示。

图 2-19

2.1.2 样条挤压创建立体字

图 2-20

当系统文字不能满足设计需求时，可以在 Adobe Illustrator（AI）中单独设计出字形，搭配上对应的图案，将其导入 C4D，通过挤压对象的方式得到立体字。

比如，使用官方提供的天猫 618 路径，在"Illustrator 选项"中选择"版本"下拉列表中的"Illustrator 8"选项，如图 2-20 所示。

图 2-21

要把这个字制作成立体字，只需以下几步。

在 C4D 中打开存储的 AI8 路径，在弹出的对话框中将"缩放"改为 10cm，如图 2-21 所示。这时可以看到路径都变为 C4D 中的样条对象了。

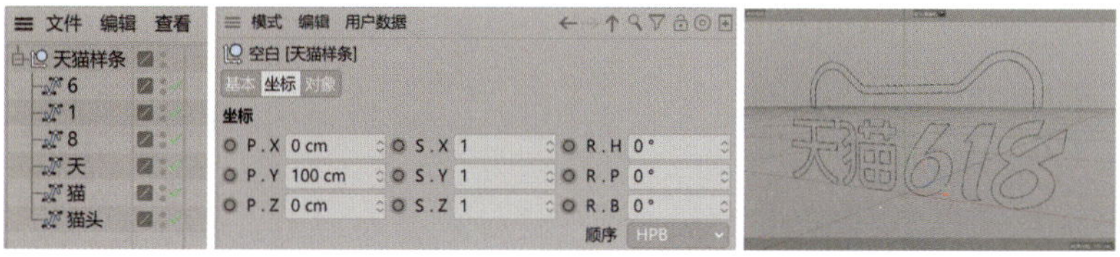

刚导入的样条对象需要整理。选中所有样条对象，在"坐标"属性面板中，把 P.X 和 P.Z 的数值都归零，把 P.Y 的数值根据样条对象大小进行调整，使整体样条对象置于地面中心，如图 2-22 所示。

图 2-22

在整理好的样条组的父级创建挤压对象,在挤压对象的"对象"属性面板中勾选"层级"复选框,就可以得到和AI中一样的立体字了,如图2-23所示。

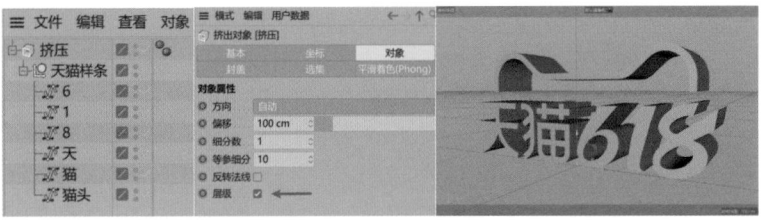

图 2-23

需要注意,在"封盖"属性面板中设置倒角"尺寸"为2cm,"分段"为5,使文字边缘圆滑一些,如图2-24所示。

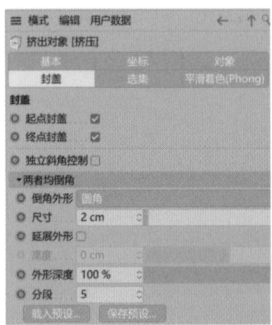 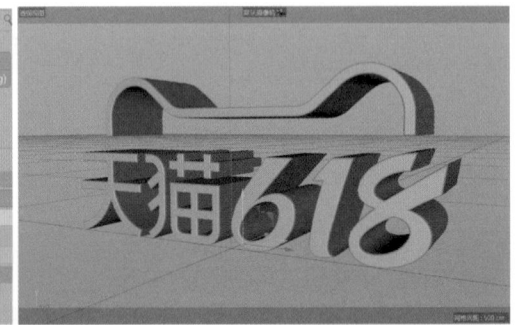

图 2-24

由于单层文字比较单薄,此时需要复制一层挤压对象,使其向Z轴正方向移动,同时将倒角"尺寸"设置为3cm,从而制作出描边效果,如图2-25所示。

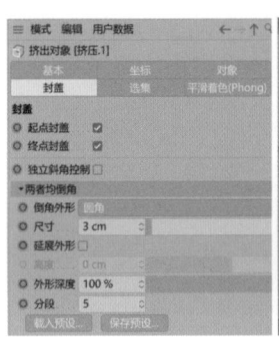 

图 2-25

再次复制一层挤压对象,在"对象"属性面板中将"偏移"增加到800cm,在"封盖"属性面板中将倒角"尺寸"增加到8cm,使挤压对象沿着Z轴正方向移动,使文字的纵深感更强,如图2-26所示。

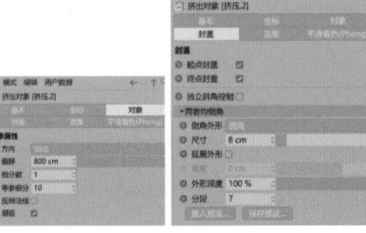 

图 2-26

给文字添加一些装饰。简单创建几个球体对象，并将其移动到文字周围。将球体对象的分段数值增加到48以上，这样才能平滑。在调整完成后需要把球体对象转为可编辑对象，便于后期渲染。注意，在摆放球体对象时不要将其穿插到模型内部，在地面上也应创建平面对象，平面对象应贴近文字底部，减小宽度，制作成条状，排成一排，如图2-27所示。

图 2-27

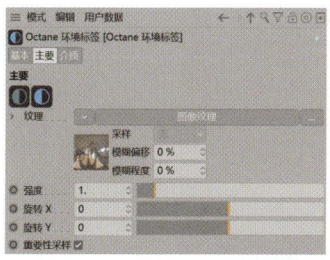 

使用Octane渲染器进行简单渲染。打开Octane实时查看窗口，完成初始设置。先给场景创建摄像机以固定画面，再创建Octane HDRI环境，在"纹理"栏添加一张室内的HDR贴图，并创建区域光，将其置于场景的斜上方，照亮整个场景，如图2-28所示。

图 2-28

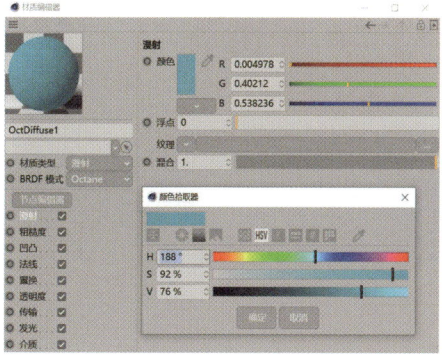 

给背景创建材质，背景的材质需要是不反光的材质。创建漫射材质球，勾选"漫射"通道，将"颜色"改为天蓝色，在"颜色拾取器"对话框中，分别设置H为188°、S为92%、V为76%，如图2-29所示。

图 2-29

创建5个光泽度材质球,"颜色"分别设置为红色、橙色、黄色、亮蓝色和白色(见图2-30),并均勾选"指数"通道,把"指数"均改为1.4,这样可以使材质的反射光泽度更好。分别将材质球赋予场景文字和装饰球体对象,注意装饰球体对象的颜色应穿插好,这样可以衬托出标题。

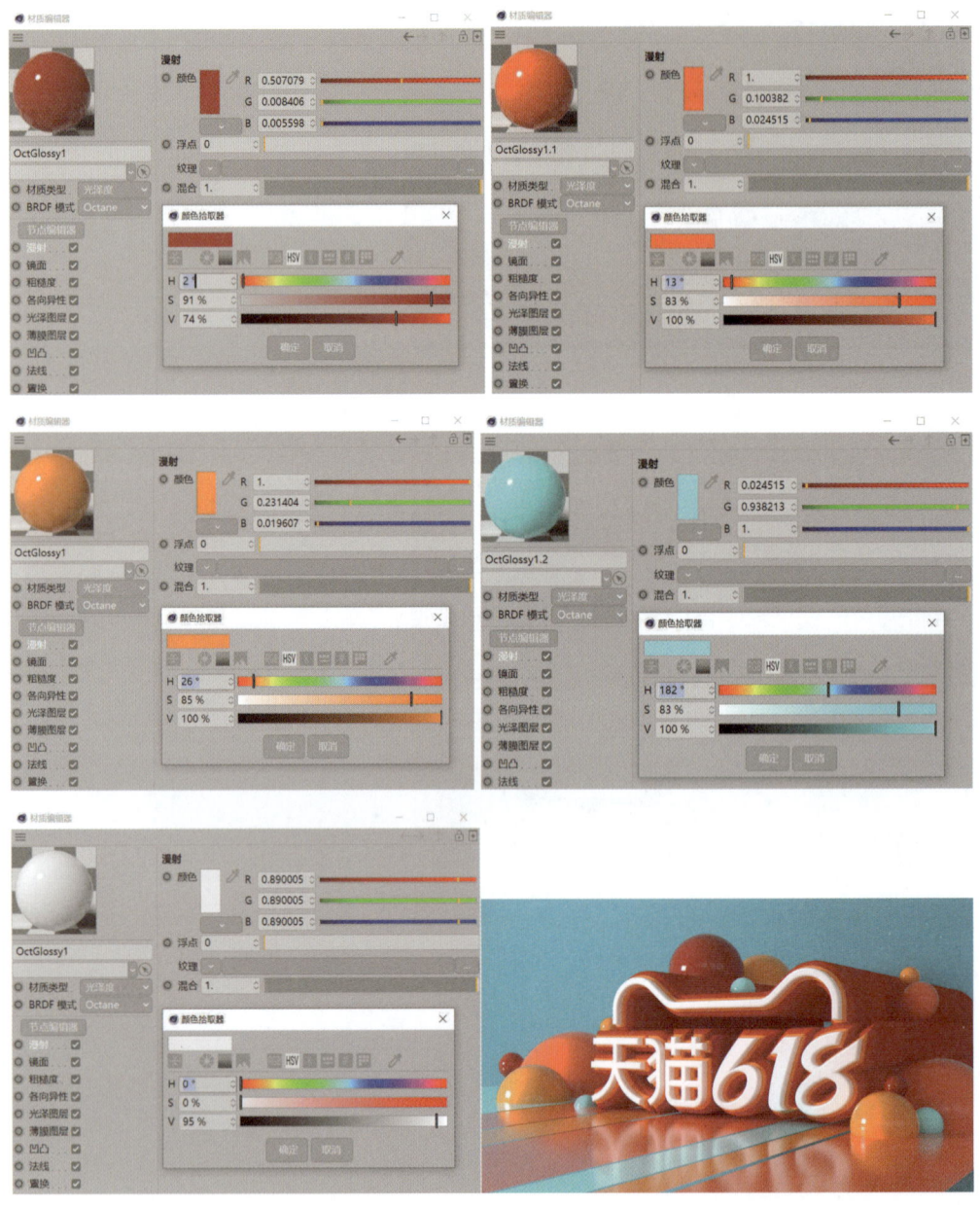

图 2-30

2.1.3 多边形画笔工具配合挤压工具创建立体字

在C4D中先直接绘制再通过点、线、面的调整,确定字形。在把字形绘制完成后,先全选面,再右击"挤压"按钮,给文字挤压出厚度,形成立体字。这时没有倒角参数,可以使用倒角变形器来调整。这个方法比较适合字形简单的字母或数字,这样制作出来体积更好看。下面进行案例展示。

创建平面对象。在"对象"属性面板中设置"宽度"为100cm,"高度"为400cm,"宽度分段"为1,"高度分段"为5,形成一个长条形,如图2-31所示。

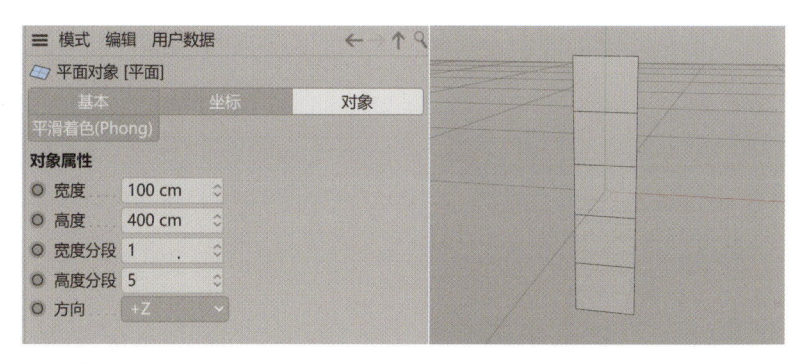

图 2-31

为了显示得比较清楚,将界面切换为深色系模式。使用C键,把平面对象转为可编辑对象,并切换到正视图,单击编辑模式工具栏中的"边模式"按钮,对模型的边进行移动和缩放等编辑操作。选中需要调整的边,按住Ctrl键的同时移动光标,把面复制出来,使用缩放和旋转工具调整拖出的新线段的大小和位置,使整体模型更像一个数字1。

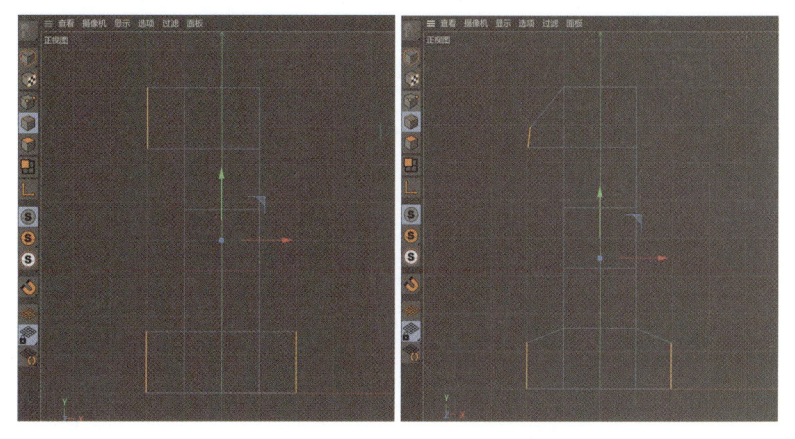

图 2-32

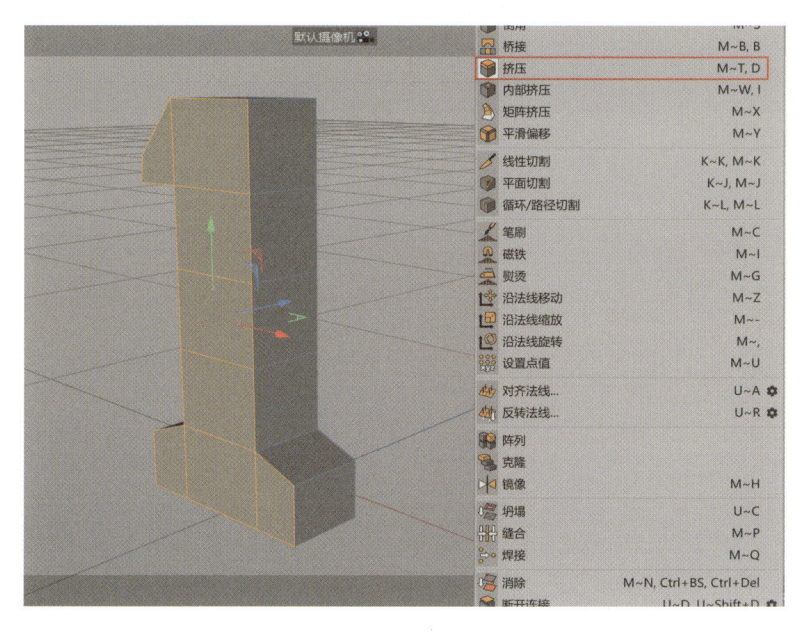

在字形调整好后,返回透视视图,切换到多边形(面)模式,使用快捷键Ctrl+A全选面,右击,在弹出的快捷菜单中选择"挤压"命令,在模型旁边空白处按住鼠标左键拖曳,数字1的立体模型就被挤压出来了,如图2-33所示。

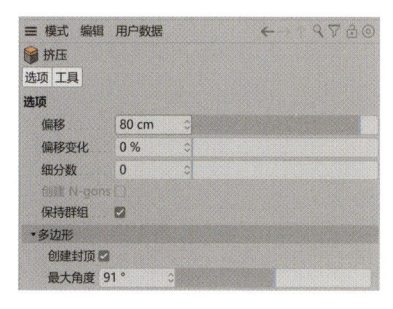

图 2-33

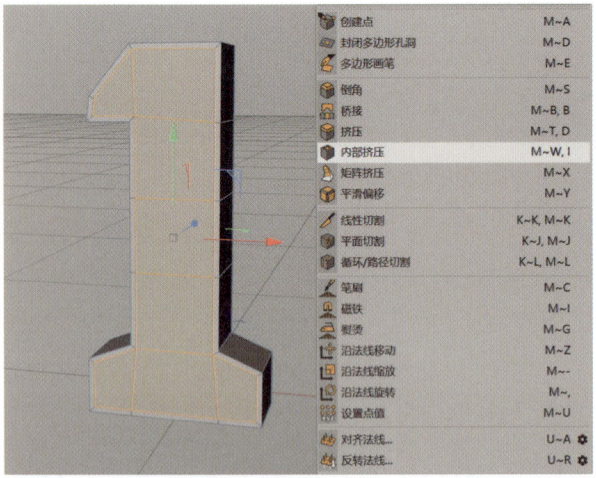

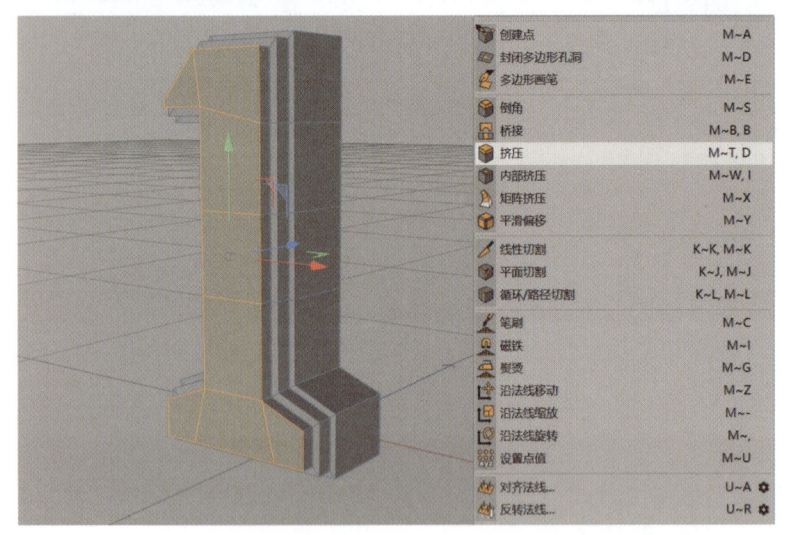

图 2-34

为数字制作更多的效果。全选顶面，右击，在弹出的快捷菜单中选择"内部挤压"命令，在模型旁边空白处按住鼠标左键拖曳，给模型内部挤压出一组面。再次右击，在弹出的快捷菜单中选择"挤压"命令，在空白处按住鼠标左键拖曳，将新挤压的面再次挤压出厚度，重复操作一次。这样字形在正面就有了阶梯一样的厚度，如图 2-34 所示。

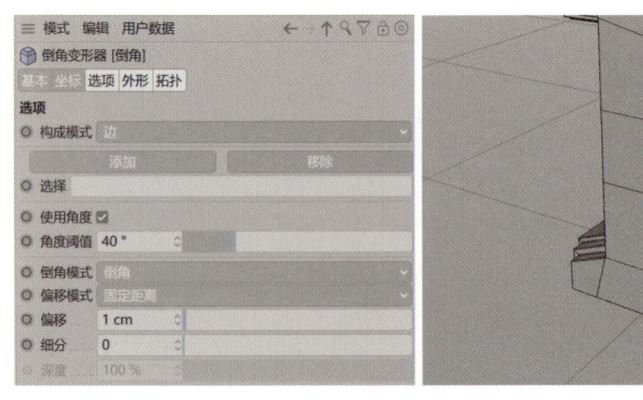

图 2-35

为数字1添加倒角。选择倒角变形器，将其拖入数字1的子级。在属性面板中勾选"使用角度"复选框，并将"偏移"改为1cm。这样模型的边缘就都加入了漂亮的倒角边，如图 2-35 所示。

为数字添加装饰细节。创建管道对象，在"对象"属性面板中设置"内部半径"为241cm，"外部半径"为285cm，增加旋转分段数值，勾选"圆角"复选框。在"切片"属性面板中勾选"切片"复选框，设置"起点"为-34°，"终点"为212°，将调整后的管道对象放到数字1的周围，如图2-36所示。

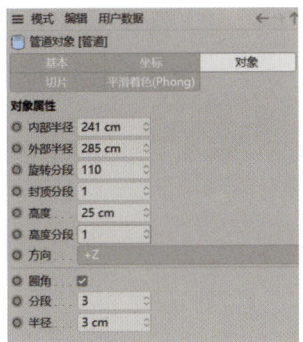

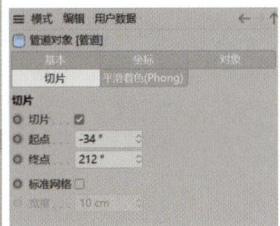

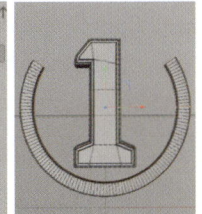

图2-36

复制两个管道对象，分别调整其尺寸和切片起点、终点的角度，形成3层装饰，如图2-37所示。

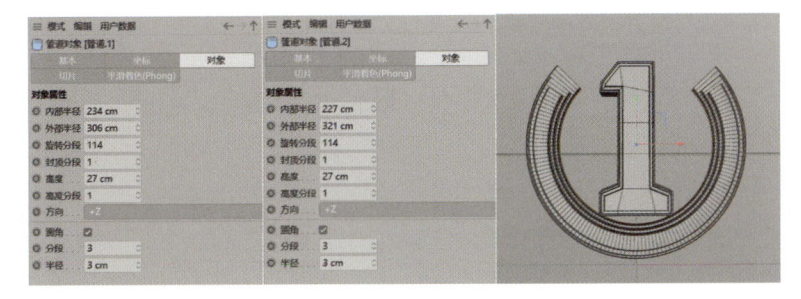

图2-37

创建星形装饰。在"对象"属性面板中设置"内部半径"为20cm，"外部半径"为30cm，"点"为5，制作出五角星样条对象，如图2-38所示。

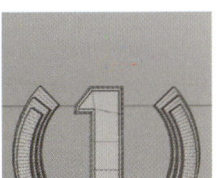

图2-38

创建挤压对象。在对象面板中把星形对象拖入挤压对象的子级，并将"封盖"属性面板中的"尺寸"调整为2cm，星形对象就有厚度了，如图2-39所示。

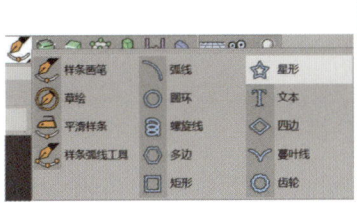

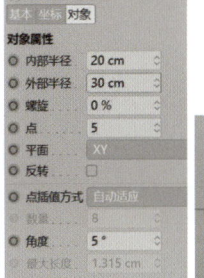

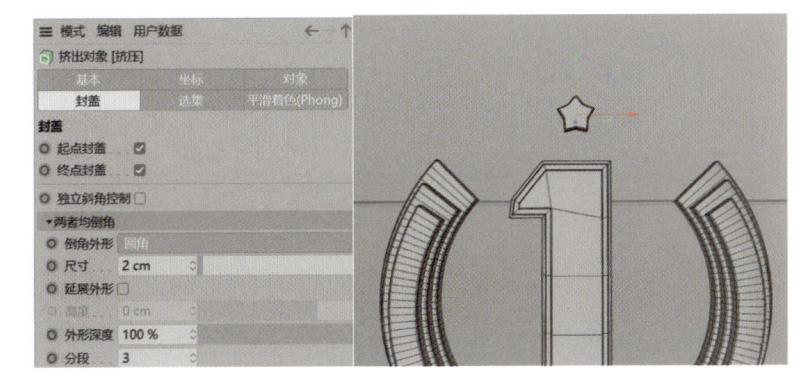

图2-39

原位复制一个五角星样条对象。使用缩放工具将其放大并向后移动，制作出两层星星，将这两层星星看作一组再复制两组，分别移动到第一组的两侧，使用旋转工具将这三组星星调整成放射状，如图2-40所示。

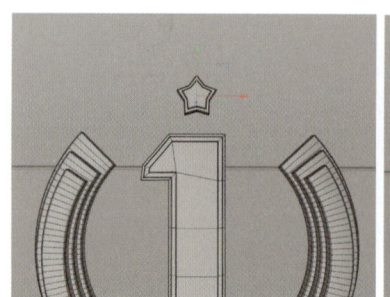

图2-40

创建圆环对象，在"对象"属性面板中设置圆环对象的"半径"为420cm，使用旋转工具旋转圆环对象，使它围绕在文字周围，如图2-41所示。

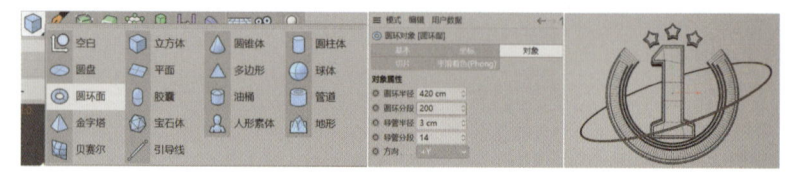

图2-41

复制圆环对象，调整其半径和角度，将其制成两层，这样模型就制作完成了，如图2-42所示。

打开Octane实时查看窗口，简单渲染模型，如图2-43所示。

创建Octane HDRI环境，在"纹理"栏添加一张HDR贴图，让环境不那么漆黑，如图2-44所示。

图2-42

图2-43

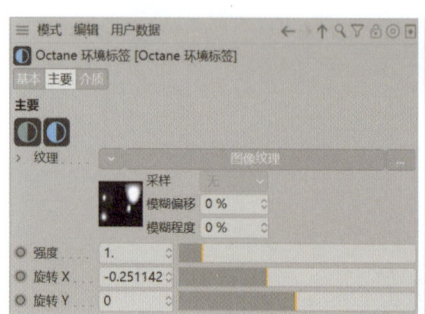

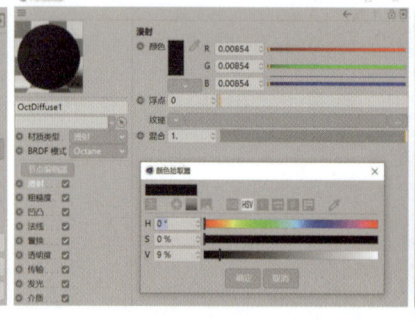

图2-44

创建区域光，并将区域光移动到文字的左侧，使其距模型远一些，如图2-45所示。

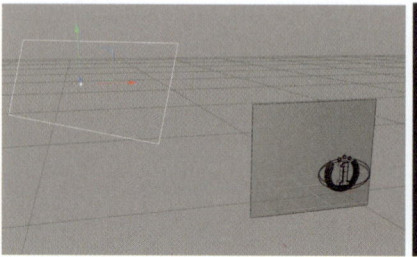

图2-45

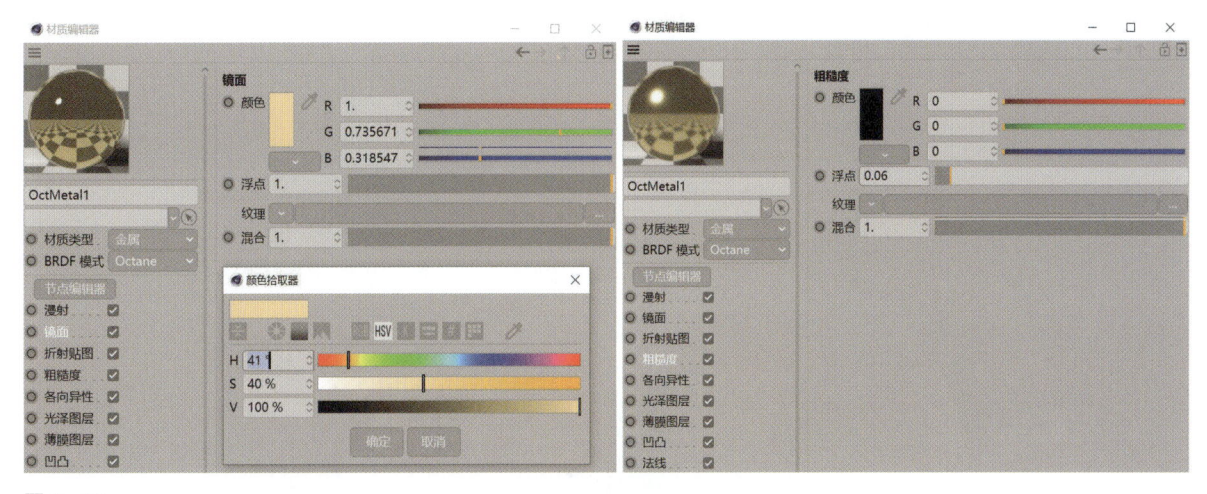

图 2-46

图 2-47

创建金属材质球，勾选"镜面"通道，设置"颜色"为浅黄色；勾选"粗糙度"通道，设置"浮点"为 0.06，黄金材质球就制作完成了，如图 2-46 所示。把它赋予模型，打造出金灿灿的效果，如图 2-47 所示。

观察模型，如果边缘的位置比较黑，则需要复制灯光并将其移动到模型右下方，给模型补一个光，这样整体模型的效果就非常漂亮了，如图 2-48 所示。

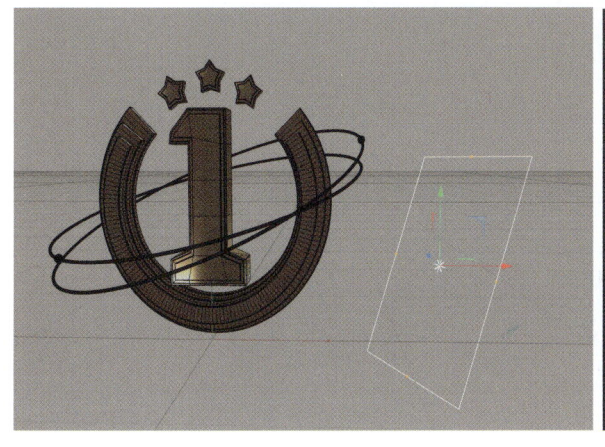

图 2-48

这是几种快速构建立体字的常见方法，后面会详细介绍使用扫描工具和样条约束工具等更为丰富的构建立体字的方法。

2.2 参数化模型搭建积木文字

本节主要介绍参数化模型的使用方式，通过搭积木的方式拼接立体字，制作一张 618 主题字图片，如图 2-49 所示。

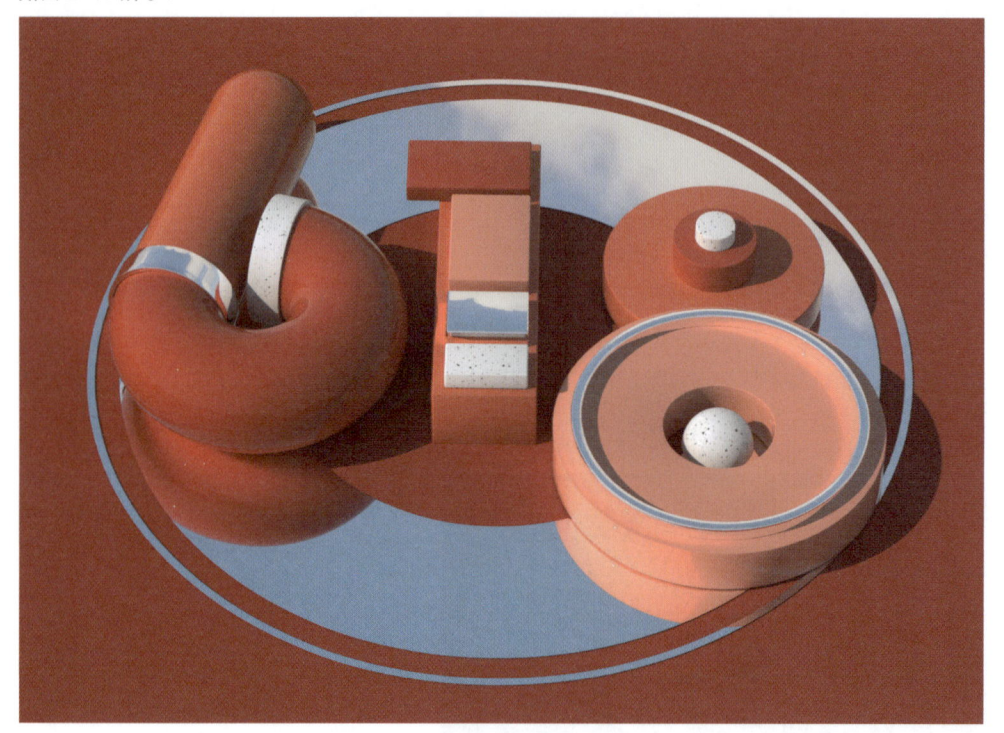

图 2-49

2.2.1 模型搭建

本节使用之前学过的参数化模型，像搭积木一样搭建 618 文字，通过这个案例使读者了解参数化模型中的各项参数是如何应用的。

1. 数字 6 的模型拼接

创建圆环对象。在"对象"属性面板中设置"圆环半径"为 40cm，"导管半径"为 26cm，增加圆环分段数值和导管分段数值，使圆环对象变成一个光滑的甜甜圈的样式，如图 2-50 所示。

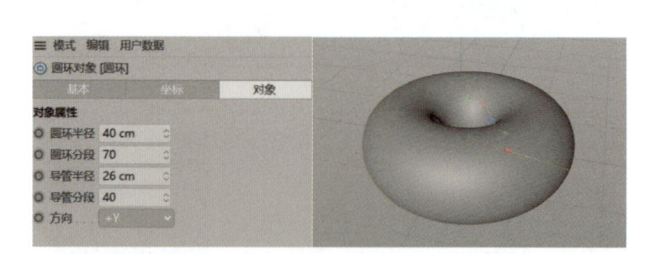

图 2-50

在"切片"属性面板中，勾选"切片"复选框，设置"起点"为 -180°，"终点"为 90°，就可以看到圆环对象缺少了四分之一，如图 2-51 所示。

图 2-51

创建胶囊对象。在"对象"属性面板中设置"半径"为26cm,"高度"为173cm,并且适当增加封顶分段数值和旋转分段数值,使用移动工具和旋转工具把胶囊对象和圆环对象的一端连接起来,制作出数字6的大体样式,如图2-52所示。

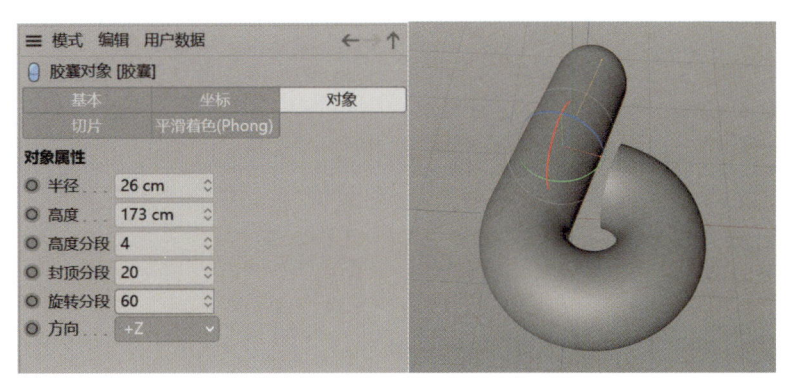

图2-52

给数字添加一些装饰。创建管道对象,在"对象"属性面板中设置"内部半径"为26cm,"外部半径"为28cm,"高度"为15cm,增加分段数值。将管道对象移动到圆环对象的另一端,套在圆环对象上。在"对象"属性面板中勾选"圆角"复选框,设置"半径"为0.5cm,使管道对象的倒角平滑,如图2-53所示。

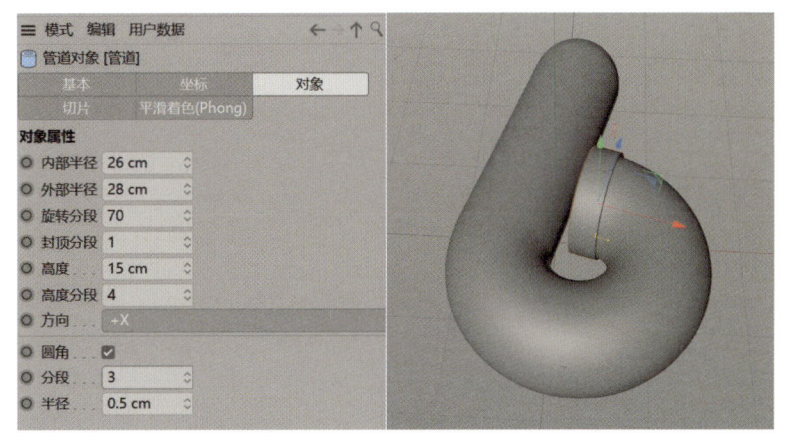

图2-53

复制管道对象。将管道对象移动到圆环对象和胶囊对象相接的位置,遮挡住接口,这样数字6就制作完成了,如图2-54所示。

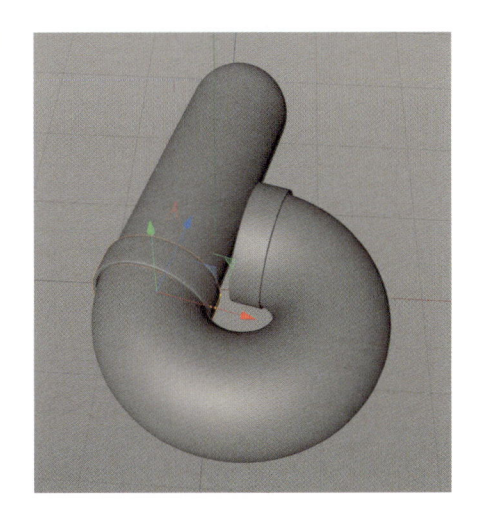

图2-54

2. 数字 1 的模型拼接

制作数字 1 的模型相对简单，虽然使用立方体工具就可以完成，但是要多制作几个模型进行拼接，方便后期添加不同的材质，并且这样会更加精致、好看。

创建立方体对象，分别设置"尺寸.X"为46cm、"尺寸.Y"为30cm、"尺寸.Z"为158cm，勾选"圆角"复选框，设置"圆角半径"为1cm，"细分"为3，移动模型到数字 6 的右侧，如图 2-55 所示。

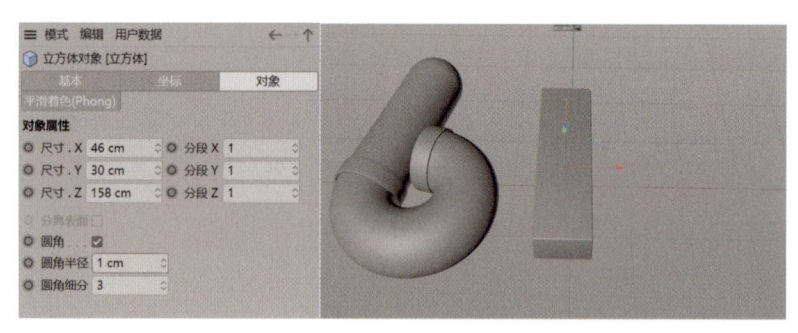

图 2-55

复制立方体对象，分别设置"尺寸.X"为57cm、"尺寸.Y"为9cm、"尺寸.Z"为31cm，并将其移动到之前建立的立方体对象顶端，使其底部贴近模型，突出一点作为数字 1 的顶部，如图 2-56 所示。

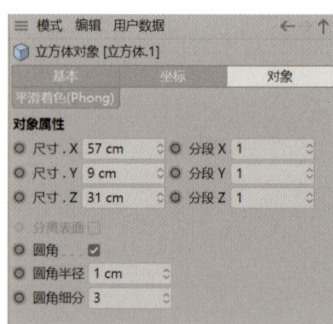

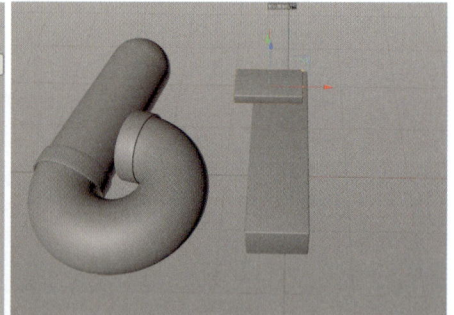

图 2-56

复制 3 个同样的立方体对象，调整立方体对象的尺寸，并将其搭建在最初的立方体对象的上方，让整体模型显得不单调，如图 2-57 所示。

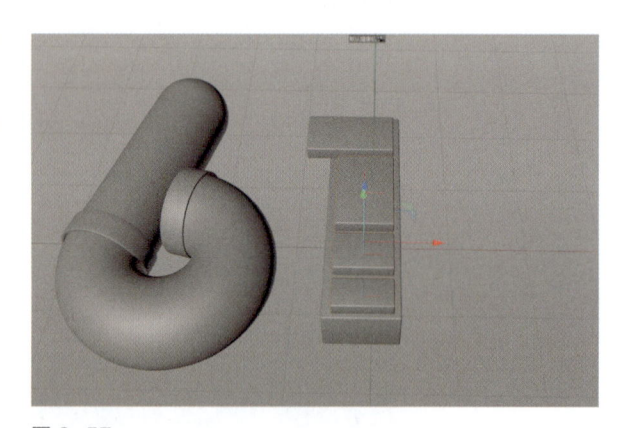

图 2-57

3. 数字 8 的模型拼接

创建圆柱对象，在"对象"属性面板中调整"半径"为50cm，"高度"为15cm，将"旋转分段"增加到70；在"封顶"属性面板中勾选"圆角"复选框，用移动工具把圆柱对象移动到数字 1 的右侧，如图 2-58 所示。

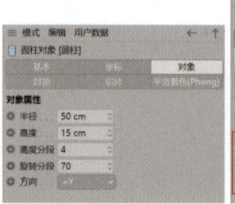

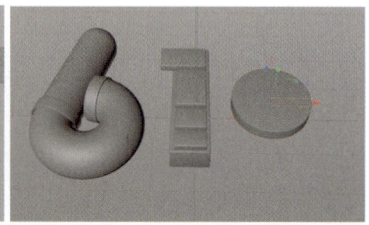

图 2-58

创建管道对象，将"内部半径"设置为24cm，"外部半径"设置为72cm，"高度"设置为21cm，"旋转分段"设置为77，勾选"圆角"复选框，设置"半径"为0.5cm，并将其移动到圆柱对象的正下方，穿插进一部分，制作出数字8的大体样式，如图2-59所示。

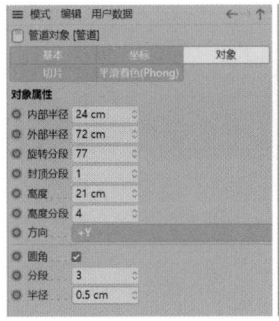

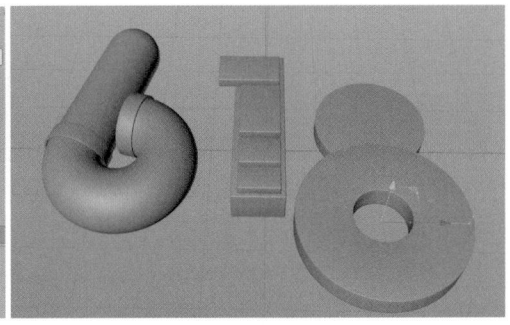

图2-59

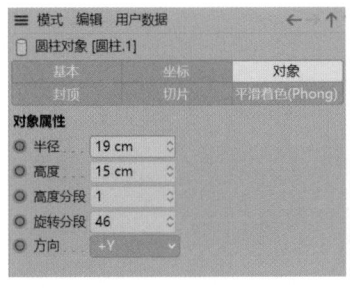

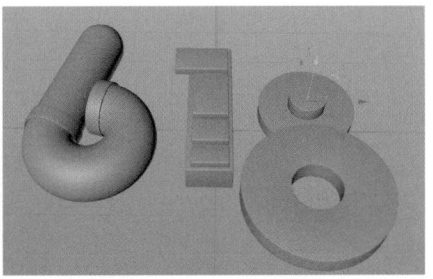

为数字8创建一些细节装饰，复制上文中创建的圆柱对象，调整"半径"为19cm，"高度"为15cm，将"旋转分段"增加到46，使其沿着Y轴正方向移动，如图2-60所示。

图2-60

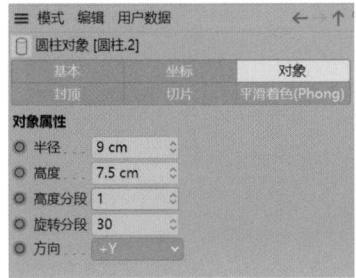

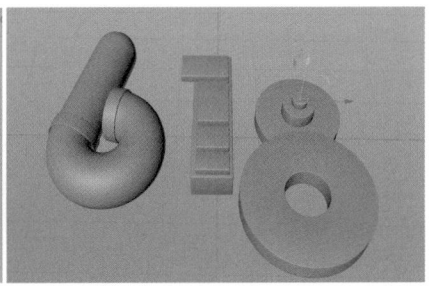

再次复制圆柱对象，调整"半径"为9cm，"高度"为7.5cm，使其沿着Y轴正方向移动，制作出三层的效果，如图2-61所示。

图2-61

复制数字8下半部分的管道对象，将"内部半径"设置为60cm，"外部半径"设置为64cm，"高度"设置为7cm，使其沿着Y轴正方向移动，为数字8制作一个凸起的圆边，如图2-62所示。

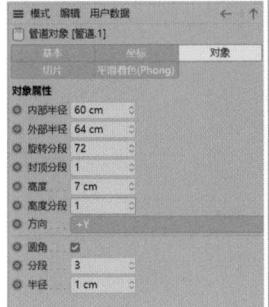

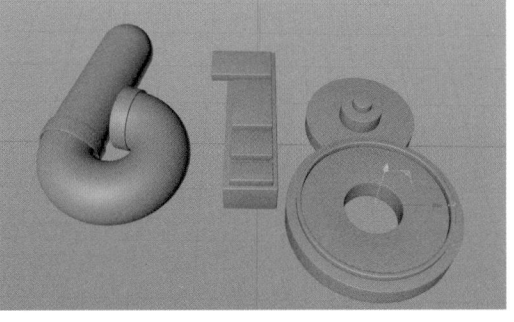

图2-62

创建球体对象，将"类型"设置为"半球体"，"半径"设置为15.635cm，"分段"增加到42，并将球体对象移动到管道对象的中心空白处，数字8就制作完成了，如图2-63所示。

图 2-63

4. 制作背景

给3个数字制作一个背景，使画面整体性更强。

创建圆盘对象，调整"内部半径"为100cm，"外部半径"为170cm，将"旋转分段"增加到120，并将圆盘对象移动到数字618的底部，如图2-64所示。

复制圆盘对象，调整"内部半径"为180cm，"外部半径"为185cm，这样背景就制作完成了，如图2-65所示。

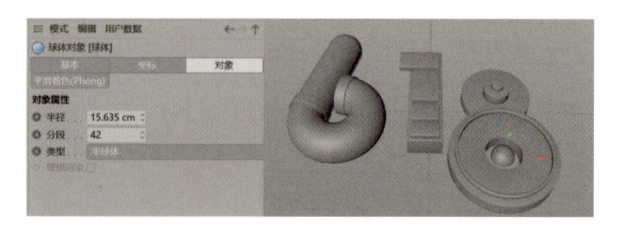

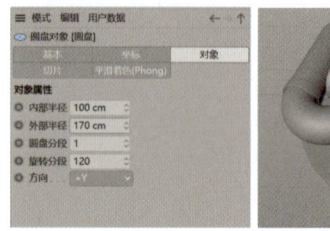

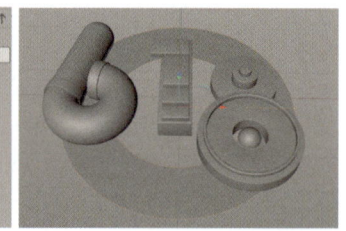

图 2-64

2.2.2 环境与灯光

在渲染之前需要先把渲染器设置好，打开"Octane 设置"窗口，将"核心"选项卡的渲染模式改为"路径追踪"，设置"最大采样"为800，勾选"自适应采样"复选框；在"摄像机成像"选项卡中，选择"图像"选项卡的"重定义空间"下拉列表中的"Gamma 2.2"选项，勾选"降噪"选项卡中的"启用降噪"和"降噪体积"复选框，取消勾选"完成时降噪"复选框，其他设置保持默认值，如图2-66所示。

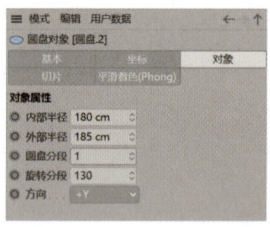

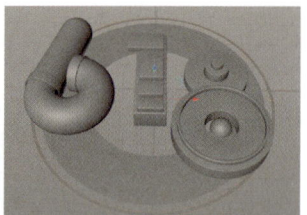

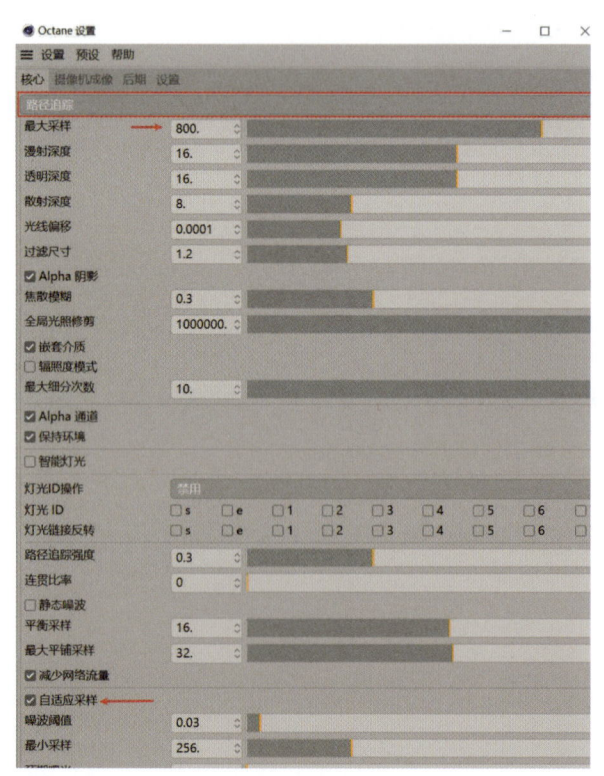

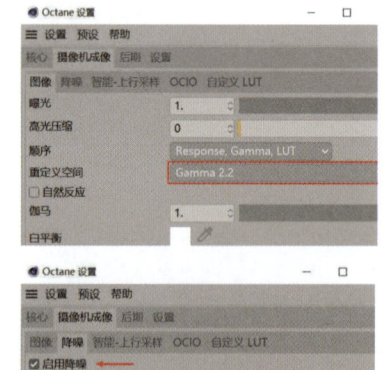

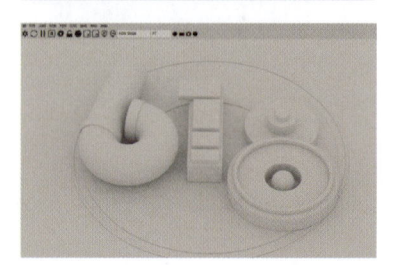

图 2-65

图 2-66

创建Octane日光。这个灯光效果可以模拟户外阳光效果，属于平行光，自带暖色效果，光影和灯光位置没有关系，无须移动。通过调整灯光对象的"坐标"属性面板中的R.H、R.P、R.B的数值，可以控制灯光的明亮程度和影子的方向，如图2-67所示。

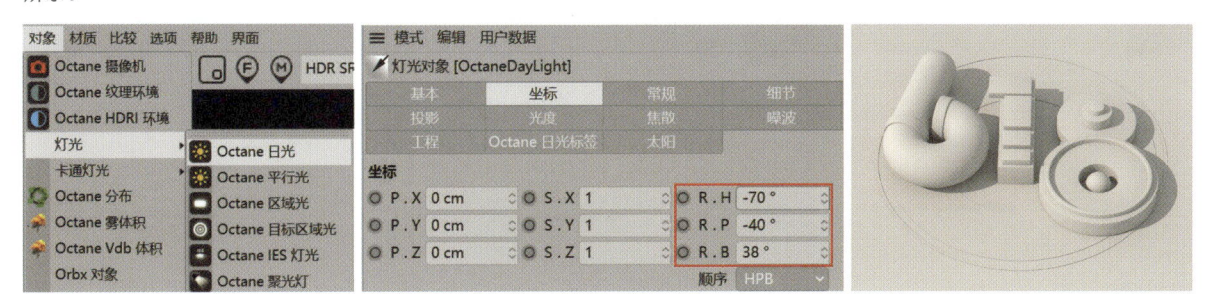

图 2-67

创建Octane HDRI 环境。在"纹理"栏添加一张户外蓝天白云的HDR贴图，这样画面的暗部就有天光反射的冷色效果了。这时画面冷暖对比比较明显，形成户外效果，环境和光影就设置完成了，如图2-68所示。

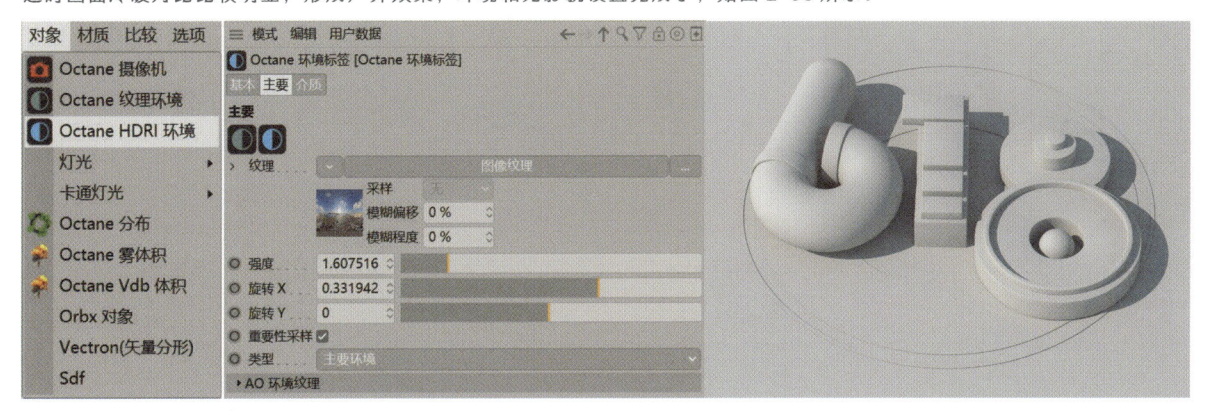

图 2-68

2.2.3 材质与渲染输出

将整体材质设置成暖色，让画面呈现促销效果。创建漫射材质球，将"颜色"调整成深红色，赋予背景平面，如图2-69所示。

图 2-69

创建3个光泽度材质球,分别设置"颜色"为红色、橘红色和粉红色,具体可参考图2-70。把它们分别赋予文字的各个部分,使其颜色交替,色调统一又带有变化,如图2-71所示。

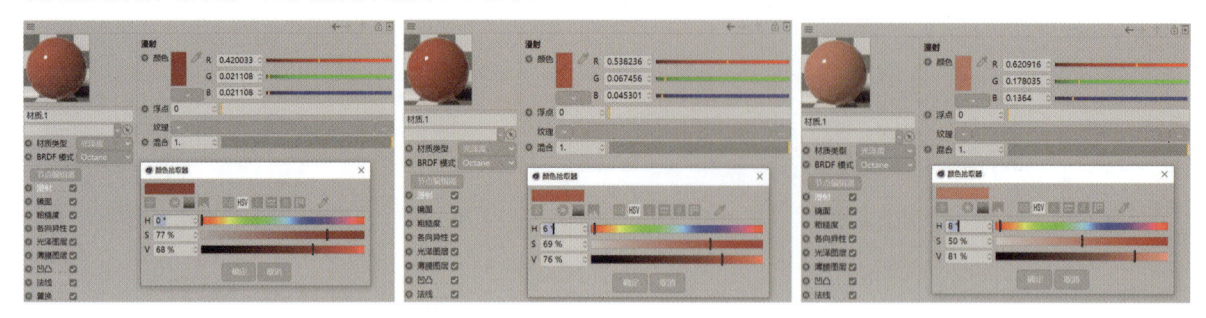

图 2-70

图 2-71

为了使画面更生动,应添加一些点缀,可以使用简单的节点材质制作带有贴图纹理的材质球。首先创建漫射材质球,单击"节点编辑器"按钮,打开"Octane节点编辑器"窗口,窗口的左侧是可用的节点。在其中找到"图像纹理"节点,将其拖入材质窗口,把"图像纹理"窗口右上角的输出节点拖出使其连接到"漫射"通道的输入节点处,这样"漫射通道"就连接好了"图像纹理"节点,如图2-72所示。

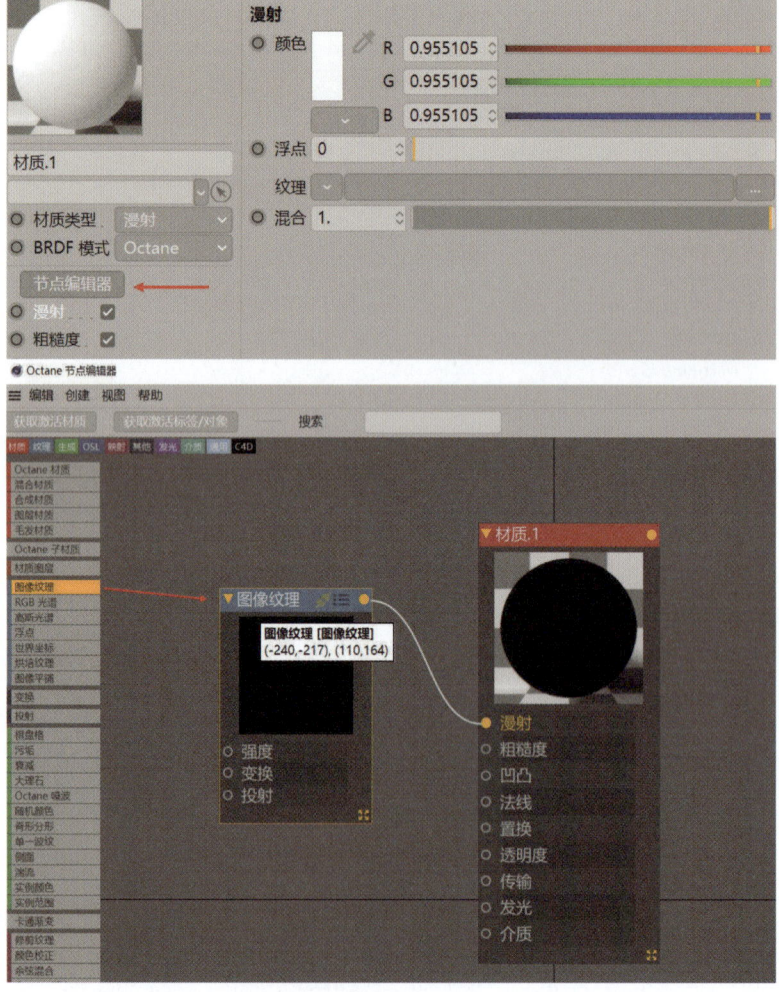

图 2-72

选择"图像纹理"窗口并选择"着色器"选项卡,将一张准备好的白底带随机黑点的贴图插入"文件"栏,这张贴图就会被赋予"漫射"通道。为了使纹理平铺显示正确,单击"投射"按钮,会自动连接一个"投射"节点到"图像纹理"窗口中。选择"图像纹理"窗口,在右侧的"着色器"选项卡的"纹理投射"下拉列表中选择"盒子"选项,这样会使纹理平铺效果非常好,如图2-73所示。

将这个材质球赋予小面积的模型,让画面更为灵动,如图2-74所示。

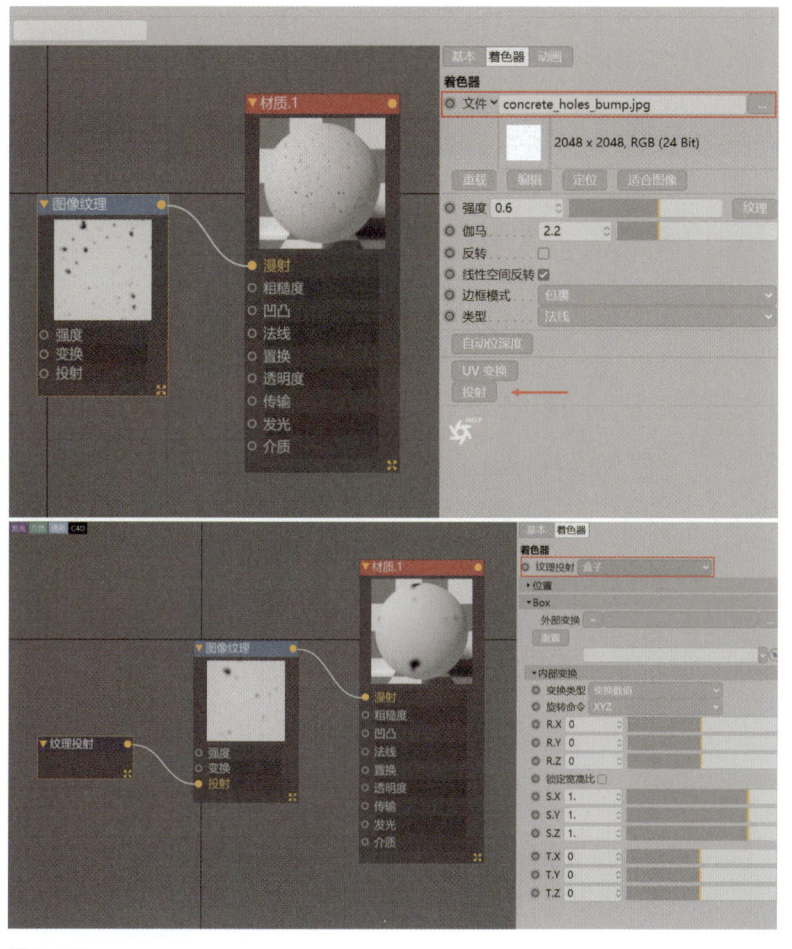

图 2-73

图 2-74

创建光泽度材质球。取消勾选"漫射"通道,在"指数"通道中调整"指数"为1,让材质形成全反射的镜面效果。把它赋予背景的圆盘和数字中的剩余几个模型,整体材质就制作完成了。为了使背景反射出天空的云彩,可以在Octane HDRI 环境中通过旋转贴图来调整,在渲染输出时应将最大采样数值调整到2000,让画面多渲染一会,使噪点降低,这样画质更好,如图2-75所示。

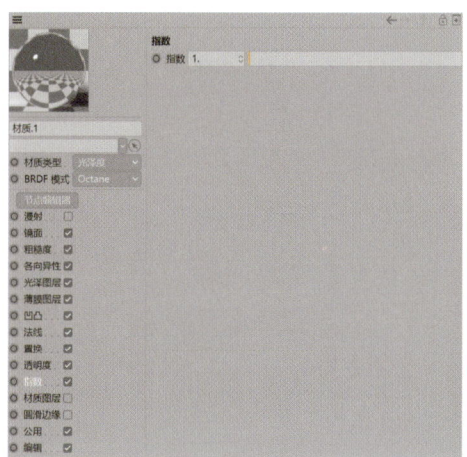

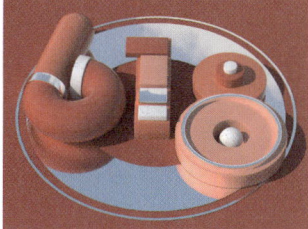

图 2-75

2.3 文本工具制作立体字海报

本节会使用文本工具，直接制作出立体字效果，并且搭配一些参数化模型拼接出小场景，轻松、快速地设计出环保海报，如图 2-76 所示。

图 2-76

2.3.1 运动图形的文本工具详解

学习使用 C4D 的"运动图形"下拉菜单中的文本工具（见图 2-77），文本工具可以借助系统安装的字体，快速搭建立体字。在"对象"属性面板的"文本"文本框中输入文字"低碳生活"，将"深度"设置为 5cm，"高度"设置为 120cm，并在"对齐"下拉列表中选择"中对齐"选项，如图 2-78 所示。

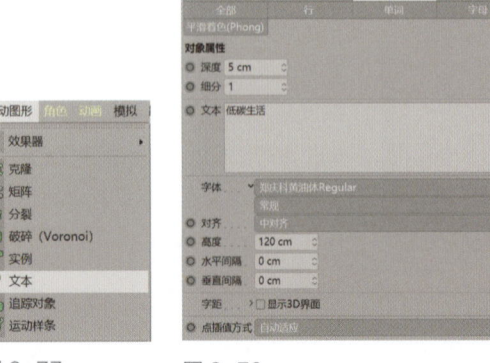

图 2-77 　　图 2-78

默认勾选"起点封盖"和"终点封盖"复选框，代表文字正面和背面模型是否闭合。若模型的边缘没有平滑过渡，则需要调整倒角参数。默认不勾选"独立斜角控制"复选框，这样可以使前后倒角数值一致。选择"倒角外形"下拉列表中的"圆角"选项，并将"尺寸"调整为1cm，制作出边缘圆滑的样式，如图2-79所示。

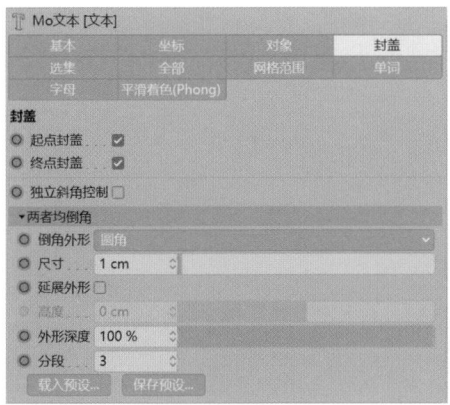

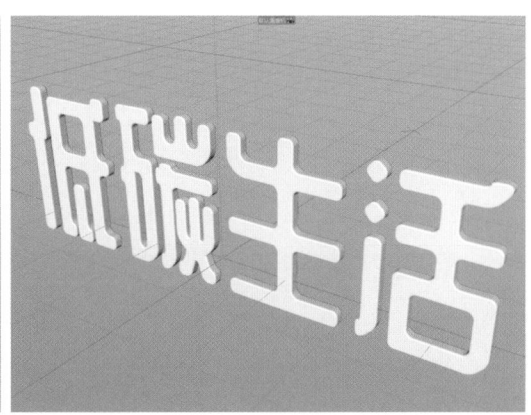

图2-79

复制3组文字，分别调整它们在"封盖"属性面板中的"半径"为4cm、5cm和9cm，使用移动工具分别使它们向后移动，让文字有4层递进的描边效果，如图2-80所示。

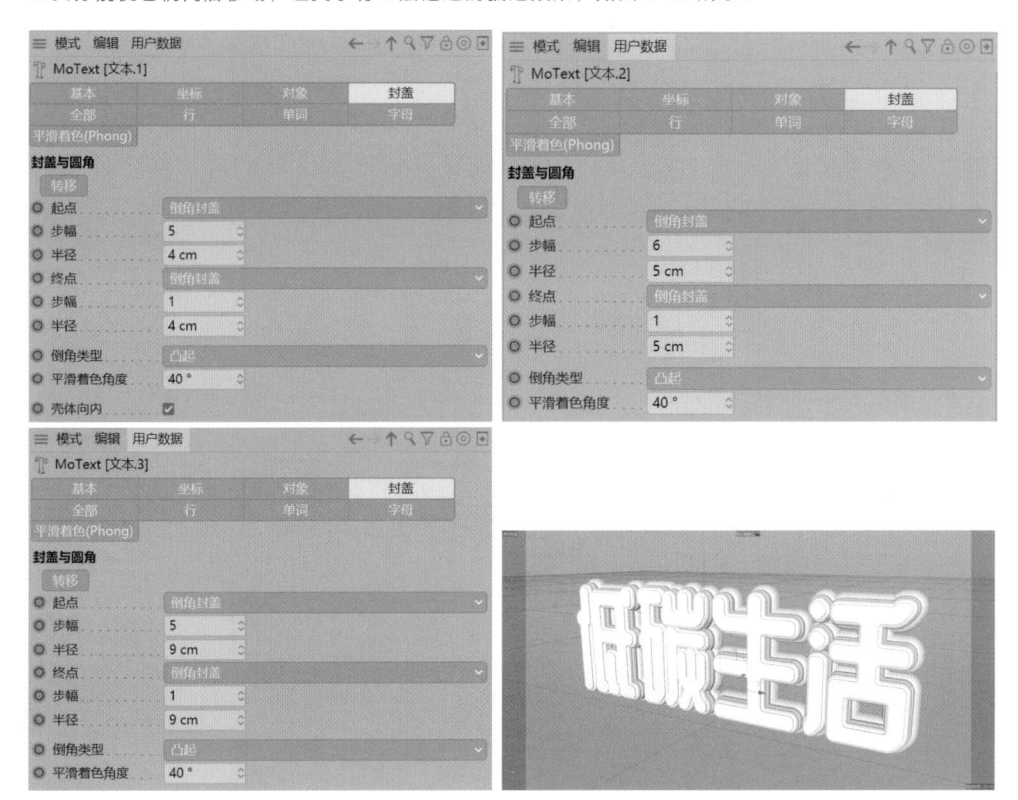

图2-80

2.3.2 积木拼接法搭建场景元素

搭建场景元素的制作包括以下几个部分。

1. 制作松树

先创建圆锥对象,在属性面板中调整"底部半径"为12cm,"高度"为58cm,加大旋转分段数值,将圆锥对象作为松树树冠。再创建圆柱对象,在属性面板中调整"半径"为2cm,"高度"为15cm,加大旋转分段数值,将圆柱对象作为松树树干,如图2-81所示。

把圆柱对象移动到圆锥对象的下方,如图2-82所示。

多次复制单棵松树,使用移动和缩放工具,把它们装饰到文字周围,在文字两侧都放一些,使它们有大有小,错落有致,如图2-83所示。

图2-81

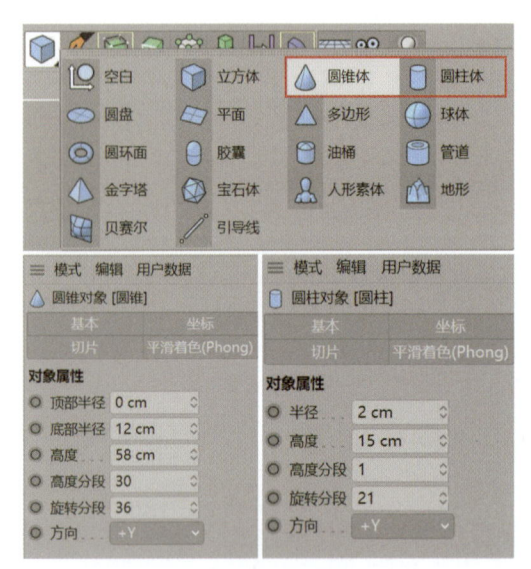

图2-82

图2-83

2. 制作草地

创建圆锥对象,在属性面板中调整"底部半径"为3.6cm,"高度"为5cm,"旋转分段"为20。复制多个圆锥对象,分别将它们移动到树和文字的四周,模拟小草颗粒,作为点状装饰,如图2-84所示。

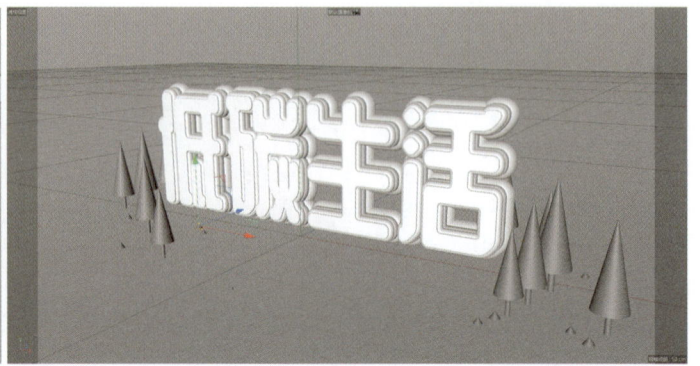

图2-84

3. 制作太阳

创建球体对象，将"半径"设置为30cm，"分段"设置为32，并将球体对象移动到文字后方制作成一个小太阳，如图 2-85 所示。

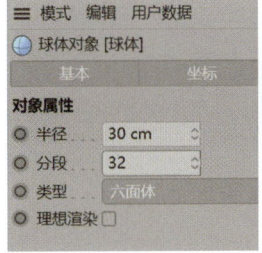

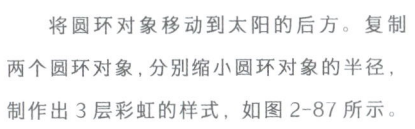

图 2-85

4. 制作彩虹

创建圆环对象，在"对象"属性面板中调整"圆环半径"为72cm，"导管半径"为8cm，"圆环分段"为32。在"切片"属性面板中，勾选"切片"复选框，调整"终点"为 -150°，如图 2-86 所示。

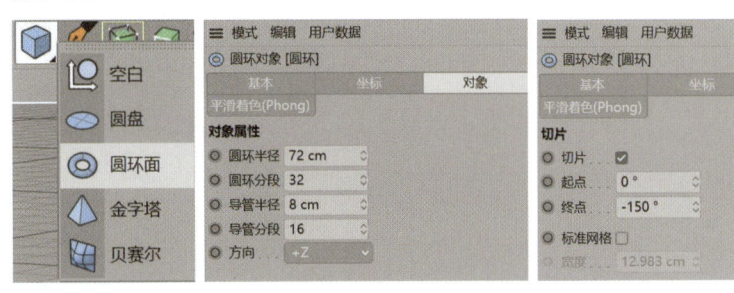

图 2-86

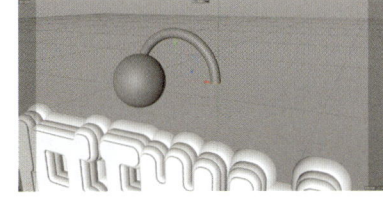

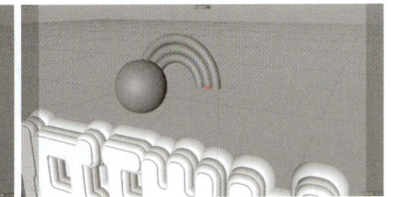

将圆环对象移动到太阳的后方。复制两个圆环对象，分别缩小圆环对象的半径，制作出 3 层彩虹的样式，如图 2-87 所示。

图 2-87

5. 制作云彩

复制之前制作的球体对象，将其半径缩小并移动到彩虹的一侧，如图 2-88 所示。

创建融球对象，在"对象"属性面板中分别设置"编辑器细分"和"渲染器细分"为3cm，在对象面板中把复制的球体对象都拖入融球对象的子级，可以看到球体对象融合在一起了，这时可以适当调整球体对象的位置，让云的形态更明显，如图 2-89 所示。

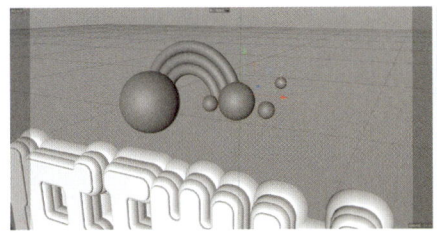

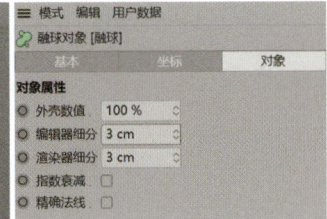

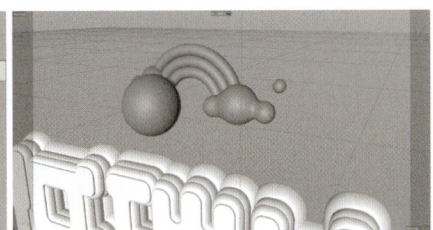

图 2-88

图 2-89

在元素都制作完成后，接下来可以调整一个适当的角度。创建摄像机对象，进入摄像机视角，将"焦距"调整为135，这样场景模型就搭建完成了，如图 2-90 所示。

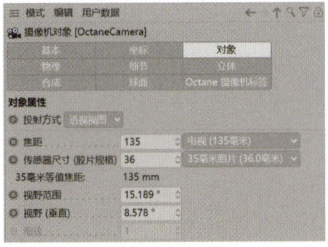

图 2-90

2.3.3 环境与灯光

在渲染之前首先需要把渲染器设置好。打开"Octane 设置"窗口,将"核心"选项卡的渲染模式改为"路径追踪","最大采样"改为 800,勾选"自适应采样"复选框。在"摄像机成像"选项卡的"图像"选项卡中,选择"重定义空间"下拉列表中的"Gamma 2.2"选项,勾选"启用降噪"和"降噪体积"复选框,取消勾选"完成时降噪"复选框,其他设置保持默认值,如图 2-91 所示。

效果如图 2-92 所示。

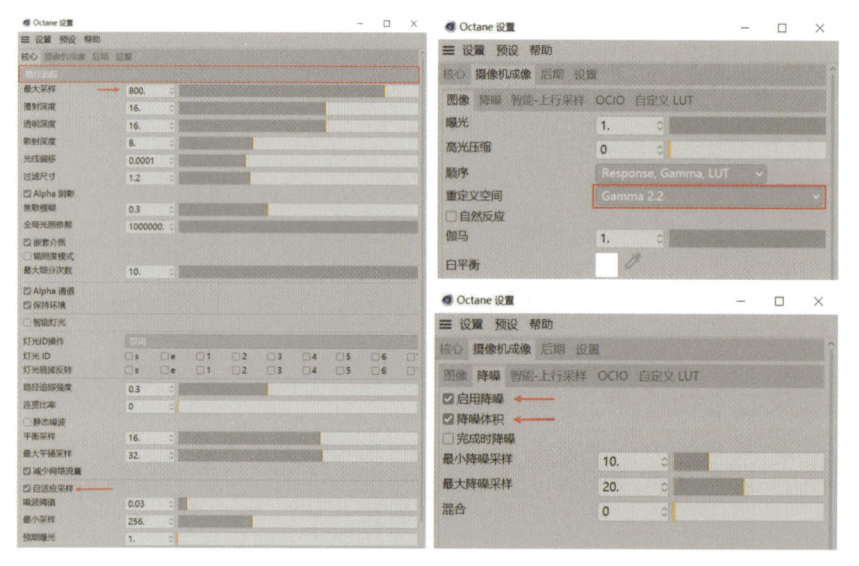

图 2-91

图 2-92

使用"Octane 日光"命令,制作出户外阳光照明效果。使用旋转工具旋转日光,使影子处于斜侧方,拉出长的阴影,旋转角度可以参考如图 2-93 所示的设置。

效果如图 2-94 所示。

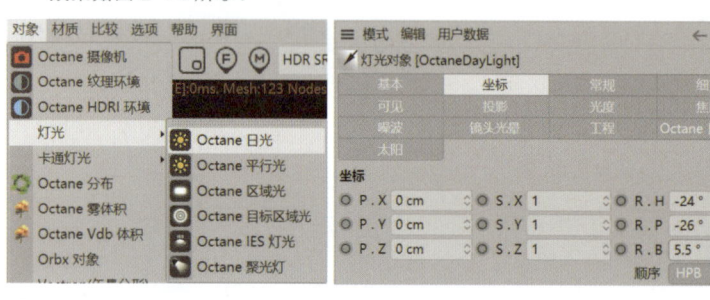

图 2-93

图 2-94

2.3.4 材质与渲染输出

在设置好环境后,下面开始设置材质,首先选择背景颜色确定整体基调。创建漫射材质球,调整"颜色"为深绿色,分别设置 H 为 160°、S 为 93%、V 为 53%,如图 2-95 所示。

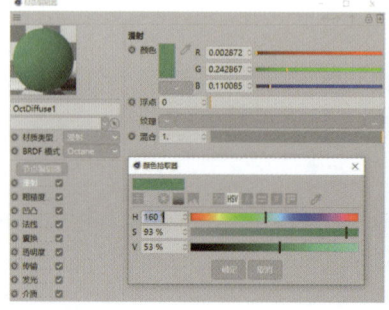

图 2-95

1. 文字材质

选择同样绿色系的亮色，创建两个光泽度材质球，调整"颜色"为一深一浅的两个亮绿色，分别设置 H 为 90°、S 为 63%、V 为 82% 和 H 为 74°、S 为 66%、V 为 91%，如图 2-96 所示。

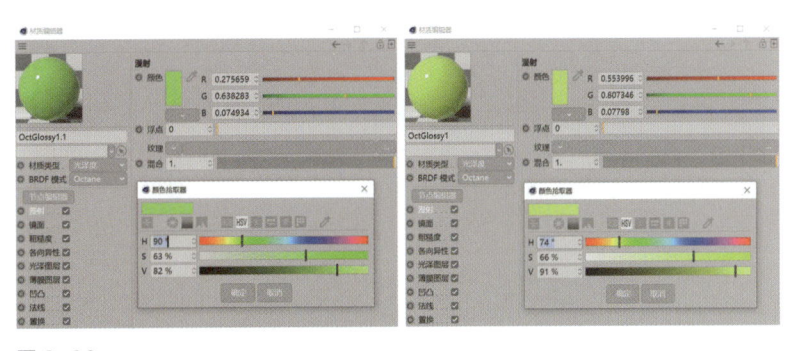

图 2-96

将这两个材质球和之前创建完成的背景深绿色材质球，交替赋予文字，最亮的颜色赋予最前面的一层，使文字处于明亮的状态，如图 2-97 所示。

图 2-97

2. 树木材质

树木的绿色设置成渐变颜色。创建光泽度材质球，单击"节点编辑器"按钮，打开"Octane 节点编辑器"窗口，将"渐变"节点连接到"漫射"通道的节点处，在"着色器"选项卡中调整渐变颜色，设置左侧为深绿色、右侧为浅绿色，选择"类型"下拉列表中的"二维 -V"选项，如图 2-98 所示。

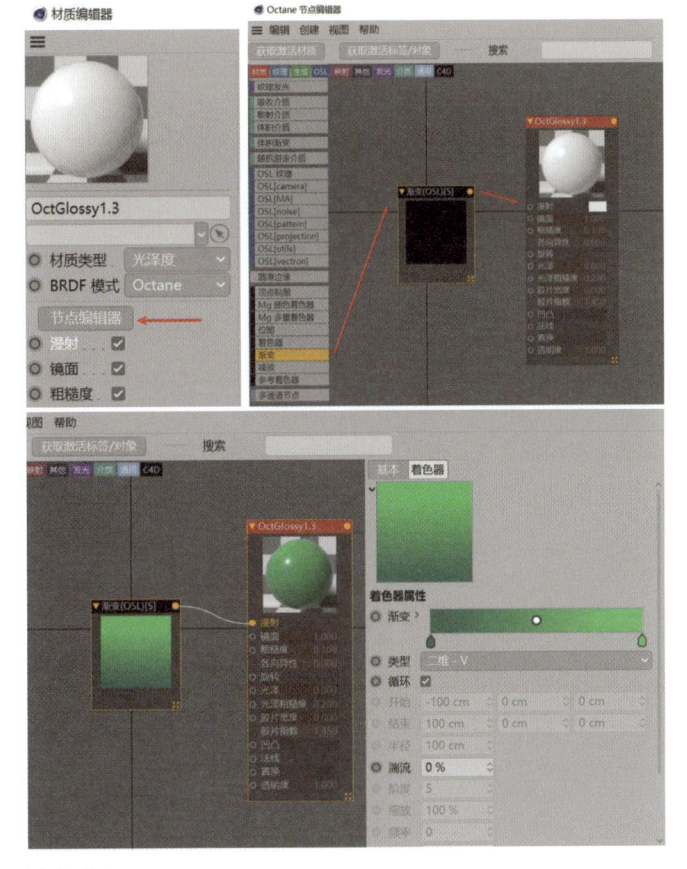

图 2-98

把渐变绿色材质球赋予所有树木。为了让画面有颜色变化,可以将最亮的绿色点缀给几个草颗粒,使画面颜色更丰富,如图2-99所示。

3. 太阳和云朵材质

先复制之前创建完成的光泽度材质球,勾选"漫射"通道,将"颜色"调整为橙黄色,分别设置H为32°、S为70%、V为92%。再创建漫射材质球,勾选"漫射"通道,分别设置H为0°、S为0%、V为85%,如图2-100所示。

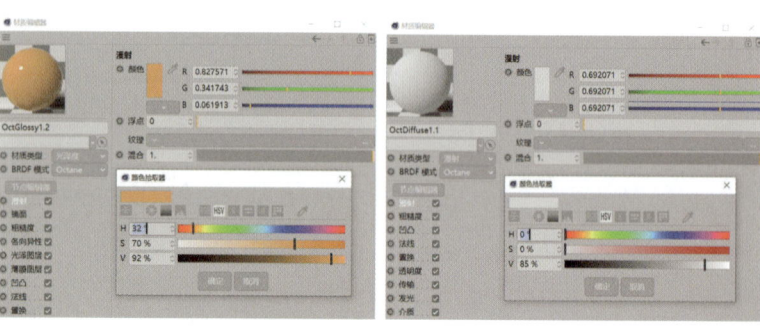

图2-99

图2-100

把橙黄色材质球赋予太阳、白色材质球赋予云朵,如图2-101所示。

4. 彩虹材质

复制两个橙黄色材质球,勾选"漫射"通道,将其中一个橙黄色材质球的"颜色"调整为亮黄色,分别设置H为50°、S为70%、V为92%;将另一个橙黄色材质球的"颜色"调整为橙红色,分别设置H为10°、S为70%、V为92%,如图2-102所示。

图2-101

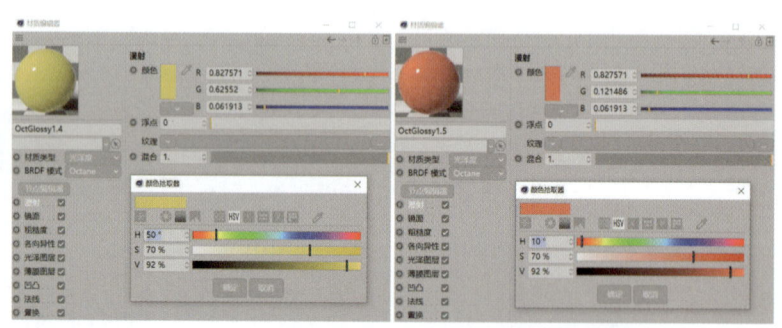

图2-102

把这两个材质球和太阳材质一起赋予彩虹的3个圆环对象,这样彩虹就制作完成了,如图2-103所示。

图2-103

2.3.5 后期效果

如果需要删除背景，那么可以在C4D中直接设置。删除背景平面，打开"Octane设置"窗口，勾选"Alpha通道"复选框，只需要3步，背景就会变成透明的，如图2-104所示。

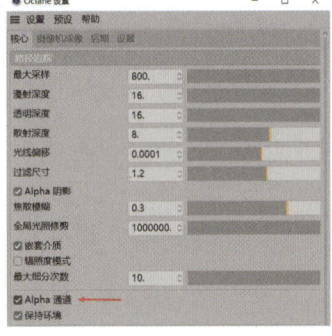

图2-104

最终渲染之前，在"渲染设置"窗口中需要先选择右侧的"保存"选区的"格式"下拉列表中的"PNG"选项，勾选"Alpha通道"复选框，再渲染到图片查看器时，就可以保存为背景透明的PNG格式了，如图2-105所示。

图2-105

删除背景的渲染图使用起来更为方便，可以放在需要贴图的样机上查看效果。图2-16中的环保包图案，也可以通过添加文字和产品等，制作出环保海报。

图2-106

2.4 挤压工具制作金属字海报

本节应用样条挤压效果，制作一张炫酷的倒计时金属字海报。此外，在本节中还会使用几个实用的C4D工具制作出多样的氛围感小元素，如图2-107所示。只有熟悉工具才能制作出丰富的效果。

图 2-107

2.4.1 AI 样条置入

在 AI 中创建需要建模的路径，注意复杂的花纹不要和边缘重合，应单独移动到画布的一侧，所有路径都可以平铺排布，这样在导入 C4D 时更方便处理，调整好后应将其另存为 Illustrator 8 格式。这样才能被 C4D 识别，如图 2-108 所示。

图 2-108

打开C4D，把另存好的AI路径拖入视图窗口，在弹出的"Adobe Illustrator导入"对话框中，将"缩放"改为10cm，整体坐标归零，这时AI路径就成功导入C4D了，如图2-109所示。

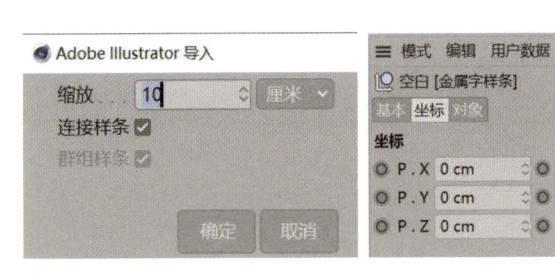

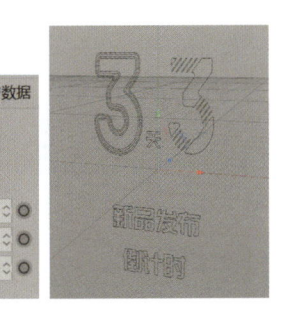

图2-109

这里需要对样条对象进行处理。由于导入的样条对象比较多，所以可以使用框选工具，把属于同一个文字的样条对象框选出来，在对象面板中右击，在弹出的快捷菜单中选择"连接对象+删除"命令，把选中的样条对象合并成一个对象，使用同样的方法处理全部文字和图样，如图2-110所示。

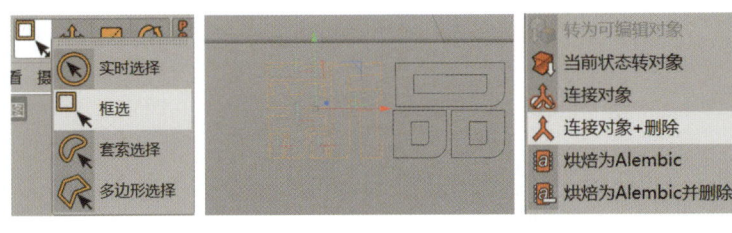

图2-110

如果有些样条对象合并在一起无法分离，可以切换到点模式，选择需要分离的样条对象上的任意一点，顺序按U键和W键，就可以选中点所在的样条线。右击，在弹出的快捷菜单中选择"分裂"命令，就把选中的样条对象分裂出来了，这时原来样条对象中的点可以删除，如图2-111所示。

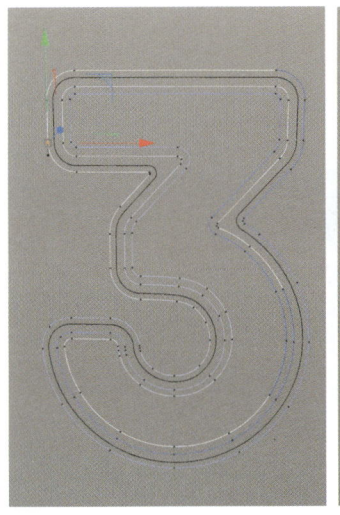

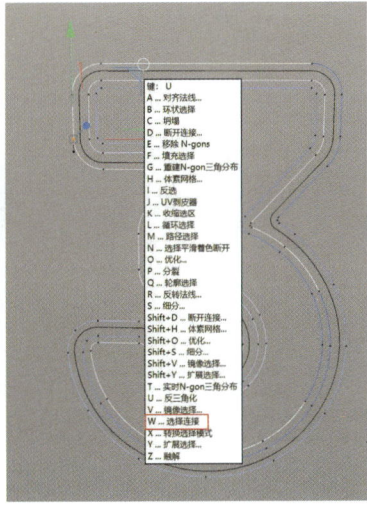

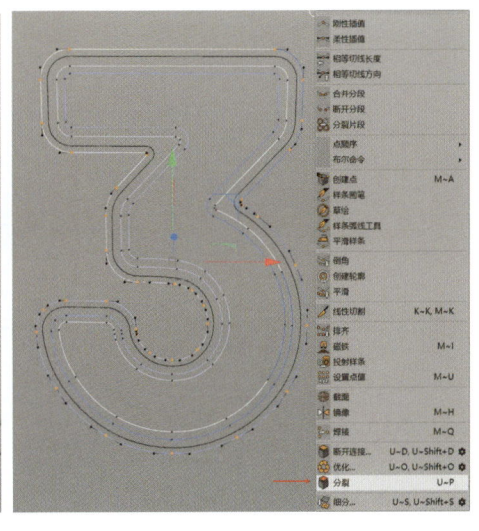

图2-111

通过以上操作，导入的样条对象就处理得非常清晰了。在对象面板中双击文件名，给每个样条对象重命名，这样查找起来更为方便，使用移动工具把花纹和外边框重合，这样整体样条对象部分就制作好了，如图2-112所示。

图2-112

2.4.2 挤压生成器制作立体字

1. 制作立体的数字3

使用挤压生成器制作立体效果。创建挤压对象,在"对象"属性面板中选择"方向"下拉列表中的"Z"选项,并将"偏移"改为68cm。在"封盖"属性面板中将"尺寸"改为0.5cm,如图2-113所示。在对象面板中把数字3的外圈样条对象拖入挤压对象的子级。

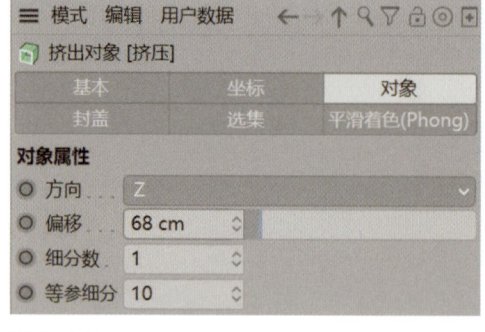

图2-113

这样外圈样条对象就挤压出厚度了,如图2-114所示。

复制4个挤压对象,只需先调整其偏移数值,再把子级中的样条对象替换为其他几个数字3的样条对象,把每个样条对象都挤压出厚度,并使用移动工具调整,使每个面都嵌套在一起,制作出层次丰富的数字3,如图2-115所示。

图2-114

图2-115

2. 制作金属螺丝模型

创建多边对象,在"对象"属性面板中调整"半径"为5.5cm,"侧边"为8,使用移动工具将其移动到数字模型空白处,如图2-116所示。

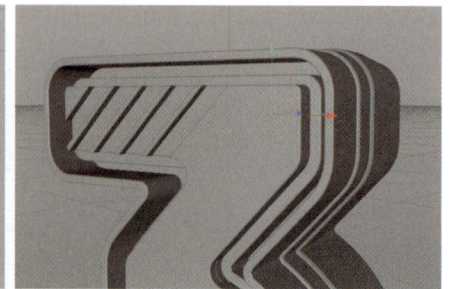

图2-116

创建挤压对象，在"对象"属性面板中选择"方向"下拉列表中的"Z"选项，将"偏移"调整为10cm，在"封盖"属性面板中将"尺寸"调整为 0.3cm，拖动多边对象到挤压对象的子级中，制作出螺丝厚度效果，如图 2-117 所示。

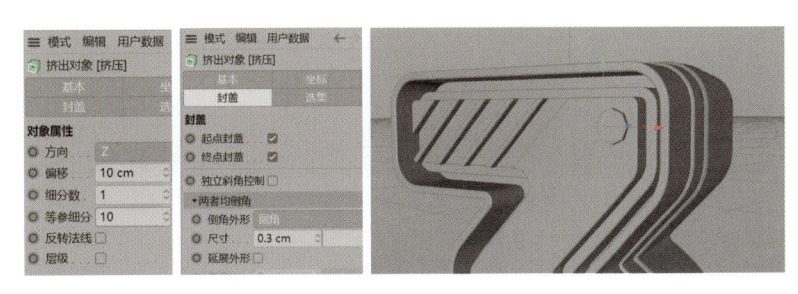

图 2-117

使用快捷键 Ctrl+C 和 Ctrl+V 复制并粘贴出两个螺丝，调整子级中多边对象的半径，并将其逐渐减小，制作出上下 3 层效果，如图 2-118 所示。

图 2-118

在对象面板中选择 3 层螺丝，使用快捷键 Alt+G 将 3 层螺丝合并成一个组，选中这个螺丝组，选择"实例"命令，复制出同样的螺丝组。此时，只需再次复制实例对象，使用移动工具排列好位置，螺丝就制作完成了，如图 2-119 所示。

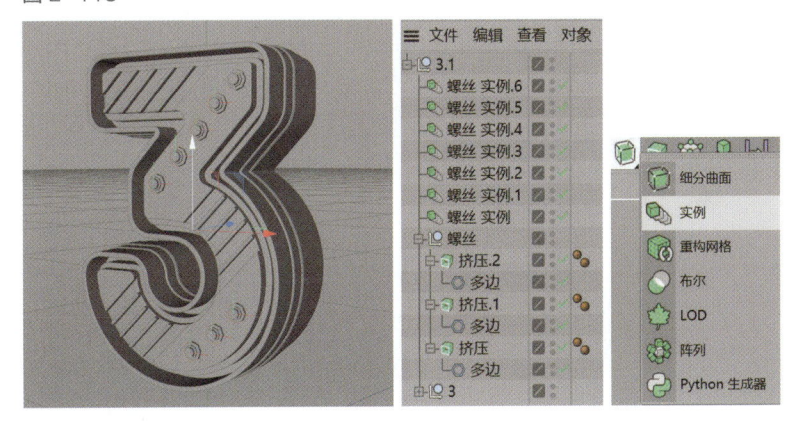

图 2-119

2.4.3 底座和背景板制作

1. 制作底座

创建立方体对象。在"对象"属性面板中调整"尺寸.X"为136cm、"尺寸.Y"为14.6cm、"尺寸.Z"为136cm，勾选"圆角"复选框，设置"圆角半径"为1.4cm，"圆角细分"为1，用移动工具把立方体对象移动到数字底部，制作出底座，如图 2-120 所示。

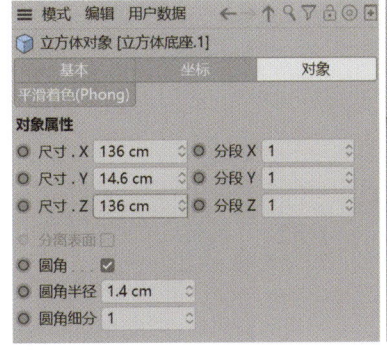

图 2-120

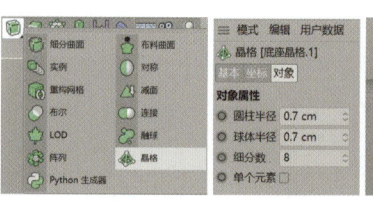

图 2-121

图 2-122

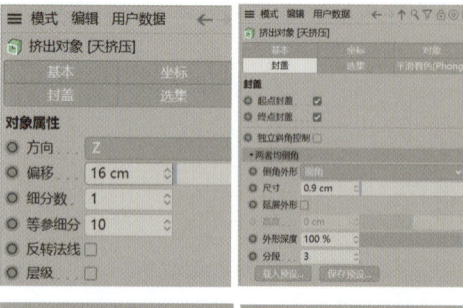

图 2-123

图 2-124

图 2-125

复制立方体对象。创建晶格对象，在"对象"属性面板中调整"圆柱半径"和"球体半径"均为 0.7cm，在对象面板中把复制的立方体对象拖入晶格对象的子级，晶格对象可以把子级对象的分段线生成圆柱对象，顶点生成球体对象，这样底座上就形成了一个漂亮的边，如图 2-121 所示。

复制晶格对象和底座对象。先使用缩放工具将其等比放大，再为底座下方添加一层，这样更为稳定，如图 2-122 所示。

创建 3 个挤压对象。在"对象"属性面板中选择"方向"下拉列表中的"Z"选项，设置"偏移"为 16cm；在"封盖"属性面板中设置"尺寸"为 0.9cm。在对象面板中分别把"天""新品发布"和"倒计时"3 组样条对象拖入挤压对象的子级。如果是一组样条对象，需要在"对象"属性面板中勾选"层级"复选框才能正确显示，如图 2-123 所示。

2. 制作炫酷背景

创建立方体对象。在"对象"属性面板中调整"尺寸.X"为 308cm、"尺寸.Y"为 438cm、"尺寸.Z"为 308cm，"分段 X"为 50、"分段 Y"为 60、"分段 Z"为 50，选择视图窗口的"显示"下拉菜单中的"光影着色（线条）"模式，可以看到立方体对象表面分布了均匀的分段线。这个分段线很重要，是接下来变形的基础，如图 2-124 所示。

在"运动图形"下拉菜单中，选择"运动挤压"命令，在"对象"属性面板中，选择"变形"下拉列表中的"每步"选项，设置"挤出步幅"为 3。在对象面板中，把运动挤压对象拖入立方体对象的子级，这样立方体对象的每个分段线组成的小方格都被挤出了 3 个步幅，如图 2-125 所示。

选中运动挤压对象,选择菜单栏中的"运动图形"→"效果器"→"随机"命令,给运动挤压对象添加随机效果。在"参数"属性面板中调整"P.X"为0cm、"P.Y"为0cm、"P.Z"为50cm,这样挤压出来的小方格就随机调整了位置,如图 2-126 所示。

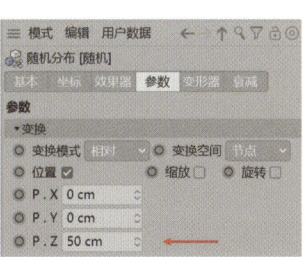

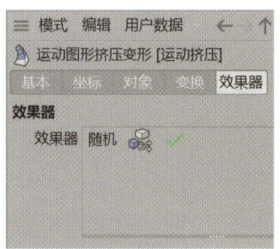

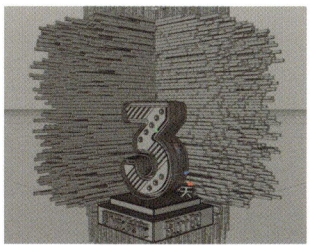

图 2-126

在小方格下方创建一个大一些的平面对象,并将其"宽度"和"高度"都设置为2700cm,选择"方向"下拉列表中的"+Y"选项,遮住背景不需要的部分,如图 2-127 所示。

图 2-127

3. 制作促销氛围元素

1)闪片

创建球体对象。在"对象"属性面板中调整"半径"为19cm,"分段"为52,选择"类型"下拉列表中的"二十面体"选项,这样球体对象的分段就会变成小三角面,如图 2-128 所示。

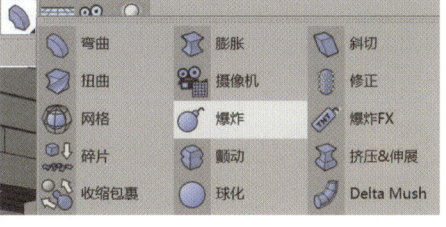

图 2-128

给球体对象的子级创建爆炸对象。在"对象"属性面板中调整"强度"为17%,这样球体对象的三角面就会爆炸开,后面配合使用金属材质球就形成了闪片效果,如图 2-129 所示。

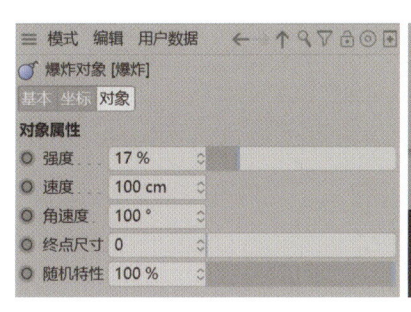

图 2-129

2）丝带

创建螺旋对象。在"对象"属性面板中调整"起始半径"为8cm,"终点半径"为3cm,"结束角度"为750°,"高度"为35cm,制作出丝带的路径,如图2-130所示。

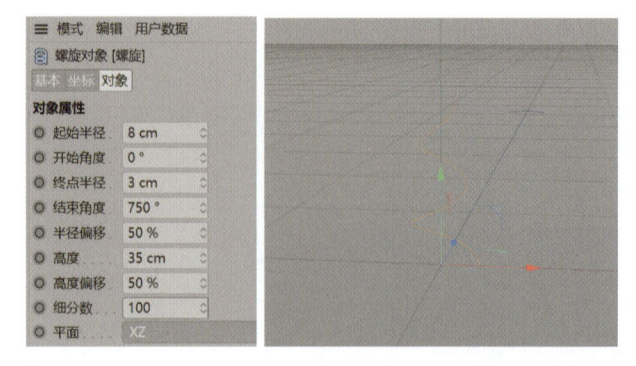

图2-130

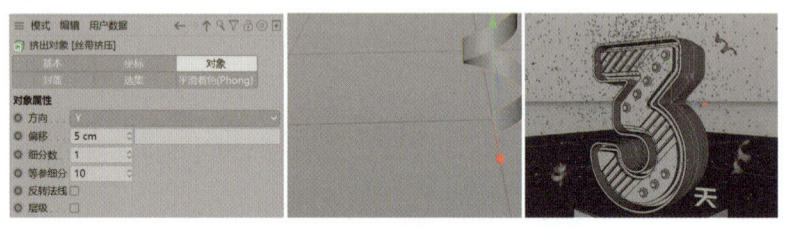

给螺旋对象的父级创建挤压对象。在"对象"属性面板中选择"方向"下拉列表中的"Y"选项,设置"偏移"为5cm,这样小丝带就挤压出来了,如图2-131所示。

复制2个丝带,使用移动工具把这些丝带移动到文字周围,使画面氛围感更热烈,如图2-132所示。

图2-131　　　　　　　　图2-132

3）氛围小球

创建球体对象。在"对象"属性面板中调整"半径"为15cm,"分段"为48,先将球体对象移动到文字周围,再复制多个球体对象,调整不同的半径尺寸,将其放置在场景中,使氛围元素更丰富,如图2-133所示。

图2-133

4. 摄像机构图

在整体模型制作完成后,创建摄像机对象进行构图,在"渲染设置"窗口中调整需要的画面尺寸,进入摄像机视角,在摄像机对象的属性面板中调整"焦距"为60mm,在场景中调整元素位置和摄像机位置,让文字处于仰视的位置,这样更符合画面氛围,如图2-134所示。

图2-134

2.4.4　环境与灯光

在建模完成后开始进行渲染。打开Octane实时查看窗口,进行基础设置。打开"Octane 设置"窗口将"核心"选项卡的渲染模式改为"路径追踪","最大采样"改为800,"全局光照修剪"改为10,勾选"自适应采样"复选框。在"摄像机成像"选项卡的"图像"选项卡中,选择"重定义空间"下拉列表中的"Agfacolor_Futura_II_100CD"选项,勾选"降噪"选项卡中的"启用降噪"和"降噪体积"复选框,取消勾选"完成时降噪"复选框,其他设置保持默认值,如图2-135所示。

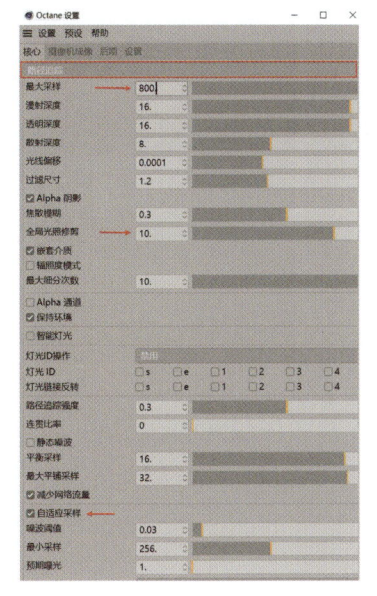

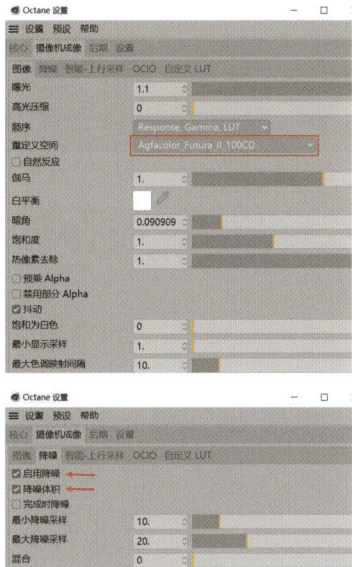

图 2-135

1. 环境光

倒计时场景需要对比比较明显的环境，创建 Octane HDRI 环境，在"纹理"栏添加一张双光源的 HDR 贴图，渲染效果明暗比较均衡就可以，如图 2-136 所示。

2. 景深效果

为了让画面效果更好，应设置画面景深，以形成前后虚化效果。其方法也比较简单。在"薄透镜"属性面板中，将"光圈"调整为 2.4cm，取消勾选"自动对焦"复选框，如图 2-137 所示。

先单击 ⊙ 按钮，再单击数字中心位置，进行手动对焦，可以看到画面中已经形成了虚化背景和前景的效果，如图 2-138 所示。

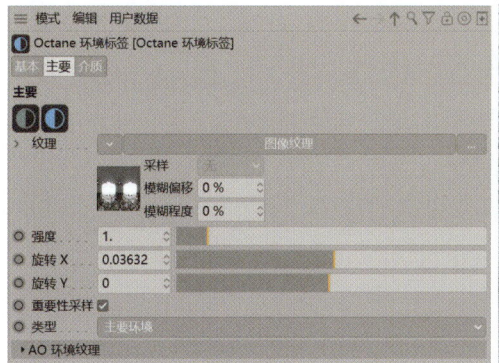

图 2-136

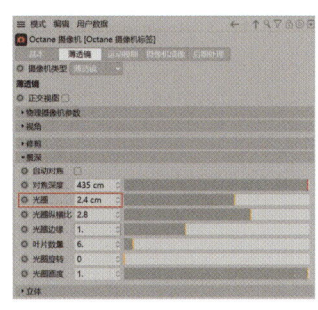

图 2-137　　　　　图 2-138

2.4.5 材质与渲染输出

倒计时海报的材质制作相对比较简单，先从面积最大的背景地面开始制作，再为底座文字分别制作材质球。

1. 背景材质

创建光泽度材质球，勾选"漫射"通道，将"颜色"调整为深蓝色，分别设置 H 为 220°、S 为 67%、V 为 54%。勾选"粗糙度"通道，调整"浮点"为 0.1，把这个材质球赋予背景的立方体对象和地面的平面对象，如图 2-139 所示。

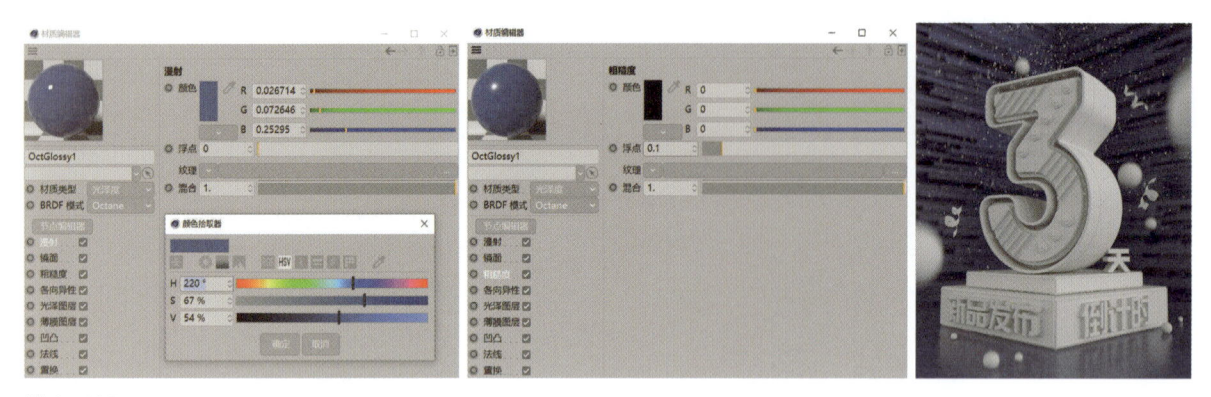

图 2-139

2. 底座材质

创建光泽度材质球，勾选"漫射"通道，将"颜色"调整成比背景色稍亮的深蓝色，分别设置 H 为 216°、S 为 89%、V 为 57%。勾选"指数"通道，调整"指数"为 1.35。勾选"粗糙度"通道，调整"浮点"为 0.015，把这个材质球赋予底座内部的立方体对象，如图 2-140 所示。

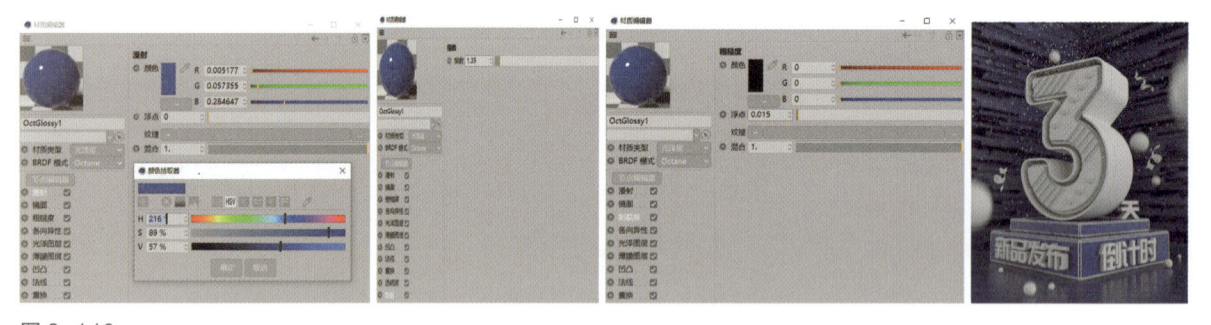

图 2-140

3. 文字材质

创建金属材质球，勾选"镜面"通道，将"颜色"调整为亮蓝色，分别设置 H 为 217°、S 为 79%、V 为 97%，把这个材质球赋予文字的外圈，如图 2-141 所示。

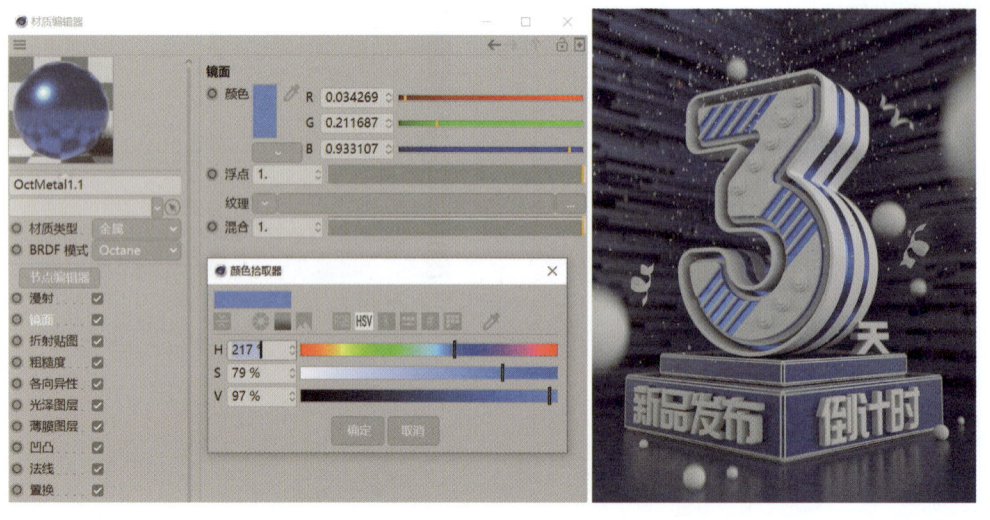

图 2-141

复制金属材质球,勾选"镜面"通道,将"颜色"调整为金黄色,分别设置H为32°、S为34%、V为100%,形成黄金材质球,如图2-142所示。把它赋予文字剩余部分、底座的晶格边缘、底座文字模型和氛围小元素,使整体画面亮起来。

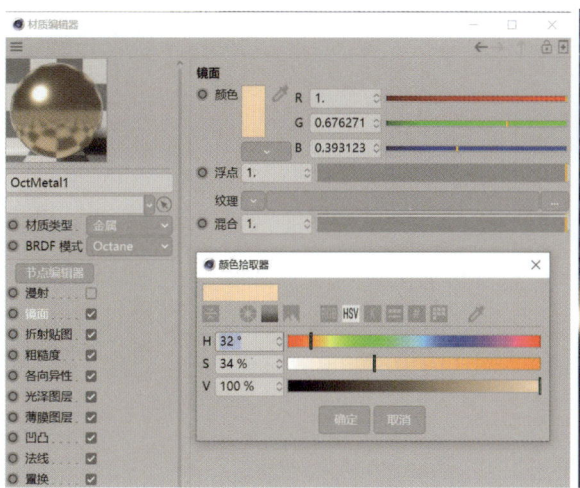

图 2-142

创建点缀的发光材质。创建漫射材质球,勾选"发光"通道,单击"黑体发光"按钮,在"着色器"选项卡中调整"强度"为6.7,"色温"为11000,把这个发光材质赋予螺丝钉顶端的模型,如图2-143所示。

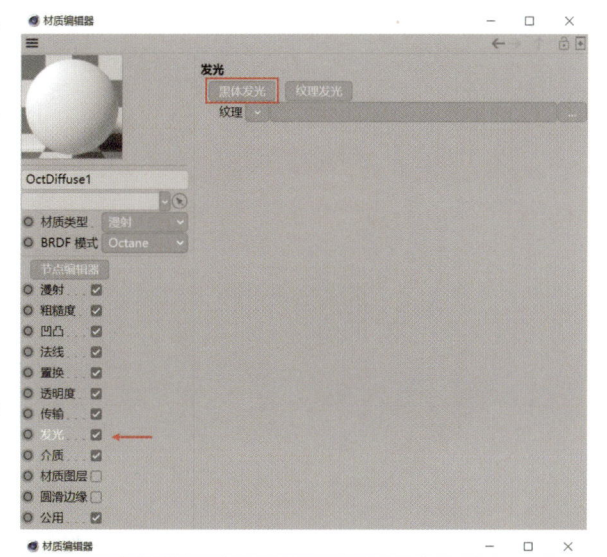

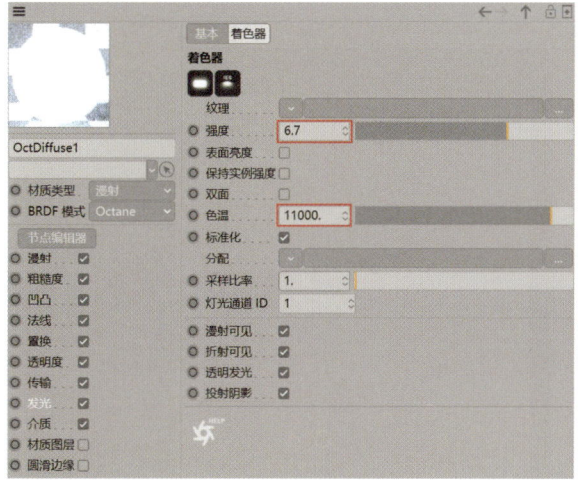

图 2-143

为了使发光效果更明显，可以设置辉光效果。打开"Octane 设置"窗口，在"后期"选项卡中勾选"启用"复选框，设置"辉光强度"为 0.002，"眩光强度"为 8.4。此时画面中的发光材质有了辉光和眩光效果，可以根据画面效果自行调整辉光强度，使画面更绚丽，如图 2-144 所示。

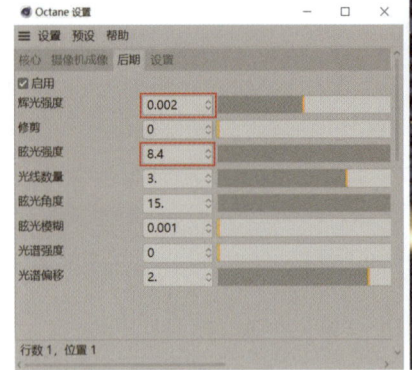

图 2-144

2.5 扫描出的霓虹灯文字

本节会应用样条线扫描的方法，制作一张活动页打折灯牌，会重点讲解 Octane 发光材质，使用不同的色温控制不同的发光颜色，模拟出霓虹灯管的绚丽效果，如图 2-145 所示。

图 2-145

2.5.1 AI 样条置入

在 AI 中使用钢笔工具写出所需文字的路径，重叠的路径可以将其单独移动到画布一侧，平铺排布，这样在导入 C4D 时更方便，调整好后应将其另存为 Illustrator 8 格式，如图 2-146 所示。这样更便于 C4D 识别。

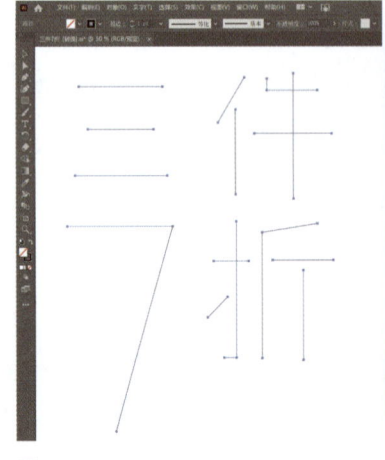

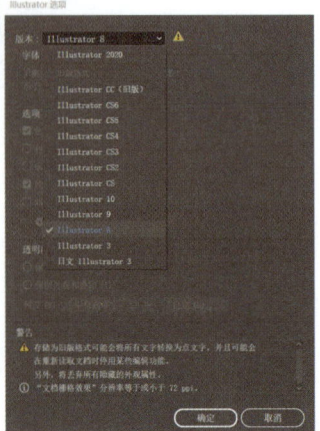

图 2-146

打开C4D，把另存好的AI路径拖入视图，在弹出的对话框中修改"缩放"为10cm，并将整体坐标归零，这时AI路径就成功导入C4D了。使用框选工具，把属于同一个文字的样条对象框选出来，在对象面板中使用快捷键Alt+G合成一组，并双击文件名称进行更改，以便后续操作，如图2-147所示。

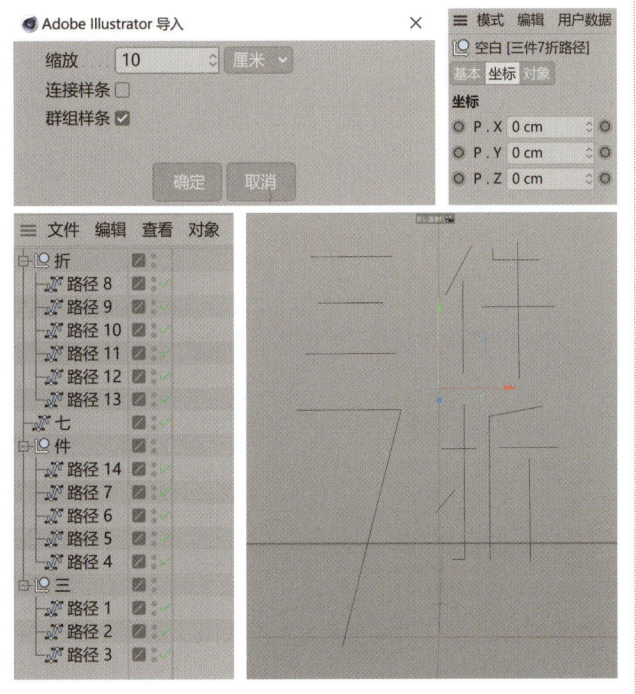

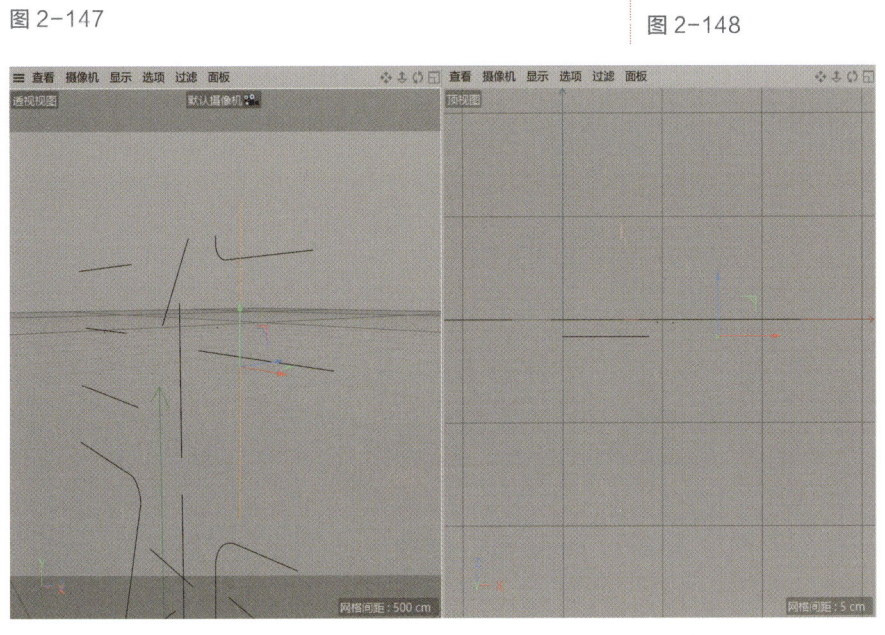

此外，样条对象还需要调整两个细节。由于尖角的路径在后面的模型制作时容易出错，因此需要提前处理。进入点模式，使用实时选择工具选中7上面的折角处，右击，在弹出的快捷菜单中选择"倒角"命令，在空白处按住鼠标左键拖曳，拉出大约16cm的倒角半径，使角度圆滑。使用同样的方法处理其他几个文字的转角处，如图2-148所示。

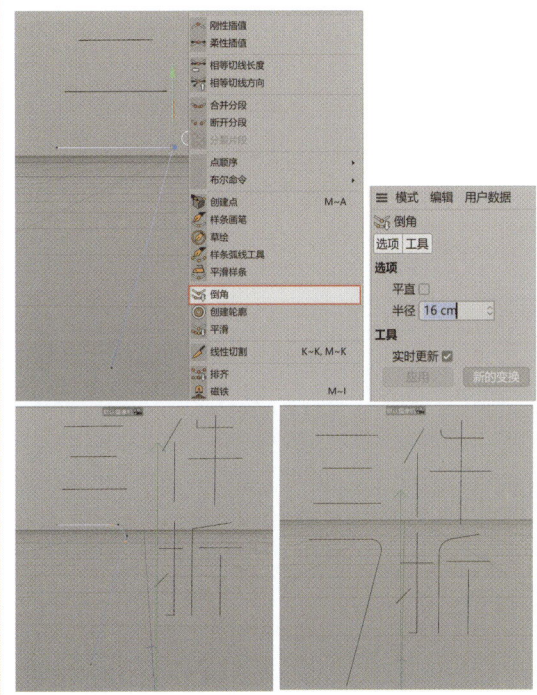

图2-147

图2-148

图2-149

有些笔画和其他路径相交叉，可以选中交叉的样条对象，使其沿着Z轴负方向移动，让样条对象之间有一些距离，这样在制成灯管时就不会有模型穿插了，如图2-149所示。

2.5.2 扫描生成器制作立体字

使用扫描生成器同样可以制作出立体效果，扫描生成器适用于长条的规则模型的创建，如本节需要制作的灯管。扫描需要两根样条对象才能起作用，一根是模型的横截面，另一根是横截面行走的路径，因为这里要制作成圆柱形状的灯柱样式，所以横截面得是圆形的。

创建扫描对象和圆环对象，在"对象"属性面板中调整圆环"半径"为 4.7cm，选择"点插值方式"下拉列表中的"统一"选项，设置"数量"为 4，如图 2-150 所示。

在对象面板中，把文字路径的样条对象和新创建的圆环对象同时拖入扫描对象的子级，作为横截面的圆环对象要处于上方位置。

扫描工具只识别一个横截面和一根扫描路径，当文字中有多个时，可以使用连接工具把它们连接在一起。先连接 3 条路径，再放入扫描对象的子级，就可以看到路径变化了，如图 2-151 所示。

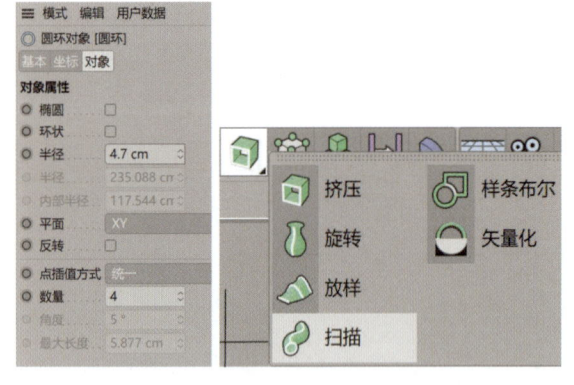

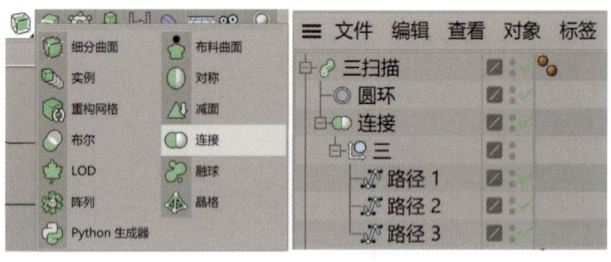

图 2-150

图 2-151

两侧的形状可以通过"封盖"属性面板设置。在"封盖"属性面板中调整封盖倒角"尺寸"为 4.7cm，这样模型两端就圆润起来了，如图 2-152 所示。

使用同样的方法，把 4 个文字分别挤压出来，为了突出数字 7，可以把数字 7 的扫描子级中的横截面圆环半径调整为 10cm，使它比其他文字粗壮一些，这样基础的灯管文件就扫描完成了，如图 2-153 所示。

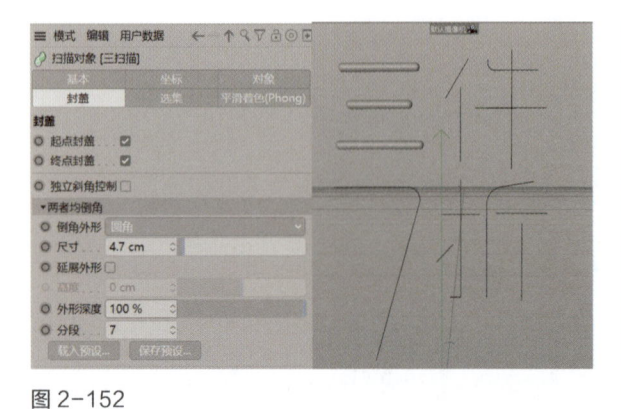

图 2-152

图 2-153

2.5.3 背景板和元素制作

1. 底座制作

制作背景底座,需要4层结构。创建圆柱对象,在"对象"属性面板中调整"半径"为230cm,"高度"为40cm,"旋转分段"为120,选择"方向"下拉列表中的"+Z"选项,并将其移动到文字后方,如图2-154所示。

先复制一个圆柱对象,将"半径"调整为177cm,并将其移动到圆柱对象和文字之间,制作出第二层,如图2-155所示。

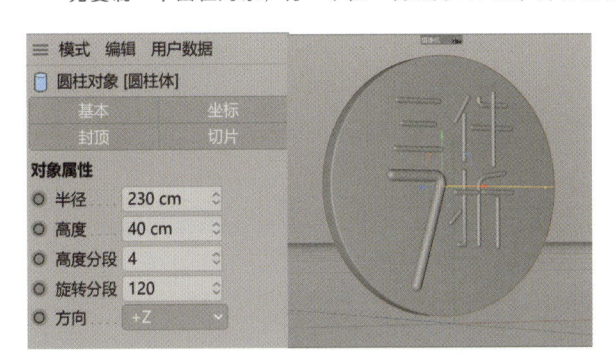

图 2-154

图 2-155

再复制两个圆柱对象。将"半径"分别调整为248cm和268cm,并将其移动到之前制作的两个圆柱对象后方,制作出第三层和第四层底座,将最后一层底座加大高度到72cm,让整体底座更厚重一些,如图2-156所示。

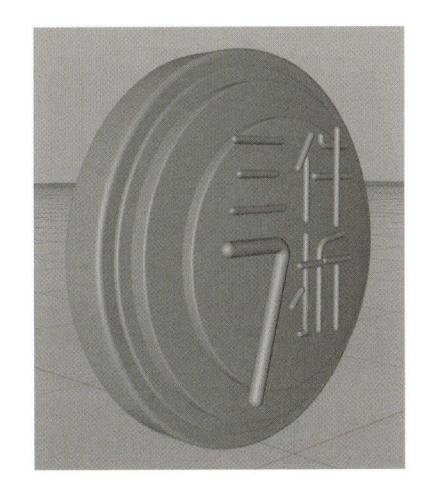

图 2-156

2. 装饰灯管制作

现在文字显得有点单薄,可以在文字周围添加一些装饰灯管。创建两个圆环对象,在"对象"属性面板中分别调整"半径"为200cm和2cm,如图2-157所示。

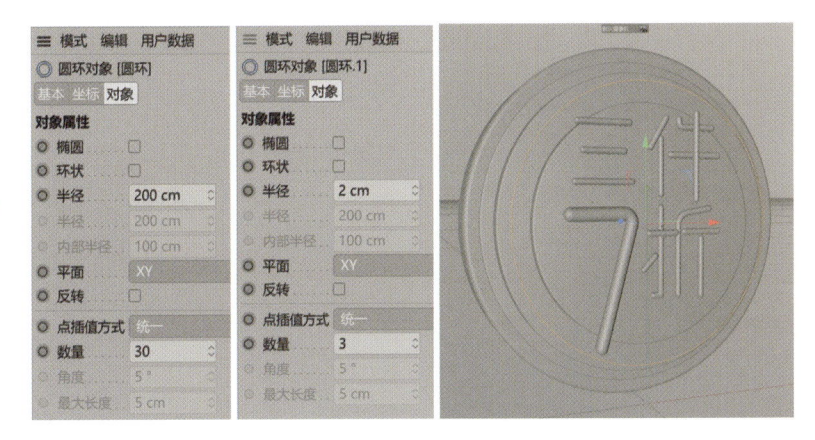

图 2-157

复制一个扫描对象。在对象面板中把两个圆环对象替换到扫描对象的子级，注意半径较小的圆环对象位于半径较大的圆环对象上方，这样环形灯管就扫描出来了，如图2-158所示。

为环形灯管设计细节。在扫描对象的属性面板中，调整"开始生长"为95%，"结束生长"为0%，使圆环对象产生一个缺口，使用旋转工具把圆环对象的缺口旋转到数字7的底端位置，让文字有一个突破而出的效果，如图2-159所示。

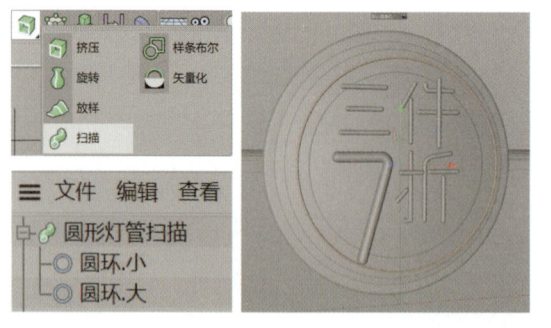

图2-158

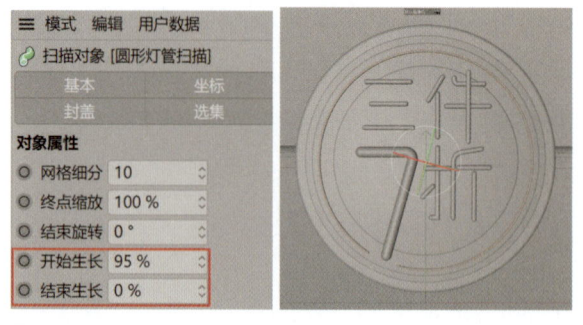

图2-159

复制圆形灯管扫描对象。在扫描对象的"对象"属性面板中将"开始生长"恢复为100%。扫描子级中的小圆环对象，将其"半径"调整为1cm，使用移动工具将其沿着Z轴正方向移动，形成两层圆环灯管，如图2-160所示。

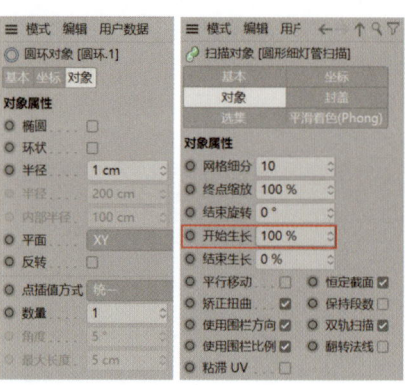

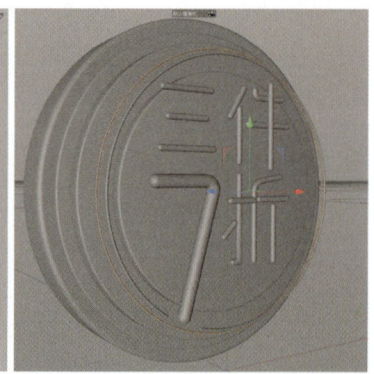

图2-160

再次复制圆形灯管扫描对象。扫描子级中的小圆环对象，将其半径调整为6cm，在扫描对象的属性面板中调整"开始生长"为5%，"结束生长"为12%，制作出比灯管粗一些的小圆管，如图2-161所示。

复制多个小圆管的扫描对象，并在扫描对象的属性面板中调整开始生长和结束生长数值，如图2-162所示。

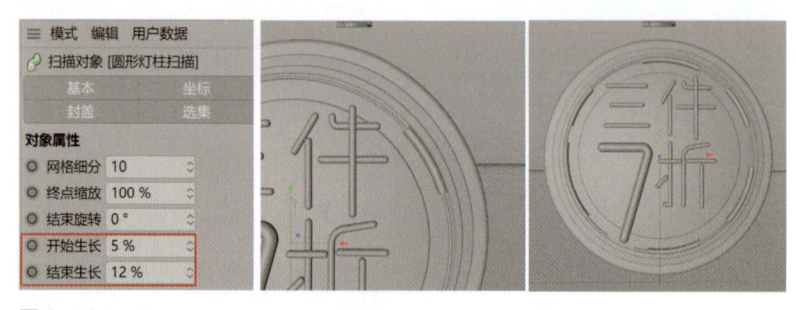

图2-161

图2-162

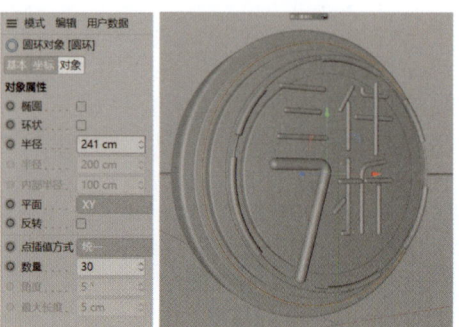

再次复制最细的圆环灯管。调整扫描子级中的大圆环对象的"半径"为241cm，制作出大圆环灯管，使其放在最外层。这样层层叠加的效果会比较耐看，如图2-163所示。

图2-163

复制一层圆环灯管扫描对象。设置扫描对象子级的大圆环对象的半径为175cm,小圆环对象的半径为3cm,调整"开始生长"为40%,"结束生长"为20%,为文字制作一个括号的效果,如图2-164所示。

创建对称对象。在对象面板中把制作的括号形状的圆形灯管扫描对象拖入对称对象的子级,这样就镜像出括号了,如图2-165所示。

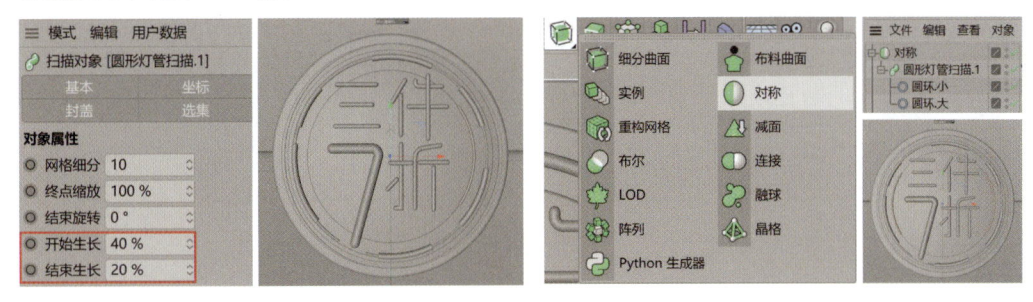

图2-164　　　　　　　　　　　　图2-165

3. 点状灯带制作

创建球体对象。在"对象"属性面板中调整"半径"为2cm。创建阵列对象,在对象面板中把球体对象拖入阵列对象的子级,在"对象"属性面板中调整阵列对象的"半径"为216cm,"副本"为53,这时可以看到球体对象被阵列出一圈。制作出点状灯带,如图2-166所示。

使用旋转工具将点状灯带沿着X轴方向旋转90°,使点状灯带和文字方向相同,如图2-167所示。

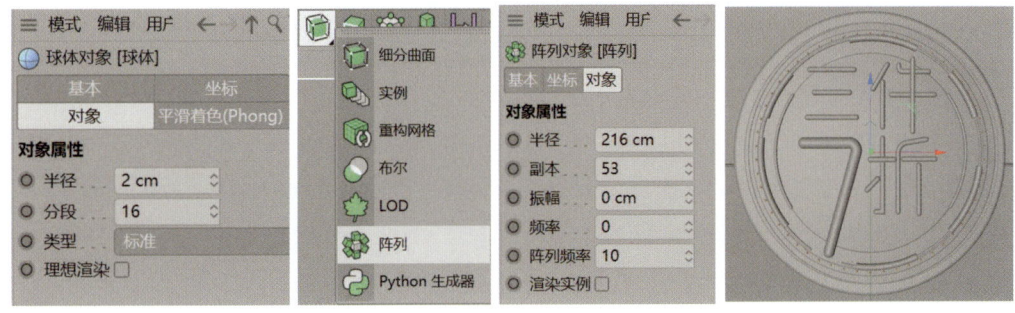

图2-166　　　　　　　　　　　　图2-167

4. 小灯牌制作

选择"运动图形"下拉菜单中的"文本"命令,创建文本对象。在"文本"文本框中输入"仅限今日!",调整"高度"为32cm,"深度"为10.22cm,并将文本对象移动到文字右下方,补缺空位,如图2-168所示。

创建矩形对象。在"对象"属性面板中调整"宽度"为150cm,"高度"为40cm,勾选"圆角"复选框,设置"半径"为20cm,并将其移动到新建的文本对象周围,给文字制作一个小边框,如图2-169所示。

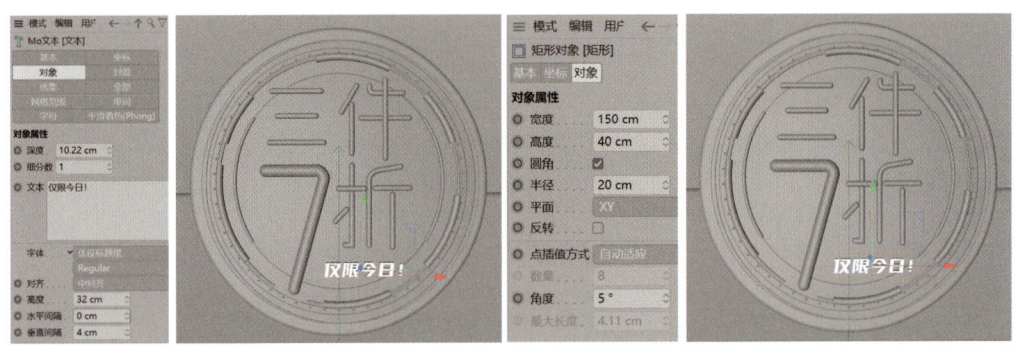

图2-168　　　　　　　　　　　　图2-169

创建挤压对象。在对象面板中把矩形对象放入挤压对象的子级，在"对象"属性面板中选择"方向"下拉列表中的"Z"选项，设置"偏移"为20cm；在"封盖"属性面板中选择倒角"尺寸"为0.5cm，这样就制作出了圆角矩形的模型，如图2-170所示。

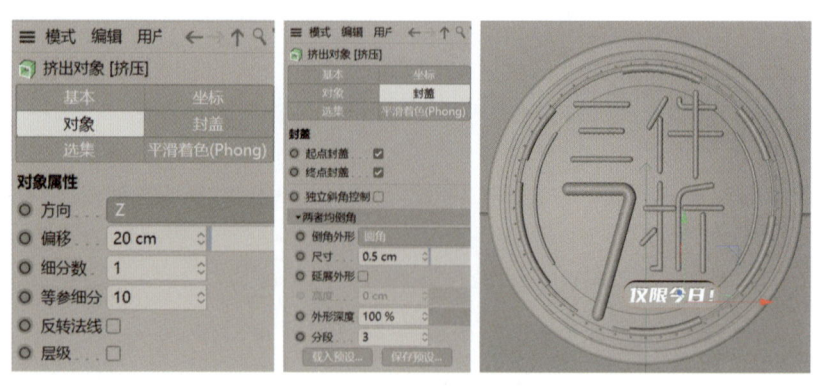

图 2-170

复制一组矩形对象边框的挤压对象，使用缩放工具将其放大一圈，使其沿着Z轴正方向移动，为边框多制作出一层，如图2-171所示。

图 2-171

5. 耳朵制作

选中底座的最后两层并按住Ctrl键，将其向后移动，就复制出了一组底座。使用缩放工具将复制出的底座整体缩小，并将其移动到原底座的斜上方，插入模型一半的位置，制作出一个耳朵。同时使用对称工具把两个圆柱对象放入对称对象的子级，镜像出"两外一边"，这样两个小耳朵就制作完成了，整体模型部分也就完成了，如图2-172所示。

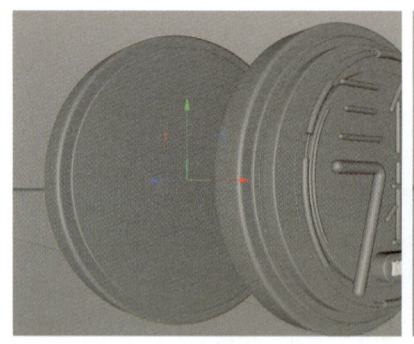

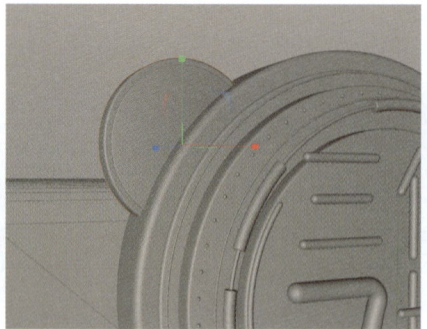

图 2-172

2.5.4 环境与灯光

在建模完成后，固定好角度就可以开始渲染了。打开Octane实时查看窗口，进行基础设置。打开"Octane 设置"窗口，将"核心"选项卡的渲染模式改为"路径追踪"，调整"最大采样"为200，"全局光照修剪"为1，勾选"Alpha通道"和"自适应采样"复选框。选择"摄像机成像"选项卡的"图像"选项卡中的"重定义空间"下拉列表中的"Gamma 2.2"选项，勾选"降噪"选项卡中的"启用降噪"和"降噪体积"复选框，取消勾选"完成时降噪"复选框，其他设置保持默认值，如图2-173所示。

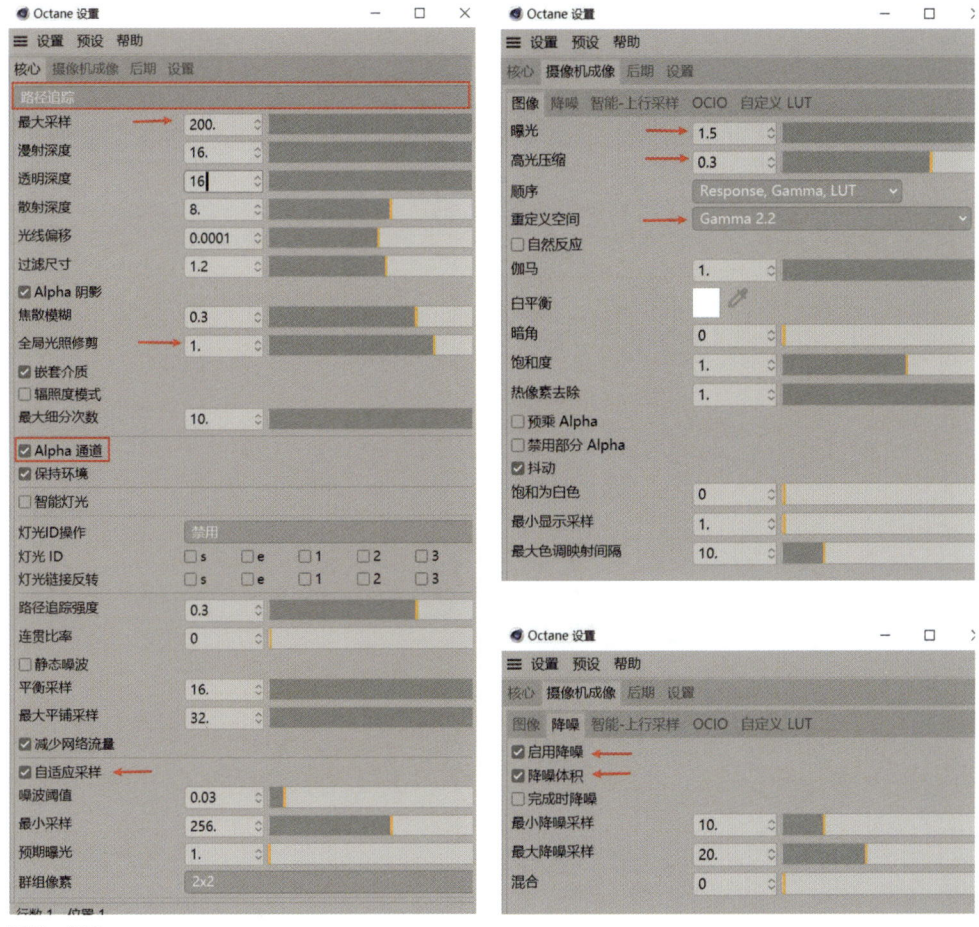

图 2-173

勾选"Alpha 通道"复选框，这时可以看到渲染背景变成了透明状态，这样渲染出的图就是无背景的图了，如图 2-174 所示。

为场景创建 Octane HDRI 环境，在"纹理"栏添加一张暖色室内光源的 HDR 贴图，使渲染效果明暗比较均衡，如图 2-175 所示。

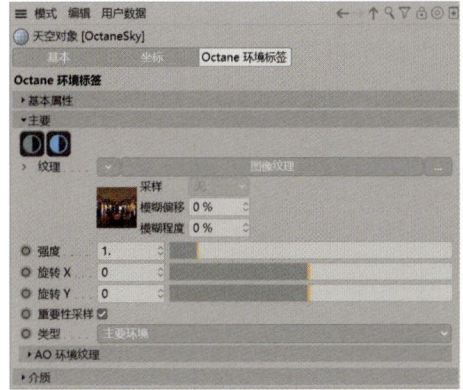

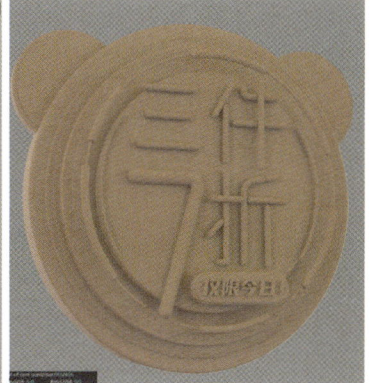

图 2-174　　　　图 2-175

2.5.5 材质与渲染输出

1. 发光材质

发光材质的强度要根据模型尺寸进行调整。首先创建漫射材质球,勾选"发光"通道,单击"黑体发光"按钮,在"着色器"选项卡中,调整"强度"为21,"色温"为3184,如图2-176所示。需要注意,这个数值需要根据实际效果微调,模型尺寸的大小会影响发光强弱,色温值越小越偏红,色温值越大越偏蓝,中性值为6500。

图 2-176

这里需要暖黄色的发光颜色。把这个材质球赋予模型,如图2-177所示。

为了使发光效果更明显,可以设置辉光效果。打开"Octane 设置"窗口,在"后期"选项卡中勾选"启用"复选框,调整"辉光强度"为3,"眩光强度"为1,可以看到画面中发光材质有了辉光和眩光的效果。根据画面效果自行调整辉光强度,使画面光感更强,如图2-178所示。

复制发光材质球,在"发光"通道的"着色器"选项卡中调整"强度"为55,"色温"为1963,将其赋予数字7,使它颜色更为突出一些,并将其赋予文本的边框,如图2-179所示。

图 2-177 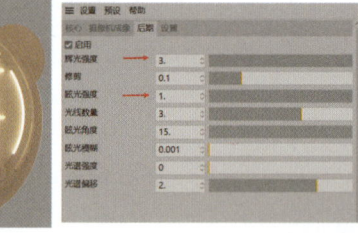   图 2-178

图 2-179

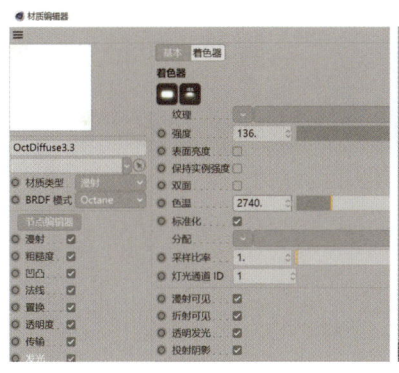

图 2-180

再次复制发光材质球，在"发光"通道的"着色器"选项卡中调整"强度"为 136，"色温"为 2740，将其赋予圆环灯管，如图 2-180 所示。

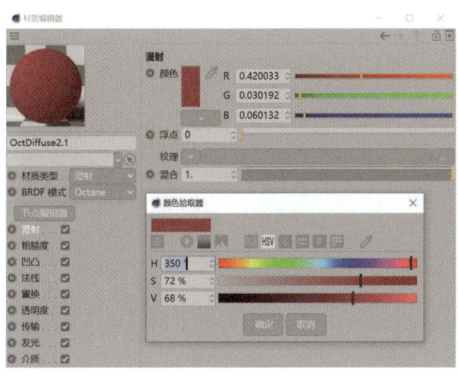

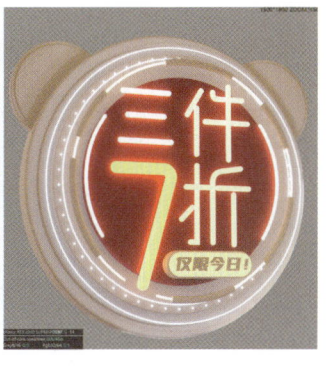

2. 背景材质

创建漫射材质球，将"颜色"调整为深红色，色值设置如图 2-181 所示。

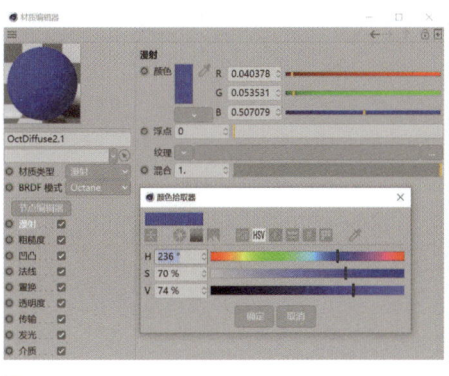

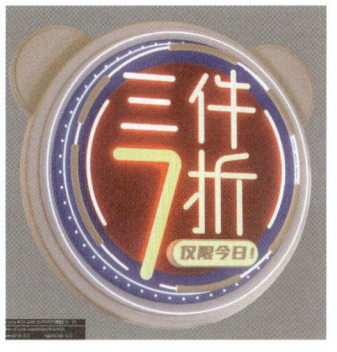

图 2-181

复制漫射材质球，将"颜色"调整为深蓝色，色值设置如图 2-182 所示。

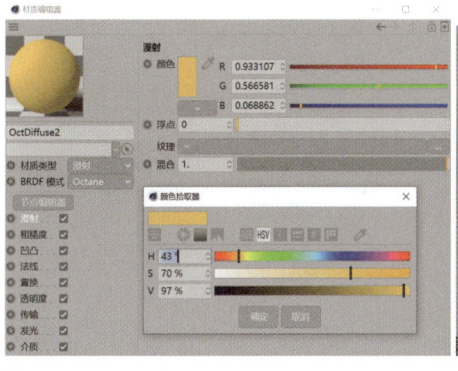

图 2-182

再次复制漫射材质球，将"颜色"调整为黄色，色值设置如图 2-183 所示。

图 2-183

3. 金属材质

创建金属材质球，勾选"镜面"通道，分别设置 H 为 30°、S 为 35%、V 为 100%，将其制成玫瑰金的材质并赋予剩余的模型，这样整体材质就制作完成了，如图 2-184 所示。

4. 渲染技巧

要想渲染出无背景的图，需要进行以下设置。

打开 C4D 的"渲染设置"窗口，选择"渲染器"下拉列表中的"Octane Render"选项，将"格式"改为"PNG"，分别勾选"Alpha 通道"和"直接 Alpha"复选框，如图 2-185 所示。

在查看器中可以看到渲染画面中是有背景的，这个没有关系。在渲染设置完成后，单击"保存"按钮，选择"格式"为"PNG"，勾选"Alpha 通道"复选框，这样确定后就能保存出背景透明的渲染图了。可以在 Photoshop 中适当调整色调使画面光感更好，这样打折灯牌就制作完成了，如图 2-186 所示。

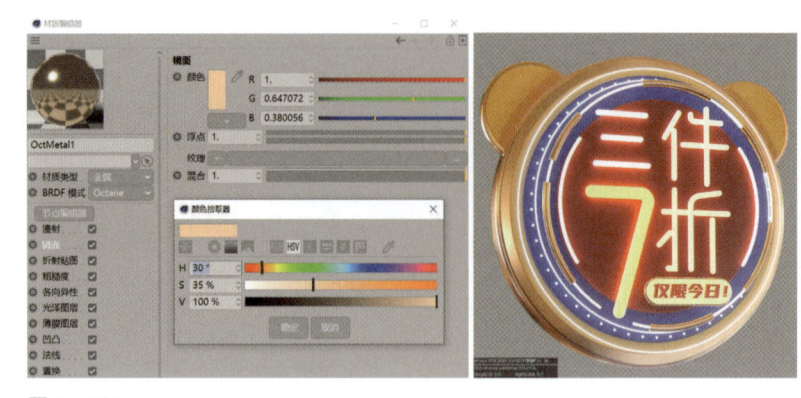

图 2-184

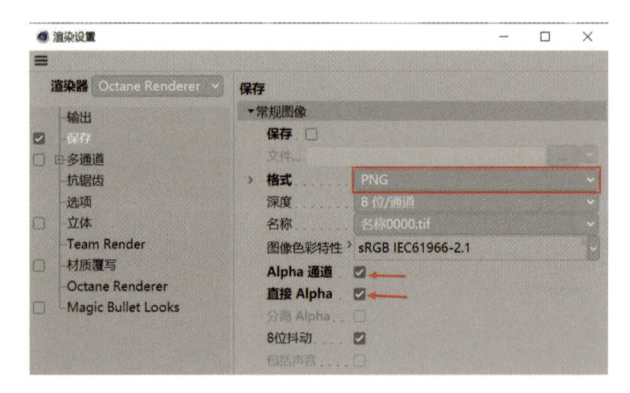

图 2-185

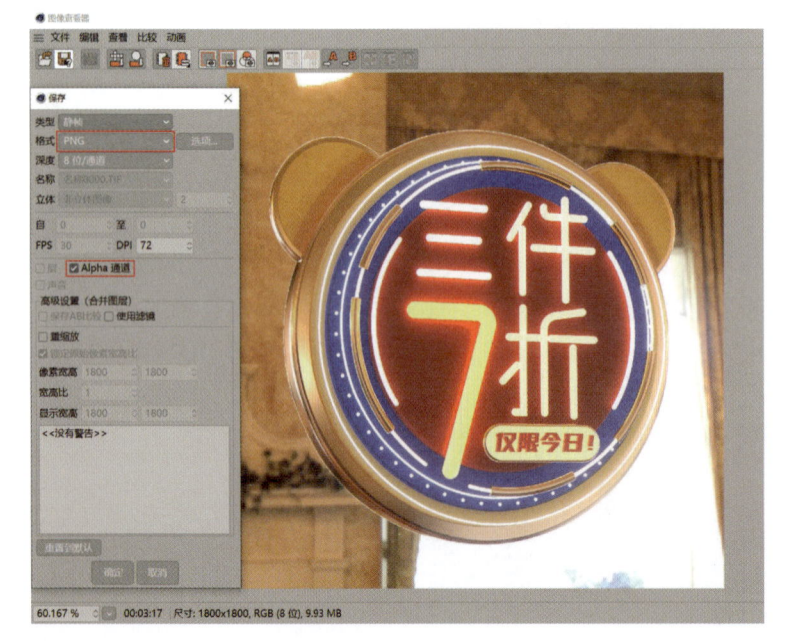

图 2-186

2.6 样条约束工具制作油漆字海报

本节使用样条约束工具的几个特殊属性,制作一张漂亮的油漆字效果主题海报,步骤简单,效果多样,如图 2-187 所示。

图 2-187

2.6.1 C4D 绘制样条对象

本节直接使用 C4D 的样条画笔工具来绘制样条对象,非常方便。

按 F4 键,切换到正视图,在二维视图中能够像在纸上一样更好地控制样条对象的形态。单击"样条画笔"按钮,像使用 Photoshop 中的钢笔工具一样开始绘制需要的字形。

> **知识拓展**
>
> 样条对象中的节点越少越好,只在字形的关键转折处添加必要节点,可以使样条对象更为平滑,在编辑时更好控制,如图 2-188 所示。

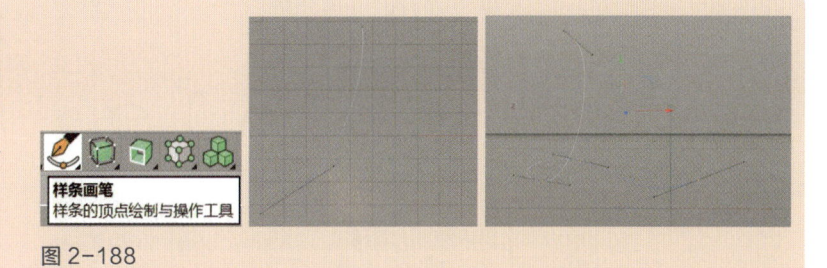

图 2-188

每当画完一个字母后先按 Esc 键结束绘制,并在视图窗口中单击空白处取消选择,再使用样条画笔工具绘制第二个字母,保证每个字母都成为一根独立的样条对象。

在绘制字母时,使用点模式,配合使用实时选择工具,随时编辑每个点的位置,使字母形态更接近手写字母的状态,如图 2-189 所示。

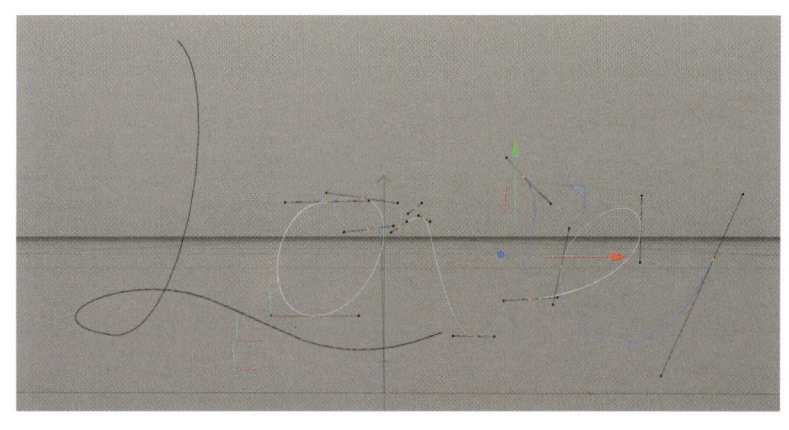

图 2-189

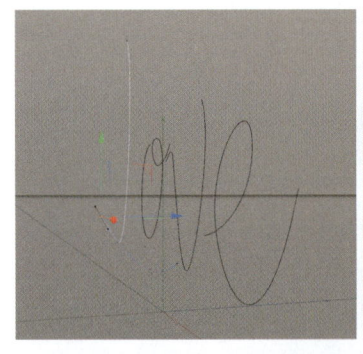

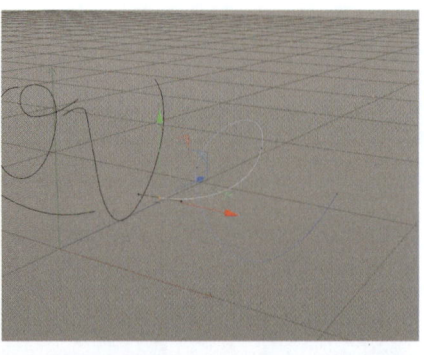

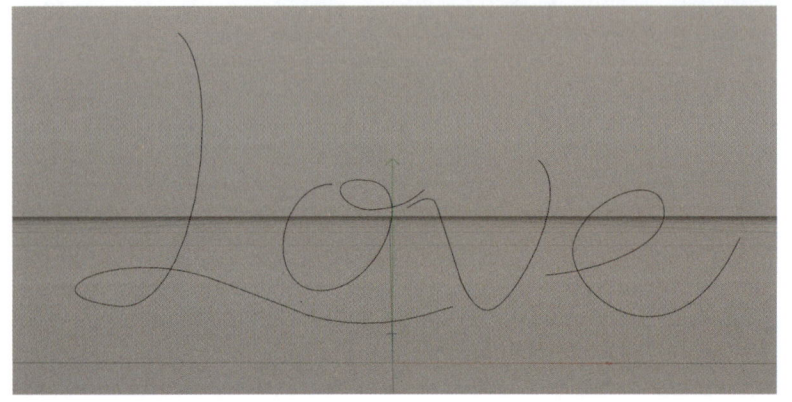

图 2-190

在二维视图绘制的样条对象的所有点都处在一个平面上，因为样条对象会有部分相交的位置，为了后面模型制作不会有穿插效果，所以需要切换回透视视图中去调整，如图 2-190 所示。

在点模式中，先使用实时选择工具选中样条对象相交处附近的关键点，然后使用移动工具沿着 Z 轴负方向移动，使相交的样条拉开一段距离，这样样条对象就在三维方向上有了变化。移动视图，从多方向观察，耐心地把所有相交样条对象的点调开，并适当调整点的手柄方向，使每个样条对象都平滑、漂亮。样条对象的效果决定着文字最终的呈现效果，如图 2-190 所示。

知识拓展

在绘制字形时，如果手动绘制不能达到满意的效果，可以先用纸和笔先打草稿，满意后再扫描成图片，在 C4D 的视图窗口中将图片直接拖入，就可以作为参考背景图出现了，如图 2-191 所示。

图 2-191

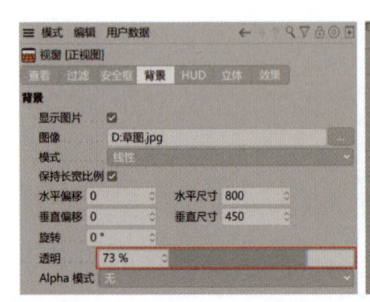

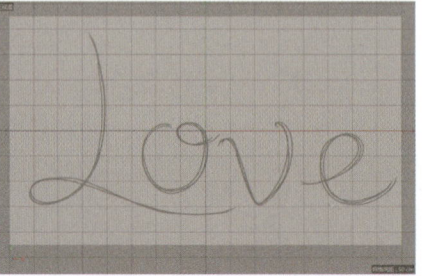

图 2-192

按快捷键 Shift+V 打开如图 2-192 所示的属性面板，可以在"背景"属性面板中调整透明数值，这样背景参考图就会呈现半透明状态。有了背景参考图就可以顺畅绘制了，并且背景参考图是不会出现在透视视图中的，不影响渲染等效果，非常方便，如图 2-192 所示。

2.6.2 油漆笔刷制作

下面制作油漆笔刷,使用地形对象模拟笔刷的毛刷效果。

创建地形对象。在"对象"属性面板中调整"尺寸"为250cm×1000cm×250cm,将"宽度分段"和"深度分段"都增加至100以上,"粗糙褶皱"和"精细褶皱"都改为100%,如图2-193所示。

图 2-193

使用样条约束工具,在对象面板中将它拖入地形对象的子级。在"对象"属性面板中调整"轴向"为"+Y",并将"边界盒尺寸"调整为和地形对象相同。观察样条约束对象的边框和地形有错位,调整"边界盒中心"的 Y 轴尺寸为地形对象高度的一半,即500cm,这样边界盒和地形对象就能完美重合了,如图2-194所示。

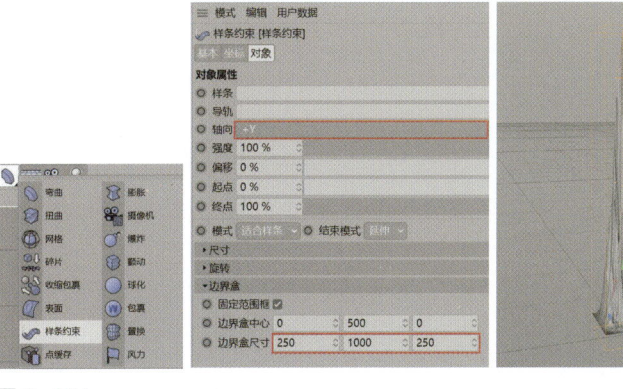

图 2-194

查看样条约束对象的属性面板,展开"尺寸"选项,会出现编辑曲线窗口,把曲线左端点向下拖动,可以看到地形对象的下方开始变得细小,这使得整体形态更像一个笔刷。要想这个笔刷有粗细变化,就需要在这个曲线位置进行调节,如图2-195所示。

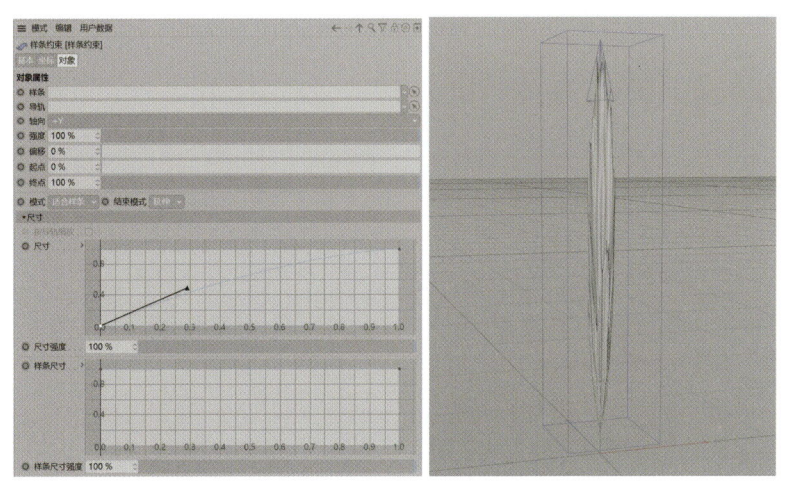

图 2-195

展开"旋转"选项,会出现编辑曲线窗口,此时可以旋转样条约束对象,调整"旋转强度"为138%,这时笔刷身上已经有了旋转效果。这里的数值可以在后面制作文字时继续微调,如图2-196所示。

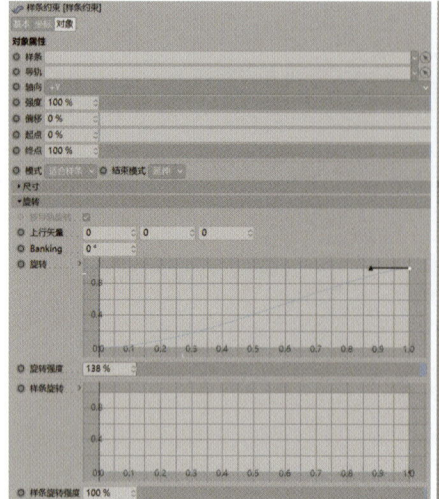

图 2-196

知识拓展

不仅可以调整曲线两端的点,而且可以在曲线上添加更多编辑点,只需在按住Ctrl键的同时单击曲线上的任意位置,就可以增加一个带调节手柄的编辑点,拖动位置和调节手柄都非常方便。如果不需要某个编辑点,选中后按Delete键即可将其删除,如图2-197所示。

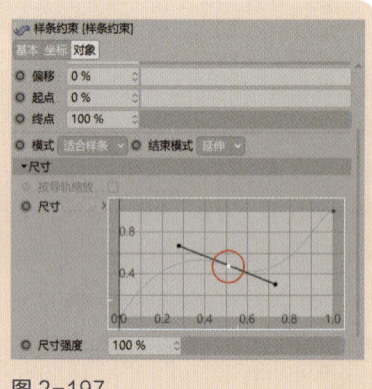

图 2-197

2.6.3 油漆字制作

使用上面制作好的笔刷,并使用样条约束工具把模型绑定到绘制的样条对象上,制作出任意想要的效果。

在对象面板中选中需要编辑的样条约束对象,会出现对应的属性面板。

把对象面板中绘制的其中一个条对象拖入样条约束对象的"样条"文本框,就可以在视图窗口中看到笔刷模型变成了绘制样条对象的形态,如图2-198所示。

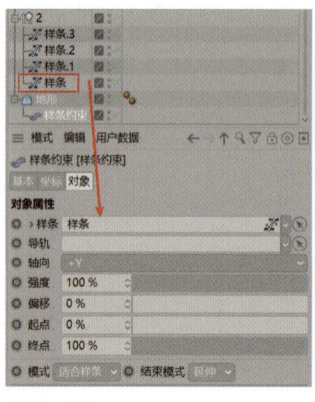

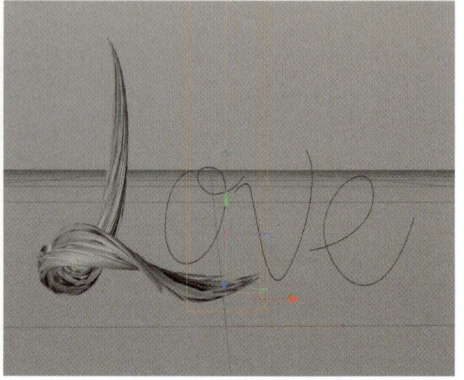

图 2-198

样条对象在被拉伸和旋转后，表面会变得比较粗糙，这时可以在地形对象的父级上，创建细分曲面对象，以增加模型表面的分段数值。

在细分曲面对象的"对象"属性面板中，将"编辑器细分"和"渲染器细分"都调整为2，模型会变得更加精致。需要注意，这个级别不用提高太多，面数增多会让计算机卡顿，使操作不畅，只要模型表面平滑、细致就可以了，如图 2-199 所示。

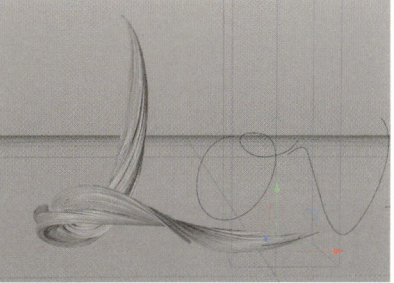

图 2-199

在制作完成一个字母后，将其与细分曲面对象一起复制3组，并把样条约束对象属性面板中的"样条"选项分别替换为不同的字母，把4个样条对象都制作出来，这样油漆字就制作完成了。可以根据每个字母的效果调整样条约束对象的旋转强度，以及样条对象的穿插位置，使字母达到更好的效果，如图 2-200 所示。

图 2-200

2.6.4 场景和元素建模

在制作完成文字后不仅可以搭建场景，而且可以为场景添加一些元素来丰富画面。

1. 文字底座

创建矩形对象，在"对象"属性面板中调整"宽度"为1000cm，"高度"为300cm。这个尺寸是根据绘制的文字大小确定的。勾选"圆角"复选框，设置"半径"为150cm，选择"平面"下拉列表中的"XZ"选项，将矩形对象移动到文字的底部，如2-201图所示。

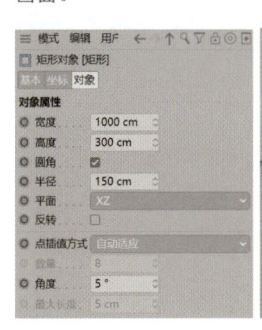

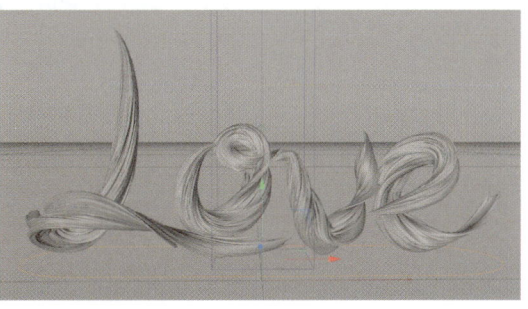

图 2-201

为样条对象的父级创建挤压对象。在"对象"属性面板中设置"偏移"为40cm，设置"封盖"属性面板中的倒角"尺寸"为5cm，"分段"为5，形成一个圆角长条底座的样式，如图 2-202 所示。

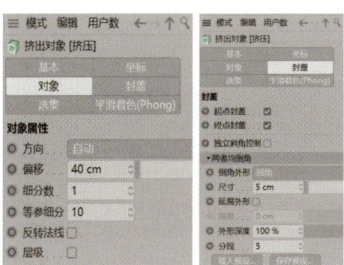

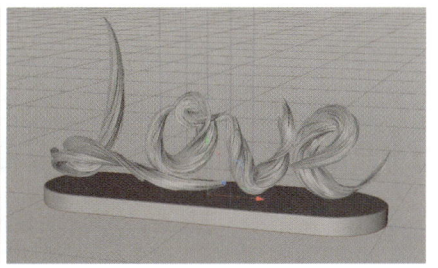

图 2-202

复制底座，使用缩放工具将其放大一些，在"对象"属性面板中调整"偏移"为10cm，为底座制作一个小底边，增加细节，如图2-203所示。

2. 背景板和地面

创建两个平面对象，将"宽度"和"高度"都调大，一个平面对象当作地面，贴紧底座的底部，另一个平面对象直立在文字后方当作背景板，如图2-204所示。

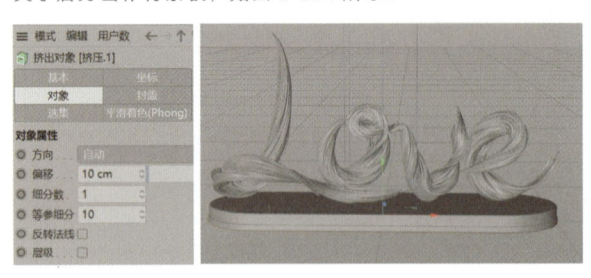

图2-203

图2-204

3. 背景板装饰

背景板比较空，可以创建一个圆盘对象，并设置"外部半径"为280cm，"旋转分段"为100，选择视图窗口的"显示"下拉菜单中的"光影着色（线条）"模式，这样便于查看。将圆盘对象移动到文字后方，贴紧背景板的位置，如图2-205所示。

复制多个调整好的圆盘对象，调整其大小，分别装饰在背景文字四周，使背景板更丰富，如图2-206所示。

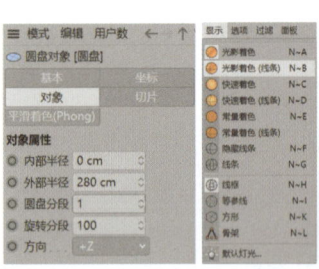

图2-205

图2-206

4. 背景装饰

分别创建圆环对象和球体对象，在圆环对象的"对象"属性面板中调整"圆环半径"为400cm，"圆环分段"为98，"导管半径"为6cm。在球体对象的"对象"属性面板中调整"半径"为19cm，"分段"为54。把球体对象套在圆环对象上，将圆环对象移动到文字后方，只露出半圆环形，制作成拱门形状，并将其装饰在文字后方，如图2-207所示。

图2-207

复制一组圆环对象和球体对象，调整"半径"为450cm，"导管半径"为4cm，使它整体变大，如图2-208所示。此外，球体对象的半径和位置也需要调整，不要和第一组重复。

复制更多的球体对象，将其调整为不同的尺寸，移动到地面上，制作成散落在底座四周的装饰小球。这样场景的前景和背景都有了简单的装饰元素，场景看起来就丰富多了，如图2-209所示。

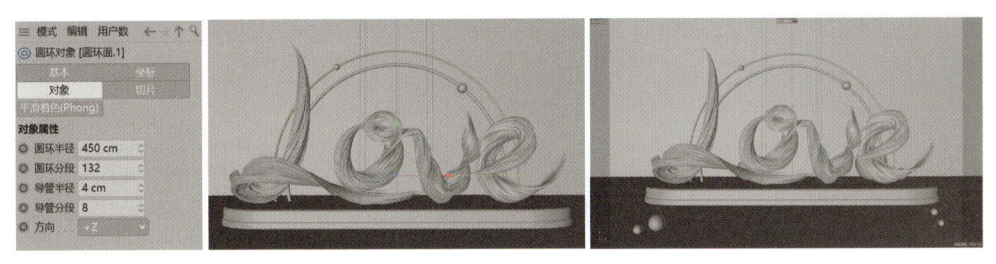

图 2-208　　　　　　　　　　　　　　　　　　图 2-209

2.6.5　环境与灯光

在建模完成后，先固定好角度再开始渲染。打开Octane实时查看窗口，进行基础设置。打开"Octane设置"窗口，将"核心"选项卡的渲染模式改为"路径追踪"，设置"最大采样"为2000（在预览时可以只用200），"全局光照修剪"为1，勾选"自适应采样"复选框。选择"摄像机成像"选项卡的"图像"选项卡中的"重定义空间"下拉列表中的"Agfacolor_HDC_100_plusCD"选项，勾选"降噪"选项卡中的"启用降噪"和"降噪体积"复选框，取消勾选"完成时降噪"复选框，其他设置保持默认值，如图2-210所示。

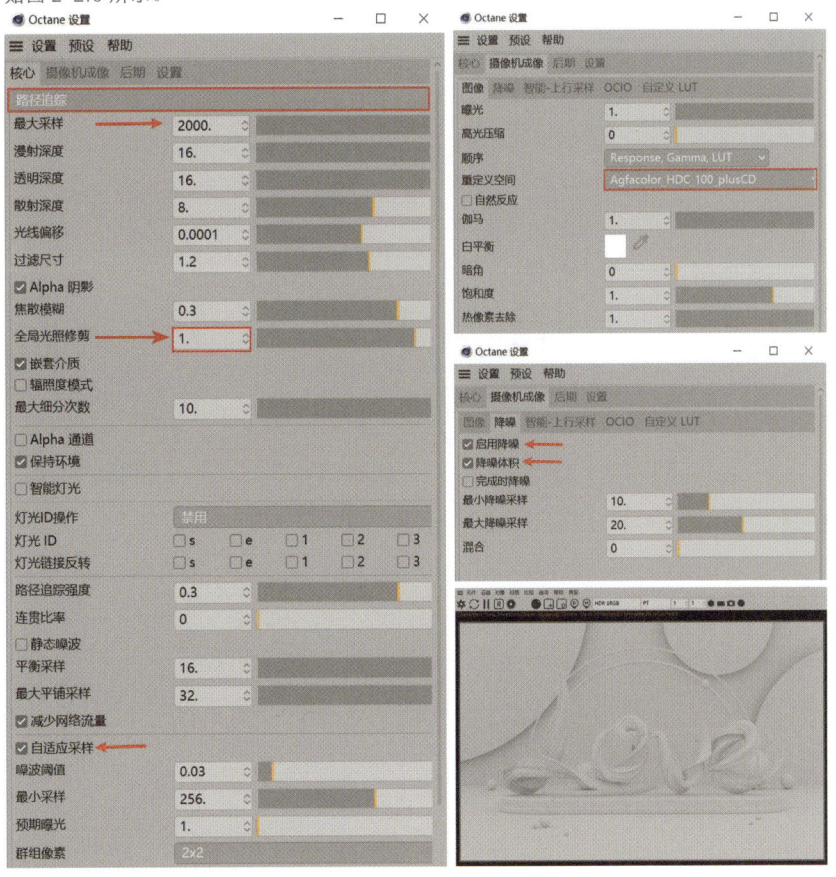

图 2-210

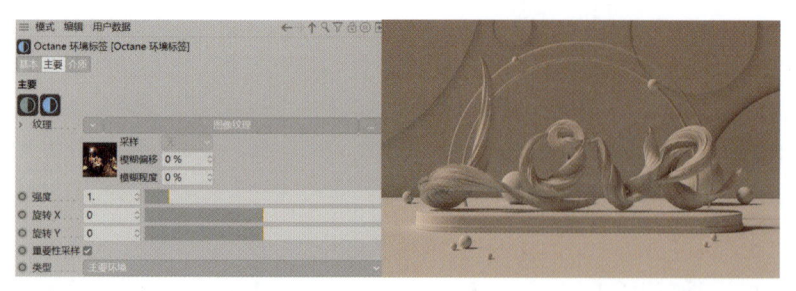

图 2-211

1. 环境光

为场景创建 Octane HDRI 环境，在"纹理"栏添加一张暖色室内光源的 HDR 贴图，渲染一下，使效果明暗比较均衡，如图 2-211 所示。

2. 主光源

创建目标区域光，将其移动到场景的左前方，放大灯光尺寸，并将灯光拉远一些，让场景明暗对比比较明显，如图 2-212 所示。

图 2-212

2.6.6 材质与渲染输出

1. 背景渐变材质

为背景创建材质。创建两个漫射材质球，勾选"漫射"通道，分别设置两个材质球中的一个材质球"颜色"为深紫色，分别设置 H 为 255°、S 为 51%、V 为 71%；另一个材质球"颜色"为浅紫色，分别设置 H 为 250、S 为 25%、V 为 88%，并分别将这两个材质球赋予背景板和背景上的圆形装饰，如图 2-213 所示。

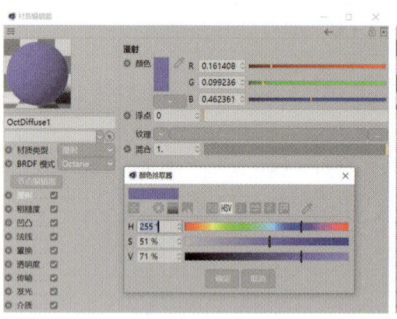

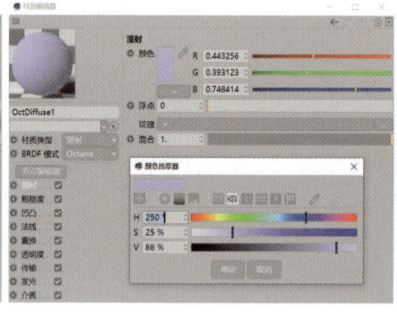

图 2-213

2. 地面反射材质

地面需要有些镜面效果。创建一个光泽度材质球，勾选"漫射"通道，分别更改"颜色拾取器"对话框中 H 为 260°、S 为 42%、V 为 65%。勾选"指数"通道，更改"指数"为 1.45，增加光泽度。勾选"粗糙度"通道，更改"浮点"为 0.01，使材质球有轻微的粗糙感，并把这个材质球赋予地面，形成漂亮的反射，如图 2-214 所示。

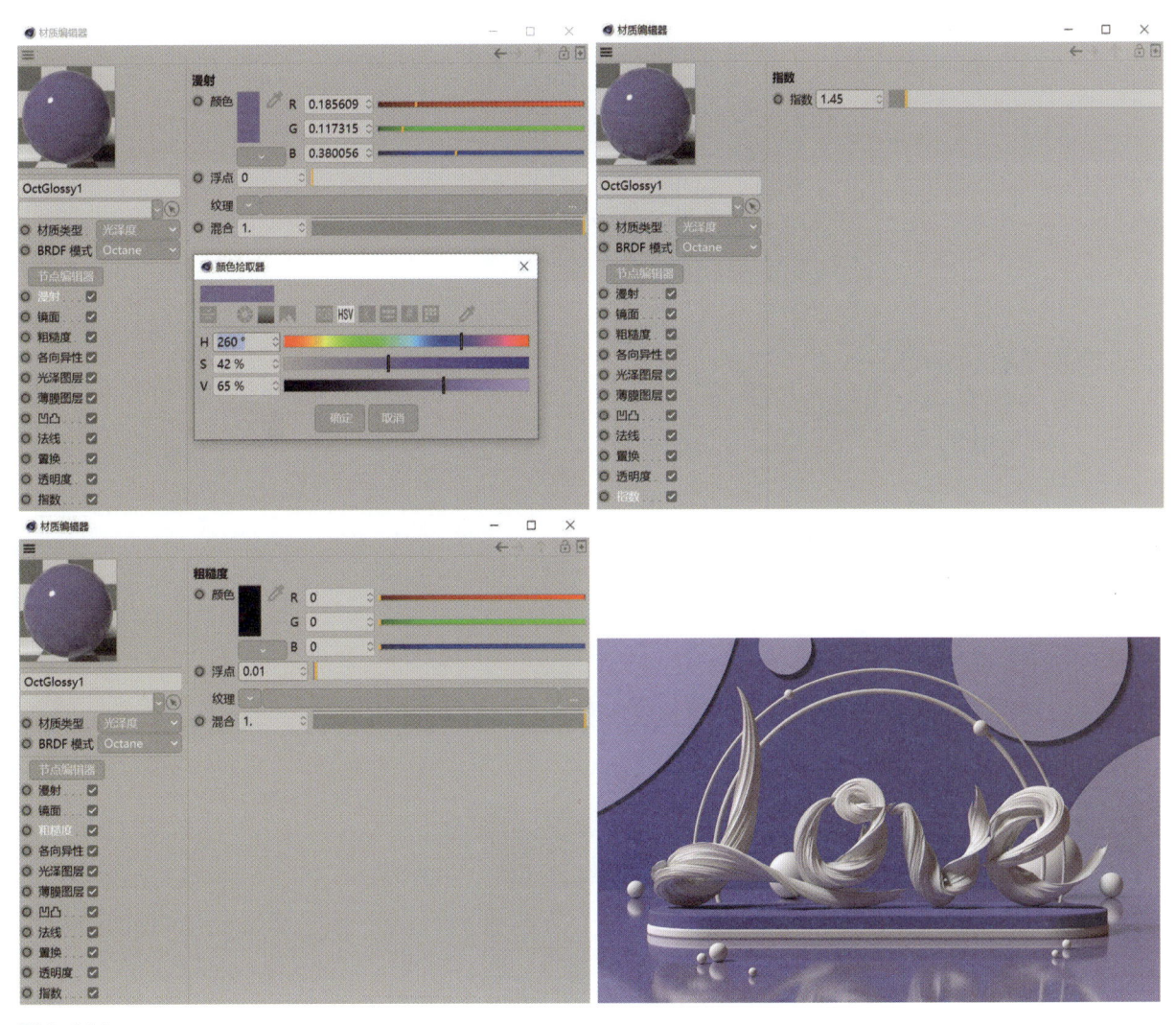

图 2-214

3. 文字彩色材质

文字需要模拟彩色油漆效果，需要创建一个光泽度材质球。勾选"漫射"通道，在"纹理"下拉列表中选择"加载图像"选项，并添加一张带有颜色的贴图，这张贴图可以在 Photoshop 中处理成柔和颜色渐变效果。勾选"指数"通道，更改"指数"为 1.8，增加光泽度。勾选"粗糙度"通道，更改"浮点"为 0.18，如图 2-215 所示。

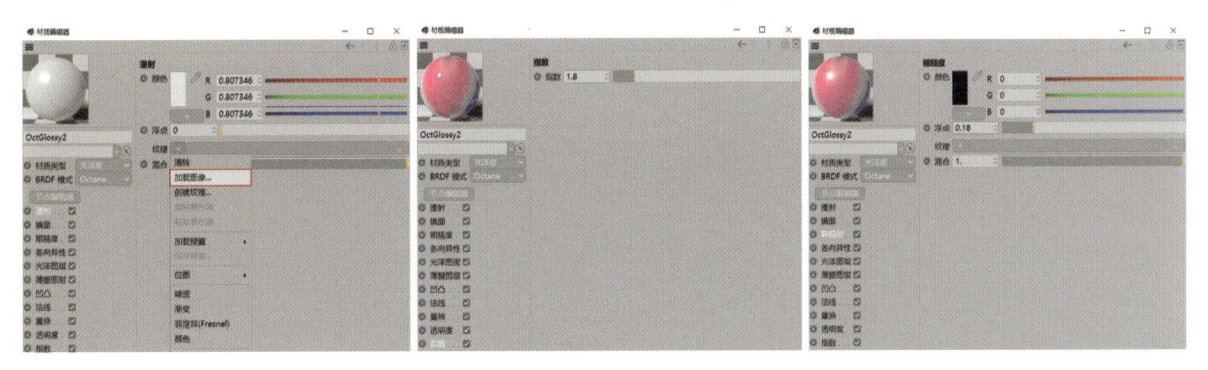

图 2-215

把材质球分别赋予每个字母,如图2-216所示。

图2-216

4.装饰金属材质

装饰金属球等材质比较简单,直接创建金属材质球,在"镜面"通道分别设置H为35°、S为21%、V为100%;在"粗糙度"通道中设置"浮点"为0.046,如图2-217所示。

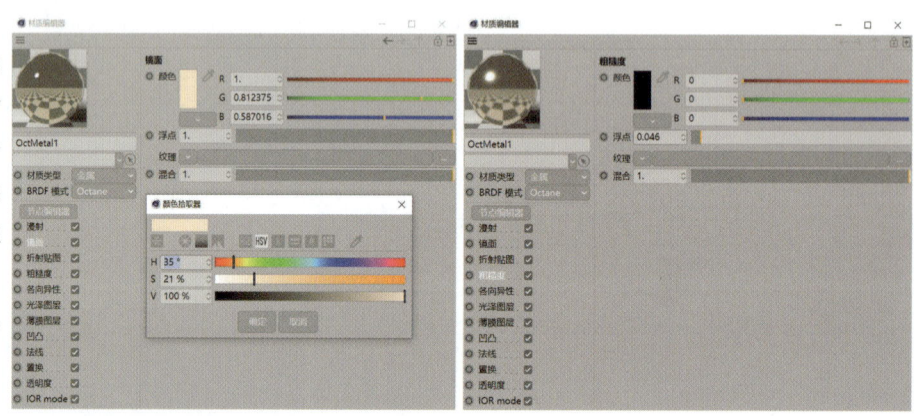

图2-217

把这个金属材质球赋予球体对象、底座边缘和后方的圆环,使整体看起来比较华丽,如图2-218所示。

图2-218

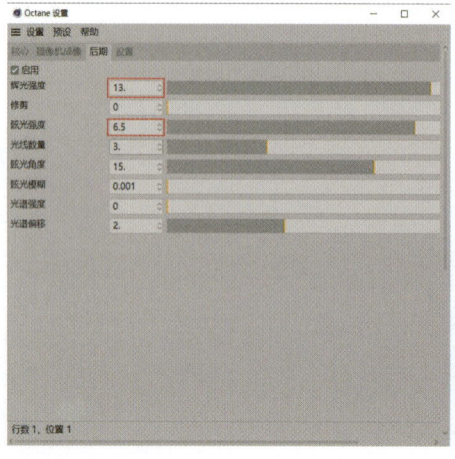

下面添加一些后期效果。打开"Octane 设置"窗口,在"后期"选项卡中勾选"启用"复选框,将"辉光强度"增至13,"眩光强度"增至6.5。观察画面中光的散开效果,就可以渲染出图了。在Photoshop中调整对比度和曝光值,这张油漆字海报就制作完成了,如图2-219所示。

图2-219

2.7 体积建模工具构建巧克力字海报

本节使用体积建模工具,制作一张巧克力字海报,并通过案例学习体积建模相关工具的应用,渲染侧重渐变效果,如图 2-220 所示。

图 2-220

2.7.1 体积建模工具详解

在常用工具栏中,有一组绿色按钮,这组工具就是体积建模工具。它包括体积生成工具和体积网格工具,以及 3 个平滑工具,如图 2-221 所示。

它能够把模型和样条对象以体素的形式融合在一起,像素是二维图片的组成单位,体素是三维模型的组成单位。和之前学过的融球工具类似,它也可以把模型和模型融合得更圆滑,设置得更灵活。下面通过一个案例了解这组工具的用法。

创建 3 个大小不同的球体对象(中间大两边小),增加一些分段数值让球体对象表明圆滑即可,如图 2-222 所示。

单击"体积生成"按钮,在对象面板中可以看到已经创建了一个体积生成对象,把 3 个球体对象都拖入体积生成对象的子级,就可以在视图窗口看到 3 个球体对象像打了马赛克一样融合在一起了。这个就是使用体积生成工具把 3 个球体对象融合成体素的集合,其中体素尺寸默认为 10cm,在这时是不能渲染出来的,如图 2-223 所示。

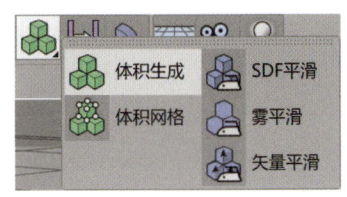

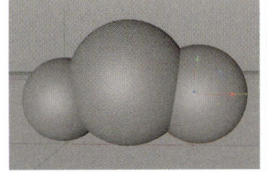

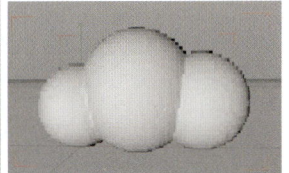

图 2-221　　图 2-222　　图 2-223

单击"体积网格"按钮，在对象面板中把体积生成对象拖入体积网格对象的子级，上一步生成的体素就转换为网格化的实体了，这才是可以被渲染出的模型，如图2-224所示。

以上就是体积建模工具的基本应用。可以看到模型表明并不光滑，形态也需要调整，可以通过调整几个属性参数来达到效果。

要想解决模型表明是否平滑的问题，只需要在体积生成对象的属性面板中，选择"体素类型"下拉列表中的"SDF"选项，就可以在"对象"选区中看到新添加的"SDF平滑"效果器了。需要注意，这里有顺序识别，这个效果器只对位于它以下的对象起效果，如果发现添加后没有出现平滑效果，那么需要把它拖动到所有对象的顶端位置，这时就可以看到模型像添加了模糊滤镜一样边缘变得圆滑，如图2-225所示。

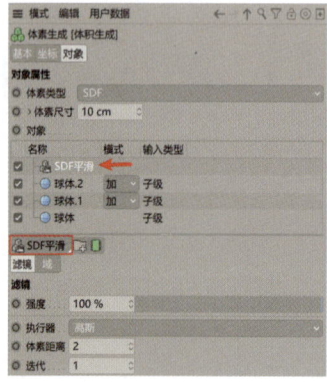

图 2-224

图 2-225

调整形态也很简单，创建立方体对象，立方体对象的尺寸要比制作完成的云朵大一些，将其移动到遮挡云朵一半的位置，如图2-226所示。

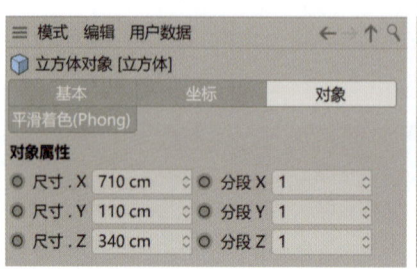

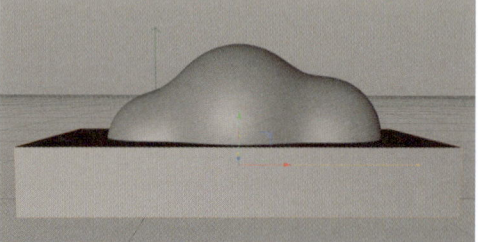

图 2-226

在对象面板中把立方体对象拖动到体积生成对象的子级中。在体积生成对象的属性面板中，找到"对象"选区中的立方体对象，把立方体对象的"模式"改为"减"，同时将其拖动到"SDF平滑"效果器的下方，并把"体素尺寸"改为3cm，这时整体云朵的形态就特别精致了，如图2-227所示。

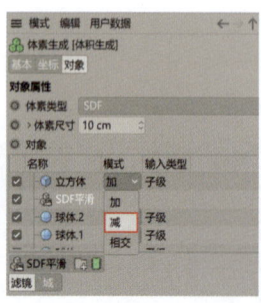

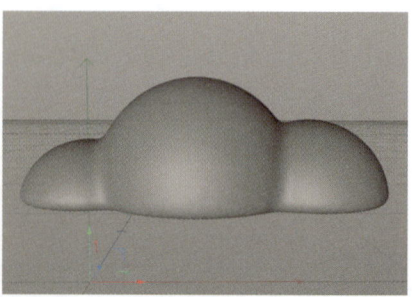

图 2-227

> **知识拓展**
>
> 如何让体积建模的模型更平滑?
>
> 　　影响模型平滑程度的因素主要是模型的分段数值,如果体积不平滑,可以调整以下 3 点。
> 　　(1)调整内部模型如球体对象、立方体对象的分段数值。
> 　　(2)调整体素尺寸。通过观察模型表明效果来调整,不能过大或过小。
> 　　(3)增加"SDF 平滑"效果器,执行器使用"高斯"。

2.7.2 文字元素搭建

　　选择"运动图形"下拉菜单中的"文本"命令,创建文本对象。在"对象"属性面板的"文本"文本框中输入需要的文字,并设置深度为 25cm,选择比较圆润、粗壮的字体,如图 2-228 所示。

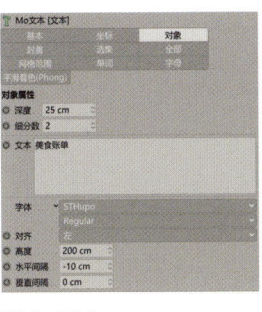

图 2-228

　　在"封盖"属性面板中,将"尺寸"改为 6cm,"分段"改为 4,选择"封盖类型"下拉列表中的"Delaunay"选项,使文字边缘光滑,封盖表面布线分布均匀,如图 2-229 所示。

图 2-229

　　创建体积生成对象。在对象面板中把文本对象拖入体积生成对象的子级,在"对象"属性面板中将"体素尺寸"改为 1cm,勾选"SDF 平滑"复选框,添加平滑效果,如图 2-230 所示。

图 2-230

　　创建体积网格对象。在对象面板中把体积生成对象拖入体积网格对象的子级,可以看到文字更为圆润了。至此,巧克力字的主体制作完成,如图 2-231 所示。

图 2-231

复制一组添加了体积网格对象的文字。在文本对象的"封盖"属性面板中将"尺寸"改为12cm，在体积生成对象的"对象"属性面板中将"体素尺寸"改为1.8cm，并把这组文字作为巧克力字上面的奶油，其整体要比巧克力字更粗、更圆，如图2-232所示。

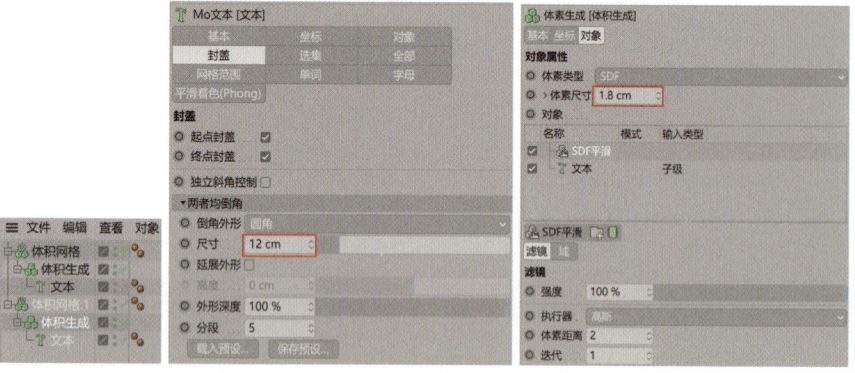

图 2-232

创建多个球体对象。将其随意移动到奶油文字下方的位置，并改变其尺寸和位置，如图2-233所示。

在对象面板中把这些球体对象拖入奶油文字的体积生成对象的子级，在体积生成对象的属性面板中把球体对象的"模式"都改为"减"，如图2-234所示。

图 2-233 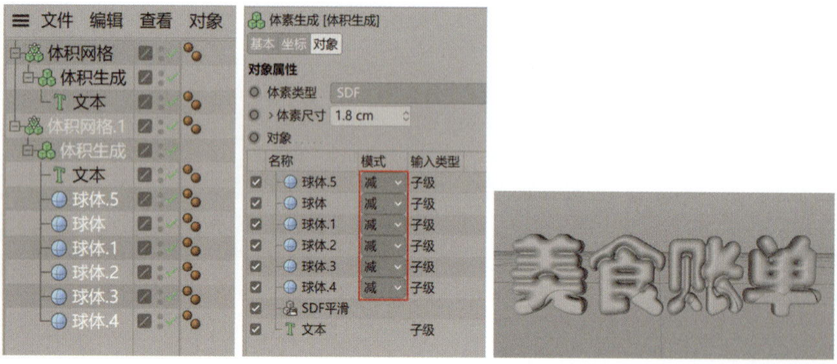   图 2-234

同时将"SDF平滑"效果器拖动到球体对象的上层，使"SDF平滑"效果器对所有对象发挥作用，这样奶油流下的效果就制作完成了，如图2-235所示。

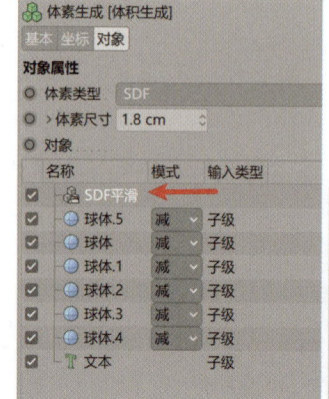

图 2-235

图 2-236

使用同样的方法制作一个巧克力，放在文字旁边。创建6个立方体对象，设置立方体对象的"尺寸"均为60cm×60cm×28cm，并将其排成巧克力的形状，如图2-236所示。

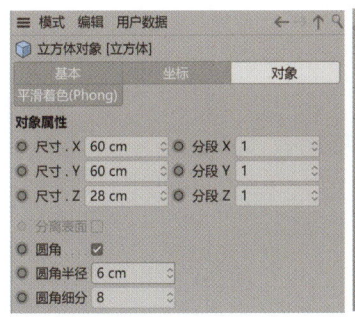

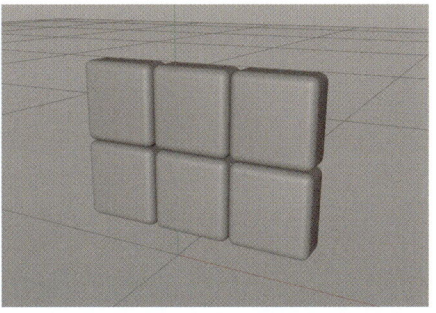

图 2-237

创建体积生成对象。在对象面板中把立方体对象都拖入体积生成对象的子级，并在"对象"属性面板中将"体素尺寸"更改为1cm，选择"SDF平滑"选项，如图2-237所示。

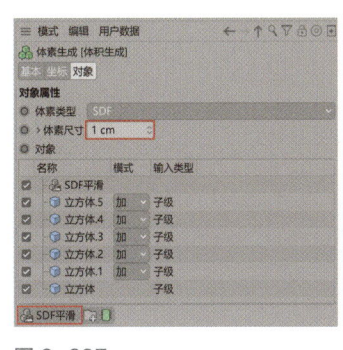

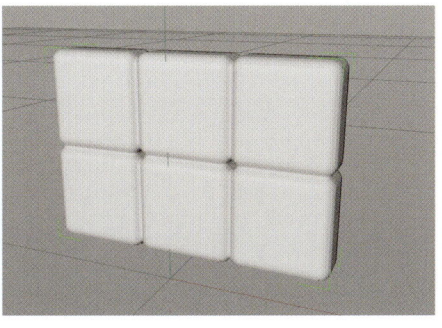

图 2-238

创建体积网格对象。在对象面板中把体积生成对象拖入体积网格对象的子级，如图2-238所示。

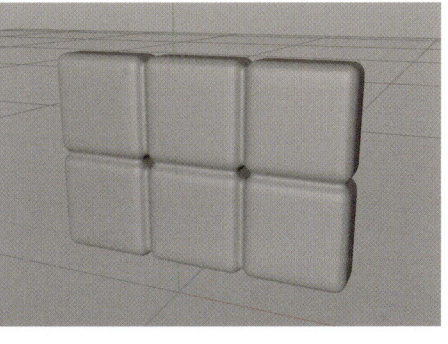

图 2-239

再次创建球体对象，要想制作出巧克力像被咬下一块的效果，就要移动球体对象到巧克力的一角。注意将球体对象的分段数值增加一些，使球体对象的表面更为平滑，如图2-239所示。

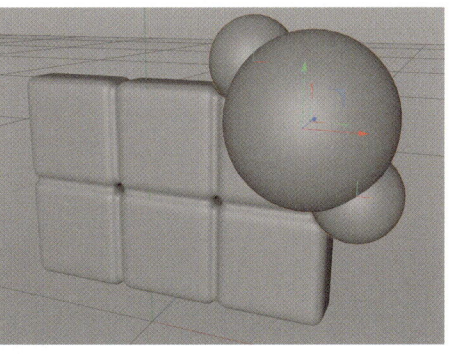

在对象面板中把球体对象都拖入体积生成对象的子级，在"对象"属性面板中把球体对象的"模式"改为"减"，并把"SDF 平滑"效果器拖动到所有球体对象的上方，制作出巧克力像被咬下一块的效果，如图 2-240 所示。

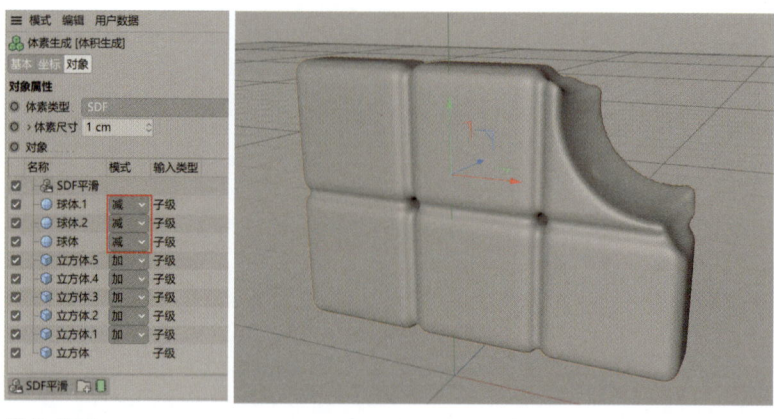

图 2-240

把巧克力移动到文字后方，并旋转角度，让巧克力漂浮在文字后方，使画面更有动感，如图 2-241 所示。

图 2-241

2.7.3 背景板和元素制作

1. 账单制作

下面开始制作一些与主题相关的元素，首先制作账单，按 F3 键切换到右视图，使用样条画笔工具，绘制一条曲线，如图 2-242 所示。

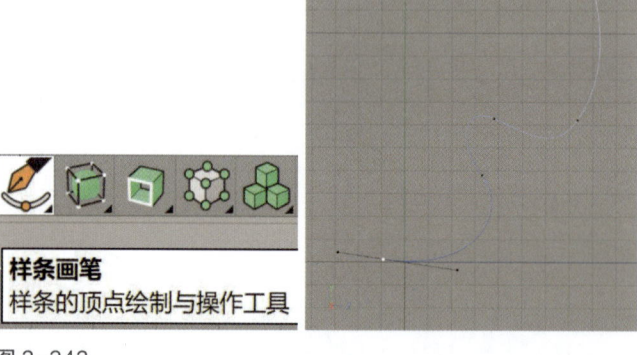

图 2-242

创建挤压对象，在对象面板中把新绘制的样条对象拖入挤压对象的子级，在"对象"属性面中将"方向"改为"X"，"偏移"改为 350cm，这样就把绘制的样条对象挤压出模型了，如图 2-243 所示。

图 2-243

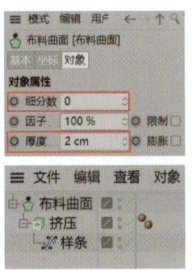

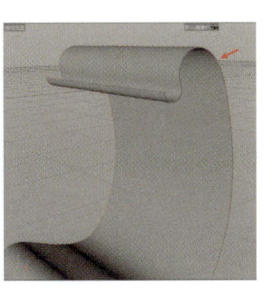

创建布料曲面对象，在"对象"属性面板中更改"细分数"为0，"厚度"为2cm，在对象面板中把挤压对象拖入布料曲面对象的子级，这样就为账单增加了2cm的厚度，如图2-244所示。

图2-244

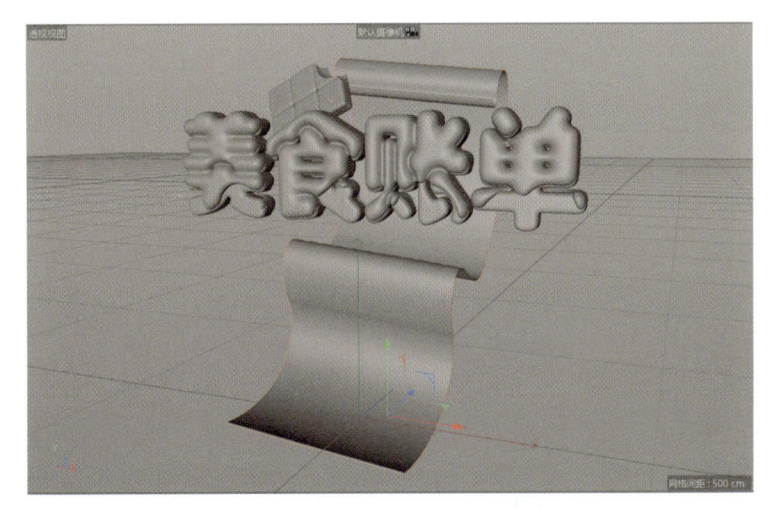

使用移动工具把账单移动到文字后方，并将其旋转，制作出纸张漂浮的效果，如图2-245所示。

图2-245

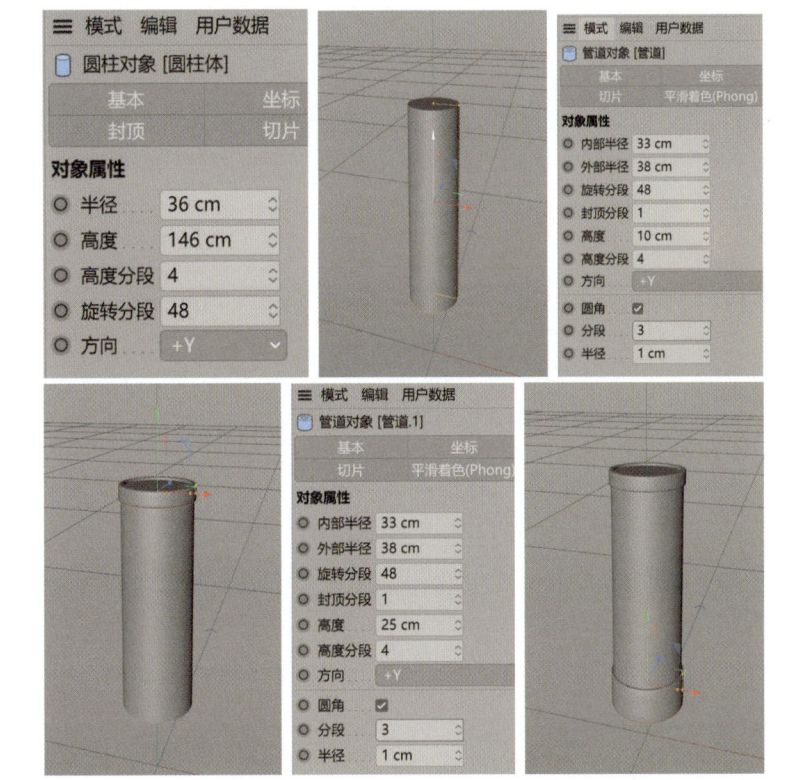

2. 铅笔元素制作

使用模型拼接方式制作铅笔元素。创建圆柱对象制作笔身。创建管道对象，将高度调小，并调整半径比笔身大一点，勾选"圆角"复选框，并将其移动到笔的上、下两端作为装饰，具体尺寸设置可以参考图2-246。

图2-246

创建圆锥对象，作为笔头。在"对象"属性面板中更改"顶部半径"为5cm，"底部半径"为34cm，"高度"为53cm，"旋转分段"为48；在"封顶"属性面板中勾选"封顶"和"顶部"复选框，设置"半径"为5cm，"高度"为26.5cm，并将圆锥对象移动到笔的一端，笔头就制作完成了，如图2-247所示。

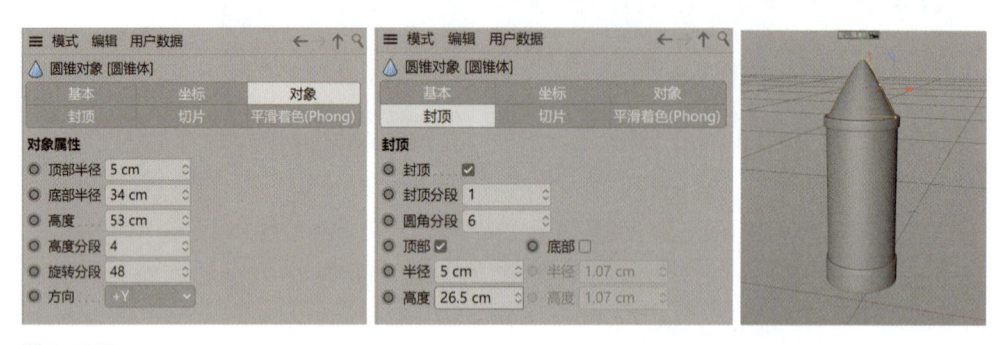

图2-247

复制圆柱对象，将尺寸调小，并在"封顶"属性面板中勾选"封顶"和"圆角"复选框，将圆柱对象作为笔另一端的橡皮，如图2-248所示。

图2-248

3. 箭头和加号制作

用体积建模工具创建箭头和加号元素。首先将3个胶囊元素拼接成箭头，然后分别创建体积生成对象和体积网格对象，在"对象"属性面板中将"体素尺寸"改为1.5cm，添加"SDF平滑"效果器，使箭头整体变得圆滑一些，如图2-249所示。

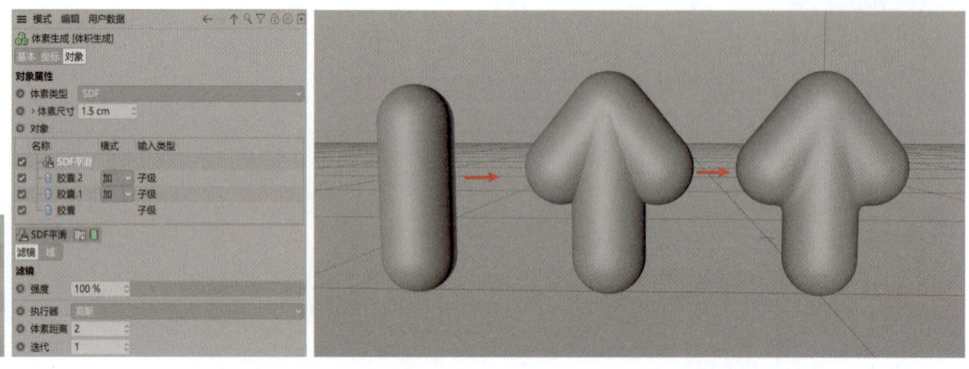

图2-249

加号元素是使用两个胶囊横竖拼接而成的。创建体积生成对象和体积网格对象，在"对象"属性面板中将"体素尺寸"改为2cm，添加"SDF平滑"效果器，使模型变得圆润，如图2-250所示。

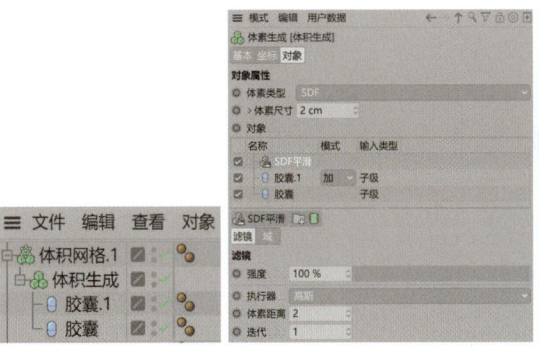

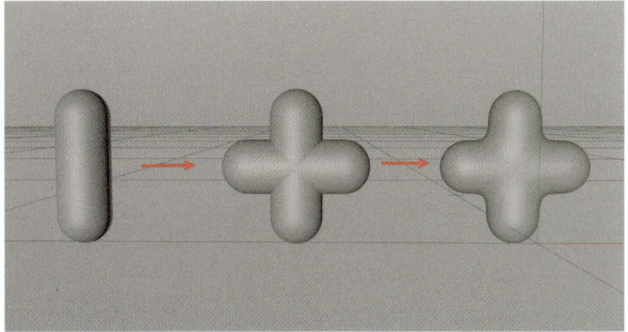

图 2-250

图 2-251

使用移动工具和旋转工具，把制作完成的 3 组元素放到场景中，注意构图关系，如图 2-251 所示。

4. 其他元素制作

为了让画面更丰富，可以创建一些球体对象、立方体对象和圆环对象。注意分段数值都需要增加到使模型表面平滑，此时需要多制作一些不同尺寸的球体对象、立方体对象和圆环对象，如图 2-252 所示。

使用移动工具，把这些元素填充到画面空白处，注意前后遮挡关系，应有大有小、有前有后，这样画面会更为丰富且耐看，如图 2-253 所示。

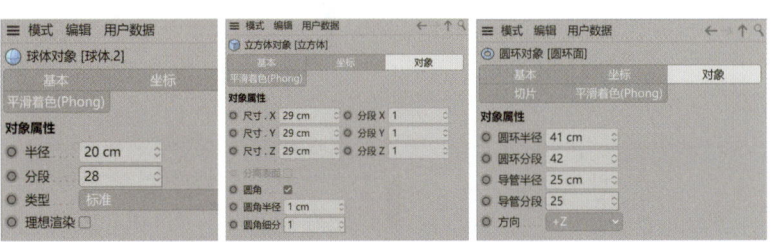

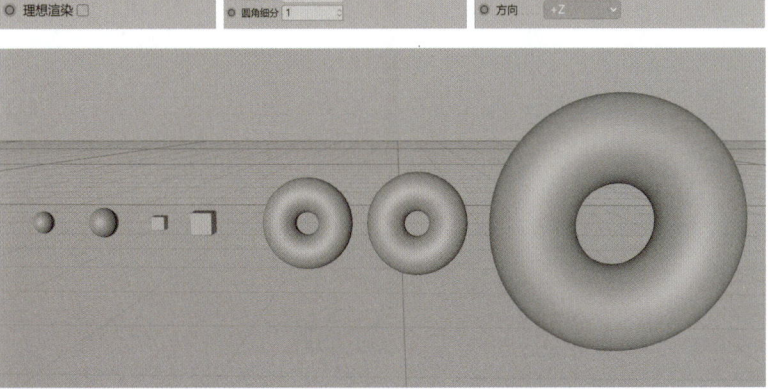

图 2-252

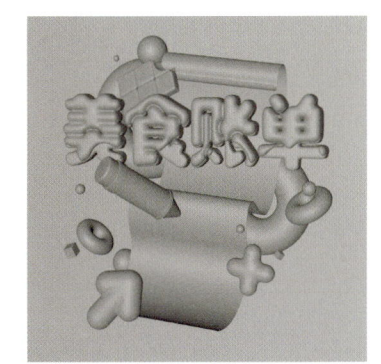

图 2-253

2.7.4 环境与灯光

在建模完成后，先固定好角度，然后开始渲染。打开Octane实时查看窗口，进行基础设置。打开"Octane设置"窗口，将"核心"选项卡的渲染模式改为"路径追踪"，"最大采样"改为2000（在预览时可以只用200），勾选"自适应采样"复选框，选择"重定义空间"下拉列表中的"Gamma 2.2"选项，勾选"降噪"选项卡中的"启用降噪"和"降噪体积"复选框，取消勾选"完成时降噪"复选框，其他设置保持默认值，如图2-254所示。

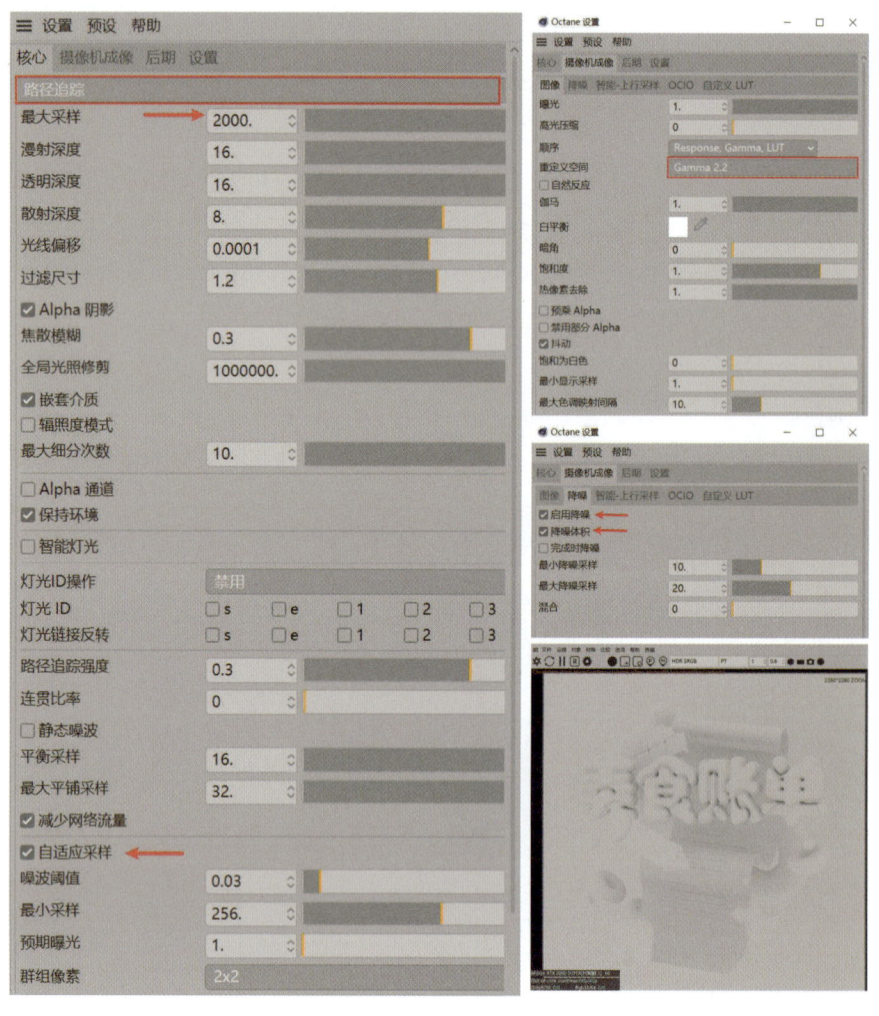

图2-254

1. 环境光

为场景创建Octane HDRI环境，在"纹理"栏添加一张暖色室内光源的HDR贴图，渲染一下，使效果明暗比较均衡，如图2-255所示。

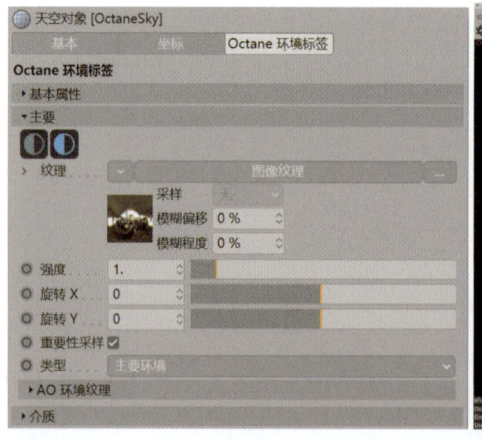

图2-255

2. 主光源

创建目标区域光，将其移动到场景的左前方，放大灯光尺寸，并将灯光拉远一些，让场景明暗对比比较明显，如图 2-256 所示。

图 2-256

2.7.5 材质与渲染输出

1. 背景渐变材质

给背景添加材质，创建漫射材质球，勾选"漫射"通道，选择"纹理"下拉列表中的"渐变"选项，在"着色器"选项卡中将渐变颜色改为比较亮色的由粉色到紫色，"类型"改为"二维 -V"，这样可以使颜色上下渐变，如图 2-257 所示。

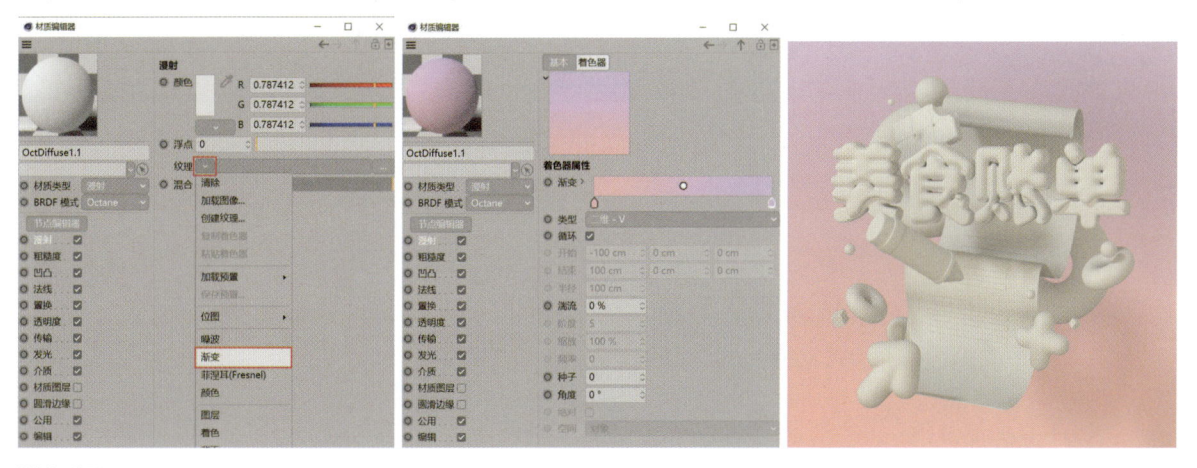

图 2-257

2. 账单渐变材质

为账单添加同样的渐变材质，创建漫射材质球，勾选"漫射"通道，选择"纹理"下拉列表中的"渐变"选项，在"着色器"选项卡中将渐变颜色改为由蓝到黄再到粉，将"类型"改为"二维 -U"，把这个材质球赋予账单，就可以看到渐变效果了，如图 2-258 所示。

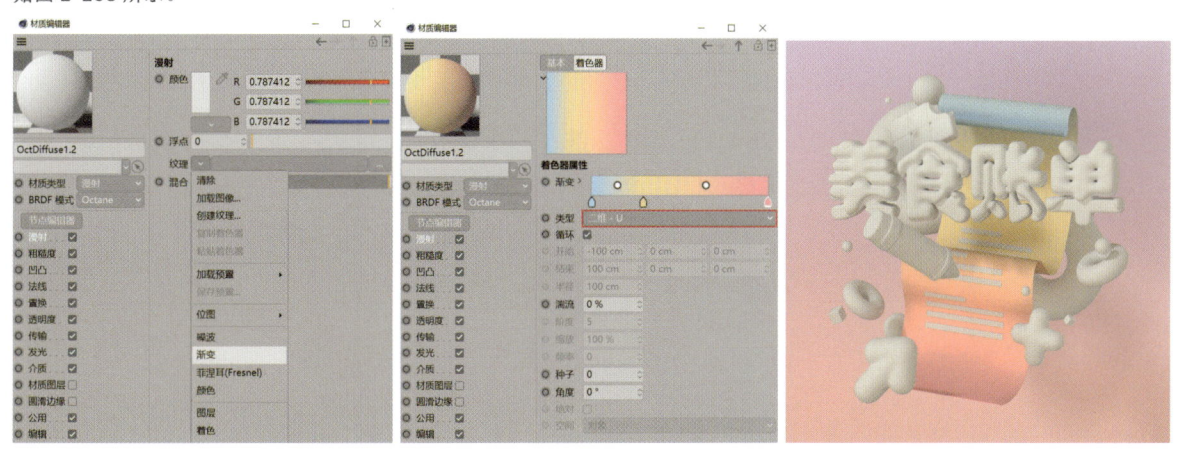

图 2-258

3. 笔渐变材质

笔同样也使用了渐变材质。复制账单的材质球，将材质球的"材质类型"改为光泽度，勾选"粗糙度"通道，设置"浮点"为 0.03，微调渐变颜色，并将"类型"改为"二维 -V"。将设置完成的材质球整体赋予铅笔，如图 2-259 所示。

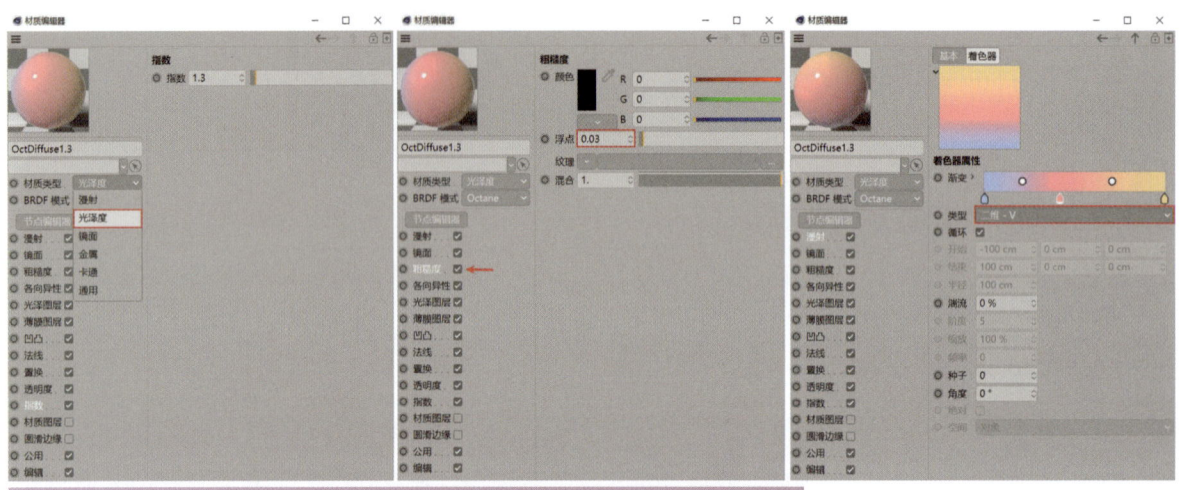

图 2-259

4. 巧克力材质

巧克力材质的制作相对简单一些。创建光泽度材质球，勾选"漫射"通道，分别设置 H 为 14°、S 为 56%、V 为 46%，勾选"粗糙度"通道，设置"浮点"为 0.06。复制光泽度材质球，分别设置 H 为 26°、S 为 34%、V 为 89%，并将其作为巧克力上面的奶油材质，如 2-260 所示。

图 2-260

复制奶油材质，设置更多的颜色。设置"颜色"为粉色，分别设置H为333°、S为38%、V为99%；设置"颜色"为蓝色，分别设置H为202°、S为24%、V为90%；设置"颜色"为紫色，分别设置H为290°、S为33%、V为95%。注意先把饱和度调低一些，不要和整体背景差别过大，再把它们分别赋予场景中的元素，使整体色彩丰富，最后渲染输出，如图2-261所示。

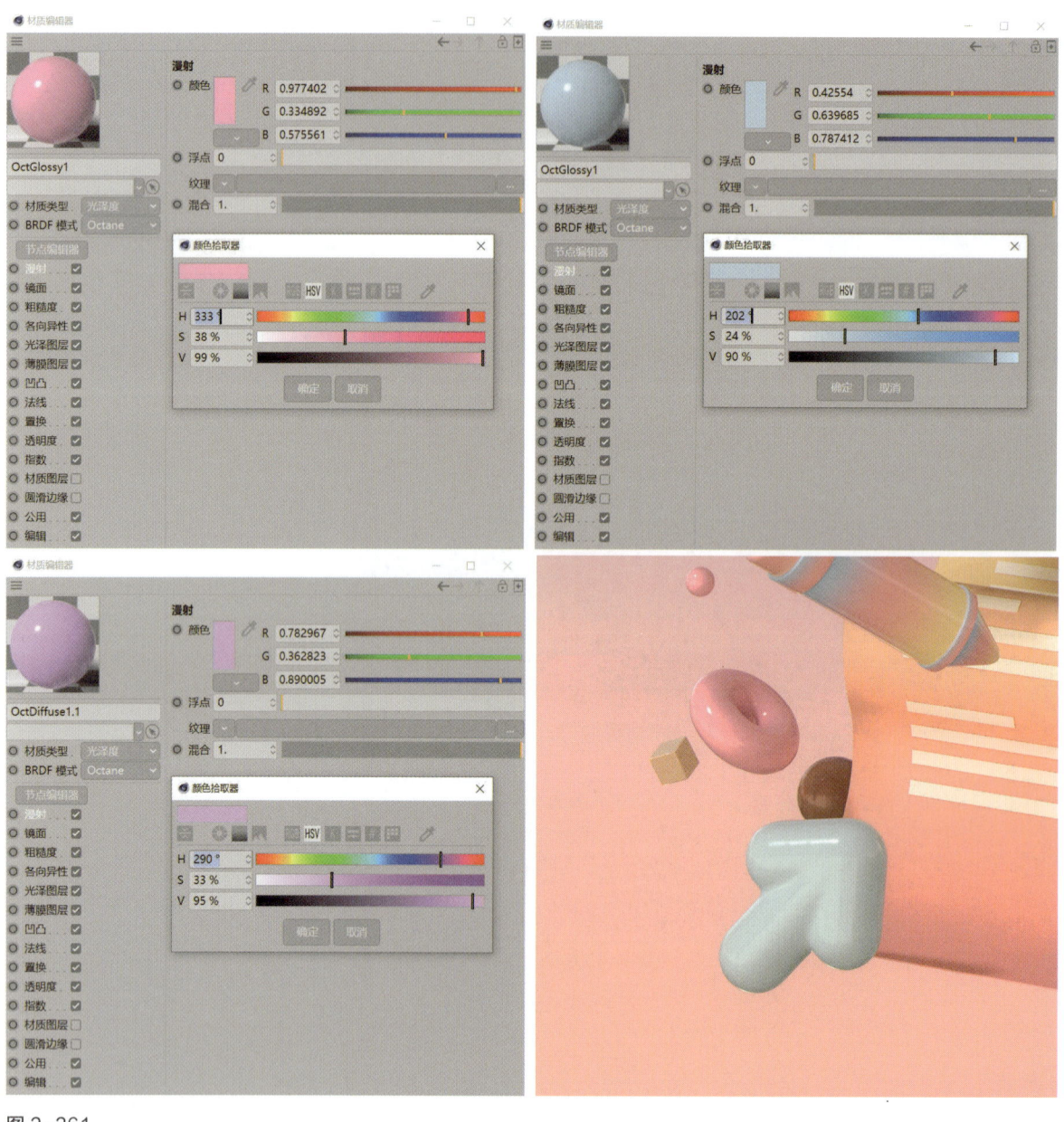

图2-261

2.8 多边形画笔工具绘制卡通文字

本节学习使用多边形画笔工具绘制卡通文字，同时配合使用挤压工具和细分曲面工具制作可爱的气球文字，如图 2-262 所示。

图 2-262

2.8.1 多边形工具详解

C4D 中的多边形画笔工具是一个可以自由操作点、边、面的工具，非常好用。

右击，弹出的快捷菜单中的第 3 个工具就是多边形画笔工具。这个工具对点、边、面都起作用。

创建立方体对象，单击"转为可编辑对象"按钮将这个立方体对象转为可编辑对象，切换到点模式，右击，在弹出的快捷菜单中选择"多边形画笔"命令，将光标移动到立方体对象上，可以看到接触的点、边或面都能够被选中并拖动使其变形，这在编辑对象时会非常方便，如图 2-263 所示。

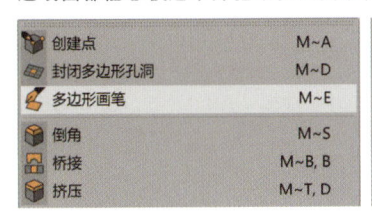

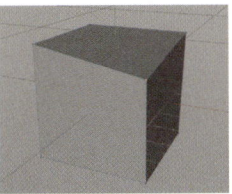

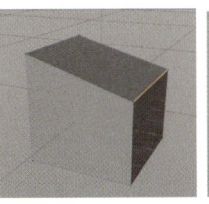

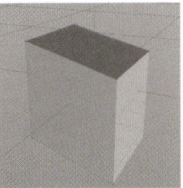

图 2-263

使用多边形画笔工具不仅可以编辑，而且可以绘制图形。比如，在立方体对象旁边，选择多边形画笔工具，并任意单击，勾画出想要的图形，在进行绘制时，最好切换到二维视图，如正视图，这样绘制的点都在同一个平面内，更便于编辑，如图 2-264 所示。

右键快捷菜单还有很多非常实用的工具，如挤压、倒角、切刀、分裂等工具，它们的使用方法大同小异，在实际案例中会介绍它们具体的使用方法，这里只需知道怎么调出这些工具即可。

图 2-264

2.8.2 文字元素绘制

使用多边形画笔工具,绘制气球文字的主体。为了激活右键快捷菜单的工具,先创建一个平面对象,属性设置保持默认值即可,然后单击"转为可编辑对象"按钮,切换到多边形(面)模式,如图2-265所示。

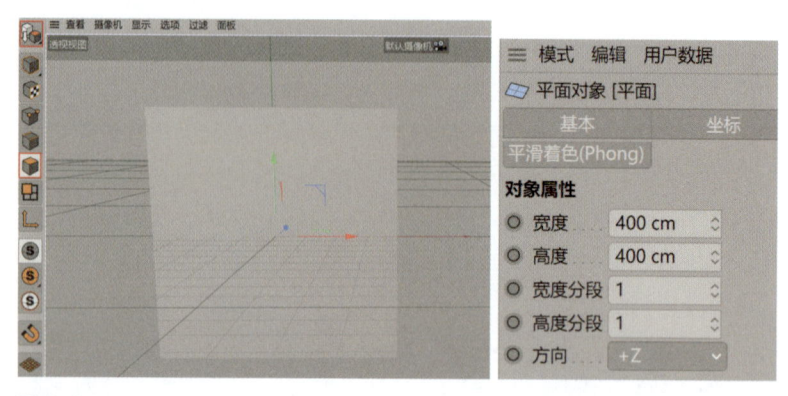

图 2-265

按F4键切换到正视图,右击,在弹出的快捷菜单中选择"多边形画笔"命令,在正视图中绘制出字母的轮廓,尽量让字母的笔画粗一些,这样制作出的气球文字会更饱满,如图2-266所示。

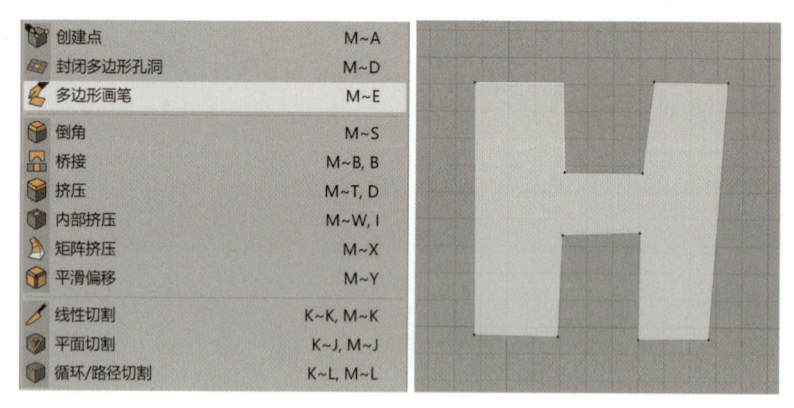

把所有字母都绘制出来,不需要考虑圆角,只要将每个字母的外形用几何形体概括出来即可,如图2-267所示。

使用移动工具和旋转工具微调字母的位置和方向,使字母间距更近一些,这样排版会更好看一些。对于字母H和字母Y,可以使用线性切割工具把它们切出几个面,这样可以使字母形态保持得更好,如图2-268所示。

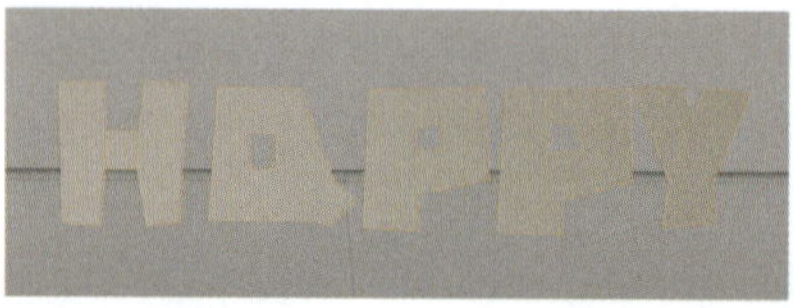

全选面,右击,在弹出的快捷菜单中选择"挤压"命令,并在视图窗口空白处按住鼠标左键拖曳,让字母挤压出厚度,如图2-269所示。

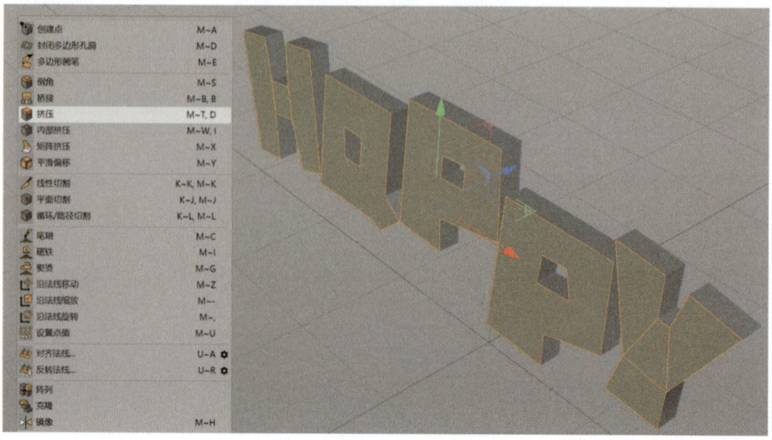

图 2-266

图 2-267   图 2-268

图 2-269

拖曳 3 次，使字母不但有厚度，而且中心有两层分段，以为后面制作气球的边界线做准备，如图 2-270 所示。

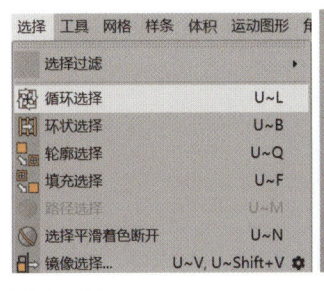

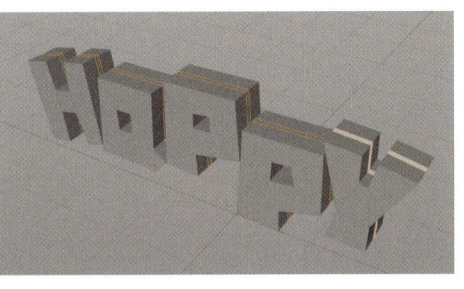

图 2-270

使用循环选择工具，选中字母厚度中心的一圈面，按住 Shift 键，把所有字母厚度中的面都选中，如图 2-271 所示。

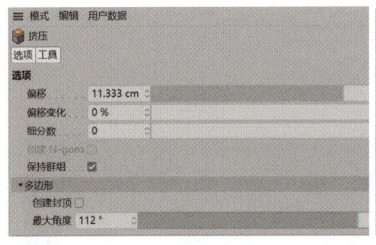

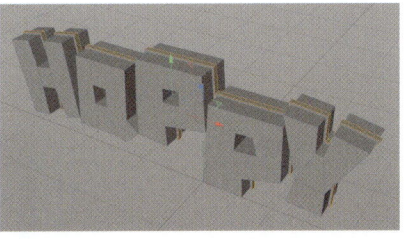

图 2-271

在空白处右击，在弹出的快捷菜单中选择"挤压"命令，在视图窗口空白处按住鼠标左键拖曳，给选中的面挤压出一个厚度。如果发现字母转角处的面有断开的情况，可以在挤压对象的属性面板中把"最大角度"加大到112°，这样转角的边就会连接好了，如图 2-272 所示。

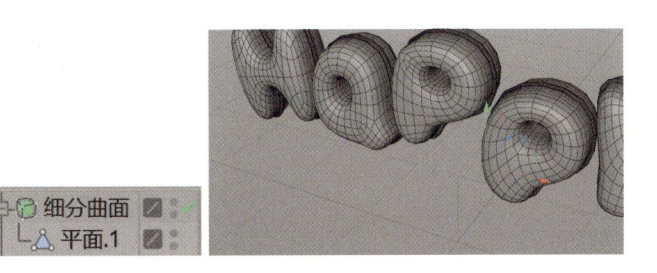

图 2-272

创建细分曲面对象，在对象面板中把绘制的字母拖入它的子级，并为整体字母设置平滑的效果，如图 2-273 所示。

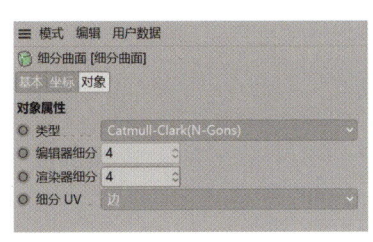

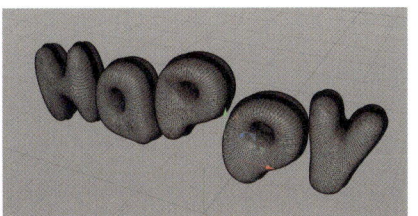

图 2-273

在细分曲面对象的"对象"属性面板中，把"编辑器细分"和"渲染器细分"都改为4，使字母表面更为平滑，如图 2-274 所示。

图 2-274

增加一些挂绳等细节可以让气球文字更真实。创建圆锥对象和圆环对象，并缩小圆环对象的尺寸，将其移动到圆锥对象的底端，使用缩放工具把圆锥对象和圆环对象整体缩小，并将其移动到每个气球文字的底部，制作出气球嘴的效果，如图2-275所示。

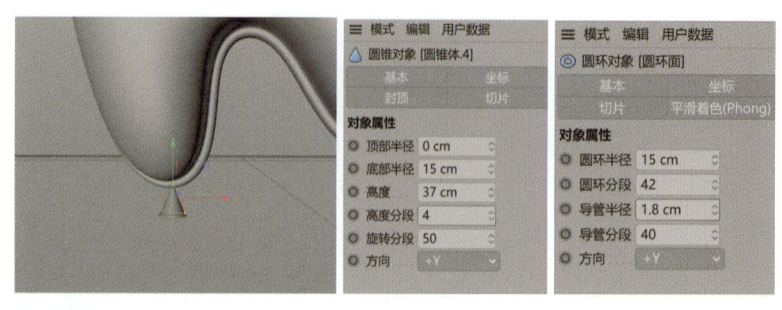

图2-275

创建螺旋对象和圆环对象，将圆环对象的"半径"调整为3.3cm，将螺旋对象的"起始半径"和"终点半径"都设置为6cm，"高度"设置为530cm。创建扫描对象，在对象面板中把两个对象同时拖入扫描对象的子级，制作出绳子的模型，将其与气球嘴组合在一起，这样气球的细节也添加完成了，如图2-276所示。

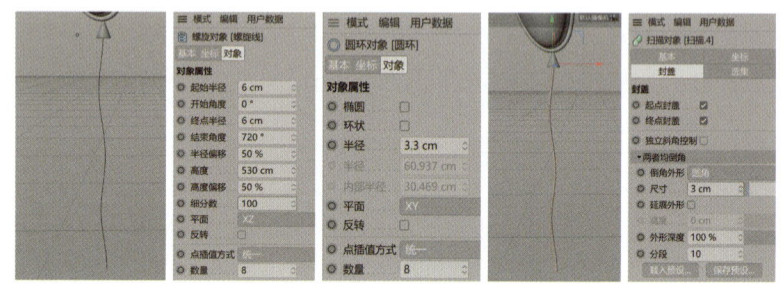

图2-276

知识拓展

"编辑器细分"和"渲染器细分"选项的作用。

细分曲面工具会使模型的面数呈几何倍数增加，在场景很复杂时会增加显示和渲染的负担，为了能够在编辑视图时更加顺畅可以降低"编辑器细分"选项的级别，提高"渲染器细分"选项的级别，这样就能够顺畅编辑场景，而使最终渲染时不影响模型的细分效果，如图2-277所示。

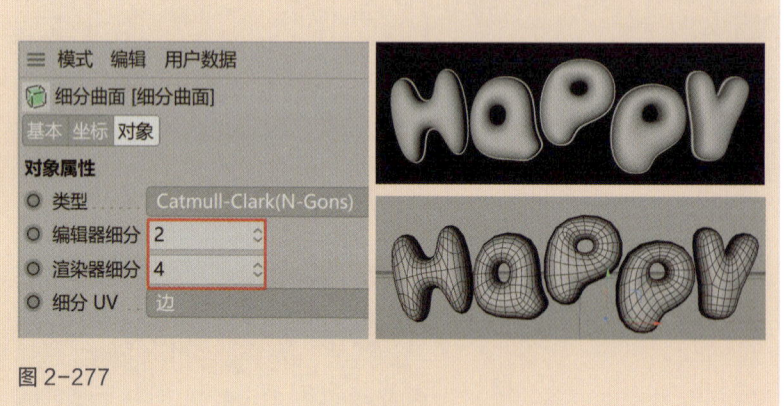

图2-277

2.8.3 气球元素与场景建模

下面开始搭建场景，并创建相关元素，丰富画面。

1. 气球制作

先创建球体对象，设置"半径"为135cm，"分段"为36，并在球体对象的子级中创建锥化对象，将"强度"调整为42%，使球体对象变小。再把之前制作完成的气球嘴和绳子的模型复制一组，将其移动到球体对象的底端，制作出圆形气球的效果。最后复制多个球体对象，并将球体对象移动到文字后方，注意位置的变化，制作出漂浮的效果，如图2-278所示。

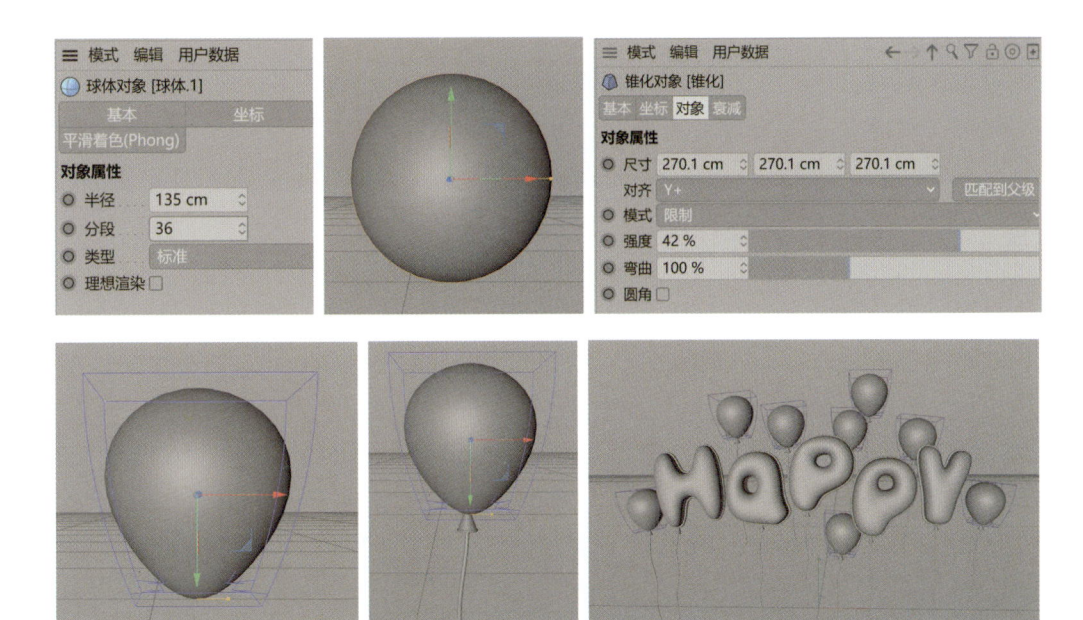

图 2-278

2. 宝石制作

创建宝石对象，设置"半径"为75cm。先使用快捷键 Ctrl+C 和 Ctrl+V 原位复制并粘贴一个宝石对象，然后在这个宝石对象的父级上创建晶格对象，将晶格对象的"圆柱半径"调整为 2cm，"球体半径"调整为 4.8cm。多复制几组宝石对象，并将其点缀在文字周围，如图 2-279 所示。

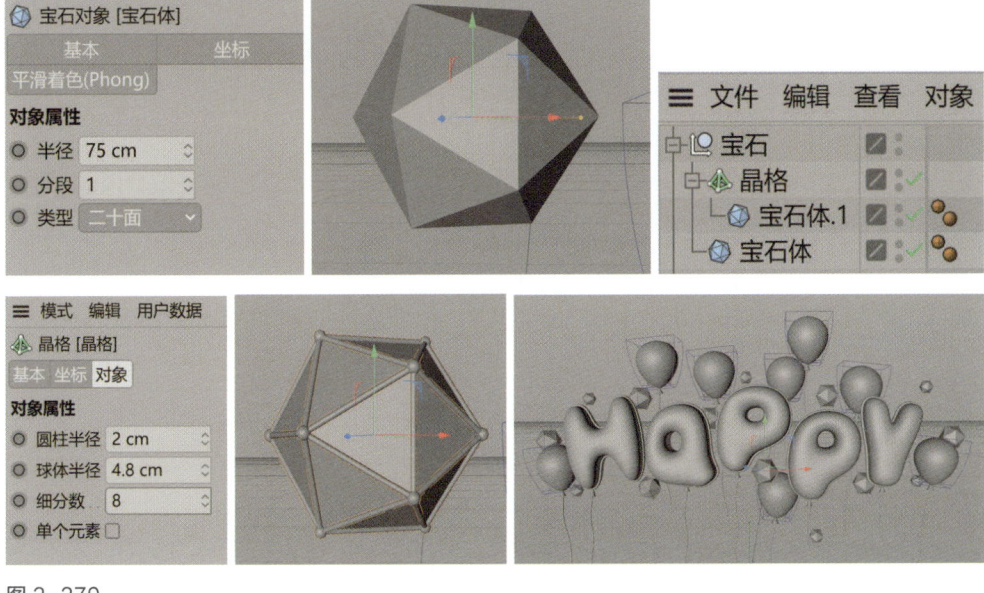

图 2-279

创建球体对象，设置其半径比宝石对象小一些，将其和宝石对象一起点缀在文字周围，使氛围更活泼，如图2-280所示。

图2-280

3. 亮片效果

创建两个球体对象，均设置"半径"为470cm，"分段"为36，"类型"为"二十面体"，使球体对象的表面变为三角面，如图2-281所示。

在球体对象的子级中创建爆炸对象，设置"强度"为88%，这样球体对象就炸开成小碎片了，如图2-282所示。用这个来模拟碎片效果，可以增加画面的氛围感。这样整体画面就非常丰富了，可以寻找一个合适的角度创建摄像机对象，并将其固定下来，这样模型部分就制作完成了。

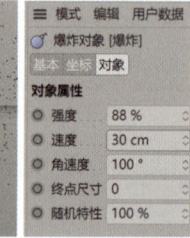

图2-281

图2-282

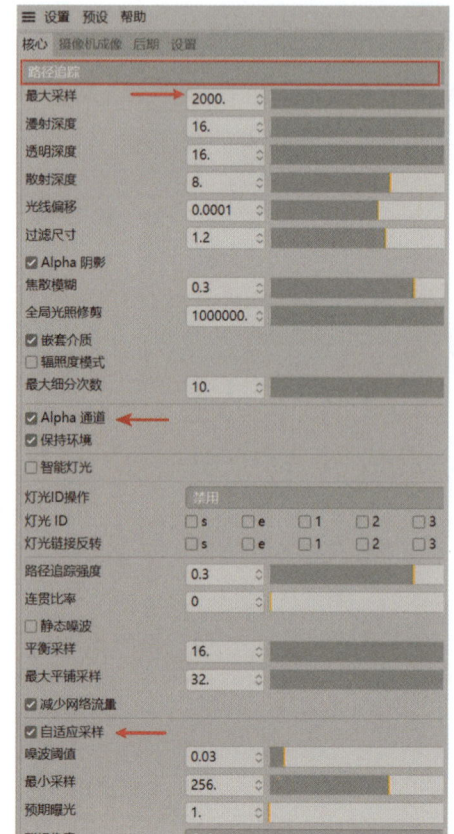

2.8.4 环境与灯光

在建模完成后，先固定好角度，再开始渲染。打开Octane实时查看窗口，进行基础设置。打开"Octane 设置"窗口，将"核心"选项卡的渲染模式改为"路径追踪"，"最大采样"改为2000（在预览时可以只用200），勾选"Alpha通道"和"自适应采样"复选框，选择"重定义空间"下拉列表中的"Gamma 2.2"选项，勾选"降噪"选项卡中的"启用降噪"和"降噪体积"复选框，取消勾选"完成时降噪"复选框，其他设置保持默认值，如图2-283所示。

图2-283

图 2-284

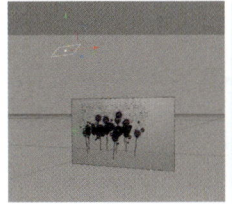

图 2-285

1. 环境光

为场景创建 Octane HDRI 环境，在"纹理"栏添加一张暖色室内光源的 HDR 贴图，渲染一下，使效果明暗比较均衡，如图 2-284 所示。

2. 主光源

创建目标区域光，将其移动到场景的前方偏上的位置，放大灯光尺寸，并将灯光拉远一些，照亮字母的上半部分。复制目标区域光，目标点不变，将灯光向下拉，使其移动到气球下方，照亮气球的下半部分，可以把强度适当调小，这样画面光影会比较柔和，如图 2-285 所示。

2.8.5 材质与渲染输出

1. 背景材质

给背景添加材质。创建漫射材质球，勾选"漫射"通道，将"颜色"改为黄色，分别设置 H 为 47°、S 为 55%、V 为 89%，将这个材质球赋予背景的平面，给场景的整体环境定一个基调。同时画面中的气球绑绳也使用漫射材质，可以复制背景材质，将"颜色"改为比背景的黄色饱和度低一些的颜色，分别设置 H 为 41°、S 为 35%、V 为 83%，把这个材质球赋予全部气球的绑绳部分，如图 2-286 所示。

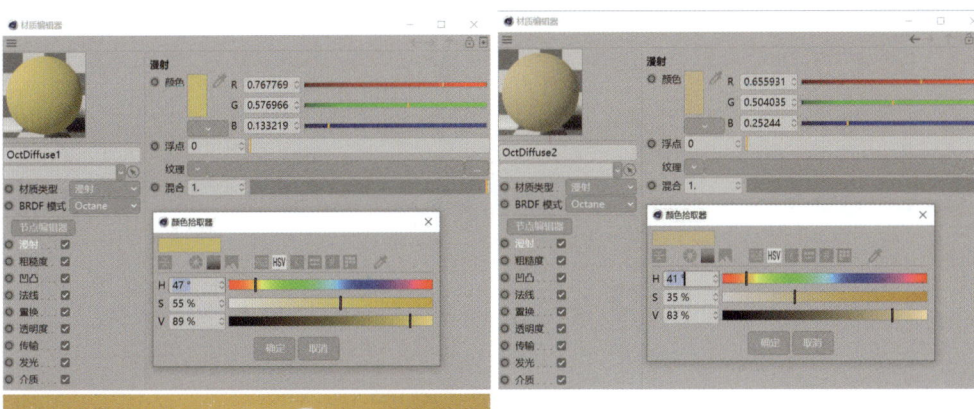

图 2-286

2. 气球文字材质

气球文字的材质采用强反射的亮面蓝色材质。创建金属材质球，"颜色"需要在"镜面"通道中调整，分别设置H为230°、S为55%、V为100%，将"粗糙度"通道的"浮点"改为0.04，使气球的材质不会过于光滑。把这个材质球赋予气球文字模型，可以看到其与背景形成撞色效果，非常醒目，如图2-287所示。

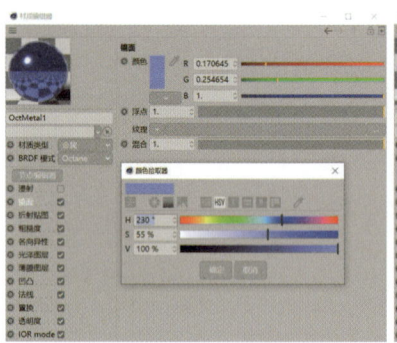

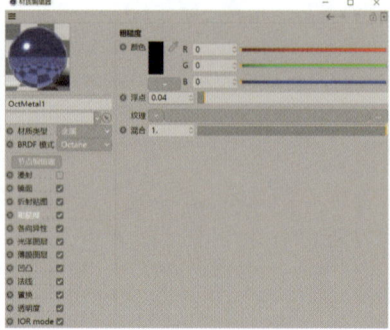

图2-287

3. 其他元素材质

作为陪衬的气球，可以使用明度比较高的颜色。创建光泽度材质球，勾选"漫射"通道，将"颜色"改为橙色，分别设置H为21°、S为73%、V为100%，勾选"粗糙度"通道，将"浮点"改为0.15，勾选"指数"通道，将"指数"改为1.78，这样橙色气球材质就制作完成了。复制橙色气球材质，只更改"漫射"通道的"颜色"为浅蓝色，分别设置H为220°、S为48%、V为100%，这样可以丰富气球颜色。把它们穿插赋予文字后方的圆形气球，这样缤纷热闹的效果就出来了，如图2-288所示。

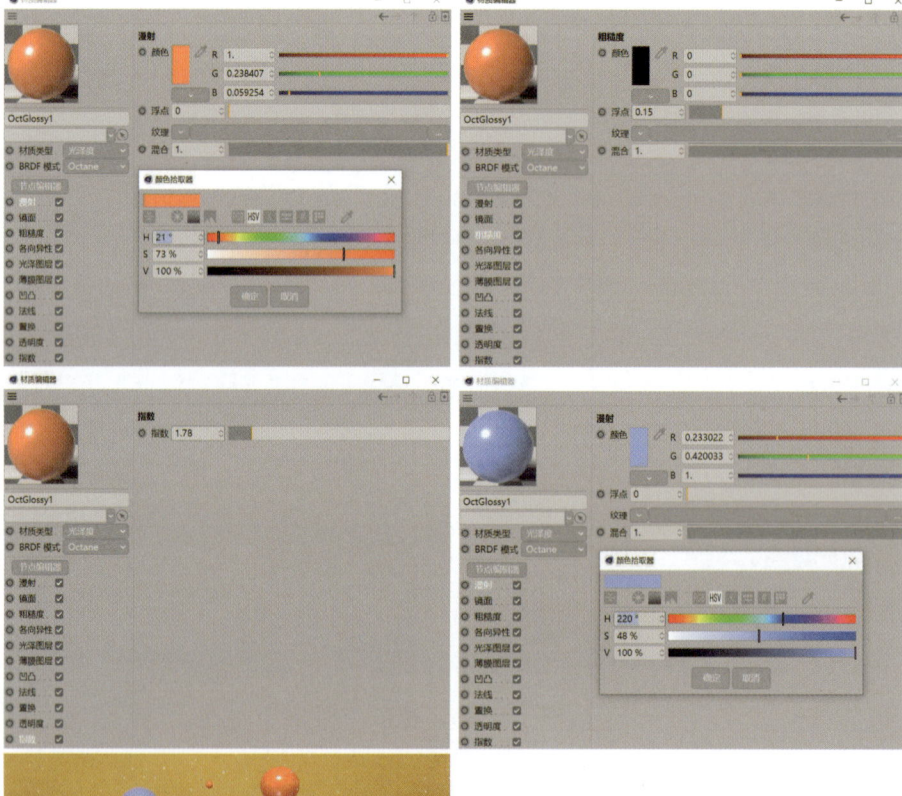

图2-288

4．宝石材质

宝石的材质，可以使用非常好用的黄金材质。创建金属材质球，勾选"漫射"通道，分别设置 H 为 38°、S 为 38%、V 为 100%，"粗糙度"通道的"浮点"设置为 0.04，这样这个黄金材质就制作完成了。把它分别赋予宝石、球体对象和亮片，这样就非常漂亮了，如图 2-289 所示。

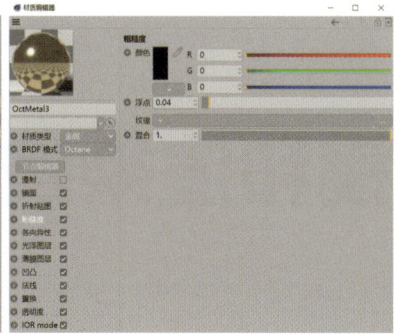

图 2-289

为了使画面光泽感更好，可以加入后期效果。打开"Octane 设置"窗口，在"后期"选项卡中勾选"启用"复选框，设置"辉光强度"为 6.4，"修剪"为 0.18，"眩光强度"为 20，这时可以看到画面就有那种闪耀的效果了。此时，可以适当在 Photoshop 中调整对比度和曝光度，使整体画面颜色更好看，这样这张气球文字海报就制作完成了，如图 2-290 所示。

图 2-290

第3章

常见元素建模和渲染技巧

在电商页面中,特别是在促销落地页面中,有一些元素的使用频率非常高,如促销氛围的礼盒、烟花,节日氛围的圣诞树、星星、灯笼等,本章将详细介绍这些元素的建模和渲染技巧。通过本章的学习,不但能收获这些使用率很高的元素模型,而且能通过模型的制作过程,学习到多种建模工具使用方法,以及熟悉C4D的材质制作方法。

3.1 电商礼盒建模和渲染

礼盒是促销页面中的常见元素,能够让人直观地感受到画面的促销氛围,是大型电商节点中必不可少的元素之一。本节将讲解礼盒的建模方式,通过学习可以轻松制作出各种形式的礼盒模型。

礼盒(见图3-1)可以笼统地分为两种形态,即完整的礼盒和打开的礼盒。完整的礼盒相对简单,因为不会看到内部结构,所以只考虑外形就可以了,如整体是方形还是长方形,是否有圆角、弧度多大等。

图 3-1

3.1.1 礼盒盒体建模

整体建模思路是使用挤压工具,把盒子的横截面和丝带的横截面使用样条画笔工具绘制出来,并挤压出厚度。

礼盒的横截面是正方形,可以使用样条画笔工具中的矩形对象来创建,在矩形对象的"对象"属性面板中,调整"平面"为"XZ",勾选"圆角"复选框,设置"半径"为42cm,制作出一个圆角矩形对象,如图3-2所示。

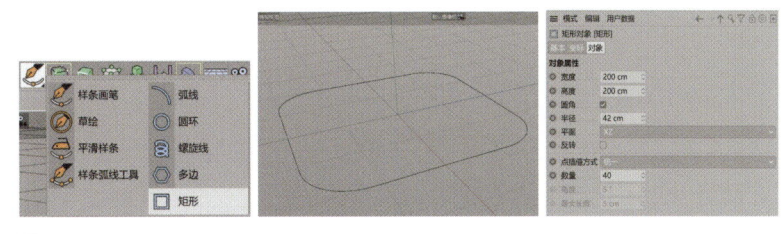

图 3-2

在常用工具栏中,单击"挤压"按钮,在对象面板中把矩形对象拖入挤压对象的子级,在属性面板中调整挤压的属性,如图3-3所示。

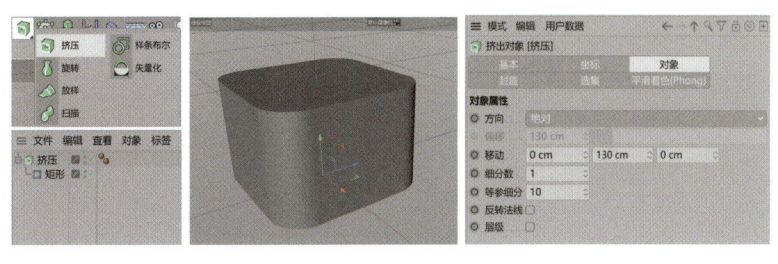

图 3-3

在挤压对象的"封盖"属性面板中，勾选"独立斜角控制"复选框，设置"起点倒角"的"倒角外形"为"圆角"，"尺寸"为8cm，"分段"为8，"终点倒角"的"倒角外形"为"圆角"，"尺寸"为1cm，"分段"为3，这样盒子边缘的圆角就制作完成了，如图3-4所示。

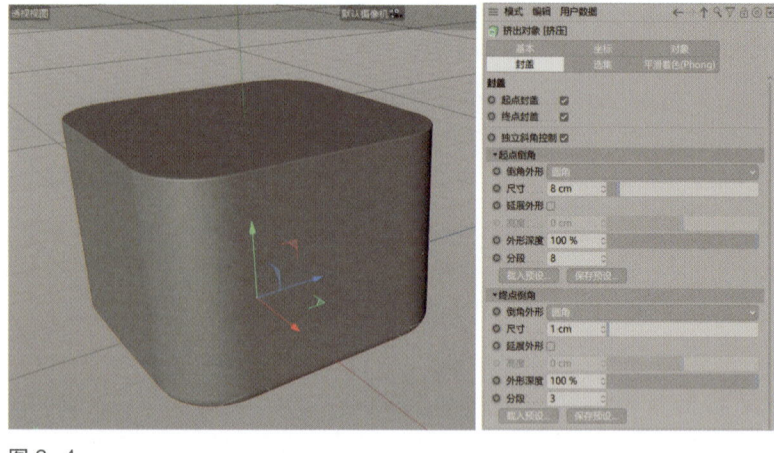

图3-4

制作盒盖部分，在选中挤压出来的对象后，按住Ctrl键使用移动工具沿着Y轴正方向拖动，就可以复制出一个方盒子了。在挤压对象的"封盖"属性面板中将"起点倒角"的"尺寸"设置为1cm，"分段"设置为3，"终点倒角"的"尺寸"设置为8cm，"分段"设置为8，这样盒盖就制作完成了，调整盒盖的位置让其与盒身相接，如图3-5所示。

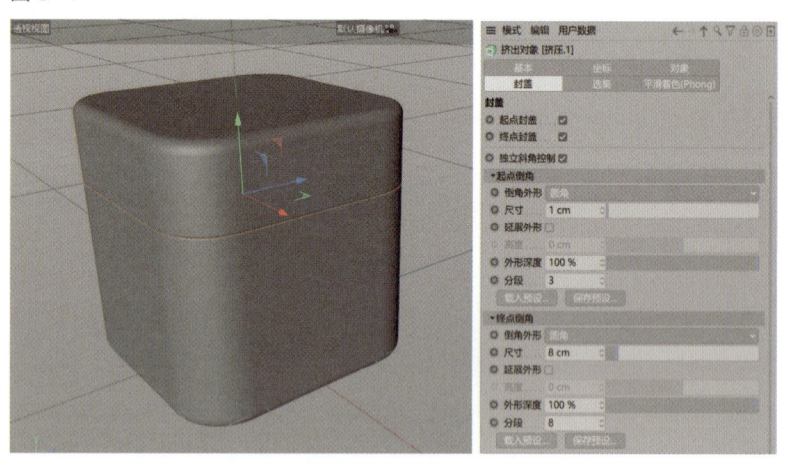

图3-5

3.1.2 丝带建模

丝带的制作要使用扫描工具。

创建两个矩形对象。其中一个矩形对象是扫描路径，它的尺寸需要正好框住礼盒，同时圆角也匹配礼盒圆角。设置矩形对象的"宽度"为202cm，"高度"为201cm，勾选"圆角"复选框，设置"半径"为8cm，按F4键切换到正视图，便于观察。另一个矩形对象是横截面，也就是丝带的横截面，调整"宽度"为2cm，"高度"为28cm，勾选"圆角"复选框，调整"半径"为1cm，如图3-6所示。

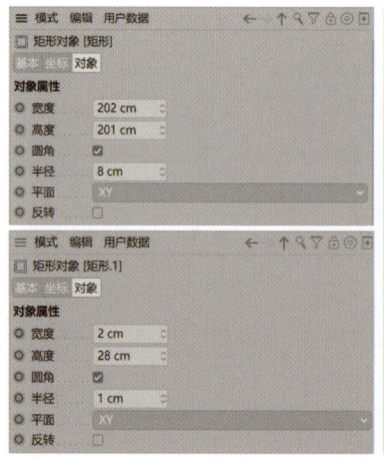

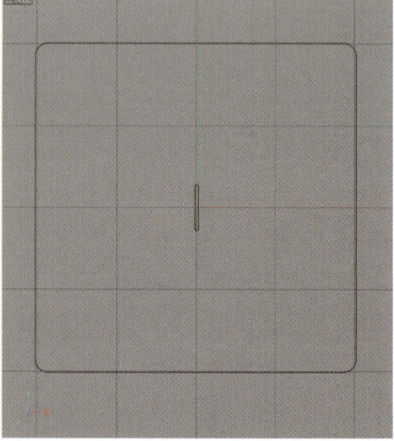

图3-6

创建扫描对象。在对象面板中，把创建的两个矩形对象拖入扫描对象的子级，注意横截面在上（小矩形在上），扫描路径在下（大矩形在上），如图 3-7 所示。这样扫描出的模型才是需要的，如图 3-8 所示。

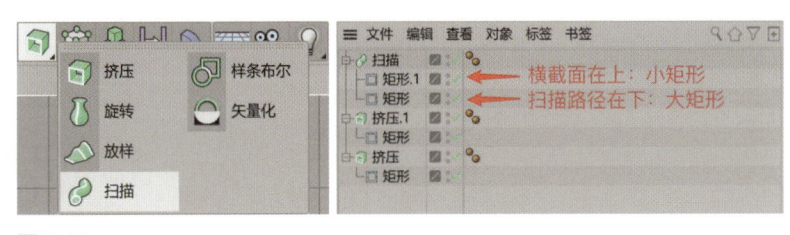

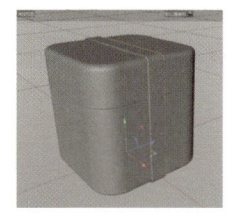

图 3-7

图 3-8

复制扫描的丝带。在对象面板中，选中扫描对象，使用快捷键 Ctrl + C 和 Ctrl + V 原位复制并粘贴丝带，选中新复制出来的扫描对象子级中的大矩形，即扫描路径，在"坐标"属性面板中，设置"R.H"为 90°，如图 3-9 所示。得到旋转了 90° 的丝带，如图 3-10 所示。

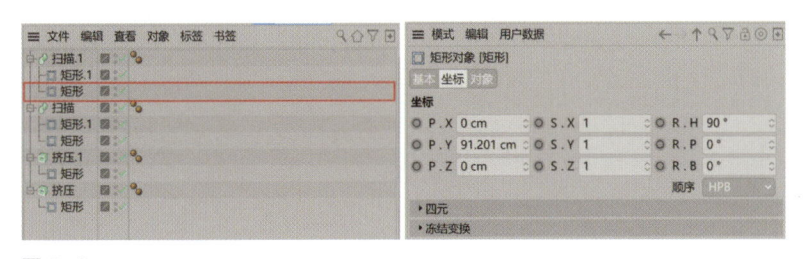

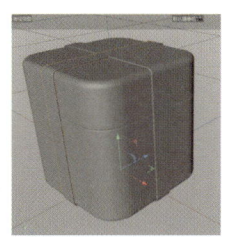

图 3-9

图 3-10

上方的绑花也需要绘制路径，同样在二维视图中进行操作。按 F4 键切换到正视图，使用样条画笔工具绘制出如图 3-11 所示的形状，并将转角调整为尖角状。

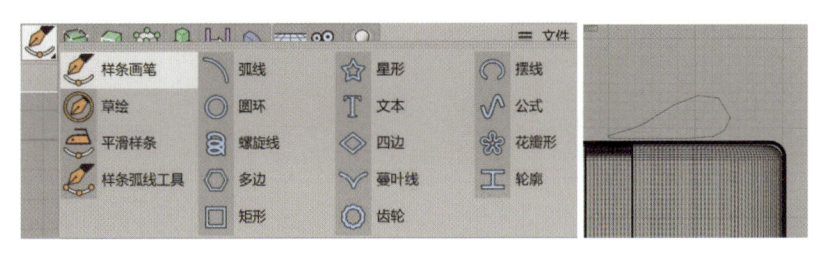

图 3-11

选中绘制的样条对象，在样条对象的"对象"属性面板中，将"类型"改为"B-样条"，调整点的位置使其圆滑，如图 3-12 所示。

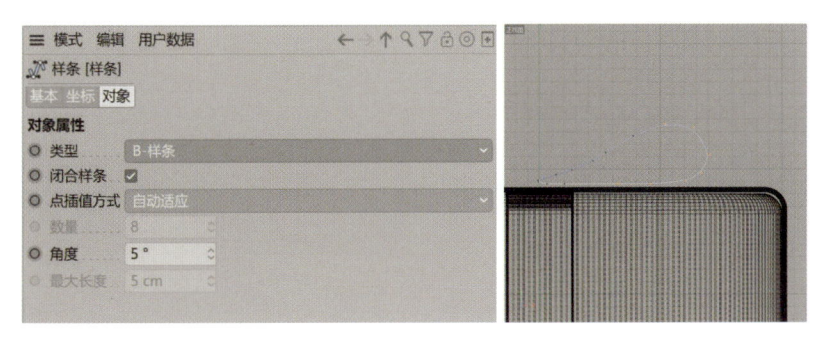

图 3-12

创建矩形对象。设置矩形对象的"宽度"为2cm,"高度"为28cm,勾选"圆角"复选框,设置"半径"为1cm,创建出横截面路径,如图3-13所示。

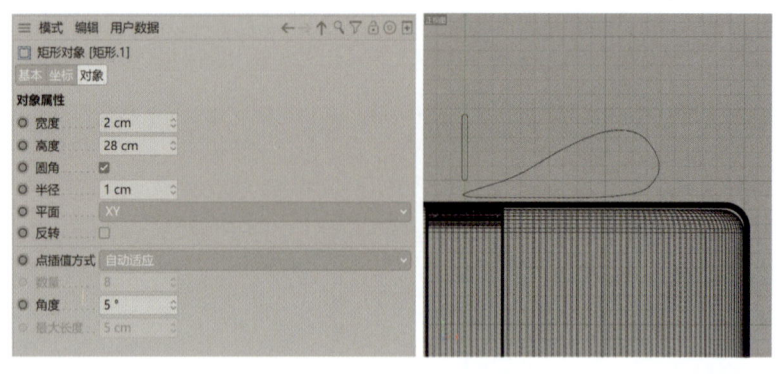

图 3-13

创建扫描对象。把作为横截面的矩形对象和作为扫描路径的矩形对象一起拖入扫描对象的子级,同样注意横截面在上,扫描路径在下。按F1键切换到透视视图,把扫描对象移动到礼盒的顶端,这样一个单独的绑花就制作完成了,如图3-14所示。

图 3-14

创建克隆对象。把扫描对象拖入克隆对象的子级,如图3-15所示。

图 3-15

调整克隆对象的属性。设置"模式"为"放射","数量"为7,"半径"为0cm,"平面"为"XZ",克隆出一圈绑花,使用移动工具调整绑花的位置,如图3-16所示。

图 3-16

图 3-17

图 3-18

知识拓展

使用挤压和扫描工具，可以让礼盒的尺寸更容易调整。可以通过调整挤压对象的样条尺寸和扫描对象的样条尺寸，以及样条对象的圆角尺寸，制作出不同尺寸的礼盒，有些圆角大一些，比较圆润；有些圆角小一些，比较硬朗；有些尺寸大，有些尺寸小，如图 3-19 所示。

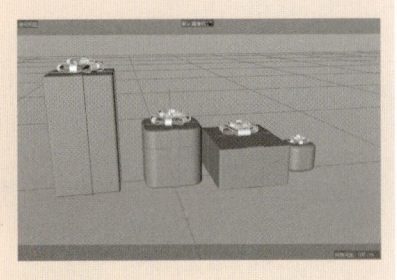

图 3-19

选中克隆出来的绑花，使用移动工具的同时按住 Ctrl 键将绑花向上拖动。把绑花再复制一组出来，使用缩放工具，把新复制的绑花缩小，调整其位置，使其和大绑花贴近，如图 3-17 所示。

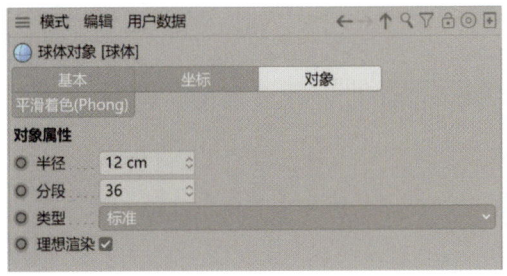

在绑带的中心创建球体对象作为装饰，调整球体对象的"半径"为 12cm，这样绑花就制作完成了，如图 3-18 所示。

3.1.3 开盖礼盒技巧

如果要制作开盖礼盒，那么礼盒的内部细节也需要制作出来，不能简单地挤压出来。

图 3-20

开盖礼盒的盒身部分需要使用扫描工具，它需要两个矩形对象。

第一个矩形对象为扫描路径，设置"宽度"和"高度"均为 200cm，勾选"圆角"复选框，设置"半径"为 12cm。

第二个矩形对象为横截面，设置"宽度"为 2cm，"高度"为 160cm，如图 3-20 所示。

创建扫描对象。在对象面板中，把两个矩形对象同时拖入扫描对象的子级，注意横截面在上，扫描路径在下，如图 3-21 所示。

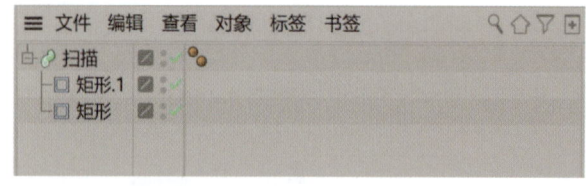

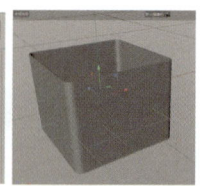

图 3-21

复制作为扫描路径的矩形对象，并创建挤压对象，把复制的矩形对象拖入挤压对象的子级，将"偏移"调整为 2cm，这样就制作出了一个盒子的底部，如图 3-22 所示。

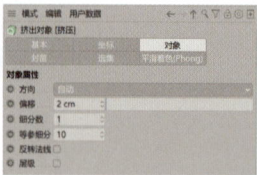

图 3-22

使用移动工具把挤压对象移动到盒子的底部，这样盒子的身体部分就制作完成了。在对象面板中全选这部分，使用快捷键 Alt + G，将其组合成一组，并将其重命名为"盒身"，如图 3-23 所示。

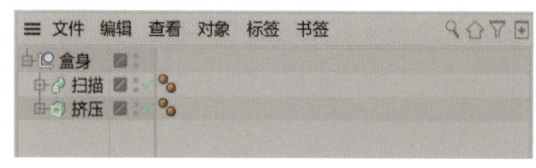

图 3-23

选中盒身，按住 Ctrl 键将其向上拖动，复制一组模型出来，将其重命名为"盒盖"。先将盒盖对象下方扫描对象子级中的矩形对象的"高度"改为 60cm，再将其移动到盒身对象的顶部，形成盒盖的样式，如图 3-24 所示。

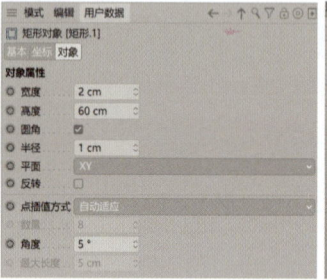

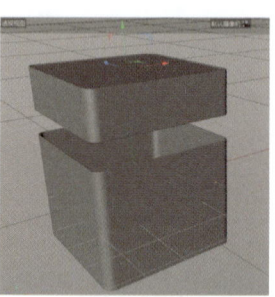

图 3-24

使用旋转工具把盒盖对象的一侧翘起，制作出盒盖打开的样式。如果希望盒盖对象比盒身对象大一圈，可以调整盒盖对象下方扫描对象子级中的扫描路径的尺寸，将"宽度"和"高度"都调整为 204cm，如图 3-25 所示。

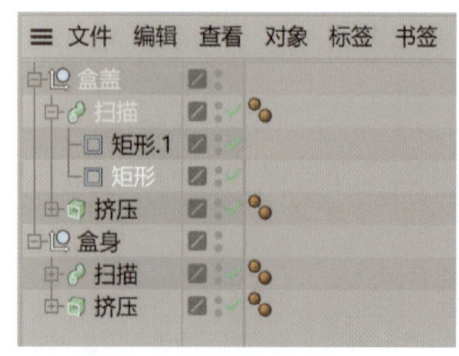

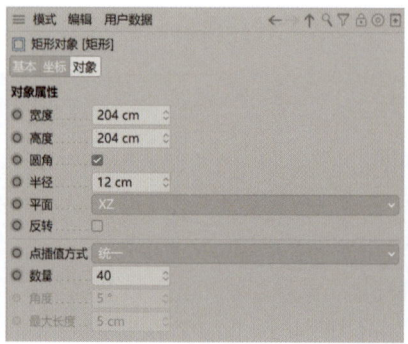

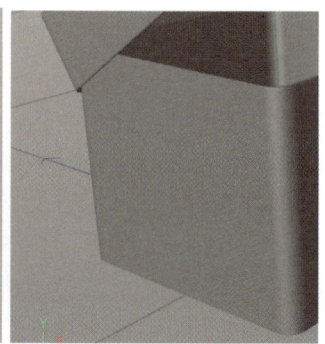

图 3-25

在这一步需要制作一些装饰丝带。按F3键切换到右视图，使用样条画笔工具，沿着盒身绘制丝带的路径，如图3-26所示。在对象面板中改变"类型"为"B-样条"，使路径变得圆滑，如图3-27所示。

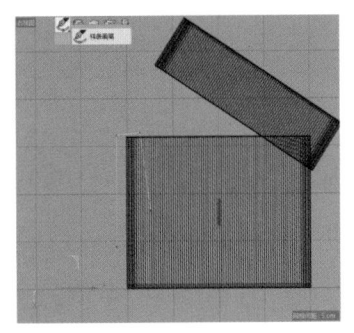

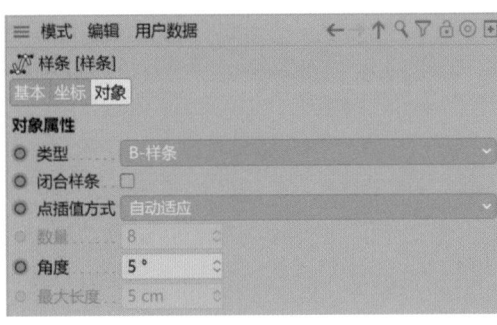

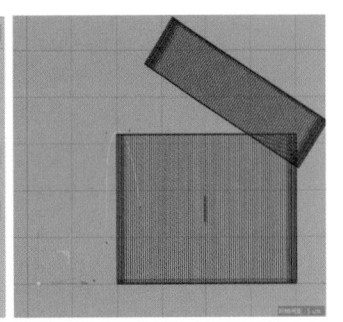

图 3-26

图 3-27

创建矩形对象作为横截面。设置"宽度"为2cm，"高度"为28cm，勾选"圆角"复选框，设置"半径"为1cm。创建扫描对象，把横截面和刚才绘制的路径拖入扫描对象的子级，制作出丝带的效果，如图3-28所示。

选中丝带的扫描对象，使用快捷键Ctrl + C和Ctrl + V原位复制并粘贴，使用旋转工具把复制的丝带旋转90°，并将其搭在礼盒的另外一侧，如图3-29所示。

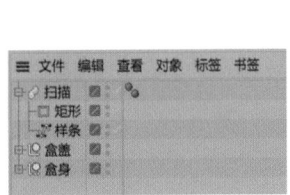

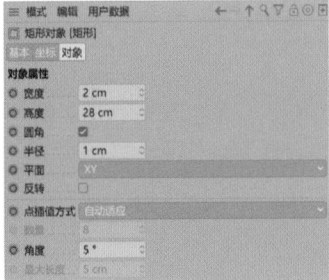

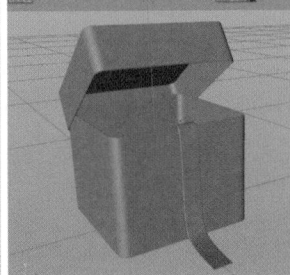

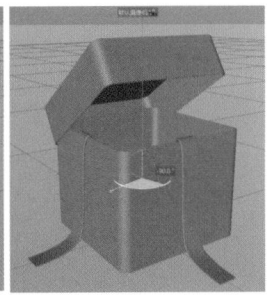

图 3-28

图 3-29

这样打开盒盖的礼盒和带绑带的礼盒就都制作完成了，如图3-30所示。

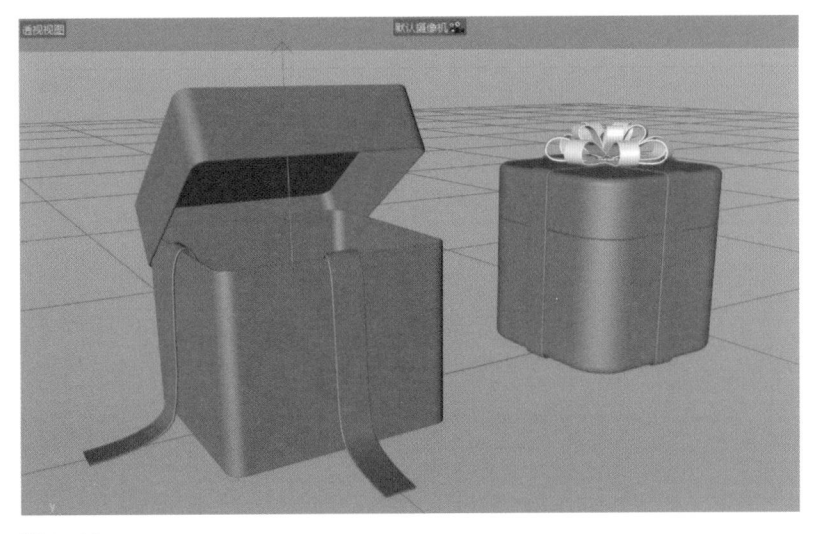

图 3-30

3.1.4 材质要点

材质方面的制作比较简单,重点是如何配色。暖色调和花纹纹理会让礼盒比较有吸引力。

1. 盒身的光泽材质

盒盖需要使用一种明显的红色光泽材质。创建红色材质球,勾选"颜色"通道,分别设置H为356°、S为75%、V为83%。勾选"反射"通道,先单击"删除"按钮移除默认高光,再单击"添加"按钮,选择"类型"为"GGX",设置"层1"为9%,"粗糙度"为18%,其他数值保持默认值。把红色光泽材质赋予盒盖,可以将其直接拖动到视图窗口中,也可以将其拖动到对象面板对应的挤压对象上,如图3-32所示。

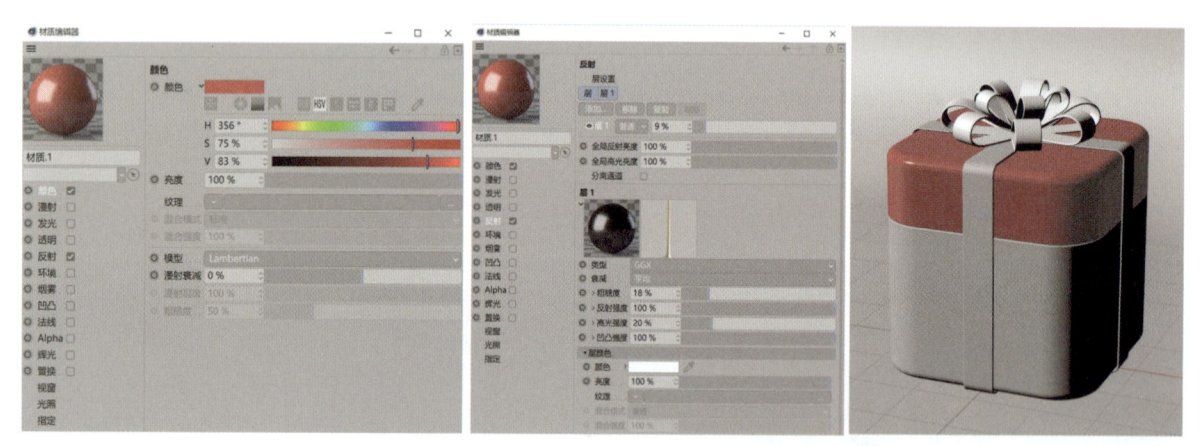

图 3-31

图 3-32

2. 丝带材质

复制红色材质球,只改变"颜色"通道,分别设置H为3°、S为43%、V为98%,把这个材质球赋予丝带和绑花部分,如图3-33所示。

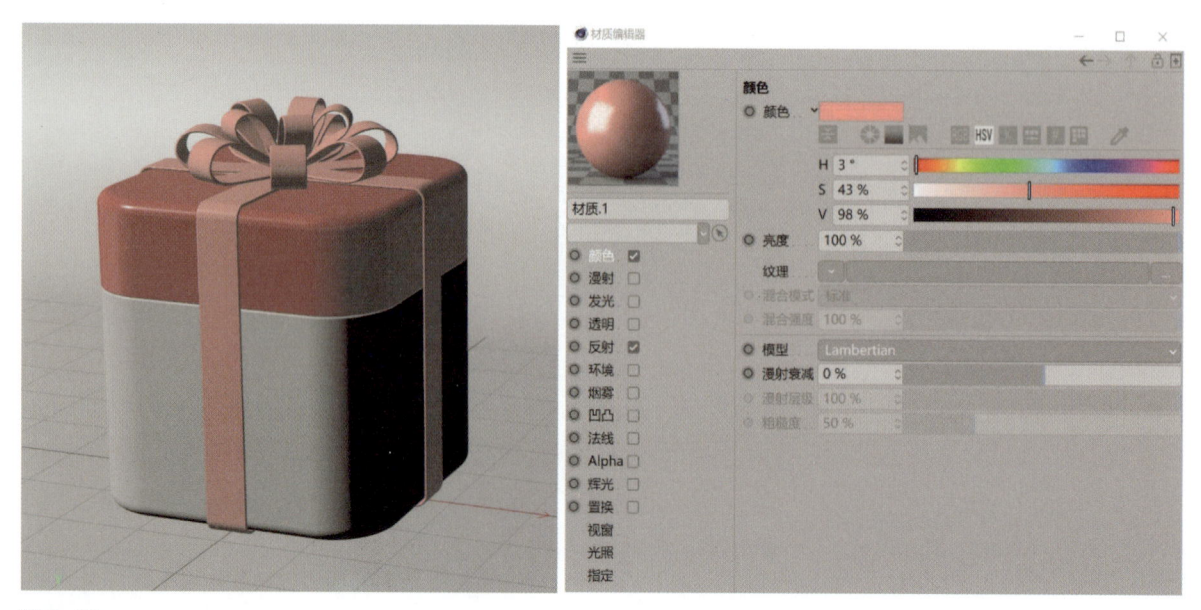

图 3-33

3. 条纹材质

复制红色材质球，在"颜色"通道中，选择"纹理"→"表面"→"棋盘"选项，在打开的"材质编辑器"窗口右侧的"着色器"选项卡中，分别设置"颜色1"的 H 为 0°、S 为 48%、V 为 100%，"颜色2"的 H 为 0°、S 为 63%、V 为 78%，"U 频率"为 10，"V 频率"为 0，如图 3-34 所示。

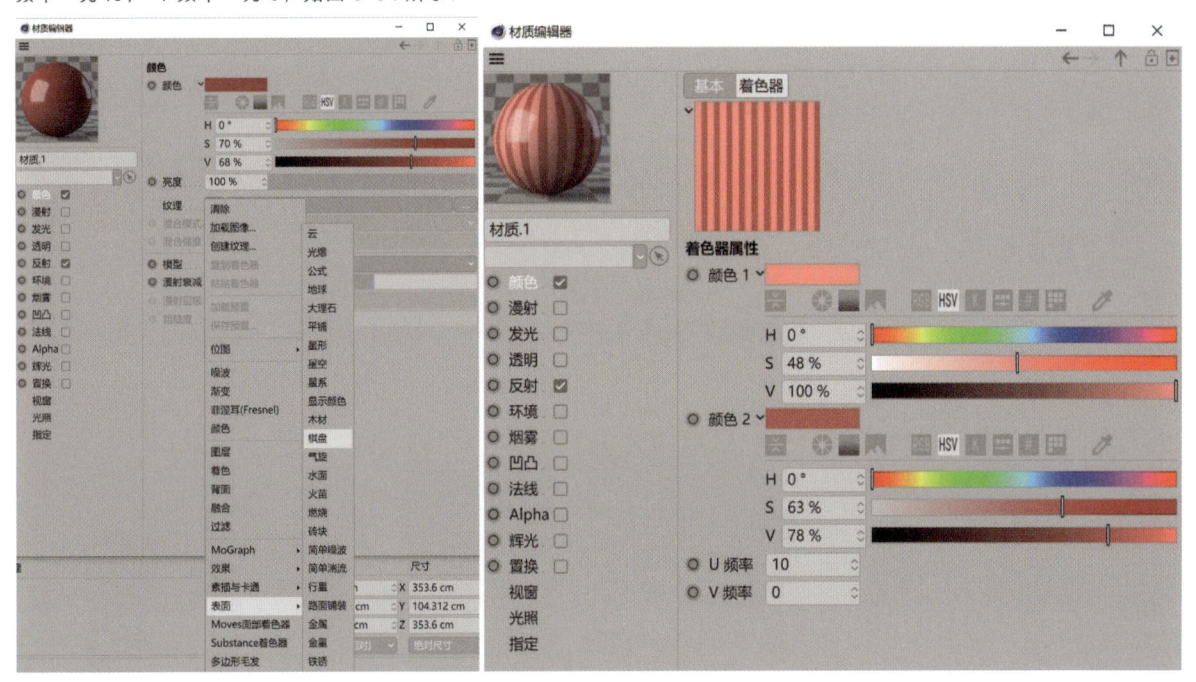

图 3-34

首先把条纹材质赋予盒身，然后选中被赋予的材质球，在"标签"属性面板中选择"投射"下拉列表中的"立方体"选项，使条纹材质投射正确，如图 3-35 所示。

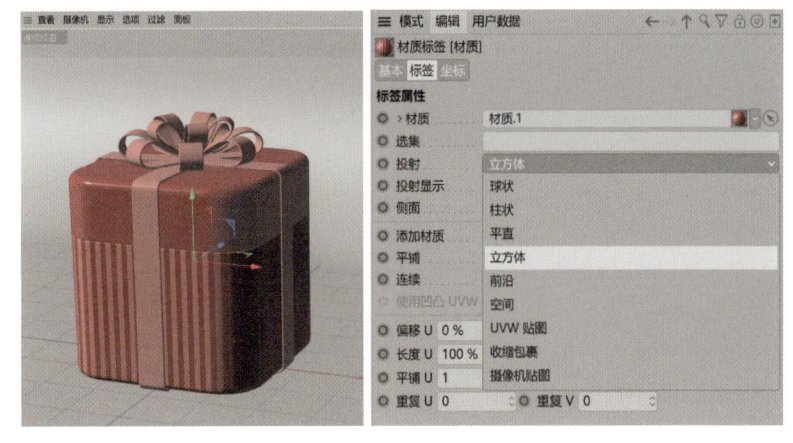

图 3-35

3.1.5 渲染要点

模型背景使用了一个简单的 L 形背景板，制作出无缝背景，渲染要点也比较简单，只需要注意灯光、环境和渲染设置即可。

灯光使用区域光，将其放大并距礼盒远一些，使阴影不要太过生硬，如图 3-36 所示。

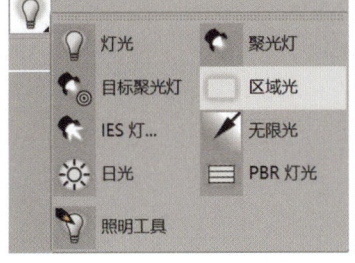

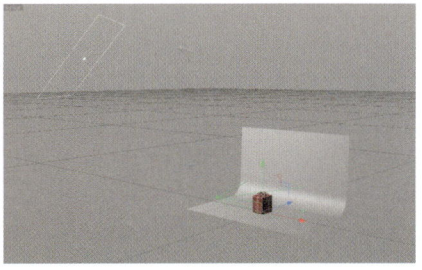

图 3-36

环境使用天空，并为其赋予一张明亮的 HDR 贴图，如图 3-37 所示。

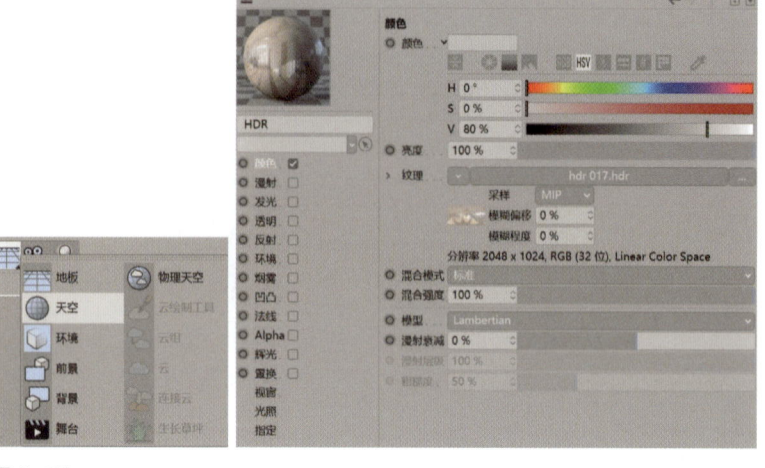

图 3-37

先在"渲染设置"窗口中增加全局光照效果，再查看渲染效果，如图 3-38 所示。

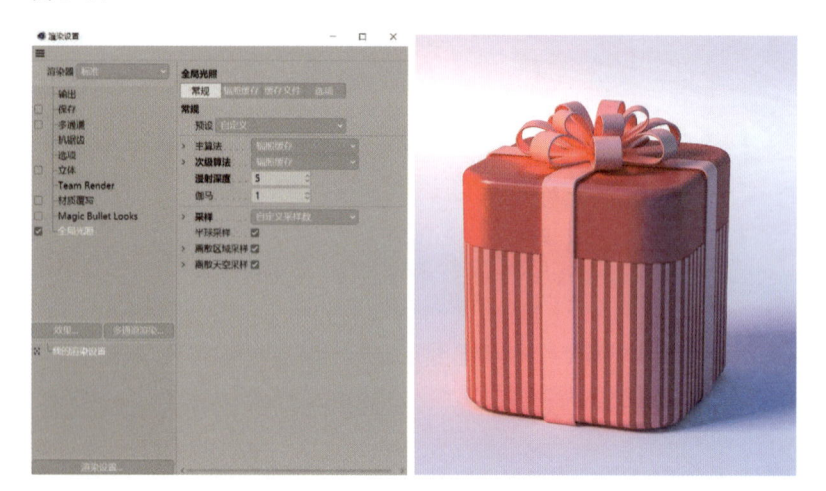

图 3-38

根据不同的礼盒类型，搭配不同的配色和丝带颜色，可以制作出缤纷多彩的礼盒，如图 3-39 所示。平时可以多积累这种类型的素材，在工作中会经常用到。

图 3-39

3.2　3种圣诞树建模和渲染

除了礼盒,圣诞树也是非常具有代表性的节日元素,在年底促销时必不可少。本章会讲解3种方法制作圣诞树,在配色相同的情况下营造出3种不同的画面氛围,如图3-40所示。

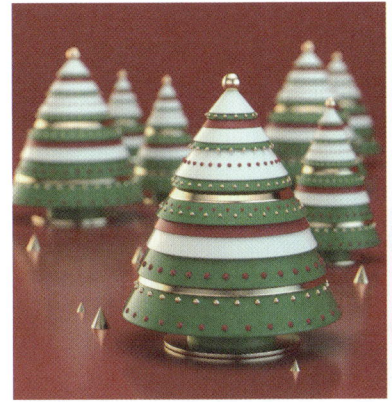

图 3-40

3.2.1　拼接法

本节使用之前学过的方法,像搭建积木一样,使用参数化对象拼接出一棵圣诞树。电商场景中的模型不是精密的产品建模,不需要精确的尺寸和过于复杂的结构,只要能表达出画面氛围即可。

拼接法的重点就是几何形体的概括,使用软件预制的参数化对象,制作出丰富多彩的模型。

如果对制作的模型没有概念,建议在动手之前先寻找一些参考图,在上面勾画出大体的轮廓,这样制作起来就会比较方便,如图3-41所示。

圣诞树包括几个部分,分别为树体的角锥、树干的圆柱、顶端的星星和树身的装饰,再加上经典的传统配色(红、绿、金、白),满满的圣诞氛围就出来了,如图3-42所示。

图 3-41

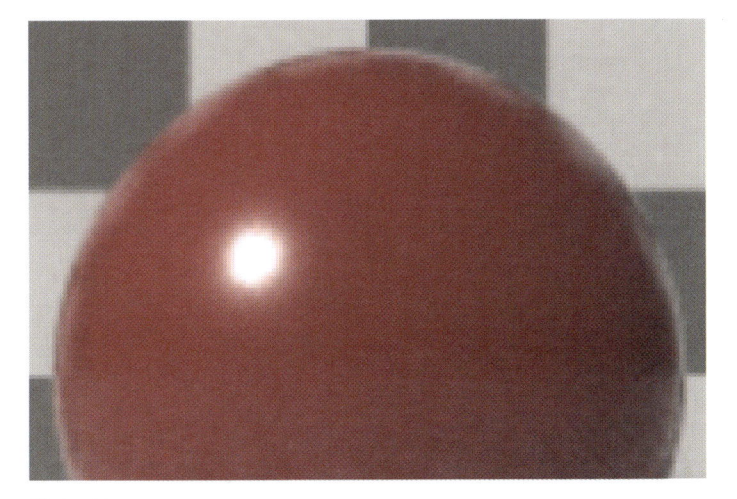

图 3-42

1. 树冠

先创建圆锥对象，可以将其调整得圆润一些。在"对象"属性面板中设置"顶部半径"为6cm，"底部半径"为96cm，"高度"为103cm，增加"旋转分段"到60。在"封顶"属性面板中，勾选"顶部"和"底部"复选框，适当调整"半径"和"高度"选项，使圆锥对象的边缘和顶端都变得光滑，如图3-43所示。

再创建圆锥对象，调整"顶部半径""底部半径"和"高度"分别为9cm、150cm和180cm，将圆锥对象作为树冠的第二层，如图3-44所示。

将圆锥对象一层层放大，并向下移动，复制出多层，制作出树冠层叠的效果，如图3-45所示。

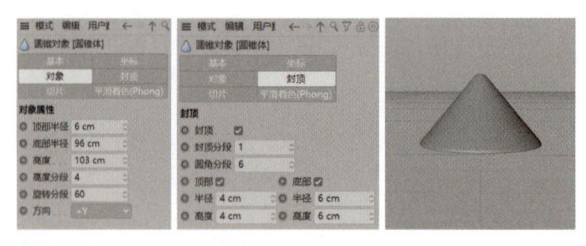

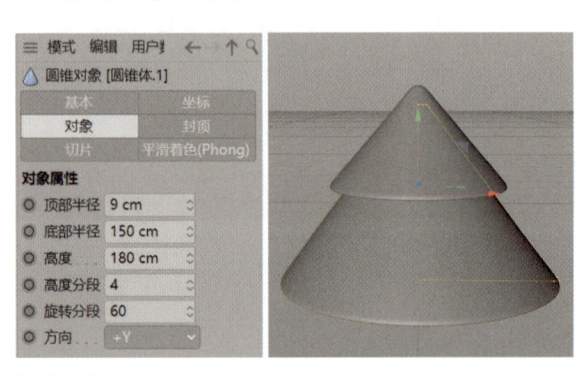

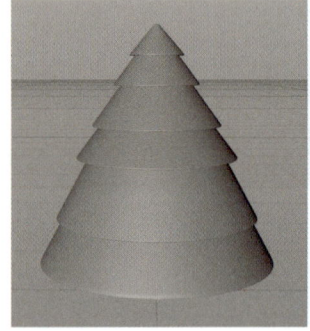

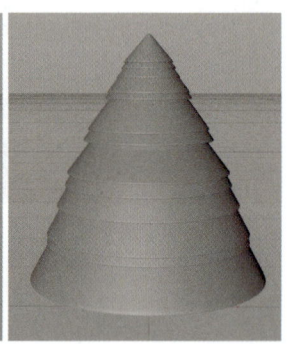

图 3-43

图 3-44　　　　图 3-45

2. 装饰

在树冠的顶端创建一个小球。创建球体对象，设置"半径"为38cm，增加"分段"到40，如图3-46所示。

下面制作挂在树上的装饰小球。复制球体对象，将"半径"缩小到8cm。在父级创建阵列对象，调整"半径"为90cm，"副本"为14。这个数值的大小取决于装饰树冠的直径，只要调整到正好能够围绕圆锥对象一周即可，分布密度随意，如图3-47所示。

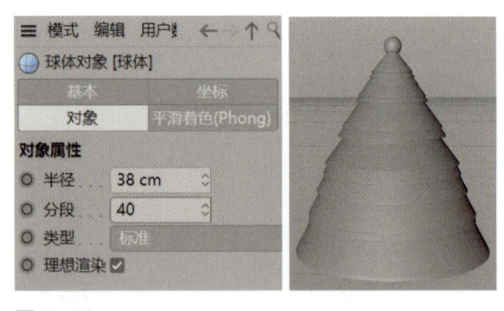

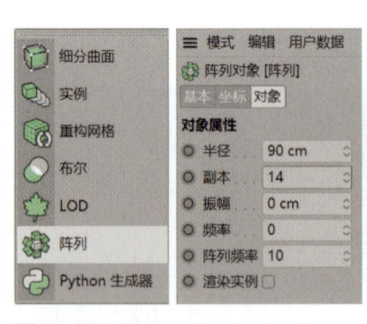

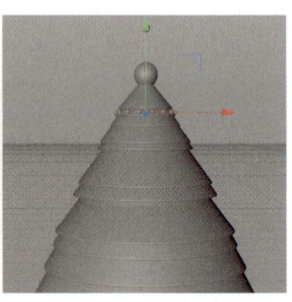

图 3-46　　　　图 3-47

像树冠一样，将球体对象一圈一圈进行复制，调整半径，并将球体对象向下移动，使它贴在每层树冠周围，如图3-48所示。

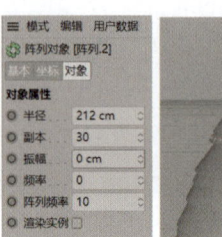

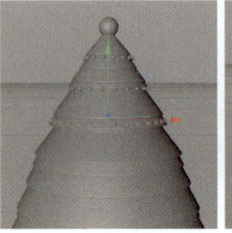

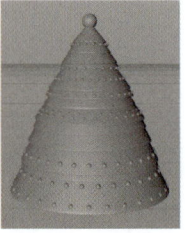

图 3-48

3. 树干和底座

制作树干使用的是一个圆柱对象，设置圆柱对象的"半径"为168cm，"高度"为230cm，"旋转分段"增加到40，将圆柱对象移动到底端，根据需要调整露出的高度，如图3-49所示。

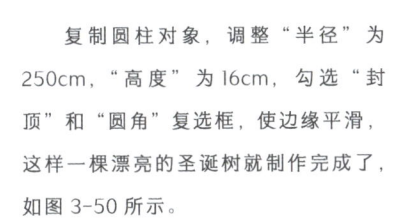

图 3-49

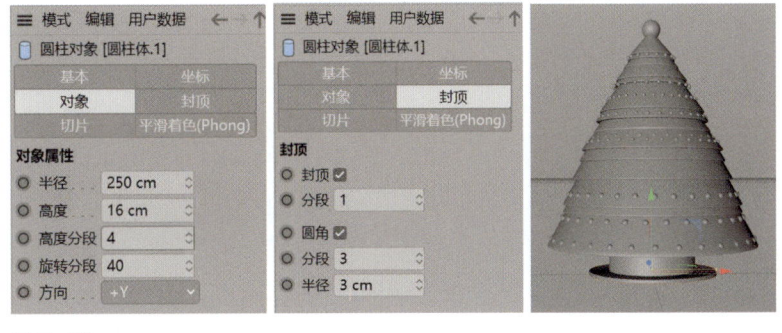

复制圆柱对象，调整"半径"为250cm，"高度"为16cm，勾选"封顶"和"圆角"复选框，使边缘平滑，这样一棵漂亮的圣诞树就制作完成了，如图3-50所示。

图 3-50

3.2.2 圣诞树渲染

1. 渲染设置

进行基础Octane渲染设置，可以直接复制之前的渲染文件，参数如图3-51所示。

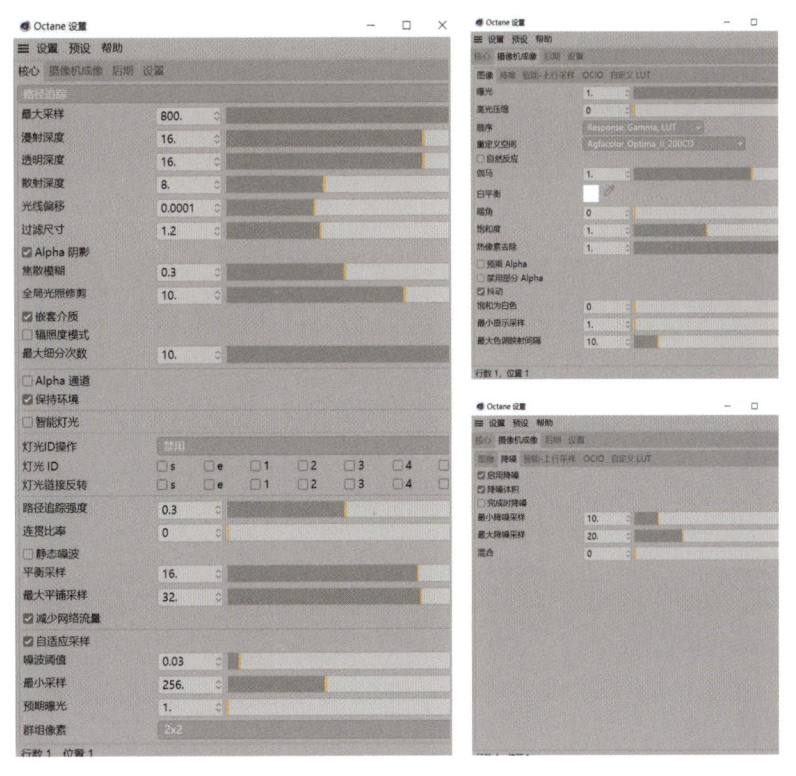

图 3-51

2. 光源

不使用主光源，只创建一个 Octane HDRI 环境即可。HDR 贴图使用的是多光源贴图，这样可以使场景中的金色反射效果比较好，如图 3-52 所示。

图 3-52

3. 材质球

金色：创建光泽度材质球，取消勾选"漫射"通道，将"指数"通道的"指数"改为1，"粗糙度"通道的"浮点"改为 0.07，"镜面"通道的"颜色"改为浅黄色 H36°、S30%、V93%。

红色：创建光泽度材质球，将"指数"通道的"指数"改为1.3，"粗糙度"通道的"浮点"改为 0.04，"漫射"通道的"颜色"改为深红色，分别设置 H 为 351°、S 为 76%、V 为 64%。

绿色：复制红色材质球，只修改"漫射"通道的"颜色"，将其改为深绿色，分别设置 H 为 148°、S 为 79%、V 为 48%。

白色：复制红色材质球，只修改"漫射"通道的"颜色"，将其改为白色带一点绿色，分别设置 H 为 148°、S 为 9%、V 为 88%，如图 3-53 所示。

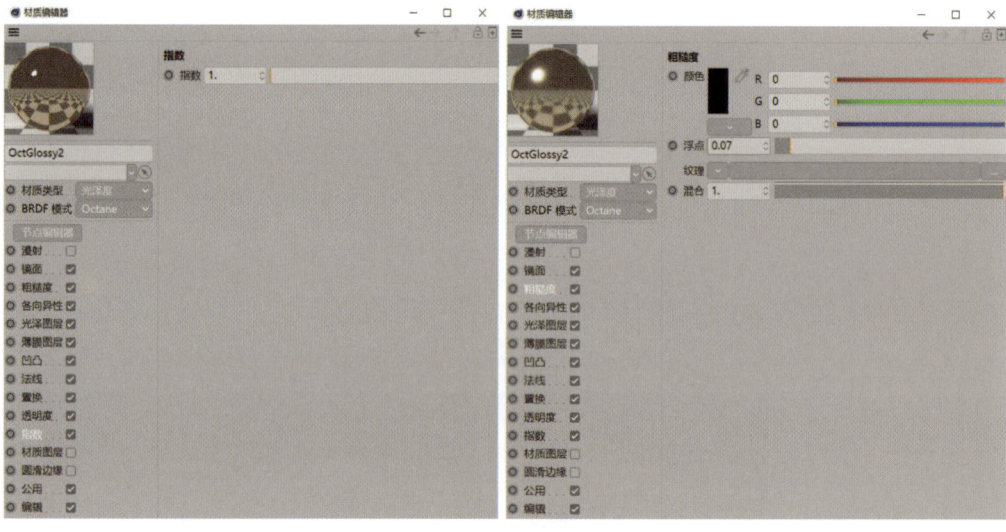

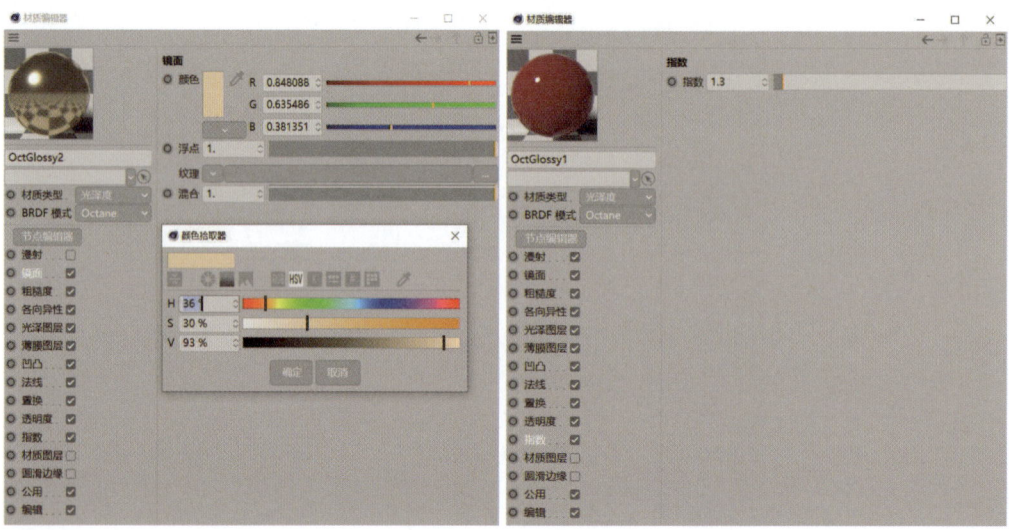

图 3-53

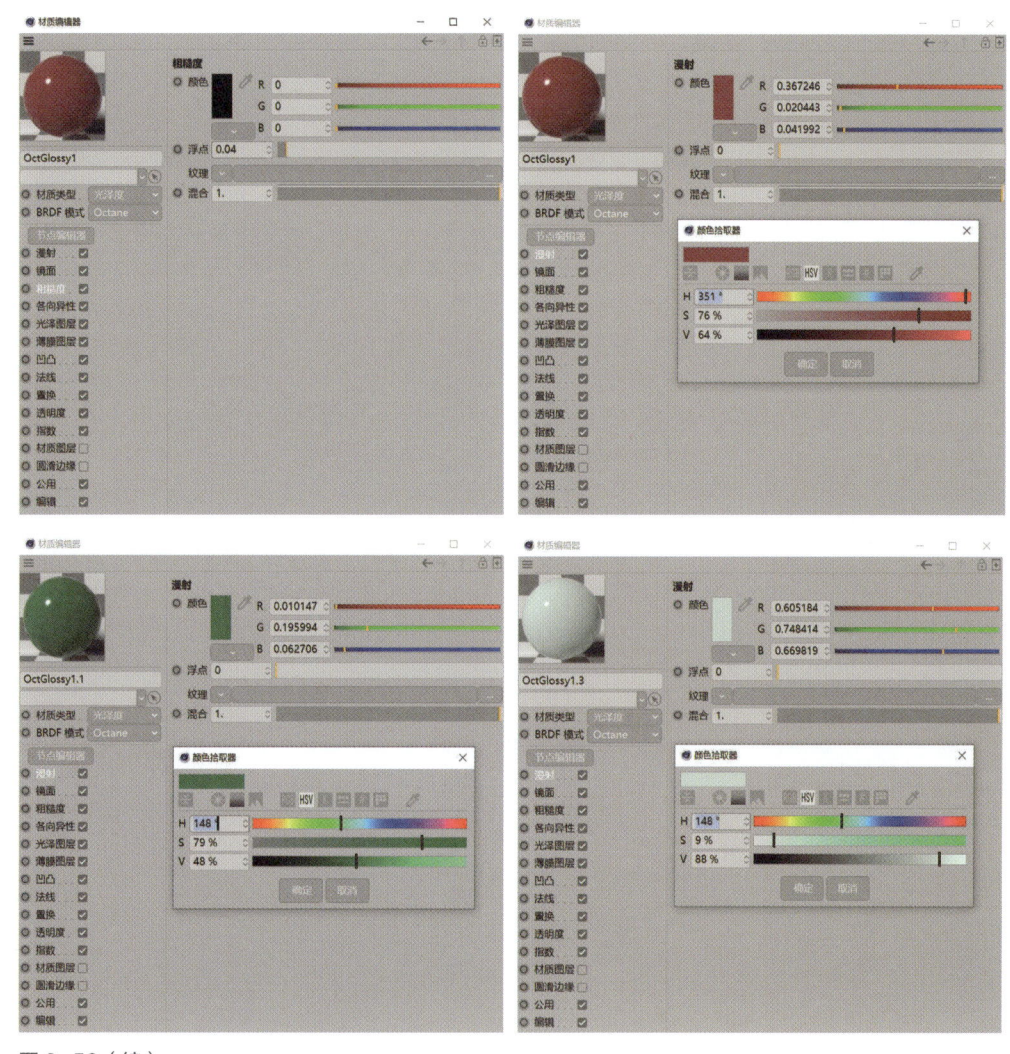

图 3-53（续）

4. 为模型赋予材质

先为背景创建红色材质球，再将红色材质球一层一层地穿插在树冠上，将其余部分分别赋予绿色、红色和白色材质球，制作出树枝和雪顶的感觉，将红色材质球和金色材质球作为丝带，底座可以添加金色材质，如图 3-54 所示。

顶端的小球和装饰的小球，分别加入金色材质球和红色材质球，将它们一圈一圈地进行装饰，这样一颗圣诞树就装饰完成了。

多复制几棵树，先创建一些金色的小圆锥对象，以丰富背景，再将整体加上虚化效果，这样热闹的圣诞氛围就营造出来了，如图 3-55 所示。

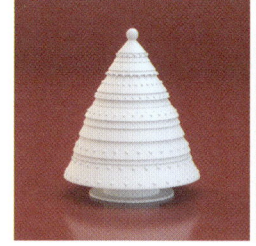

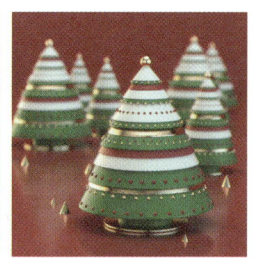

图 3-54　　　　　　　　　　　　　　　　　　　图 3-55

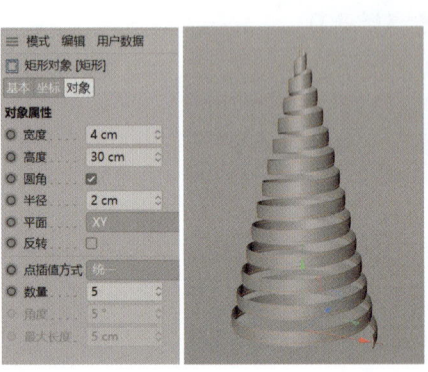

3.2.3 扫描法

本节使用另一种方法制作圣诞树，之前分析过圣诞树为角锥形态，用丝带缠绕出角锥形态也是一种不错的思路。

创建螺旋对象，调整"起始半径"为278cm，"高度"为1000cm，"结束角度"为5000°，制作出下宽上窄的锥形效果，如图3-56所示。

创建矩形对象作为横截面。将"宽度"调整为2cm，"高度"调整为50cm，勾选"圆角"复选框，调整"半径"为0.5cm。创建扫描对象，把矩形对象和螺旋对象分别拖入扫描对象的子级，横截面在上，这样树体就扫描完成了，如图3-57所示。

1. 金边

复制整体扫描对象，调整矩形对象的属性数值，将"宽度"设置为4cm，"高度"设置为30cm，勾选"圆角"复选框，将"半径"设置为2cm，制作出金边的效果，如图3-58所示。

2. 环绕灯带

再次复制整体扫描对象，调整矩形对象的属性数值，设置"宽度"为0.1cm，"高度"为4cm。调整螺旋对象的属性数值，设置"起始半径"为314cm，"高度"为1017cm，"结束角度"为8400°，制作出环绕灯带的效果，如图3-59所示。

3. 顶端星星

创建星形对象，设置"内部半径"为30cm，"外部半径"为50cm，"点"为5。在它的父级创建一个挤压对象，在"对象"属性面板中将"偏移"改为2cm，在"封盖"属性面板中将倒角"尺寸"调整为72cm，"分段"调整为30，制作出鼓鼓的星星，把它移动到树尖上，如图3-60所示。

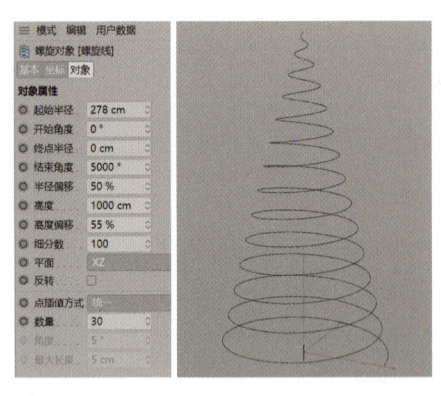

图 3-56

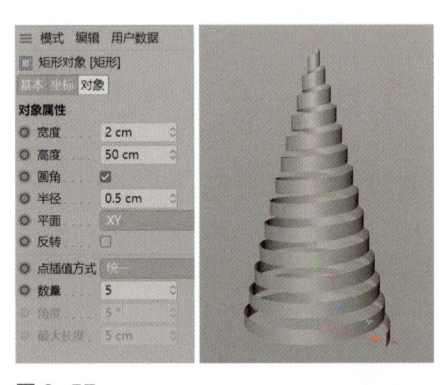

图 3-57

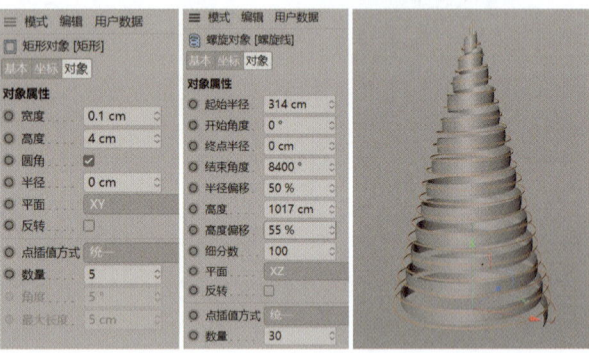

图 3-58

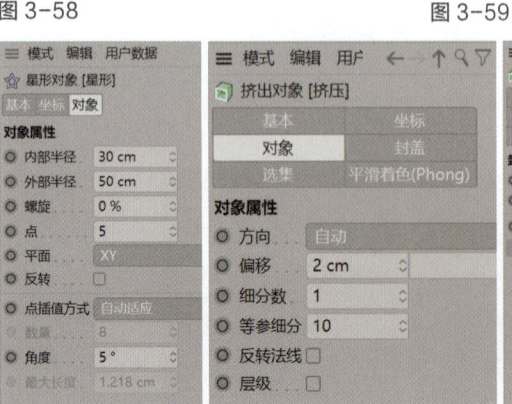

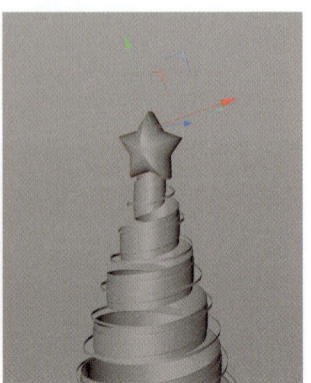

图 3-59

图 3-60

4. 顶端星星灯带

复制星形对象，在星形对象的"对象"属性面板中设置"内部半径"为32cm，"外部半径"为52cm，将挤压对象的"封盖"属性面板中的倒角"尺寸"调整为1.7cm，"分段"调整为8，这样顶端星星灯带就制作完成了，如图3-61所示。

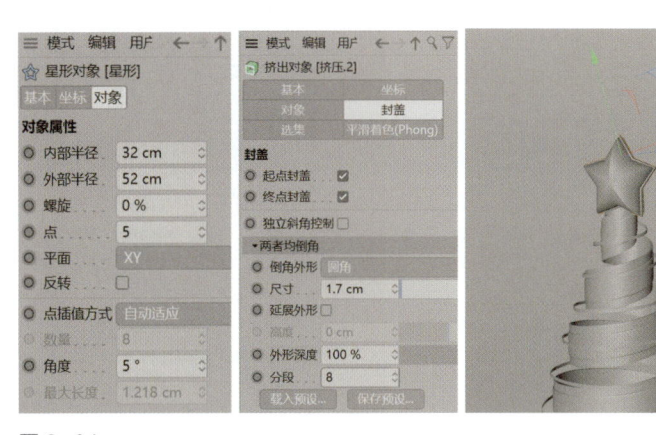

图 3-61

5. 底座

创建圆柱对象，为底部增加底座，既可以使画面更完整，又可以遮挡不完美的地方，复制多个小金球作为装饰，如图3-62所示。

图 3-62

3.2.4 渲染要点

整体配色使用和上一节中相同的材质球和渲染设置。

设置红色的背景，为树身上的丝带赋予绿色材质球，金边赋予金色材质球，顶端星星也同样赋予金色材质球，灯带需要创建一个发光材质球，如图3-63所示。

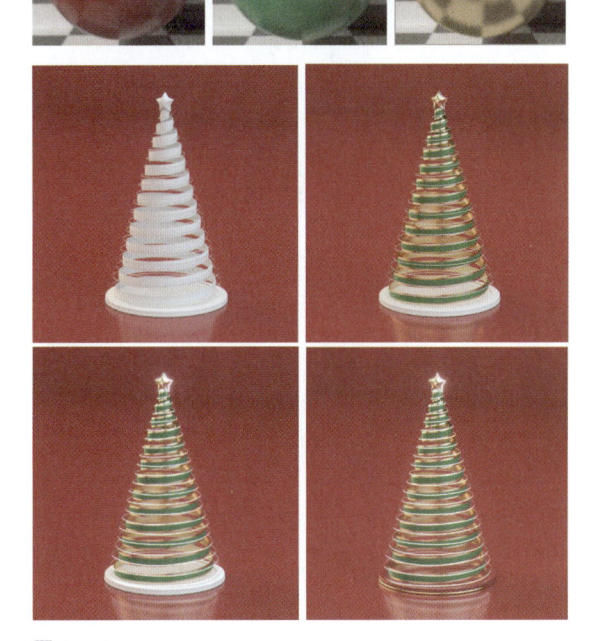

图 3-63

为地面添加一些装饰，增加一些散落的金色球，这样画面配上文字就会很完整了，如图3-64所示。

图3-64

3.2.5 粒子发射法

使用堆叠法，让元素堆积出圣诞树的形态，符合圣诞热闹的氛围。

如果一个一个地摆放元素，不但会花费很多时间，而且修改起来特别困难，本节将介绍一个非常方便的工具，即粒子发射器，它可以自动发射出很多粒子，不需手动重复操作，只要先定义好单个粒子的形态，再设置好盛放粒子的容器，最后堆叠到圣诞树即可。

先制作出容器，创建圆锥对象，修改"底部半径"为380cm，"顶部半径"为10cm，"高度"为888cm，用这个圆锥对象制作出树冠的形态，如图3-65所示。

选择"模拟"→"粒子"→"发射器"命令，先创建一个粒子发射器对象，再创建4个半径不同的球体对象，并把它们拖入粒子发射器对象的子级，调整"编辑器生成比率"和"渲染器生成比率"均为50，"投射终点"为500F，如图3-66所示。

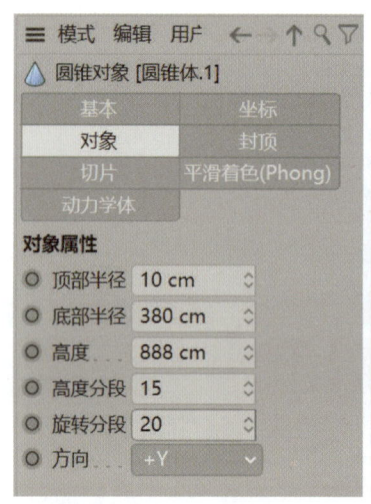

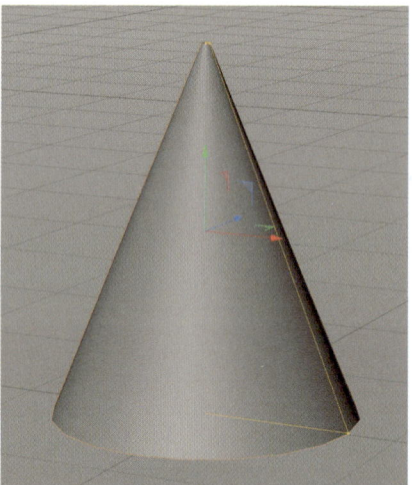

图3-65

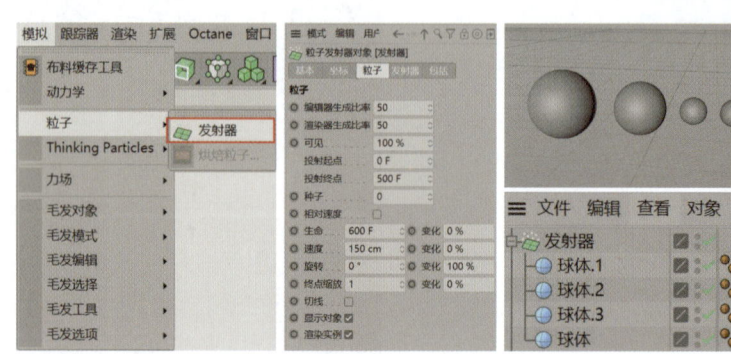

图3-66

为了使发射出来的小球彼此之间不产生穿插效果，需要为它们创建模拟标签。

在对象面板，选中 4 个小球，右击，在弹出的快捷菜单中选择"模拟标签"→"刚体"命令，加入"刚体"标签后小球就会具有硬表面的刚体属性，这样彼此之间就不会有穿插了。

选择"模拟标签"→"碰撞体"命令，将"外形"更改为"静态网格"，这样刚体小球碰到碰撞体后就不会穿越过去，从而为形成容器做准备，如图 3-67 所示。

调整发射器的位置和大小，使它位于圆锥对象的顶端，不要超出圆锥对象的范围，并且 Z 轴向下，这里是为了把小球通过发射器发射到圆锥对象内部并充满圆锥对象，如图 3-68 所示。

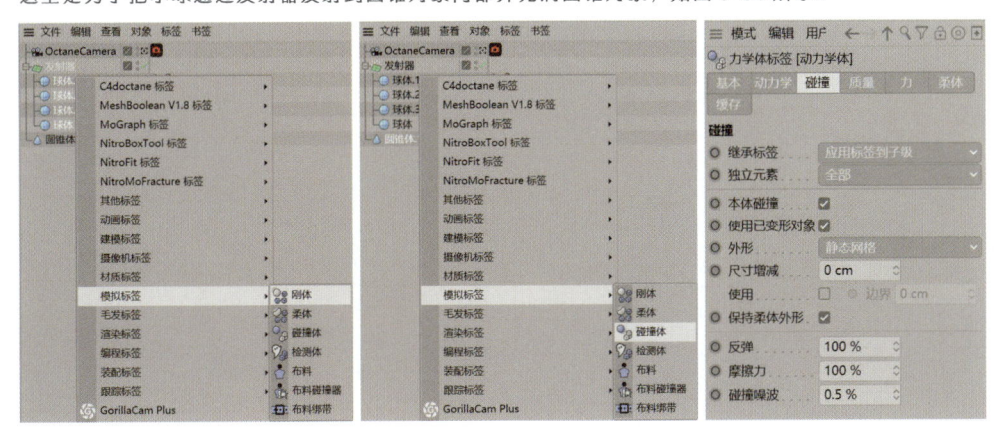

图 3-67

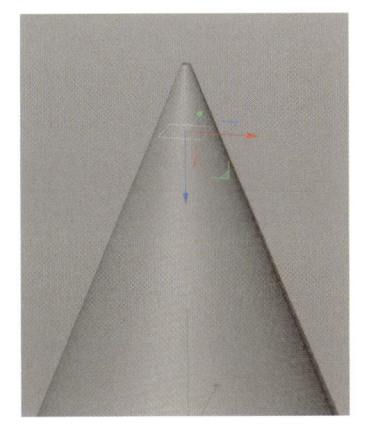

图 3-68

知识拓展

观察模型内部结构，勾选"基本"属性面板中的"透显"复选框，如图 3-69 所示。虽然这个可以在视图窗口中使对象变得透明，但是它的效果仅限于在视图窗口中观察，不会影响渲染效果。

图 3-69

先将"时间轴帧数最大数"，改为 500F，然后单击播放按钮，可以看到小球不断被粒子发射器发射出来，如图 3-70 所示。

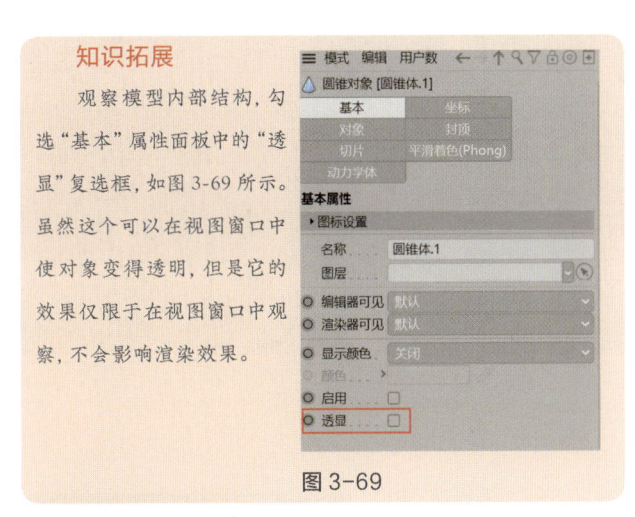

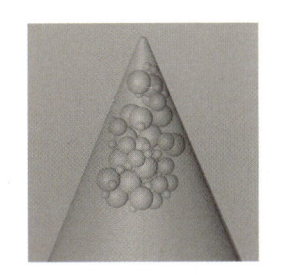

图 3-70

在播放到 400 帧之后，隐藏圆锥对象，就可以看到小球堆积在内部了，观察使小球堆积得比较均匀就可以了。如果有空隙，则不断调整内部小球的尺寸和发射数量，直到得到满意的效果，如图 3-71 所示。

创建星形对象，将"偏移"改为 102cm，"尺寸"改为 4cm，观察星星，只要边缘圆滑即可，制作出顶部的星星，如图 3-72 所示。

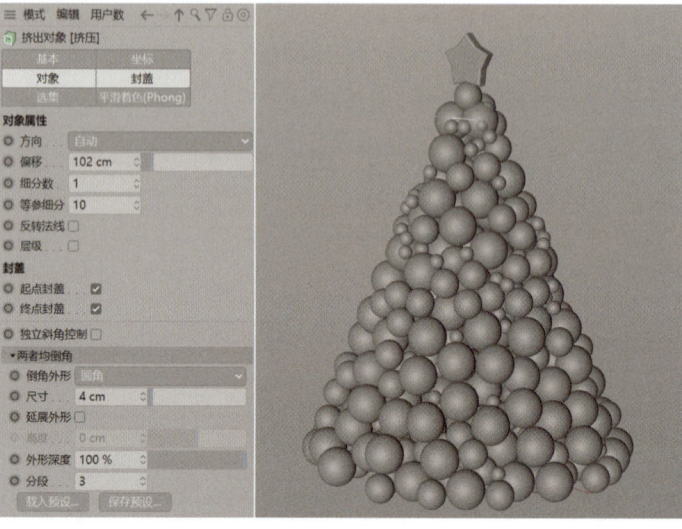

图 3-71

图 3-72

图 3-73

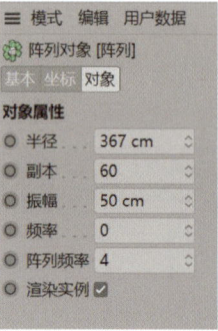

图 3-74

底座部分使用圆柱对象和圆环对象来做搭配，注意不要太贴近小球，避免模型穿插，如图 3-73 所示。

创建圆柱对象。先在顶端创建球体对象，再创建阵列对象，调整"半径"为 367cm，"副本"为 60，"振幅"为 50cm，制作出波浪形围栏，如图 3-74 所示。

知识拓展

使用阵列工具还可以制作出动画的振幅效果，当修改频率数值后再次播放动画时，就可以看到阵列对象缓慢地沿着振幅波动，这个很适合在循环动画时使用，如图 3-75 所示。

图 3-75

图 3-76

使用同样的场景和材质球，渲染出不同风格的圣诞氛围，如图 3-76 所示。

3.3 精致星星建模和渲染

上一节简单介绍了星星的制作方法，可以通过使用扫描工具和挤压工具，得到星星的大致形态，本节会在这个基础上更为扩展，学习使用更多工具，设计出细节丰富的模型，只要掌握思路，就能够制作出更为精致、深入的作品，如图3-77所示。

图 3-77

3.3.1 挤压制作八角星

创建星形对象，设置"角"的默认数值为8，得到八角星对象，按C键将星形对象转为可编辑对象，如图3-78所示。

切换到点模式，使用移动工具选中下方的点并向下拖动，把点移动一段距离，制作出尖角，如图3-79所示。

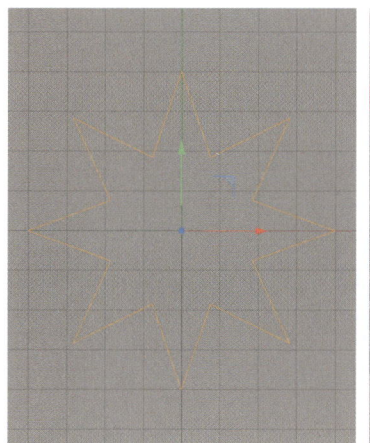

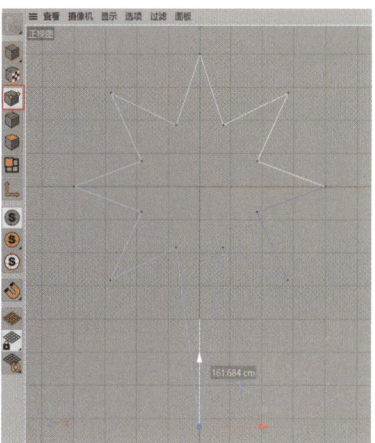

图 3-78　　　　　　　　图 3-79

知识拓展

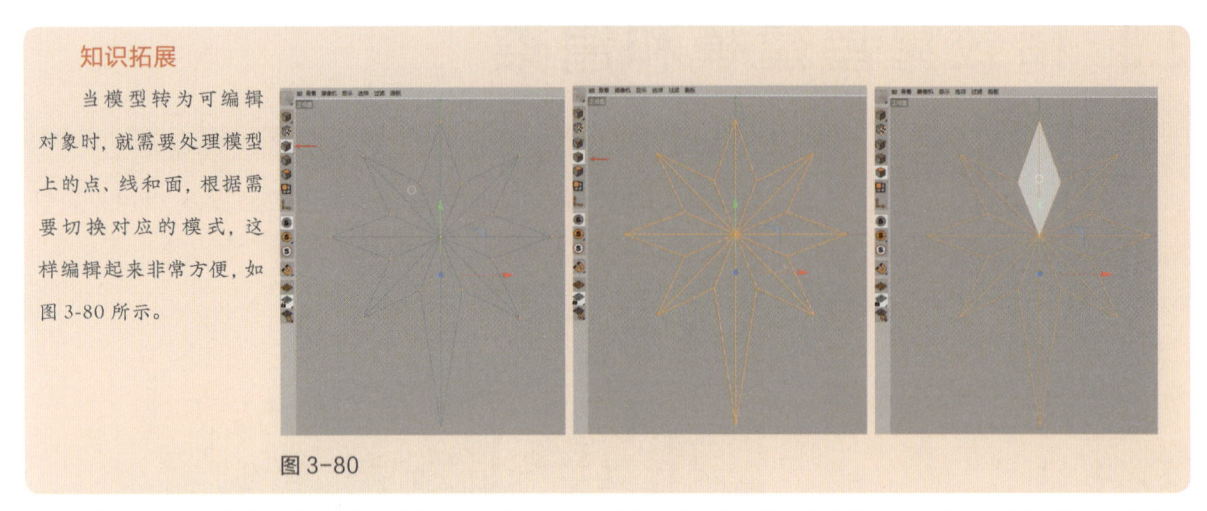

当模型转为可编辑对象时,就需要处理模型上的点、线和面,根据需要切换对应的模式,这样编辑起来非常方便,如图 3-80 所示。

图 3-80

创建挤压对象,将挤压对象放在星形对象的父级,为星形对象增加一个厚度,在挤压对象的属性面板中调整"偏移"为 5cm,全选挤压对象,按 C 键将挤压对象转为可编辑对象,如图 3-81 所示。

按 F4 键切换到正视图,右击,在弹出的快捷菜单中选择"线性切割"命令,同样在点模式下,将光标移动到星形对象的端点处单击,将光标移动到星形对象的对角的端点处单击,就会出现切割线,把模型的 8 个端点全部对角相连,如图 3-82 所示。

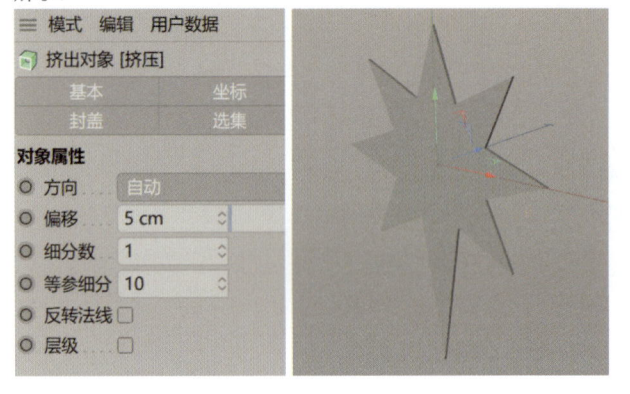

图 3-81

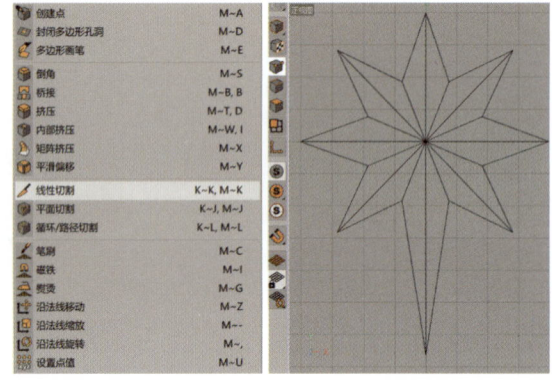

图 3-82

按 F1 键切换到透视视图,使用移动工具选中星形对象中心的交叉点,沿着 Z 轴负方向拉出一段距离,为星形对象的中心制作出棱角厚度,背面也是同样的操作,如图 3-83 所示。

在属性面板中,单击挤压对象的"平滑着色"按钮,将"平滑着色角度"减小到 10°,这样在渲染模型时可以使棱角更为分明,如图 3-84 所示。

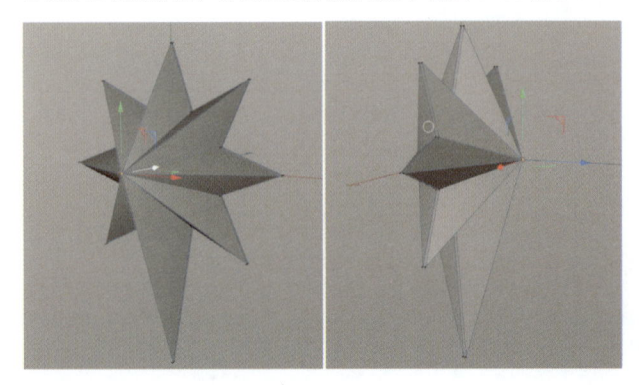

图 3-83

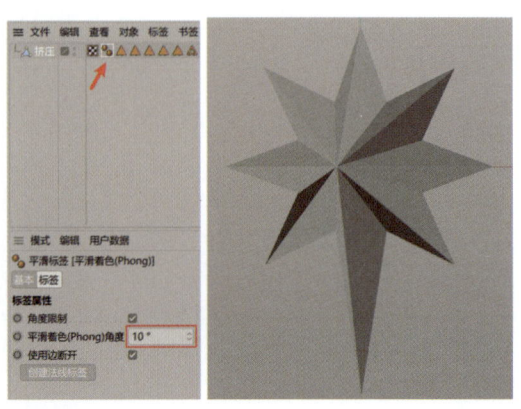

图 3-84

创建倒角对象，将倒角对象放入挤压对象的子级，将"偏移"调整到0.2cm，为模型加入小小的倒角，如图3-85所示。

创建圆柱对象，设置"半径"为1cm，"高度"为2000cm，将圆柱对象制作成挂绳，将挂绳移动到星星的顶端，使用快捷键Alt+G合成一个组，这样一根带挂绳的星星就制作完成了，如图3-86所示。

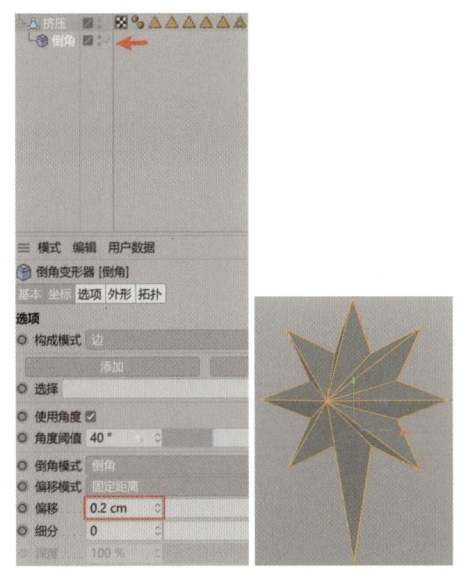

图 3-85　　　　　图 3-86

3.3.2　星星场景建模

1. 克隆工具制作多层星星

选择"运动图形"→"克隆"命令，在克隆对象的对象面板中，把星星组拖入克隆对象的子级，在属性面板中选择"模式"为"网格排列"，"数量"分别为4、2、3，将"尺寸"增加到400cm×400cm×400cm，如图3-87所示。

选中克隆对象，选择"运动图形"→"效果器"→"随机"命令，为星星组增加随机效果，在属性面板中勾选"位置"复选框，根据画面效果调节数值，勾选"缩放"和"等比缩放"复选框，设置"缩放"为0.68，增加随机大小效果，勾选"旋转"复选框，将"R.H"调整为-37°，让星星随机旋转角度，如图3-88所示。

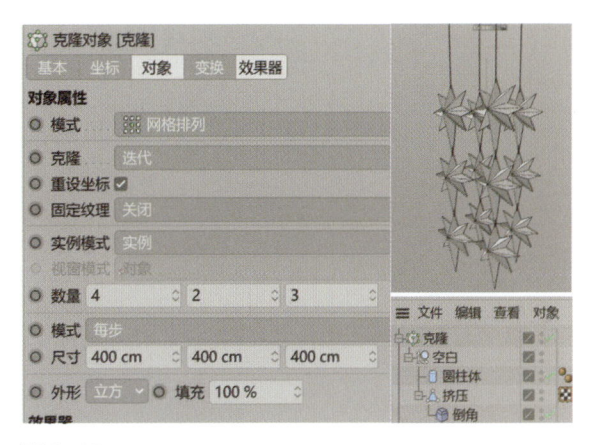

图 3-87

图 3-88

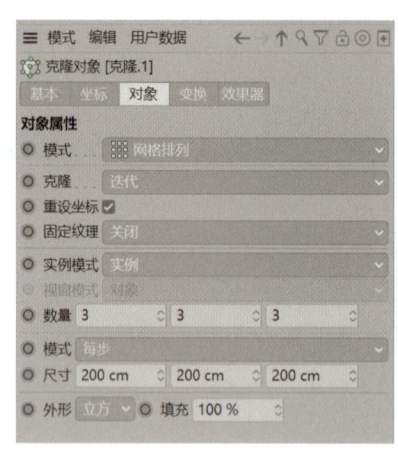

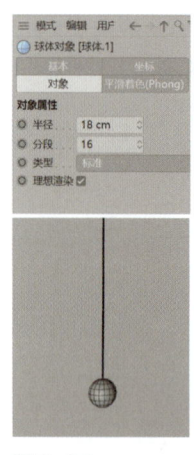

2. 克隆工具制作画面配饰

复制一组克隆对象，把其中的星星删除，并创建球体对象将其替换，如图3-89所示。

克隆对象的属性和随机效果器的数值根据画面效果调整，让小球穿插到星星之间，为画面增加细节，如图3-90所示。

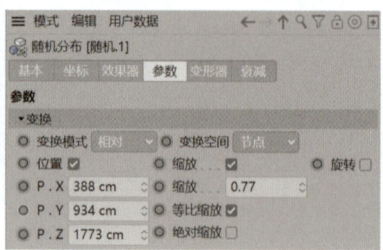

图3-89　图3-90

3. 晶格工具创建背景

先为整体场景赋予一个背景，创建平面对象，将"宽度"和"高度"都改为4600cm，使用移动工具将背景移动到星星组后方，如图3-91所示。

复制平面对象，将平面对象向前移动，并将"宽度"改为2400cm。创建晶格对象，调整"圆柱半径"为4cm，"球体半径"为4cm，这样背景的格子模型就制作完成了，如图3-92所示。

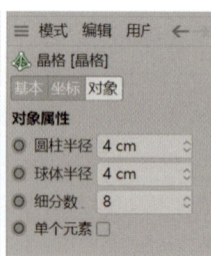

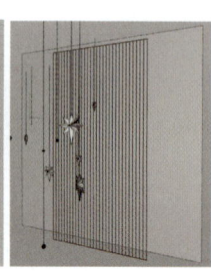

图3-91　图3-92

3.3.3 渲染要点

1. 渲染设置

进行基础Octane渲染设置，可以直接复制之前的渲染文件，参数如图3-93所示。

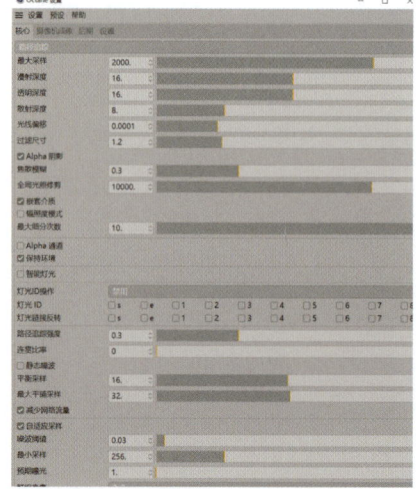

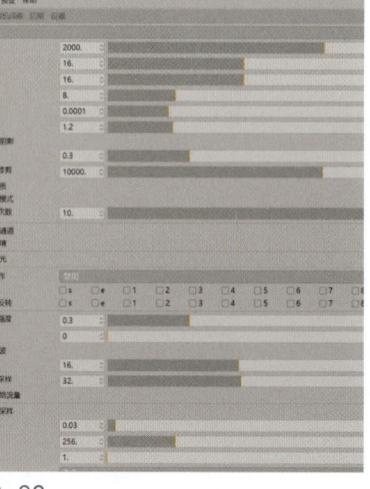

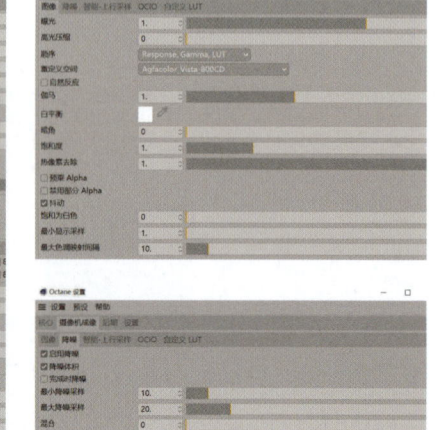

图3-93

2. 光源

不使用主光源，只创建一个 Octane HDRI 环境即可。HDR 贴图使用的是多光源贴图，可以让场景中的金色反射效果比较好，如图 3-94 所示。

图 3-94

3. 景深效果

先进行摄像机设置。在摄像机对象的属性面板中调整"焦距"为 135cm，将"Octane 摄像机标签"属性面板中的"对焦深度"调整为 5150cm，取消勾选"自动对焦"复选框，如图 3-95 所示。

图 3-95

再进行手动对焦。单击 Octane 实时查看窗口中的"拾取焦点"按钮，选择需要对焦的位置，选一颗大一点的星星，单击后就可以看到焦点后方的模型被模糊了，如果程度不够深，可以继续加大对焦深度或调整模型的前后距离，这样可以得到好的景深效果，如图 3-96 所示。

图 3-96

4. 材质球

金色：创建光泽度材质球，取消勾选"漫射"通道，将"指数"通道的"指数"改为 1，"粗糙度"通道的"浮点"改为 0.07，"镜面"通道的"颜色"改为浅黄色，分别设置 H 为 38°、S 为 44%、V 为 98%。

黄色：创建光泽度材质球，将"指数"通道的"指数"改为 1.3，"粗糙度"通道的"浮点"改为 0.04，"漫射"通道的"颜色"改为深红色，分别设置 H 为 41°、S 为 78%、V 为 89%。

橘黄色：创建漫射材质球，只将"漫射"通道的"颜色"改为橘黄色，分别设置 H 为 30°、S 为 60%、V 为 84%，如图 3-97 所示。

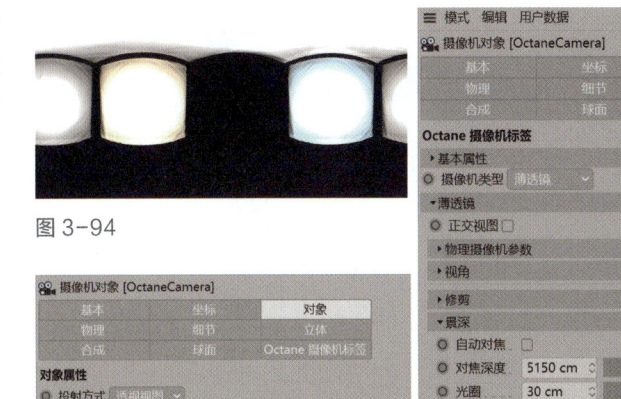

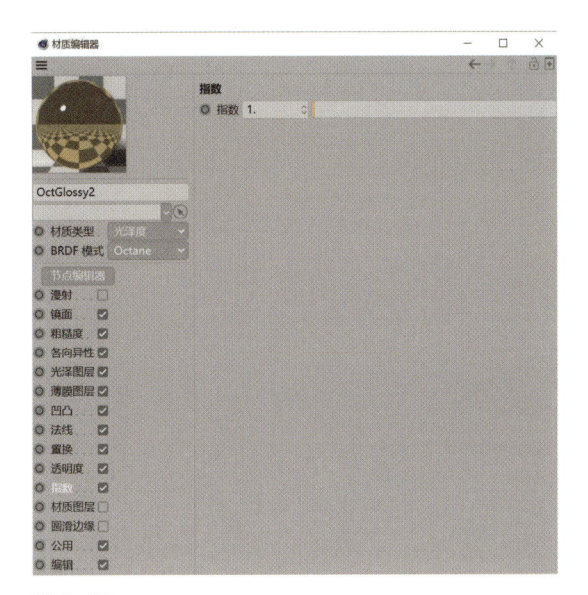

图 3-97

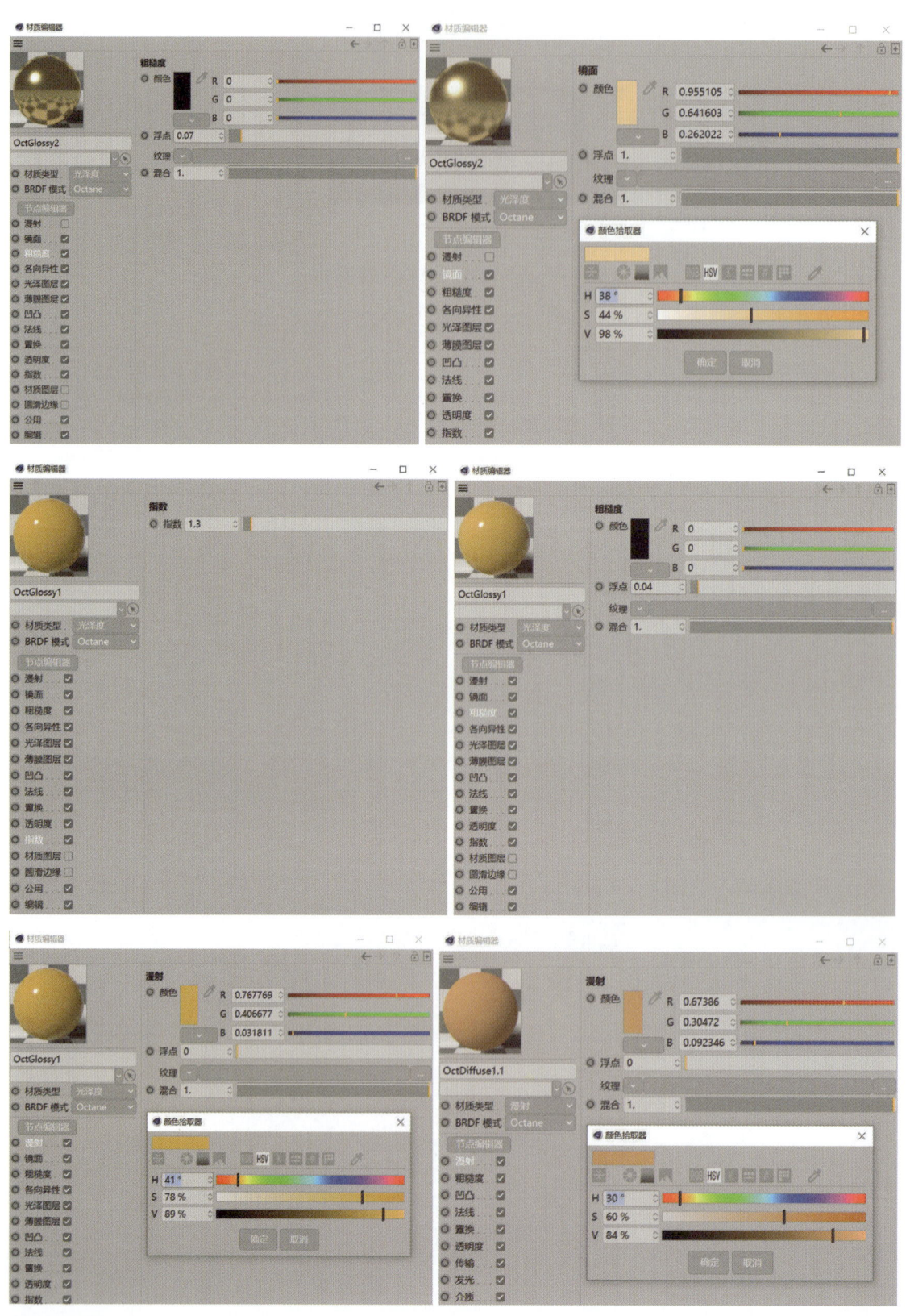

图 3-97（续）

5. 为模型赋予材质

为星星和后方的晶格背景创建金色材质球，为挂绳赋予黄色材质球，为背景赋予深一些的橘色材质球，这样一张漂亮的星星画面就渲染完成了，如图 3-98 所示。

图 3-98

3.4 节日灯笼建模和渲染

灯笼也是电商页面中常常出现的装饰元素，本节通过 3 种灯笼的制作思路，学习样条对象提取的方法和点、边、面的深入运用，如图 3-99 所示。

图 3-99

3.4.1 灯笼主体建模

确定制作灯笼的形态，可以找一些参考图来分析结构。灯笼主要由主体、骨架和装饰 3 个部分组成，如图 3-100 所示。

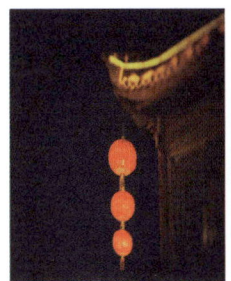

图 3-100

下面先把灯笼主体制作出来，能用参数化对象的都优先使用参数化对象，这样便于编辑。

1. 和风圆形灯笼主体

创建球体对象，打开"光影着色（线条）"模式，查看分段线，增加分段数值使表面圆滑，且分段线又不过于密集，如图 3-101 所示。

2. 中式椭圆形灯笼主体

设置中式灯笼的椭圆形主体也非常简单，把球体对象复制一个出来，使用缩放工具把球体对象沿着Y轴负方向压扁，如图3-102所示。

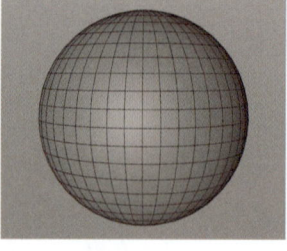

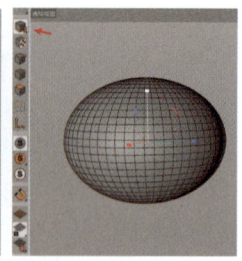

图 3-101

图 3-102

知识拓展

单轴缩放

当在参数化对象上使用缩放工具时，无论移动哪个轴，模型对象都会等比缩放，不能实现单轴向的缩放，这时只要切换成"对象"模式，再次使用缩放工具，就可以进行单轴向缩放了，这里缩放的是比例缩放，完成后切换回"模型"模式，如图3-103所示。

图 3-103

3. 现代风格长条形灯笼主体

在制作长条形灯笼主体时可以选择圆柱对象，设置"旋转分段"为8，"半径"为65cm，"高度"为200cm，这样就得到了一个八棱柱。在"封顶"属性面板中勾选"圆角"复选框，将"分段"改为2，"半径"改为55cm，这样就可以得到一个长条形的灯笼主体，如图3-104所示。

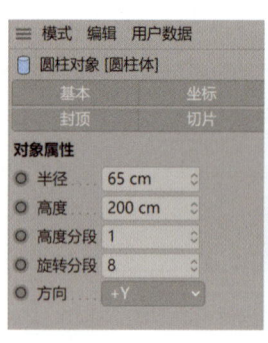

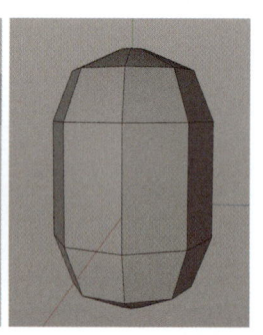

图 3-104

3.4.2 灯笼骨架建模

灯笼骨架建模的重点是得到骨架形态的样条对象，有了灯笼主体的模型，骨架也变得简单、明了了。

复制球体对象，为了便于观察，可以单击"视窗单体独显"按钮让模型单独显示。使用移动工具，在球体对象的横向分段线上双击，就可以选中一圈线，如图3-105所示。

知识拓展

模型独显

Ⓢ：当场景中模型比较多时，为了不产生干扰，可以选中当前需要处理的模型，单击"视窗单体独显"按钮，就可以把其他模型隐藏。

Ⓢ：在处理好后单击"关闭视窗独显"按钮，就可以把隐藏的模型全部显示。

按住Shift键，继续双击下一条，就可以加选样条对象，把球体对象的横向样条对象全部选中，如图3-106所示。

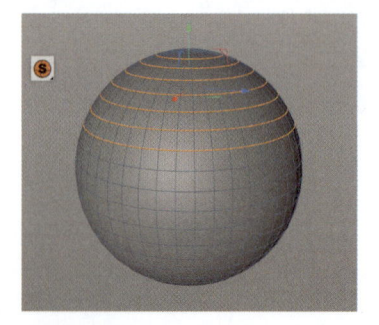

图 3-105

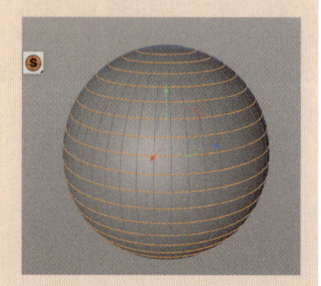

图 3-106

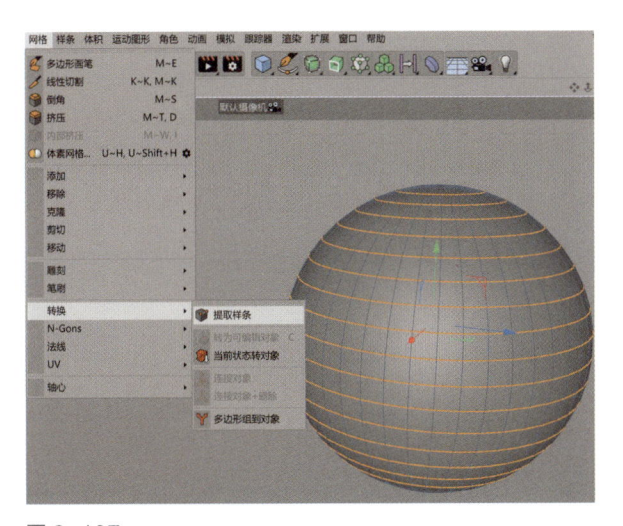

在得到全部样条对象后，选择"网格"→"转换"→"提取样条"命令，如图 3-107 所示。

图 3-107

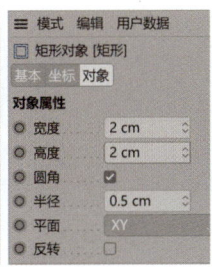

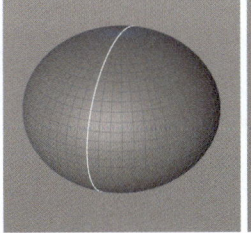

图 3-108 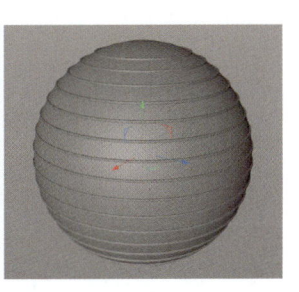　　图 3-109

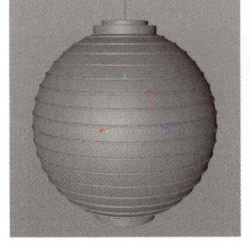

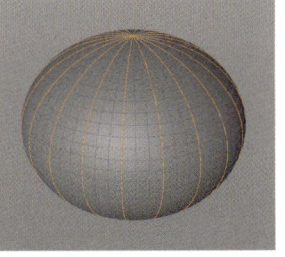

图 3-110　　图 3-111

在对象面板中可以打开模型的子级，得到刚才选取的样条对象，这样模型就可以删除了，如图 3-108 所示。

创建矩形对象和扫描对象，把样条对象扫描出长条方块状，这样圆形灯笼骨架就出来了，如图 3-109 所示。

创建圆柱对象，调整尺寸降低高度，先将圆柱对象分别放在灯笼的顶端和底部来固定灯笼，再调整一个半径非常小的圆柱对象作为长绳，挂在顶端，如图 3-110 所示。

中式灯笼的制作思路相同。先选中需要的样条对象，这里可以使用循环选择工具，当双击样条对象时就会把对面的样条对象一起选中，这样间隔选好（注意在设置球体对象时要把数量设置成双数，便于后期调整），再选择"网格"→"提取样条"命令即可，如图 3-111 所示。

知识拓展

选择菜单中的几个工具非常实用。

循环选择：可一次选择循环面、循环边或循环点，配合 Shift 键加选，Ctrl 键减选。

环状选择：可一次选择环形面、环形边或环形点。

轮廓选择：可一次选择平面的轮廓路径。

填充选择：可选中已选中的边圈起来的面。

图 3-112

路径选择：可沿着光标移动的路径选择。

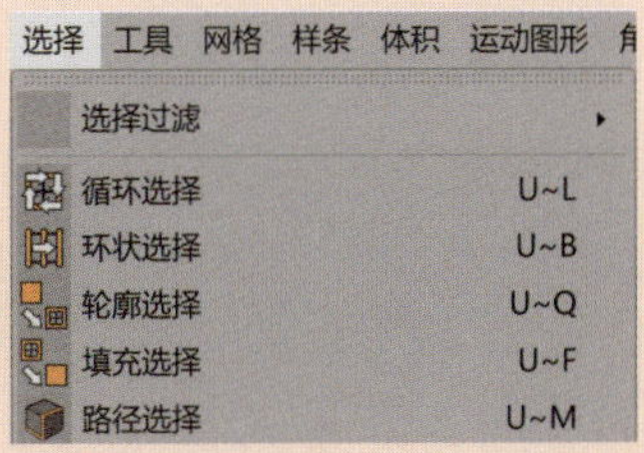

使用圆环工具扫描出骨架，中式灯笼的骨架就制作完成了，如图 3-113 所示。

使用圆柱对象，把灯笼上、下的骨架都补齐，并添加挂绳，如图 3-114 所示。长条灯笼的制作就更简单了，由于灯笼主体的样条对象都是骨架结构，不需要提取，所以可以直接使用晶格工具，设置"圆柱半径"和"球体半径"均为 1cm，即可得到骨架结构，如图 3-115 所示。

同样上、下的骨架和挂绳都可以使用圆柱对象，通过调整尺寸来拼接，如图 3-116 所示。

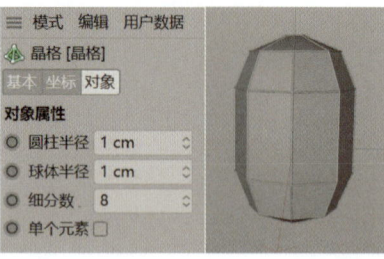

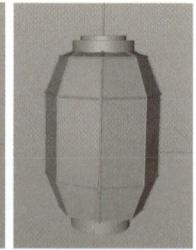

图 3-113　　　　　图 3-114　　　　　图 3-115　　　　　图 3-116

3.4.3　灯笼穗建模

灯笼穗的制作思路是先有单体模型，通过克隆对象和调整克隆对象的分布样式得到这种简单的重复模型。

下面制作日式圆形灯笼的灯笼穗。创建平面对象，设置"宽度"为 100cm，"高度"为 4cm，"宽度分段"为 9，"高度分段"为 1，制作出一个长条形状的单体灯笼穗，如图 3-117 所示。

按 C 键将单体灯笼穗转为可编辑对象，进入边模式，使用移动工具把其中的线段前后拖动，使平面有些折痕，注意拖动的幅度不要太大，使其看起来不是一条直直的线即可，如图 3-118 所示。

选择"运动图形"→"克隆"命令，创建克隆对象，把平面对象拖入克隆对象的子级，"模式"选择"网格排列"，根据灯笼底面的大小调整间距和数量，使灯笼穗铺满底面，如图 3-119 所示。

选择"运动图形"→"效果器"→"随机"命令，创建随机效果器，调整"位置"，使前、后、左、右错开一点，分别勾选"缩放"和"等比缩放"复选框，设置"缩放"为 0.11，勾选"旋转"复选框，设置"R.H"为 149°，增加随机旋转，这样灯笼穗的样式就调整完成了，如图 3-120 所示。

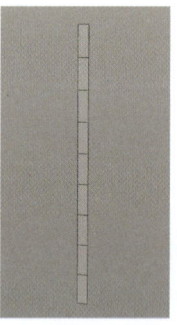

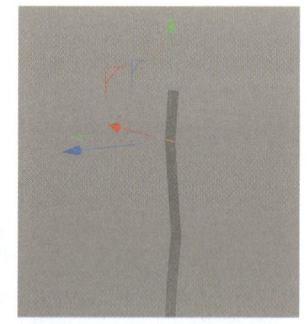

图 3-117　　　　　图 3-118

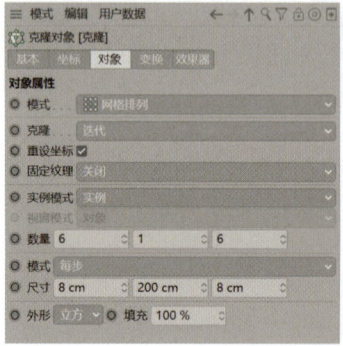

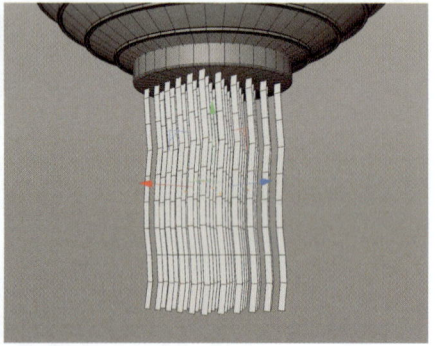

图 3-119

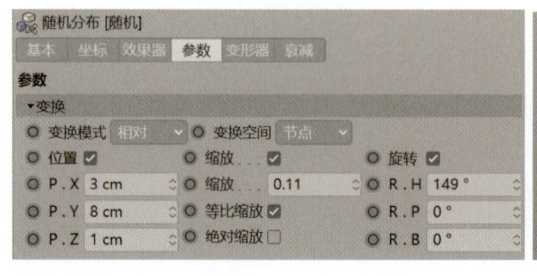

图 3-120

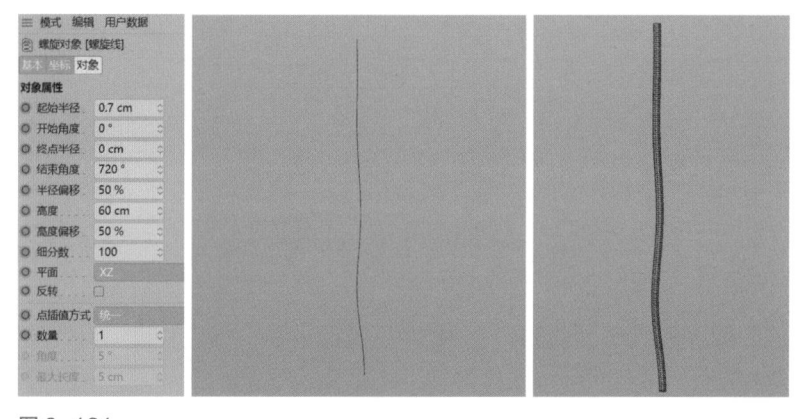

中式灯笼穗是更为细腻、光滑的。先创建螺旋对象，调整螺旋对象的"起始半径"为0.7cm，"终点半径"为0cm，"高度"为60cm，再创建半径为0.6cm的圆环对象作为横截面，扫描出来一条单体灯笼穗，如图3-121所示。

图 3-121

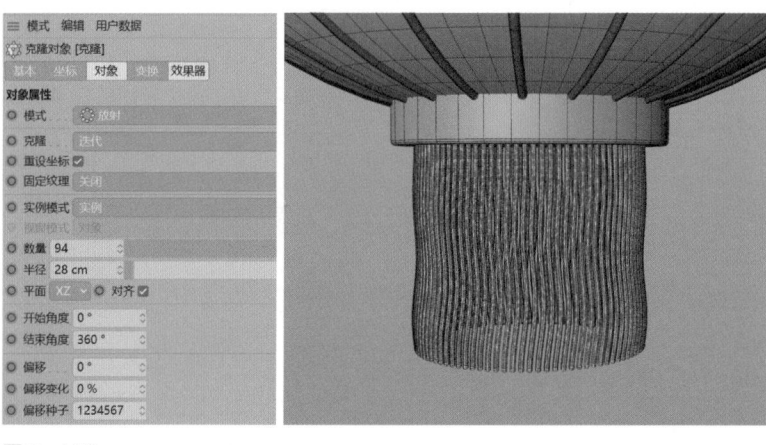

创建克隆对象，"模式"选择"放射"，设置"数量"为94，"半径"为28cm，将克隆对象整齐地克隆一圈，如图3-122所示。

图 3-122

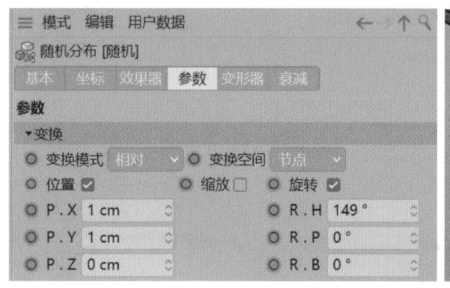

随机分布对象的属性设置，如图3-123所示。

图 3-123

长条形灯笼的灯笼穗也使用同样的方法制作，这样3种灯笼的模型就制作完成了，如图3-124所示。

图 3-124

3.4.4 渲染要点

1. 渲染设置

进行基础 Octane 渲染设置，可以直接复制之前的渲染文件，参数如图 3-125 所示。

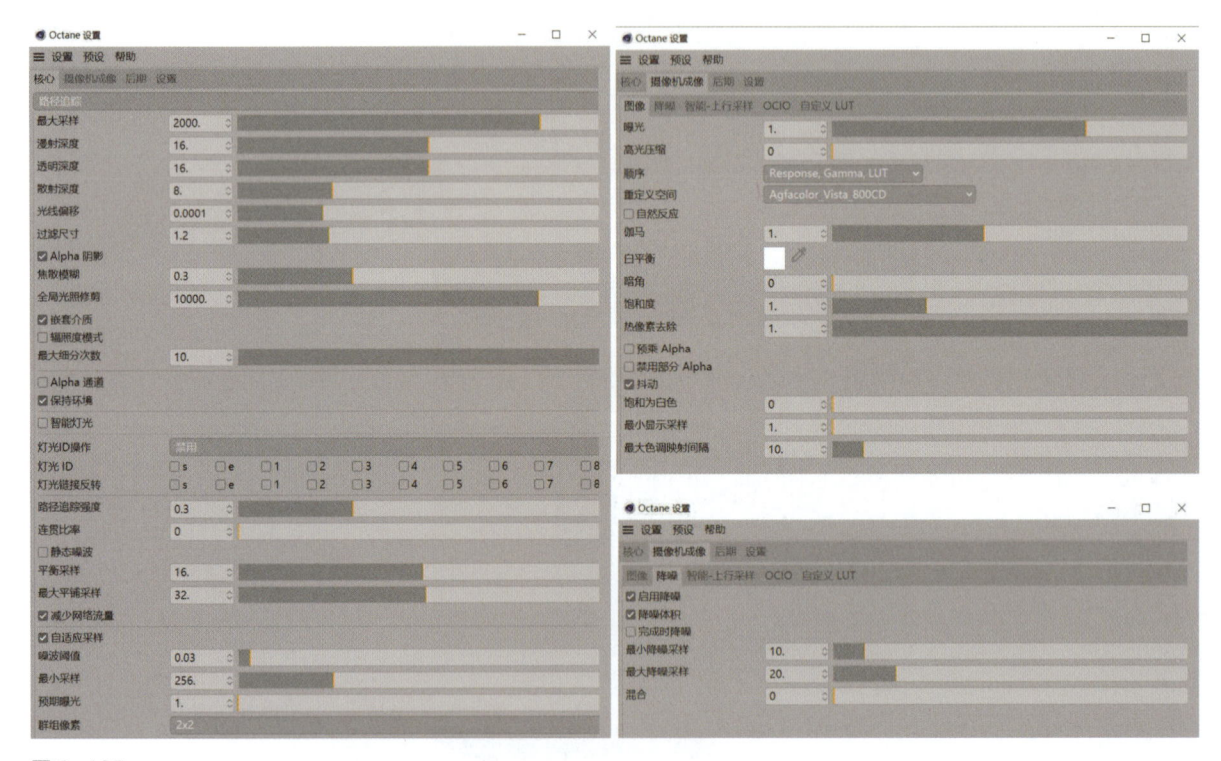

图 3-125

2. 光源

不使用主光源，只创建一个 Octane HDRI 环境即可，HDR 贴图使用的是多光源贴图，可以让场景中的金色反射效果比较好，如图 3-126 所示。

3. 材质球

金色：创建光泽度材质球，取消勾选"漫射"通道，将"指数"通道的"指数"改为 1，"粗糙度"通道的"浮点"改为 0.07，"镜面"通道的"颜色"改为浅黄色，分别设置 H 为 38°、S 为 26%、V 为 100%，如图 3-127 所示。

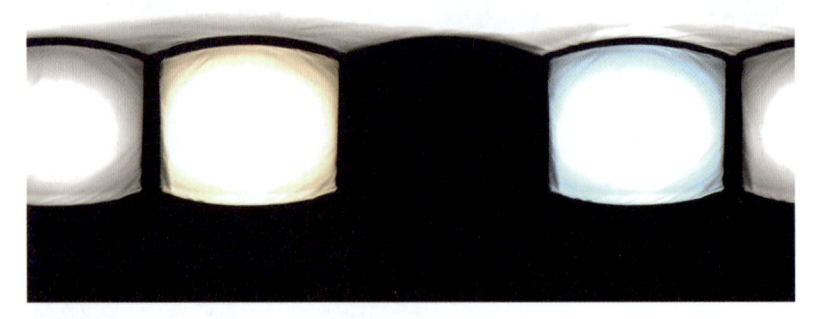

图 3-126

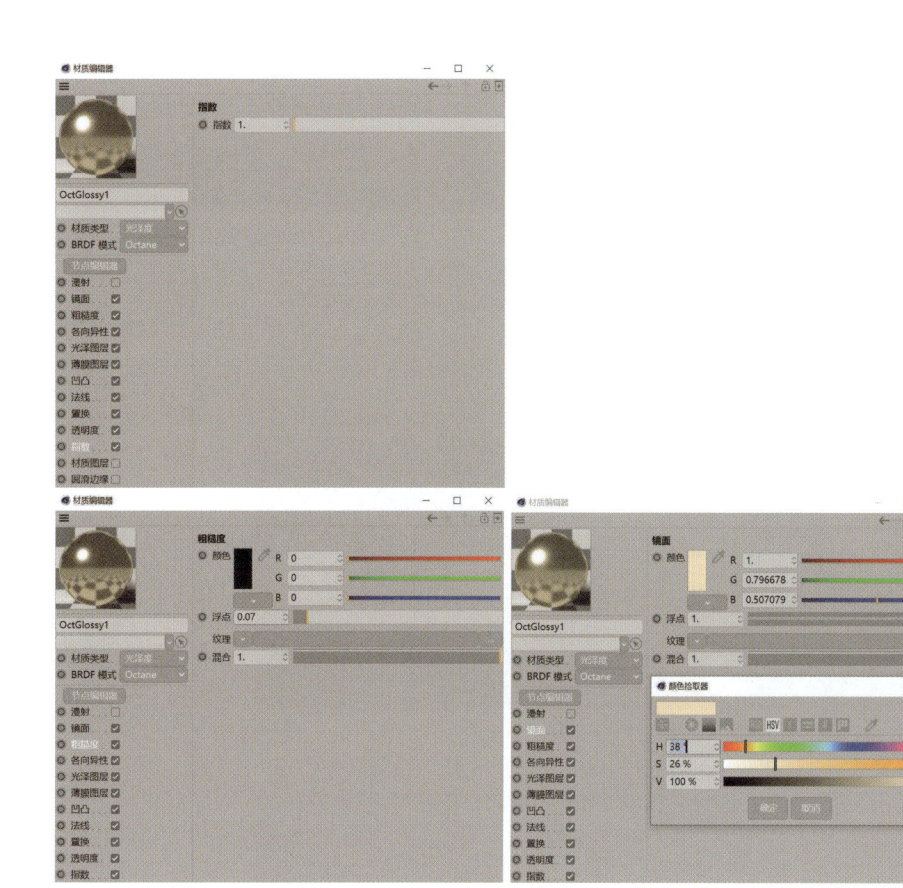

图 3-127

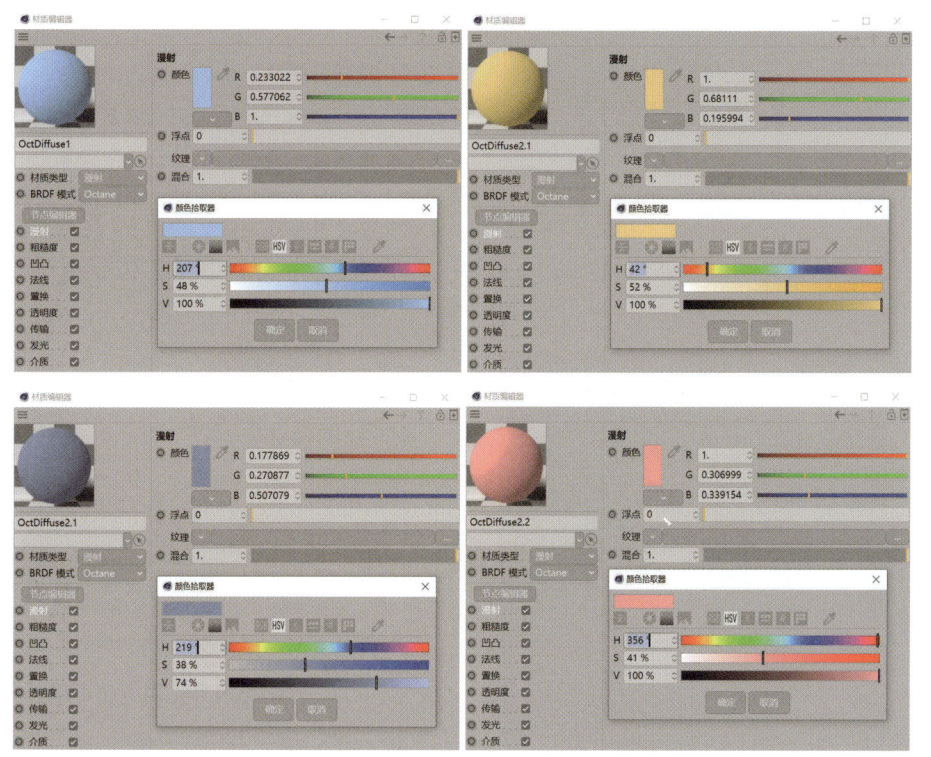

背景、灯笼绳和灯笼穗的制作。创建几个漫射材质球，饱和度不要太高，使画面效果平衡，具体参数如图 3-128 所示。

图 3-128

灯笼图案材质的设置。为灯笼制作一张带有樱花的贴图和一张带有山水画的贴图，添加到"漫射"通道，给材质球添加贴图，如图3-129所示。

为了让红色灯笼的效果更为鲜艳，可以添加一点发光效果，单击"发光"通道的"黑体发光"按钮，将"强度"改为10.4，设置"色温"为912，如图3-130所示。

4. 为模型赋予材质

分别为背景和灯笼主体赋予不同的材质球。在为灯笼主体赋予材质球时可以适当调整材质球的"透明度"通道，让内部的光透出来，在渲染时可以根据效果加入辉光效果，使画面光感更强一些，这样灯笼场景就渲染好了，如图3-131所示。

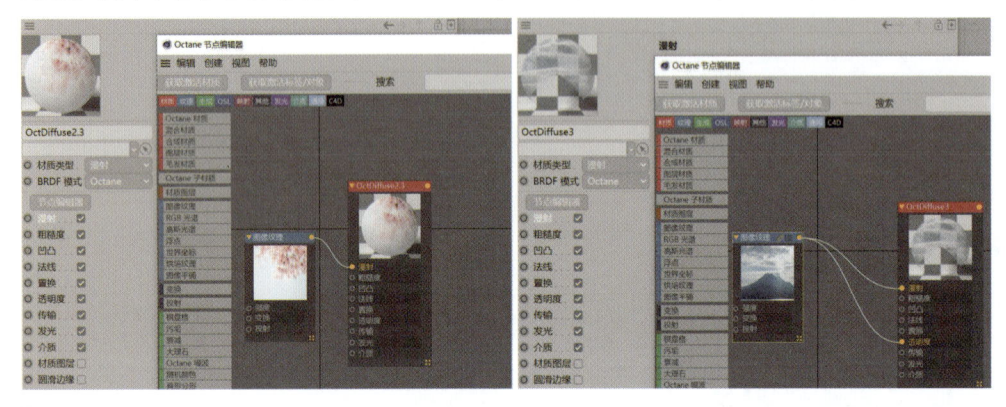

图3-129

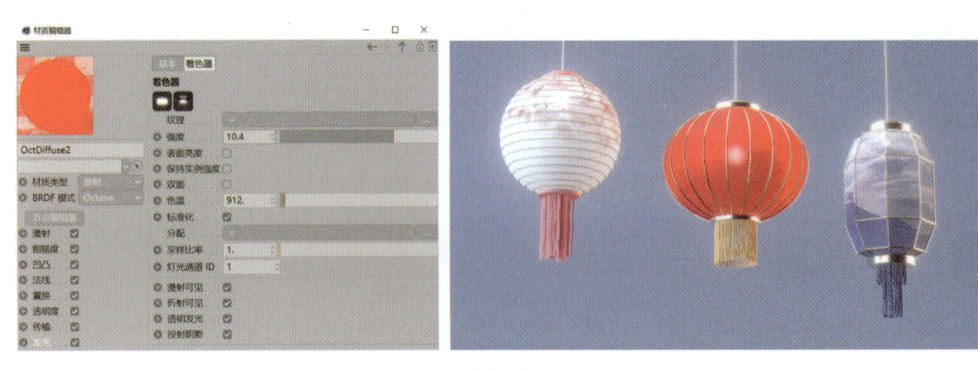

图3-130　　　　　　　　　　图3-131

3.5 电商罗马柱建模和渲染

罗马柱常用于电商页面中展示产品的展台或背景元素，本节通过讲解3种罗马柱的建模方法，学习样条建模工具的综合应用，如图3-132所示。

图3-132

3.5.1 罗马柱建模技巧一

罗马柱，基本单位由柱和檐构成。柱可分为柱础、柱身和柱头（柱帽）三部分。可以根据自身的画面风格，简化装饰，更符合现代人的审美，如图3-133所示。

图3-133

图3-133中的第一种造型为圆形柱身和简洁的圆形柱头的样式，整体比较简约，制作起来也非常快捷。

1. 柱身和凹痕

创建圆柱对象，打开"光影着色（线条）"模式，查看分段线，调整"半径"为124cm，"高度"为966cm，设置"高度分段"为1，"旋转分段"为16，把柱身的基本形制作出来，如图3-134所示。

制作柱身的花纹思路，先制作出凹痕的形状，然后用柱身减去形状，就出现凹痕了。

创建矩形对象，调整"宽度"为11cm，"高度"为810cm，勾选"圆角"复选框，设置"半径"为5.5cm，如图3-135所示。

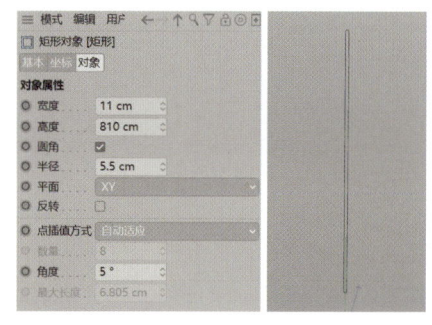

图3-134

图3-135

创建挤压对象，把挤压对象的"移动"选项中的第3个数值改为25cm，如图3-136所示。

创建阵列对象，把挤压对象阵列出一圈，调整"半径"为113cm，设置"副本"为15。这个数值根据柱身上面的分段线决定，最好在两端之间有一个凹痕，这样表面布线比较均匀，如图3-137所示。

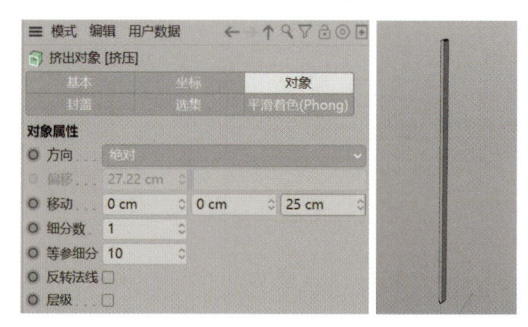

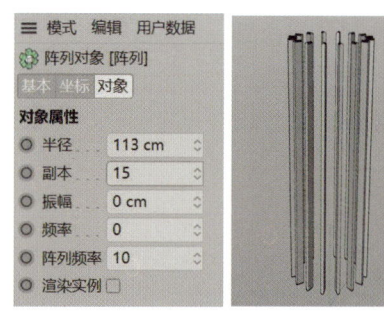

图3-136

图3-137

创建布尔对象，将圆柱对象和阵列对象同时拖入布尔对象的子级，圆柱对象在上，"布尔类型"选择"A 减 B"，勾选"隐藏新的边"复选框，柱身上就会有均匀的凹痕了，如图 3-138 所示。

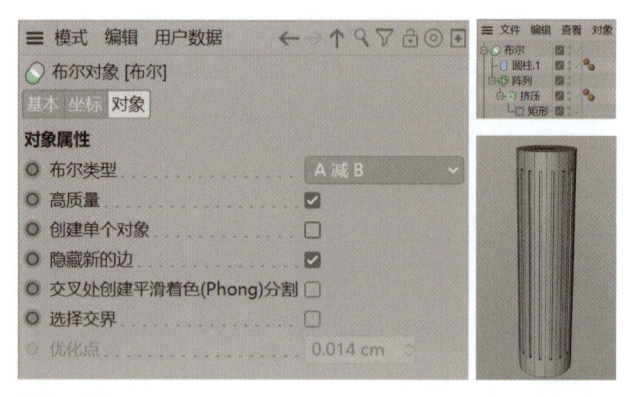

图 3-138

2. 柱础和柱头

这里选择比较简洁的圆形柱头，上下一样即可。创建两个圆柱对象，调整"半径"均为 150cm，"高度"均为 17cm，适当增加旋转分段数值，在"封顶"属性面板中勾选"圆角"复选框，制作出圆饼状，将两个圆柱对象分别移动到柱身上、下两端的位置贴合，如图 3-139 所示。

复制两个圆柱对象，加大尺寸，并分别将两个圆柱对象向上和向下移动，制作出两层效果。再次复制两个圆柱对象，调整尺寸并将两个圆柱对象套在柱身空白处，为后期制作金边效果做准备，这样一个简单的罗马柱就制作好了，如图 3-140 所示。

图 3-139

图 3-140

3.5.2 罗马柱建模技巧二

下面介绍一种更为精致的柱身凹痕的制作方法。

创建圆柱对象，将"半径"调整为 130cm，"高度"调整为 980cm，"旋转分段"增加到 24（见图 3-14），在"封顶"属性面板中勾选"圆角"复选框。

按 C 键，把圆柱对象转为可编辑对象，进入多边形（面）模式，选择"选择"→"循环选择"命令，使用循环选择工具，选中圆柱对象侧面一圈的面，如图 3-142 所示。

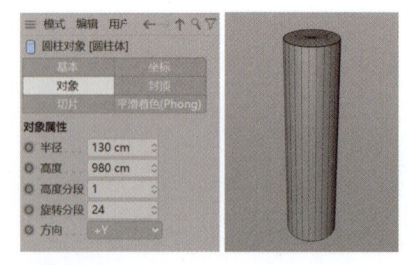

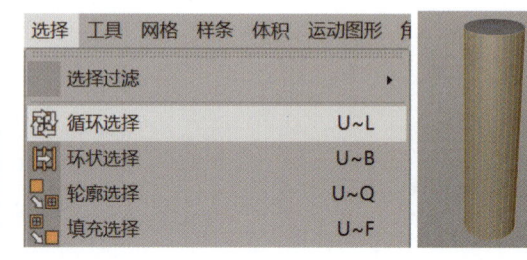

图 3-141

图 3-142

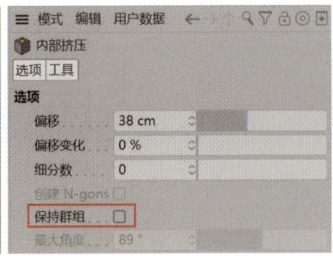

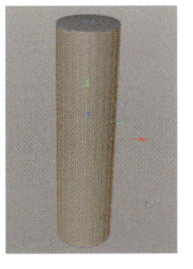

图 3-143

图 3-144

图 3-145

图 3-146

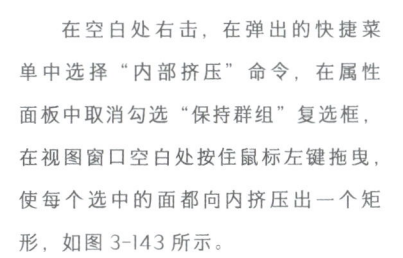

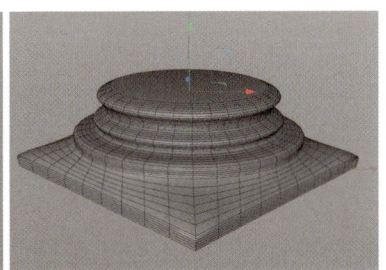

图 3-147

在空白处右击，在弹出的快捷菜单中选择"内部挤压"命令，在属性面板中取消勾选"保持群组"复选框，在视图窗口空白处按住鼠标左键拖曳，使每个选中的面都向内挤压出一个矩形，如图 3-143 所示。

再次右击，在弹出的快捷菜单中选择"挤压"命令，在视图窗口空白处按住鼠标左键拖曳，向圆柱对象内部挤压出凹痕，如图 3-144 所示。

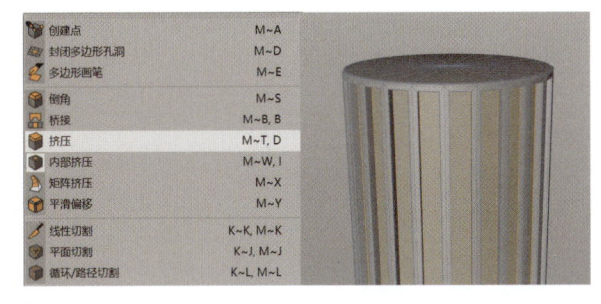

右击，在弹出的快捷菜单中选择"循环/路径切割"命令，在圆柱对象距离上、下两端十分之一左右的位置切出两条线，如图 3-145 所示。

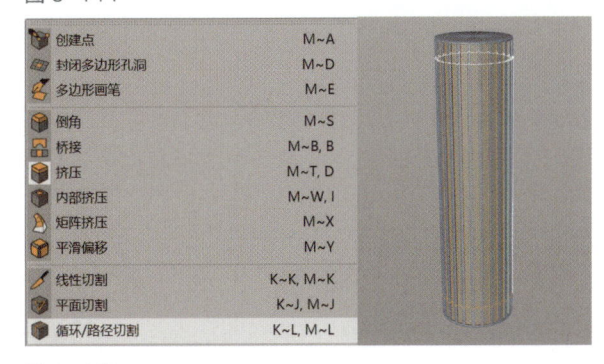

创建细分曲面对象，把圆柱对象拖入细分曲面对象的子级，设置"编辑器细分"和"渲染器细分"均为 2，得到相对圆滑和精致的柱身凹痕，如图 3-146 所示。

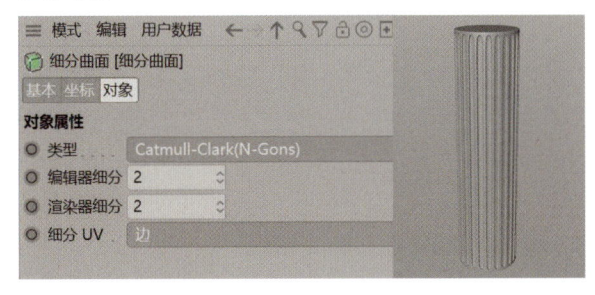

创建放样对象，在它的子级创建圆环对象，第一根圆环对象的半径和柱身相同，按住 Ctrl 键同时向下拖曳第一根圆环对象，复制出第二根圆环对象，放大圆环对象的半径，复制出第三根圆环对象，减小圆环对象的半径，复制出第四根圆环对象。这样不断复制，就可以制作出柱帽多层圆环的样式，最下面的两层可以创建矩形对象，注意放置顺序要正确，这样就可以从圆柱体过渡到立方体了，如图 3-147 所示。

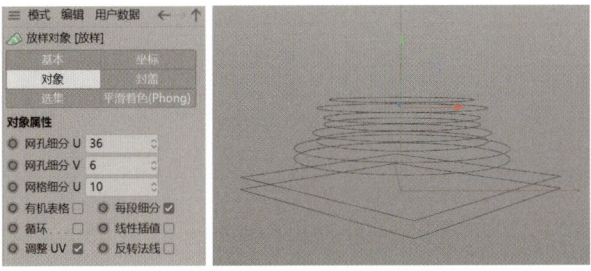

知识拓展

放样要点：放样工具使用的重点是样条对象的顺序，移动样条对象使其从上到下顺序排列，复制出的新样条对象也要调整好顺序，这样才能使生成的模型不发生错误，如图 3-148 所示。

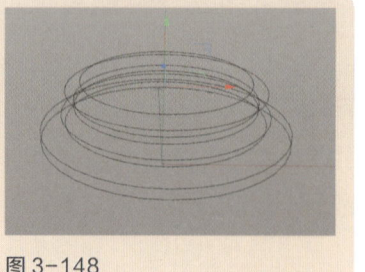

图 3-148

复制柱帽，将柱帽移动到柱子的顶端，这样一个精致的罗马柱就制作好了，如图 3-149 所示。

图 3-149

3.5.3 现代简约展台柱建模

下面介绍一种现代简约的展台柱的制作思路。

创建多边对象，调整"半径"为170cm，设置"侧边"为8，"半径"为6.8cm，如图 3-150 所示。在"封顶"属性面板中勾选"圆角"复选框，制作出八边形。

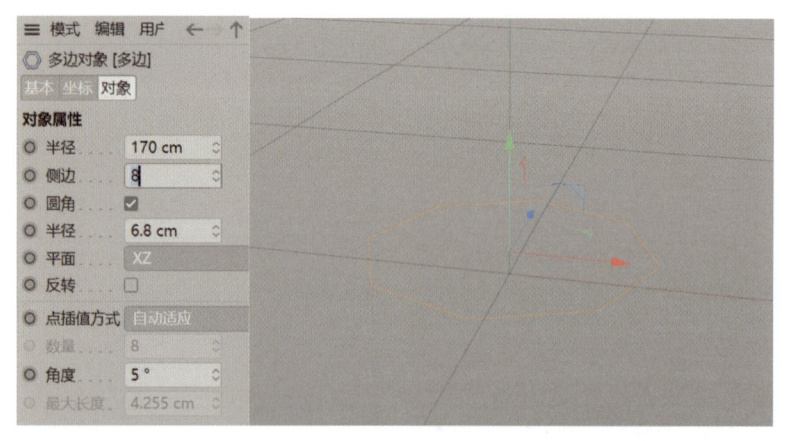

图 3-150

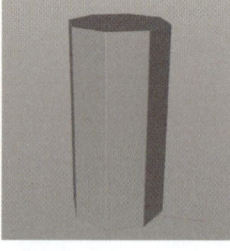

在父级创建挤压对象，将"对象"属性面板中"移动"选项的第 2 个数值改为650cm，将"封盖"属性面板中的"尺寸"调整为2.5cm，就制作出八角圆柱了，如图 3-151 所示。

复制挤压出来的八角圆柱，分别调整八角圆柱的挤压高度为18cm和5cm，增大多边对象的半径，给柱子的底座和边缘添加装饰，如图 3-152 所示。

图 3-151

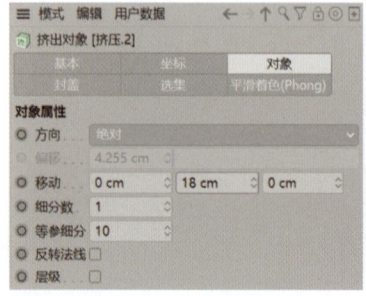

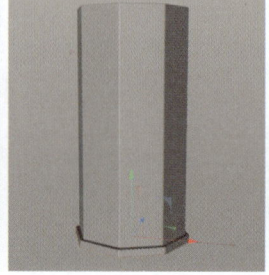

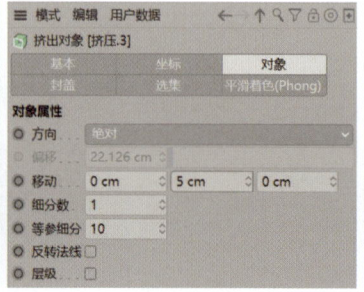

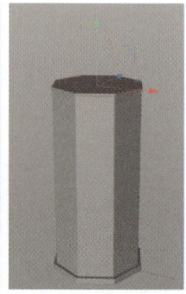

图 3-152

再次创建多边对象，调整"半径"为155cm，"点插值方式"为"统一"，"数量"为6，将多边对象向上挤压出280cm，如图3-153所示。

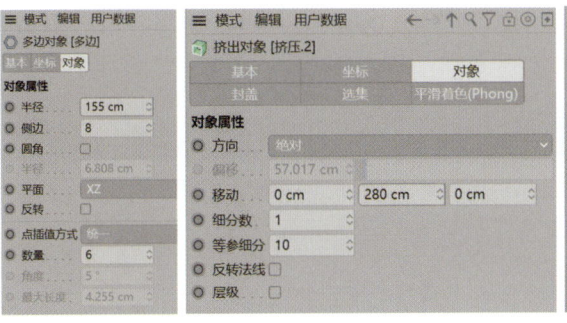

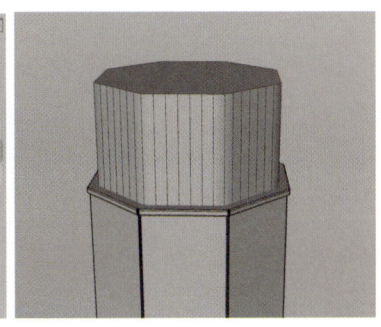

图 3-153

挤压父级，创建晶格对象，将"圆柱半径"和"球体半径"均设置为3cm，为圆柱对象制作出一圈小柱子，如图3-154所示。

在晶格对象的顶端也需要复制出两组八角圆柱作为柱帽，遮挡住晶格对象顶端的位置，如图3-155所示。

这样3种柱子的模型就制作好了，可以根据需要调整高度，制作出不同的展台模型，如图3-156所示。

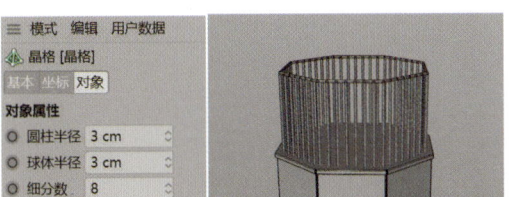

图 3-154 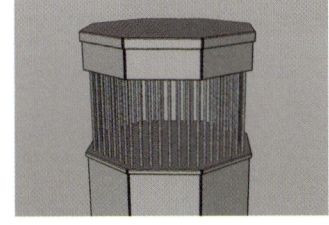　　　　　　　　图 3-155 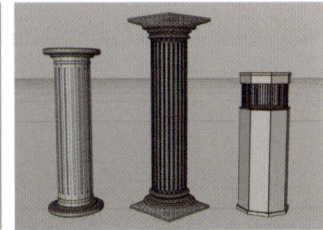　　　　　　　　图 3-156

3.5.4 渲染要点

1. 渲染设置

进行基础 Octane 渲染设置，可以直接复制之前的渲染文件进行设置，参数如图 3-157 所示。

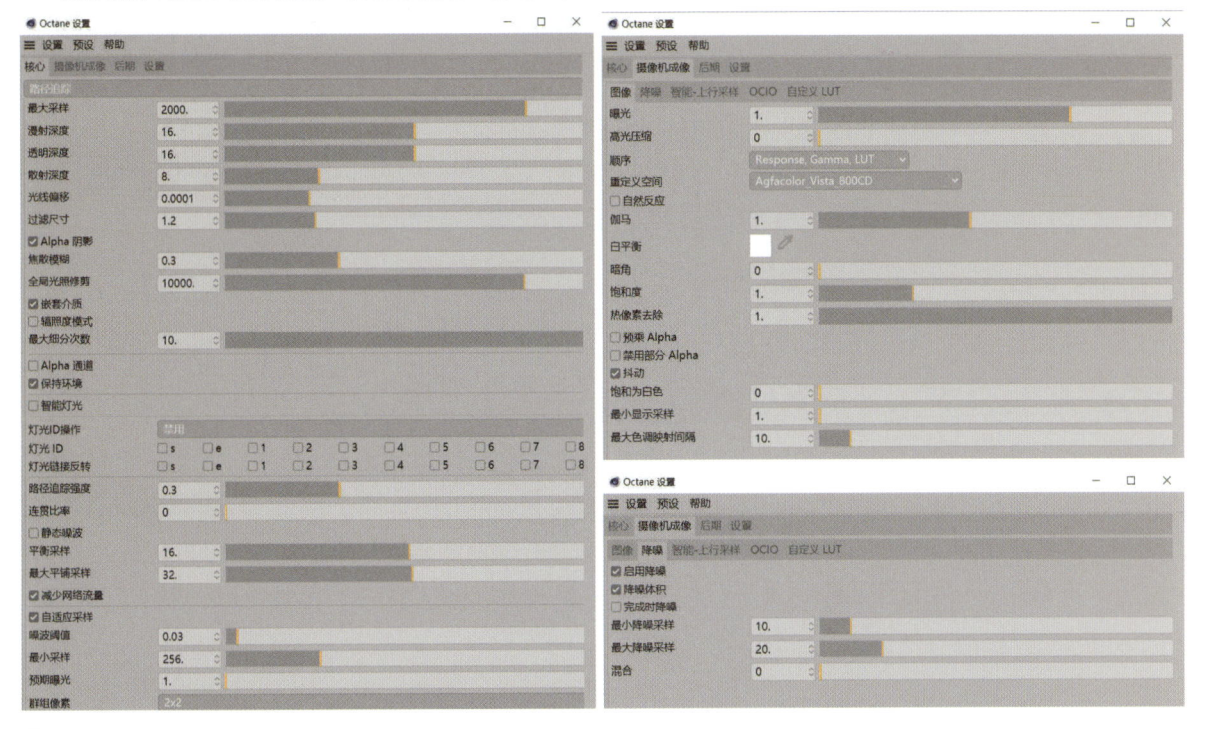

图 3-157

2. 光源

不使用主光源，只创建一个 Octane HDRI 环境即可，HDR 图使用多光源贴图，可以让场景中的金色反射效果比较好。

3. 材质球

金色：创建光泽度材质球，取消勾选"漫射"通道，将"指数"通道的"指数"改为1，"粗糙度"通道的"浮点"改为0.07，"镜面"通道的"颜色"改为浅黄色，分别设置 H 为 34°、S 为 21%、V 为 100%，如图 3-159 所示。

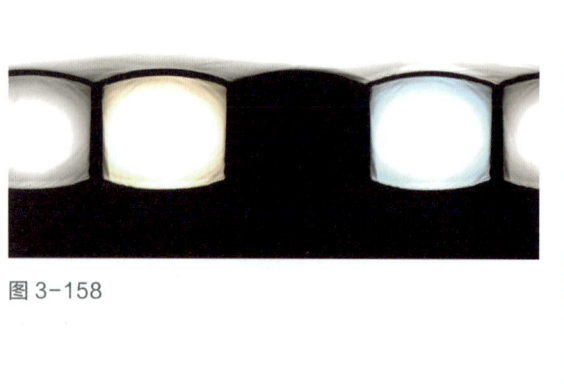

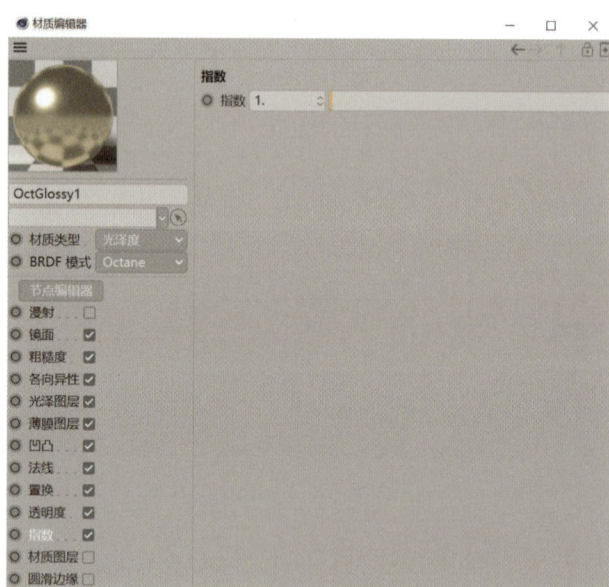

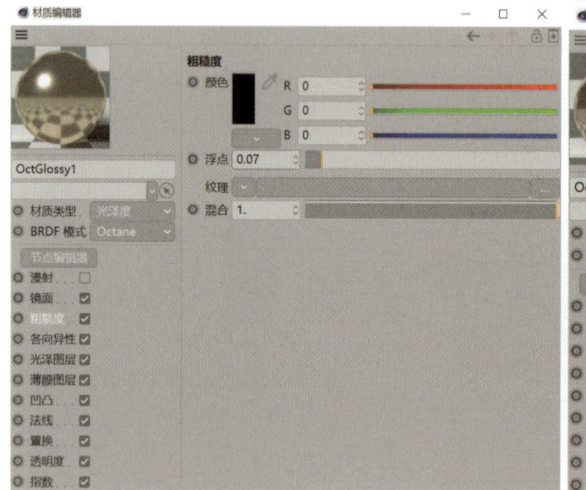

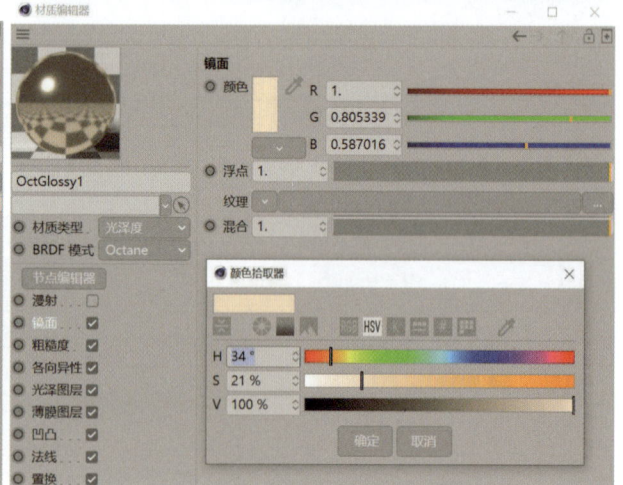

图 3-158

图 3-159

创建漫射材质球，勾选"漫射"通道，分别设置 H 为 224°、S 为 18%、V 为 50%，如图 3-160 所示。

光泽柱身材质。创建光泽度材质球，勾选"漫射"通道，分别设置 H 为 0°、S 为 0%、V 为 84%，如图 3-161 所示。

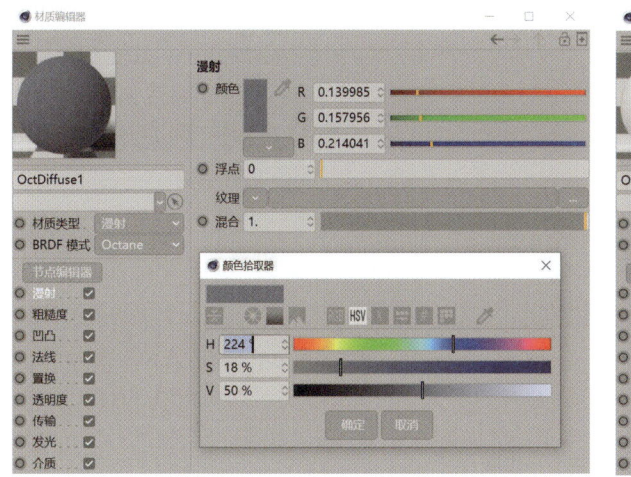

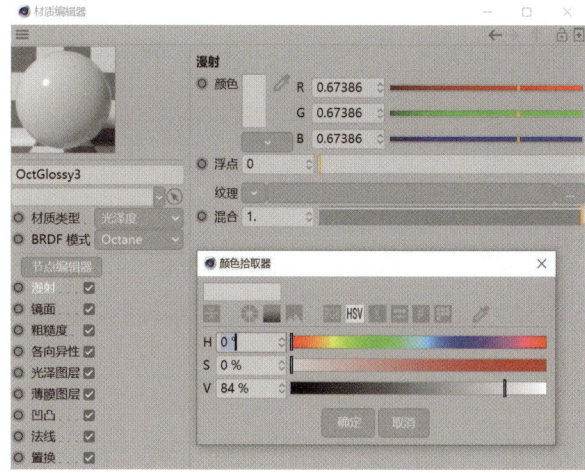

图 3-160

图 3-161

带金点的柱身材质。创建混合材质球,把金色材质球和白色材质球分别拖入材质窗口,单击"节点编辑器"按钮,删除"浮点"节点,在"数量"通道添加"噪波"节点,选择"类型"为"碎片",设置"细节尺寸"为12,"伽马"为6.8,"对比"为0.004,如图 3-162 所示。

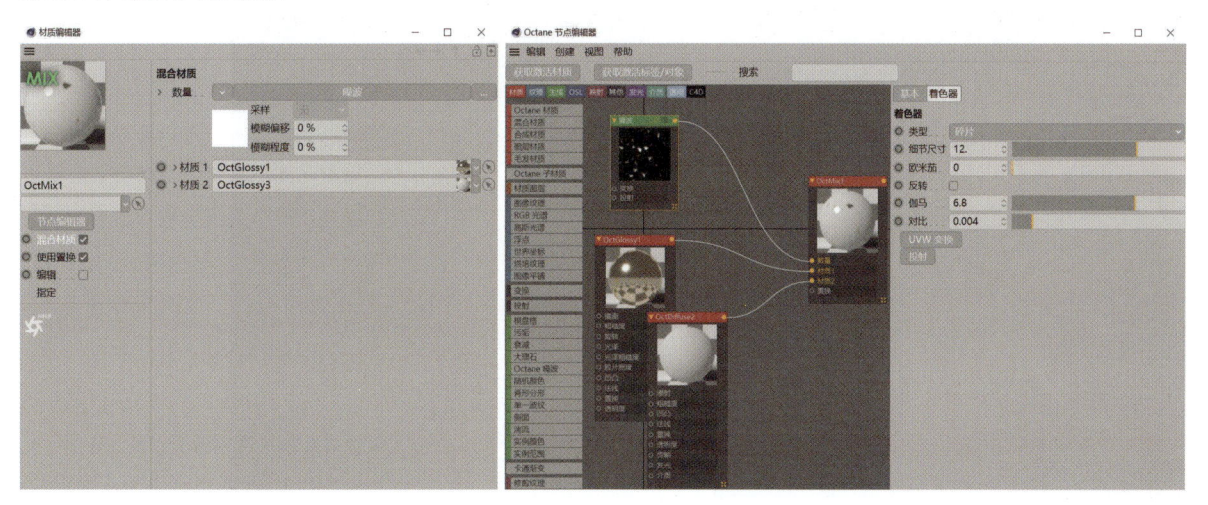

图 3-162

现代造型柱的渐变颜色。创建光泽度材质球,在"颜色"通道的"纹理"下拉列表中选择"渐变"选项,在"着色器"选项卡中将"类型"改为"二维-V",设置渐变颜色为左侧灰白色、右侧灰蓝色,如图 3-163 所示。

图 3-163

分别为背景和柱子模型赋予不同的材质，配合金边效果，这样整体就会很精致了，如图3-164所示。

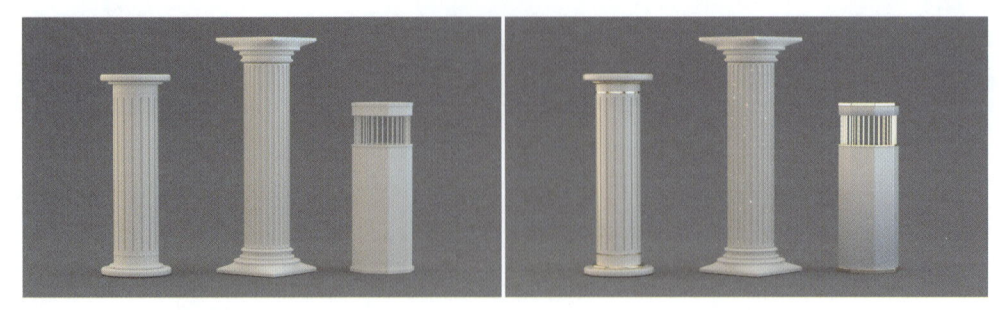

图 3-164

3.6 烟花元素建模和渲染

烟花是非常带有节日气氛的元素，在电商节日庆典页面必不可少，本节会用两种建模方式讲解烟花的模型制作过程，深入了解克隆和粒子的应用，如图 3-165 所示。

图 3-165

3.6.1 烟花单体建模

烟花是一团爆炸开的球状烟火，可以先把单只烟火制作出来，克隆成一个放射状的球体，这样看起来就是烟花的状态了，如图 3-166 所示。

图 3-166

先看单体烟火的建模。创建圆柱对象，调整"半径"为4cm，"高度"为260cm，在"封顶"属性面板中勾选"圆角"复选框，调整"半径"为4cm，"分段"为7，制作出长条状，如图3-167所示。

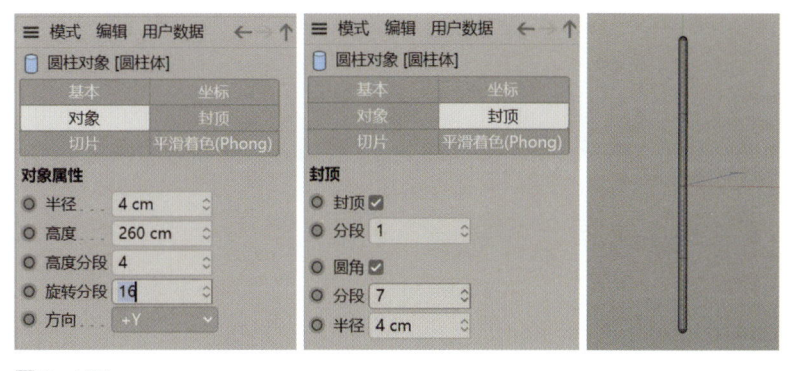

图 3-167

创建锥化对象，在对象面板中将锥化对象拖入圆柱对象的子级，单击"匹配到父级"按钮，设置"强度"为100%，让烟火一端变尖，如图3-168所示。

图 3-168

复制两个圆柱对象，分别调整"对象"属性面板中的"半径"和"高度"，制作出3种不同大小的烟火，如图3-169所示。

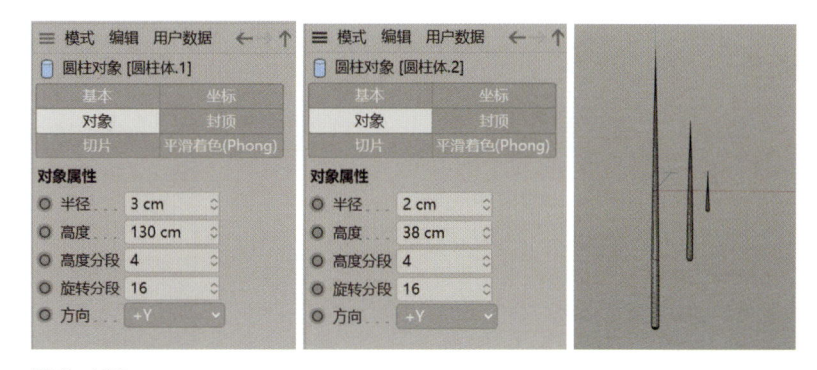

图 3-169

3.6.2 克隆调整形态

把烟花克隆出一个球状。创建球体对象，设置"半径"为147cm，选择"类型"为"二十面体"，打开"光影着色（线条）"模式，可以看到球体对象的表面均匀地分布着三角面，如图3-170所示。

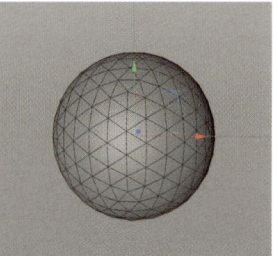

图 3-170

选择"运动图形"→"克隆"命令,在对象面板中把3支烟花都拖入克隆对象的子级,选择"模式"为"对象",把刚才创建的球体对象拖入克隆对象的子级,在"变换"属性面板中,调整"旋转.P"为90°,就可以看到单体烟火已经被克隆出来了,如图3-171所示。

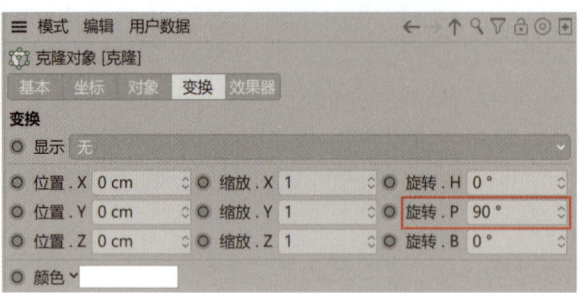

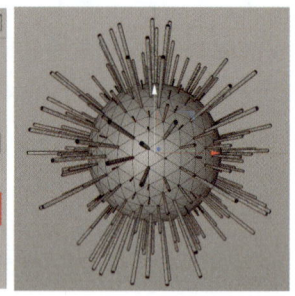

图 3-171

在对象面板中双击灰色圆点,把球体对象掩藏,烟花的模型就制作好了,如图3-172所示。

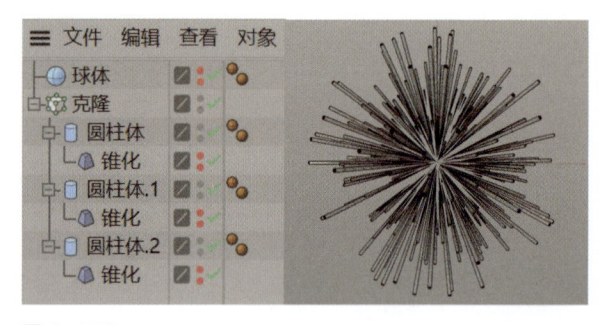

图 3-172

3.6.3 粒子制作烟花模型

下面介绍一种更为逼真的烟花建模方式,其烟火喷射更为随机,形态更写实。

下面制作烟火颗粒。创建球体对象,在"对象"属性面板中调整"半径"为14cm,"分段"为12,如图3-173所示。

选择"模拟"→"粒子"→"发射器"命令,把球体对象拖入粒子发射器对象的子级,在粒子发射器对象的"粒子"属性面板中勾选"显示对象"复选框,在"发射器"属性面板中调整"水平尺寸"和"垂直尺寸"均为0cm,"水平角度"为360°,"垂直角度"为180°,单击时间轴的播放按钮,可以看到在视图窗口中,小球被中心的发射器向四周发射出来了,如图3-174所示。

图 3-173

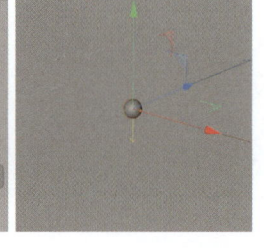

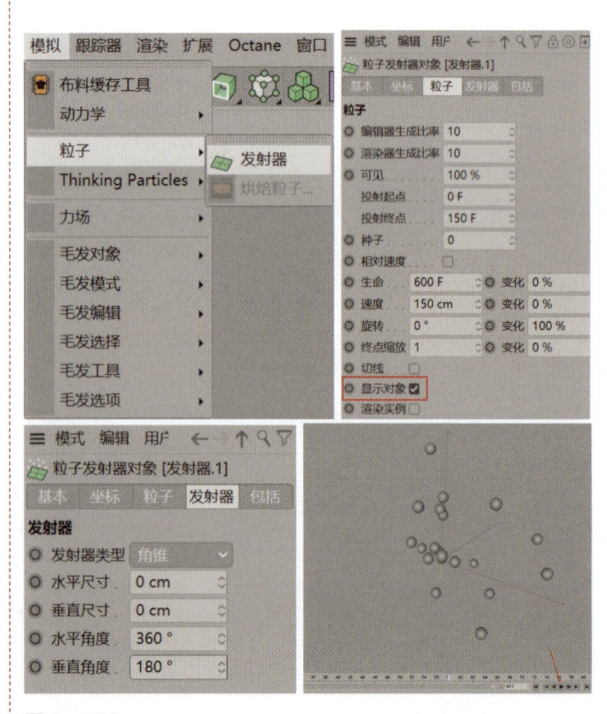

图 3-174

下面开始设置粒子和制作烟火射线。在"粒子"属性面板中调整"编辑器生成比率"和"渲染器生成比率"均为5000,"投射起点"为4F,"投射终点"为6F,"生命"为1450F,"变化"为100%,"速度"为450cm,"变化"为80%。选中粒子发射器,选择"运动图形"→"追踪对象"命令,单击时间轴的播放按钮,就可以看到粒子小球的行动路线都被追踪出来了,如图3-175所示。

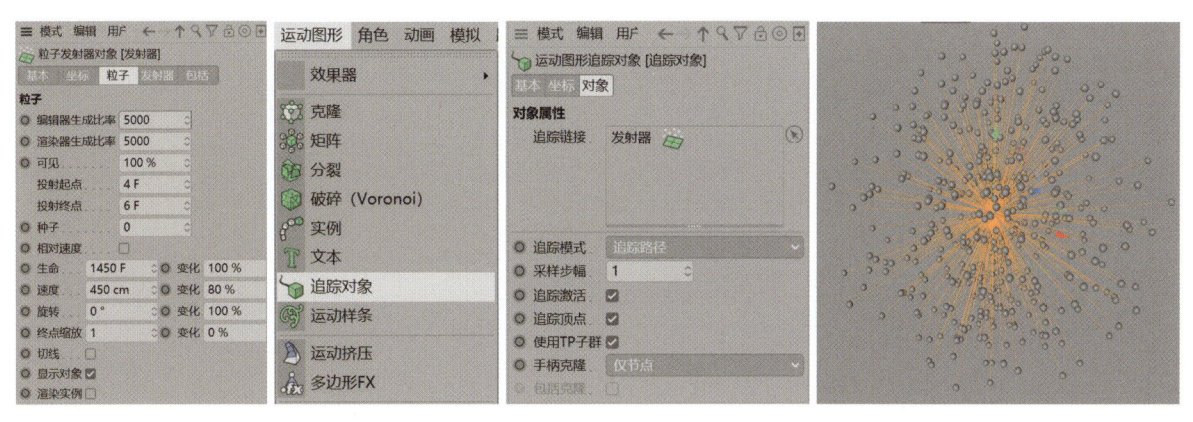

图 3-175

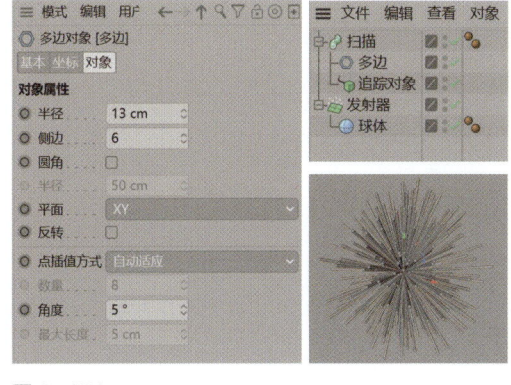

图 3-176

先创建多边对象,设置"半径"为13cm,"侧边"为6,制作一个六边形,再创建扫描对象,把多边对象和追踪对象都拖入扫描对象的子级,多边对象作为横截面,追踪对象作为扫描路径,播放动画可以看到粒子发射路径被扫描出模型,如图3-176所示。

在扫描对象的"对象"属性面板中,将缩放的曲线调节成前低后高的样式,使扫描的路径出现中心细、端点粗的样式,这样更像烟花,如图3-177所示。

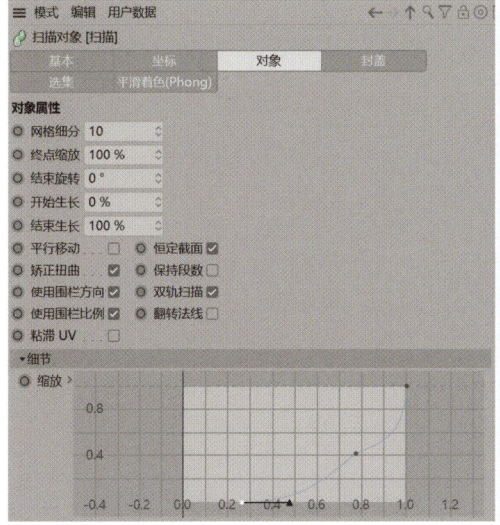

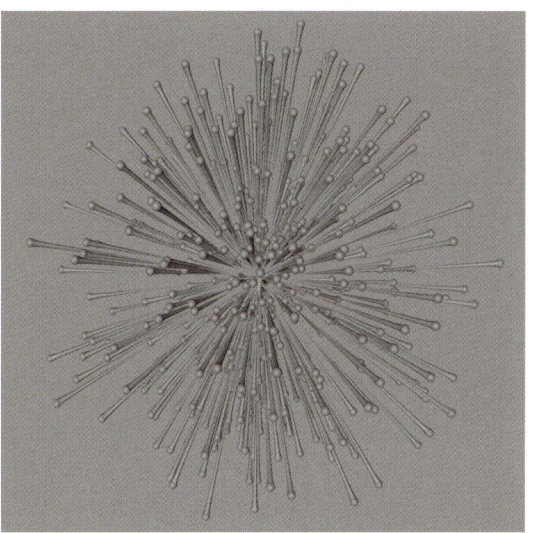

图 3-177

选择"模拟"→"力场"→"重力场"命令,为粒子创建重力效果,在播放时可以看到粒子的路径受重力场影响微微向下呈曲线坠落,这样制作出的烟花更为逼真、写实,如图3-178所示。

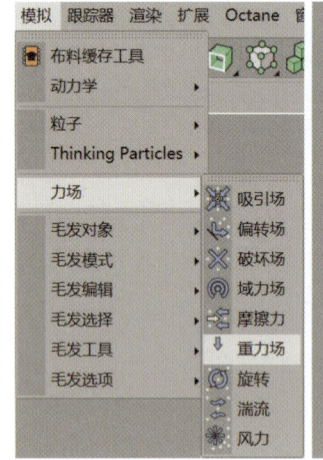

图 3-178

3.6.4 渲染要点

1. 渲染设置

进行基础 Octane 渲染设置,可以直接复制之前的渲染文件,参数如图 3-179 所示。

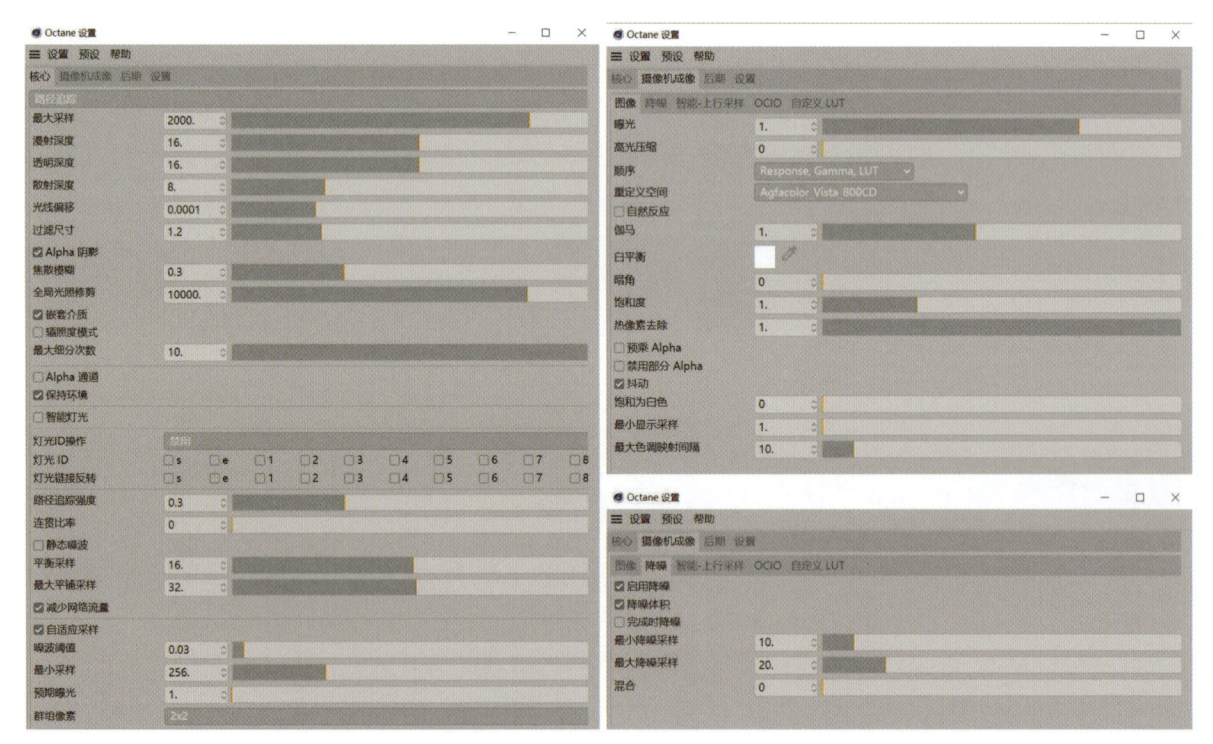

图 3-179

2. 光源

不使用主光源,只创建一个 Octane HDRI 环境,也不设置任何天空贴图,使整个画面保持漆黑状态。

3. 烟花 1 材质球

制作渐变发光效果。创建漫射材质球,勾选"发光"通道,单击"纹理发光"按钮,选择"纹理"下拉列表中的"渐变"选项,如图 3-180 所示。

图 3-180

根据需要设置渐变颜色。这里设置了顶端为蓝色、中间为黄色、尾端为黑色的渐变颜色,将"类型"改为"二维-V",选择"分配"下拉列表中的"渐变"选项,如图 3-181 所示。

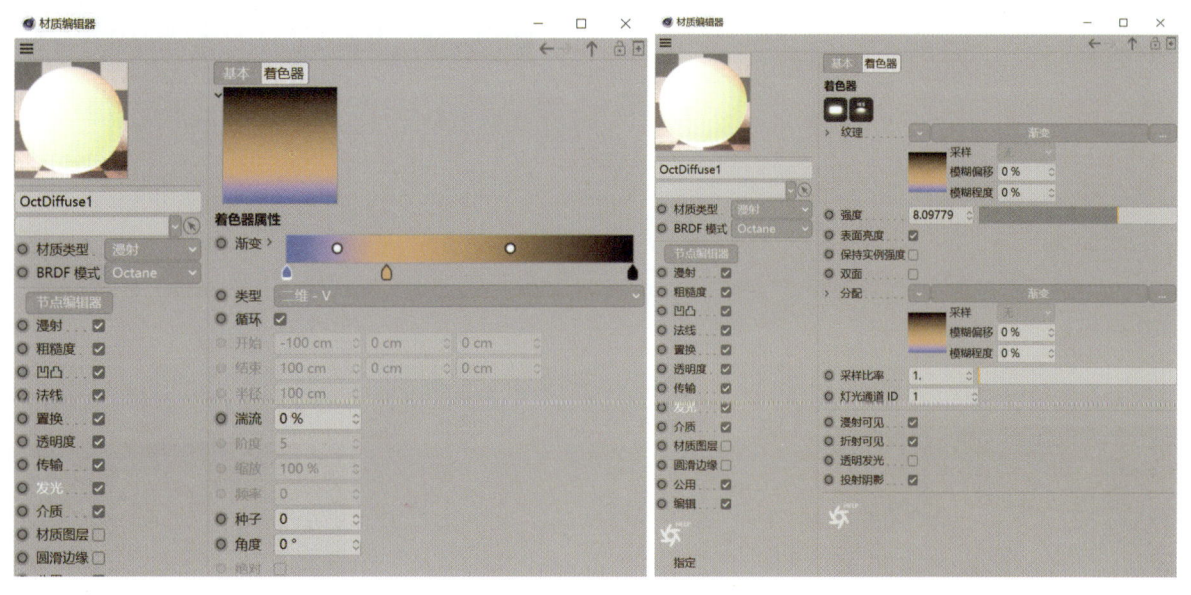

图 3-181

4. 辉光效果

把材质球分别赋予克隆对象子级中的圆柱对象,打开"Octane 设置"窗口,在"后期"选项卡中勾选"启用"复选框,设置"辉光强度"为 33,"修剪"为 0.3,"眩光强度"为 6,给画面加入辉光效果,使光感更明显,如图 3-182 所示。

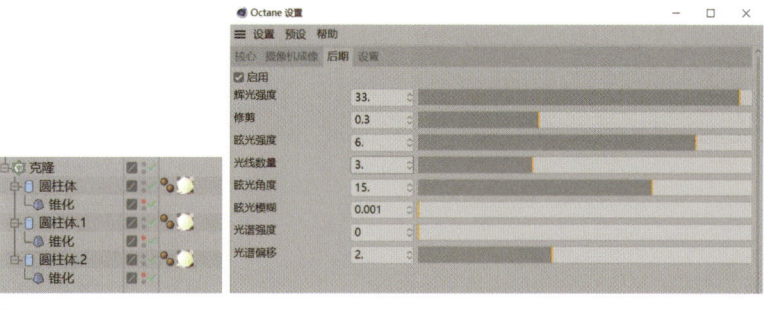

图 3-182

5. 景深效果

创建摄像机对象，取消勾选"自动对焦"复选框，设置"光圈"为20cm。单击实时查看窗口的"拾取焦点"按钮，在画面中找到烟花的位置，手动设置焦点的位置，为画面加入景深效果，如图3-183所示。

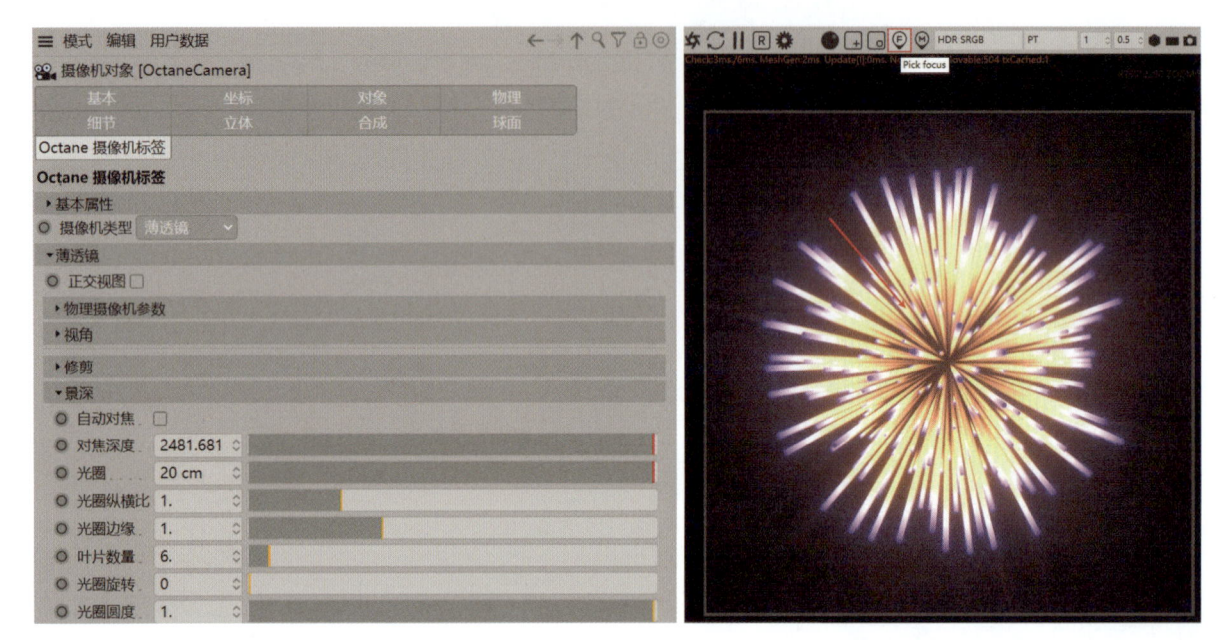

图 3-183

复制两个烟花球并将它们移动到后方，使整个画面效果更丰富，如图3-184所示。

6. 烟花2材质球

创建漫射材质球，勾选"发光"通道，单击"黑体发光"按钮，在"着色器"选项卡中设置"强度"为14.5，"色温"为1086。把这个发光球赋予粒子发射器中的小球粒子，使烟花端点发出红光，这里的发光强度可以根据画面效果自行调整，如图3-185所示。

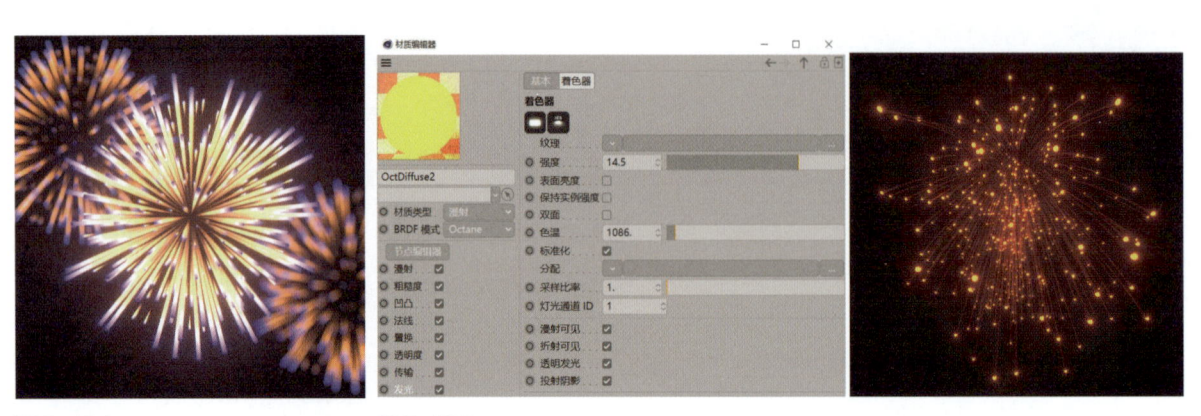

图 3-184 图 3-185

创建漫射材质球，勾选"发光"通道，单击"纹理发光"按钮，在"着色器"选项卡中选择"纹理"下拉列表中的"渐变"选项，设置渐变"类型"为"二维-V"，并设置端点为黄色、中间为红色、尾端为黑色的渐变颜色，选择"分配"下拉列表中的"渐变"选项，并把这个材质球赋予扫描对象，这样整体的烟花效果就非常漂亮了，如图3-186所示。

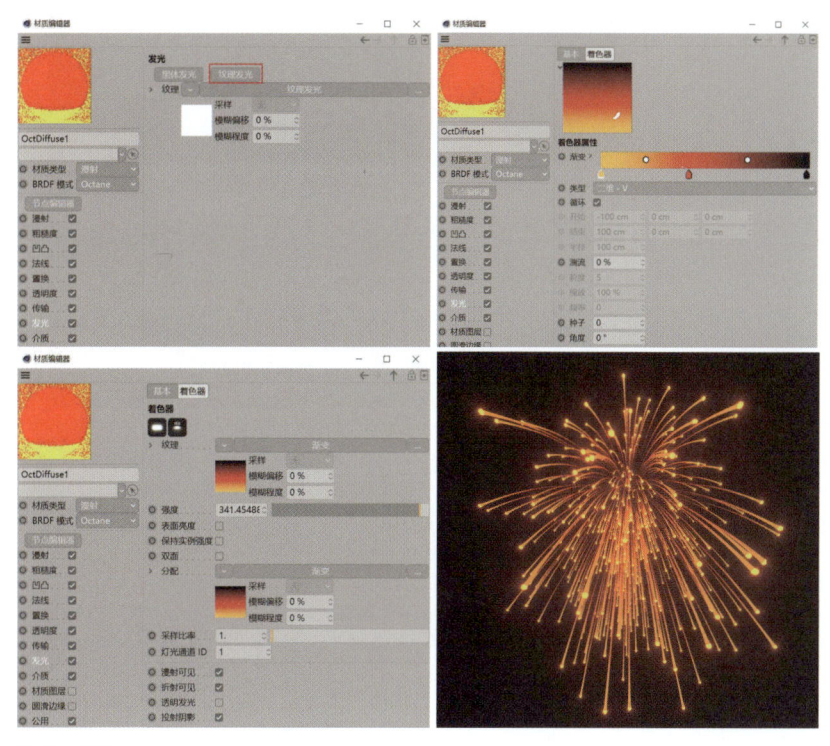

图 3-186

3.7 拟人小物建模和渲染

在电商页面中,为了让画面更生动、更有亲和力,会创建一些拟人元素,常见的有水果、食物、手机等,本节的重点是拟人元素的建模要点,其操作简便、可延展性强。只要学会方法,万物皆可拟人,如图 3-187 所示。

图 3-187

3.7.1 身体建模

下面给拟人的主体建模,不需要很精细,只要看出大体形态就可以,如苹果属于不规则形态,可以先选用球体对象建模然后使用FFD变形器修整。

创建一个半径为100cm、分段数值为60的球体对象,如图3-188所示。

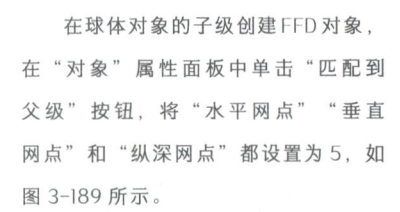

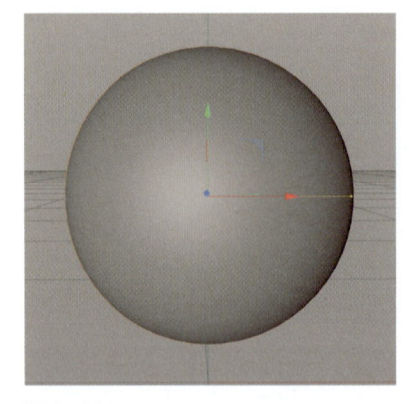

图 3-188

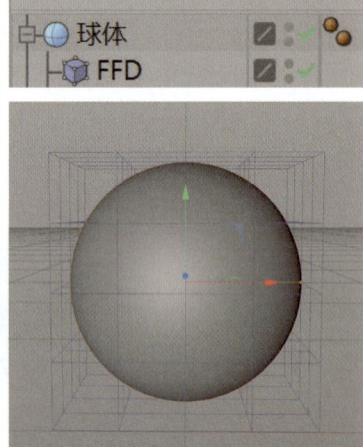

在球体对象的子级创建FFD对象,在"对象"属性面板中单击"匹配到父级"按钮,将"水平网点""垂直网点"和"纵深网点"都设置为5,如图3-189所示。

图 3-189

> **知识拓展**
>
> FFD 变形器使用要点。变形器尺寸设置建议比模型尺寸大 2cm,以免在变形时出现错误。模型表面应布线足够,否则在变形时会出现不平滑的状态。
>
> 切换到点模式,选中中心点并按住鼠标左键向下拖曳,使苹果凹陷处明显,如图3-190所示。

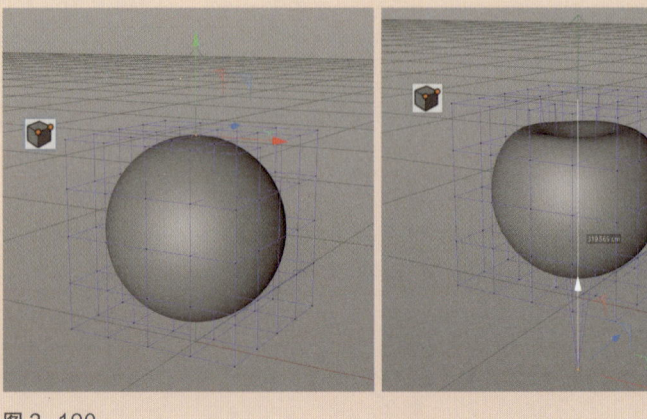

图 3-190

底部也进行同样的操作，将中心点向上拉动，如图 3-191 所示。

根据形态可以先把顶端第二圈的点选中，向上拉起，再把球体对象的下半部分向内缩小，使苹果的形态更好，如图 3-192 所示。

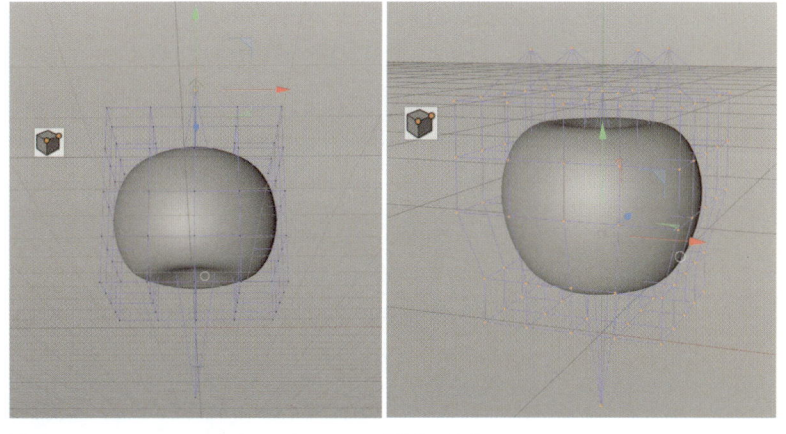

图 3-191　　　　图 3-192

制作顶部细节，给苹果添加枝叶。切换到正视图，首先使用样条画笔工具绘制出一端弧线，将弧线移动到苹果凹陷处，然后用一个半径为 4cm 的圆扫描它，并调整封顶属性和细节缩放，如图 3-193 所示。

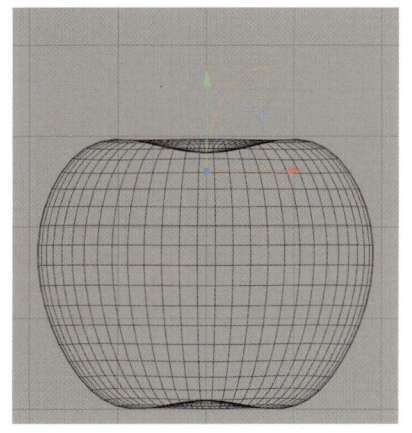

图 3-193

创建圆环对象，将"半径"设置为 22cm 和 37cm，勾选"椭圆"复选框，如图 3-194 所示。

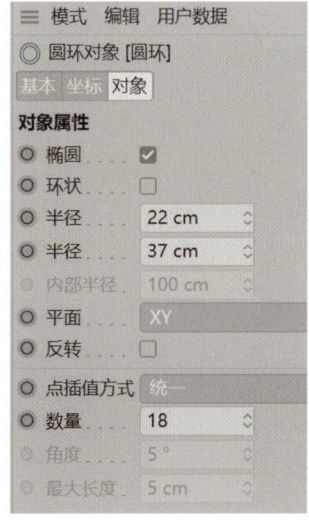

图 3-194

将圆环对象挤压出 2cm 厚度，设置"封盖"属性面板中的"尺寸"为 2cm，"封盖类型"为"Delaunay"，在子级中同样创建 FFD 对象，在点模式下调整点，使它更像叶子，如图 3-195 所示。

复制叶子，使用移动工具和缩放工具调整叶子的位置和大小，将叶子移动到苹果顶端，把枝叶制作好，注意遮挡关系，如图 3-196 所示。

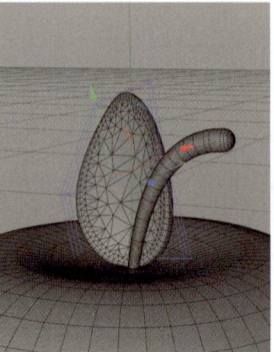

图 3-195

图 3-196

3.7.2 创建表情元素

拟人的重点就是创建拟人表情，眼睛、嘴巴会使形象更生动。

在创建眼睛时，可以参考漫画的画法，简单地用一个球体对象代替眼睛，或创建圆柱对象，制作出眼白和眼球，如图 3-197 所示。

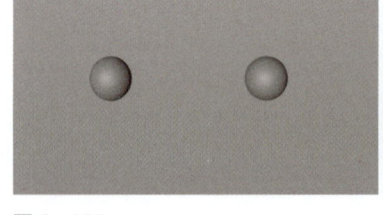

图 3-197

这里可以选择简洁的样式，创建两个半径均为 4.8cm 的球体对象，作为两只小眼睛，如图 3-198 所示。

图 3-198

在创建嘴巴时，可以先绘制样条对象，如是微笑的还是张开的，然后用圆弧对象将样条对象扫描出来，如图 3-199 所示。

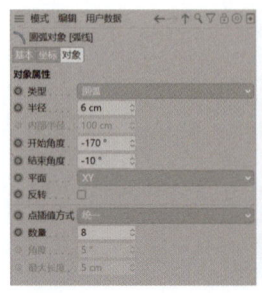

图 3-199

下面为苹果加上可爱的腮红。使用半径为 14cm，高度为 0.5cm 的圆柱对象，调整圆柱对象的角度，并将它移动到苹果两只眼睛的斜下方，当作腮红，如图 3-200 所示。

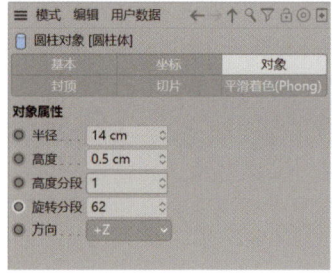

图 3-200

3.7.3 四肢与配饰建模

1. 上肢

先根据动作走势绘制出样条对象，再用一个半径为 2.5cm 的圆环对象扫描出胳膊，最后使用对称工具制作出两个胳膊，如图 3-201 所示。

2. 手部

使用胶囊对象来代替手部，设置"半径"为 3.7cm，"高度"为 14.7cm，注意分段分布均匀一些，使用移动工具将胶囊对象移动到胳膊的尾部，并旋转一些角度，制作出手部，如图 3-202 所示。

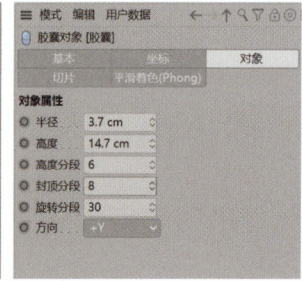

图 3-201　　　　图 3-202

3. 下肢

下肢也是同样的原理，先使用样条画笔工具制作出一侧的腿部走势样条对象，用圆环对象将其扫描出来，然后对称出另外一条腿，如图 3-203 所示。

4. 袜子

使用管道对象制作袜子。设置"内部半径"为 4cm，"外部半径"为 7cm，"高度"为 19cm，勾选"圆角"复选框，设置"半径"为 1.5cm，"分段"为 6，将管道对象移动到腿部的一端，如图 3-204 所示。

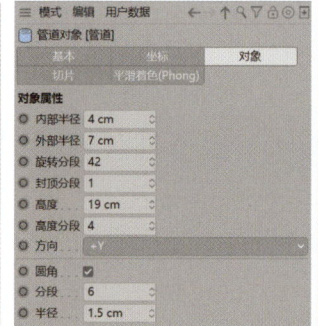

图 3-203　　　　图 3-204

5. 鞋子

创建胶囊对象，设置"半径"为 13cm，"高度"为 43cm，"旋转分段"为 46，勾选"切片"复选框，设置"起点"为 180°，"终点"为 360°，将胶囊对象移动到袜子的底端，制作出鞋子，如图 3-205 所示。

最后创建一个半径为 3.4cm 的球体对象，将球体对象放在鞋子的顶端用来装饰鞋子，这样拟人小苹果就制作好了，如图 3-206 所示。

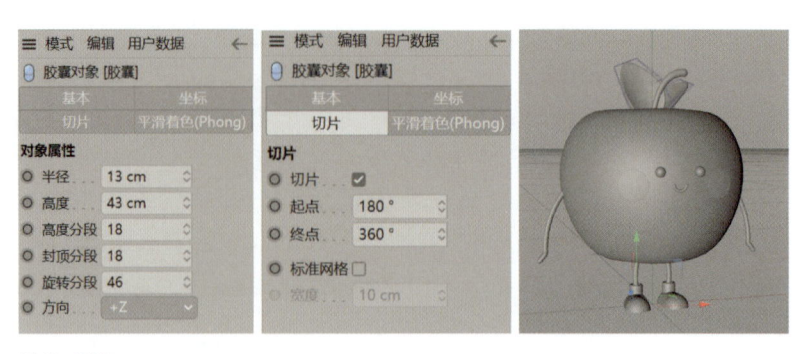

图 3-205

图 3-206

3.7.4 更多拟人小物建模

有了制作好的表情和四肢，就可以通过适当调整其参数来延展出更多的样式，如橙子、面包片、饮料杯、热狗、手机等。先概括样式，再创建表情和四肢，如果没有把握就在纸上先设计一下，绘制出草图，再根据样式选择最接近的参数化对象，这样制作起来更加快捷、方便，如图 3-207 所示。

几个小模型的制作都不难，与苹果的制作过程差不多，这里只讲解两个制作可能会有点困难的模型的制作思路。

图 3-207

1. 面包片制作思路

在视图窗口中,创建3个圆环对象和1个矩形对象,拼出面包片大致的样式,如图3-208所示。

创建样条布尔对象,把创建的样条对象都拖入它的子级,将"模式"改为"合集",这样就把创建的样条对象都合并成一个了,如图3-209所示。

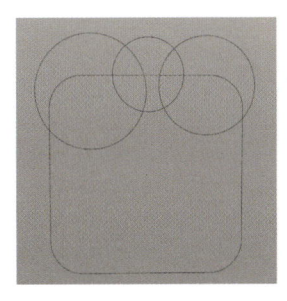

图 3-208　　　　图 3-209

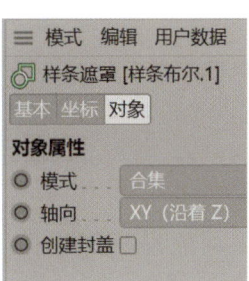

创建挤压对象,把样条布尔对象拖入挤压对象的子级,选择"方向"下拉列表中的"自动",设置"偏移"为28cm,给面包片挤压出厚度,选择"倒角外形"下拉列表中的"圆角"选项,让整体更圆滑,如图3-210所示。

图 3-210

复制挤压的面包片,先将面包片整体缩小一些,再调整样条对象的位置和数量,就可以制作出面包片的蔬菜层和肉片层了,最后加上制作的表情和四肢,面包片小人就轻松地制作好了,如图3-211所示。

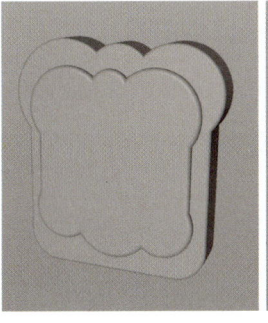

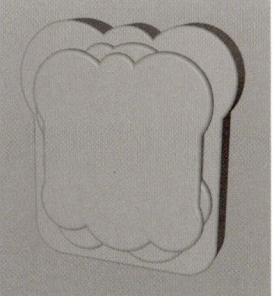

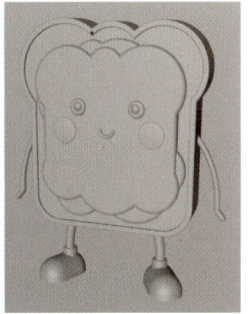

图 3-211

> **知识拓展**
>
> 样条布尔工具的优点是可以把两根或两根以上数量的样条对象做"合集""A减B""B减A""与""或"和"交集"6种布尔运算。其内部样条的尺寸和位置可随时编辑,"交集""合集"关系也能够随时调整,在编辑模型时非常便利。需要注意,最好在二维视图中创建样条对象和移动位置,几个样条对象的位置最好处于同一平面内,否则容易发生错误。

2. 热狗制作思路

热狗的香肠和面包外皮部分，可以概括成胶囊形状。创建一个半径为38cm，高度为265cm的胶囊对象，并复制出两个胶囊对象，在"切片"属性面板中勾选"切片"复选框，设置"起点"为45°，"终点"为225°，调整胶囊对象的位置，使用完整的胶囊作为中间的香肠，一半的胶囊作为两边的面包外皮，如图 3-212 所示。

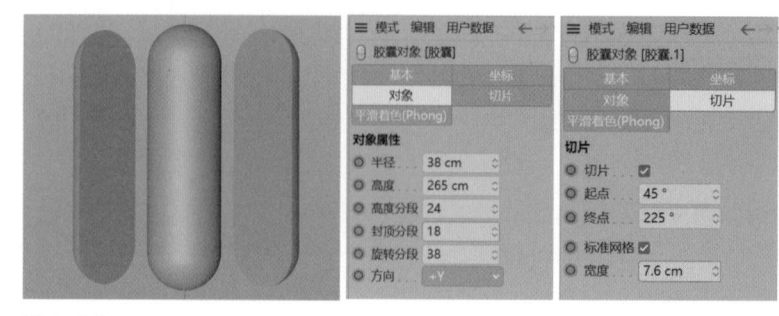

图 3-212

在制作表情和四肢时，都可以复制已经制作好的样式，调整它们的尺寸和位置，让它们的表情有些变化。香肠中心的波浪形番茄酱的制作也比较简单，先创建公式对象，调整参数"Tmax"为40，"采样"为30，然后勾选"立方插值"复选框，就会出现一条波浪线，如图 3-213 所示。

图 3-213

按 C 键把公式对象转为可编辑对象，使用缩放工具和旋转工具把波浪对象移动到香肠上，先用一个小圆环对象扫描出体积，然后在旁边复制一条沙拉酱，热狗就制作好了，如图 3-214 所示。

先使用拼接或变形等工具的组合应用并复制，然后调整尺寸和位置，把设计好的拟人小物都制作出来，如图 3-215 所示。

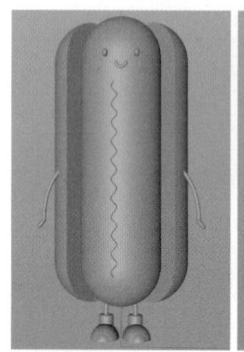

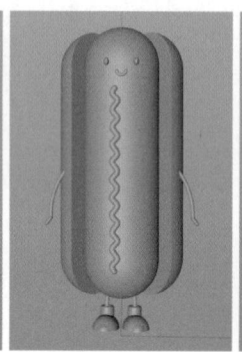

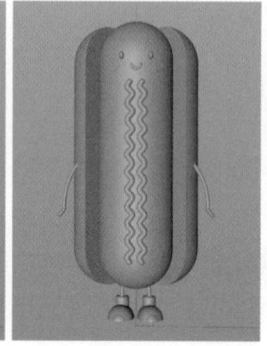

图 3-214

图 3-215

3.7.5 渲染要点

进行基础 Octane 渲染设置，可以直接复制之前的渲染文件，参数如图 3-216 所示。

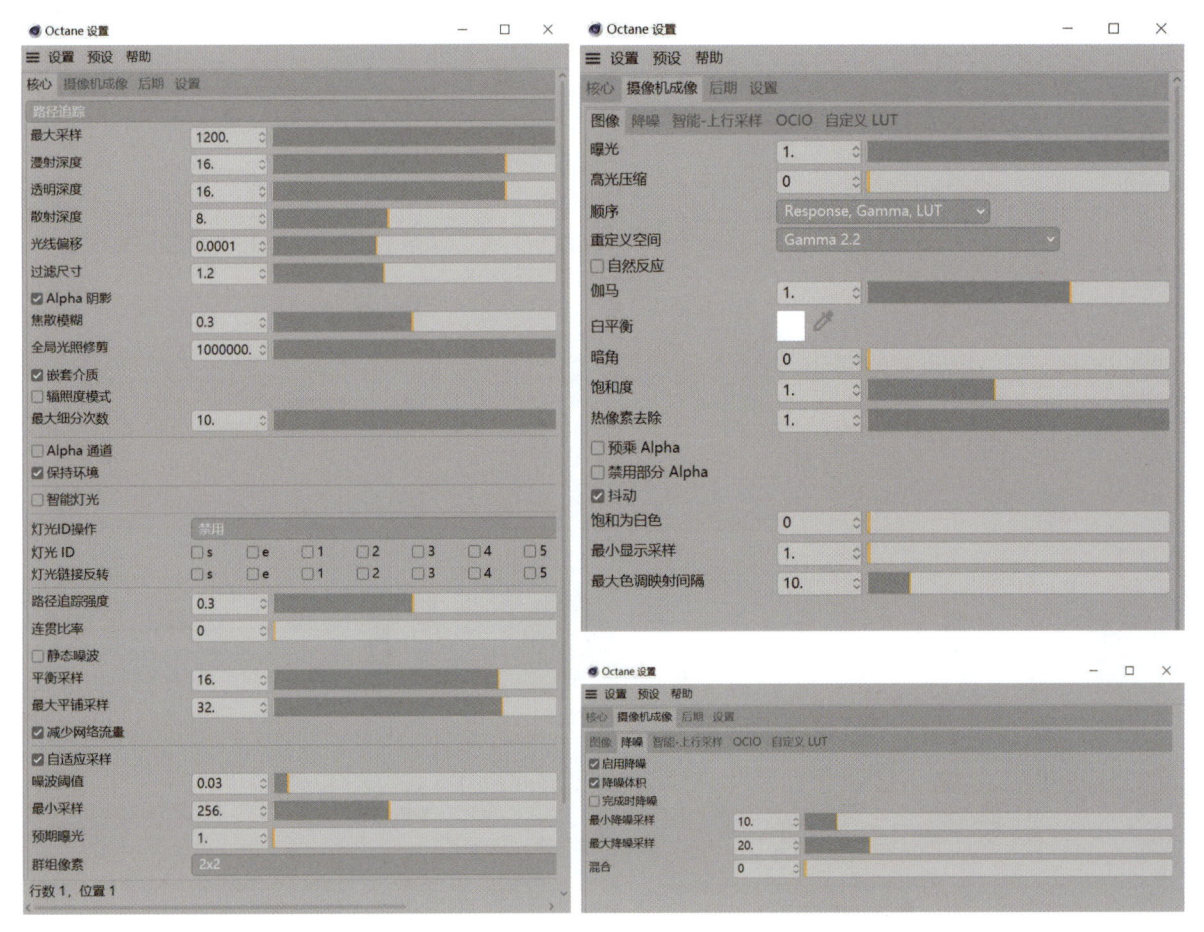

图 3-216

1. 光源

创建 Octane 灯光标签，并将它移动到场景的斜上方，放大尺寸，根据画面曝光情况调整灯光强度，使光影均衡，如图 3-217 所示。

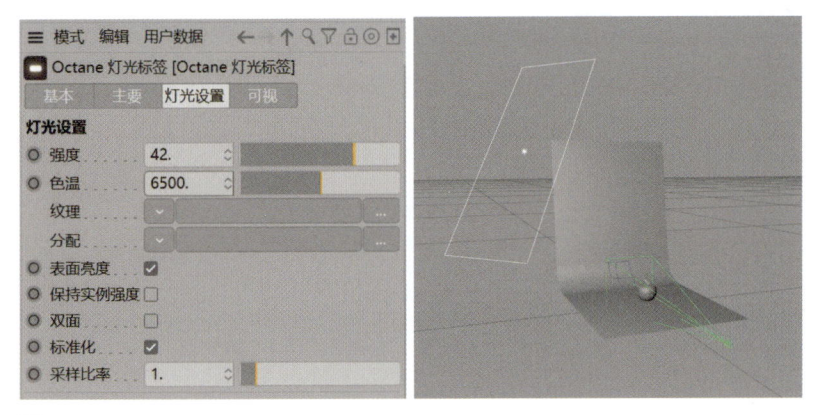

图 3-217

2．材质球

创建光泽度材质球，调整"漫射"通道的颜色，根据所制作模型的颜色，调整出需要的颜色，其他通道不需要进行调整，如图 3-218 所示。

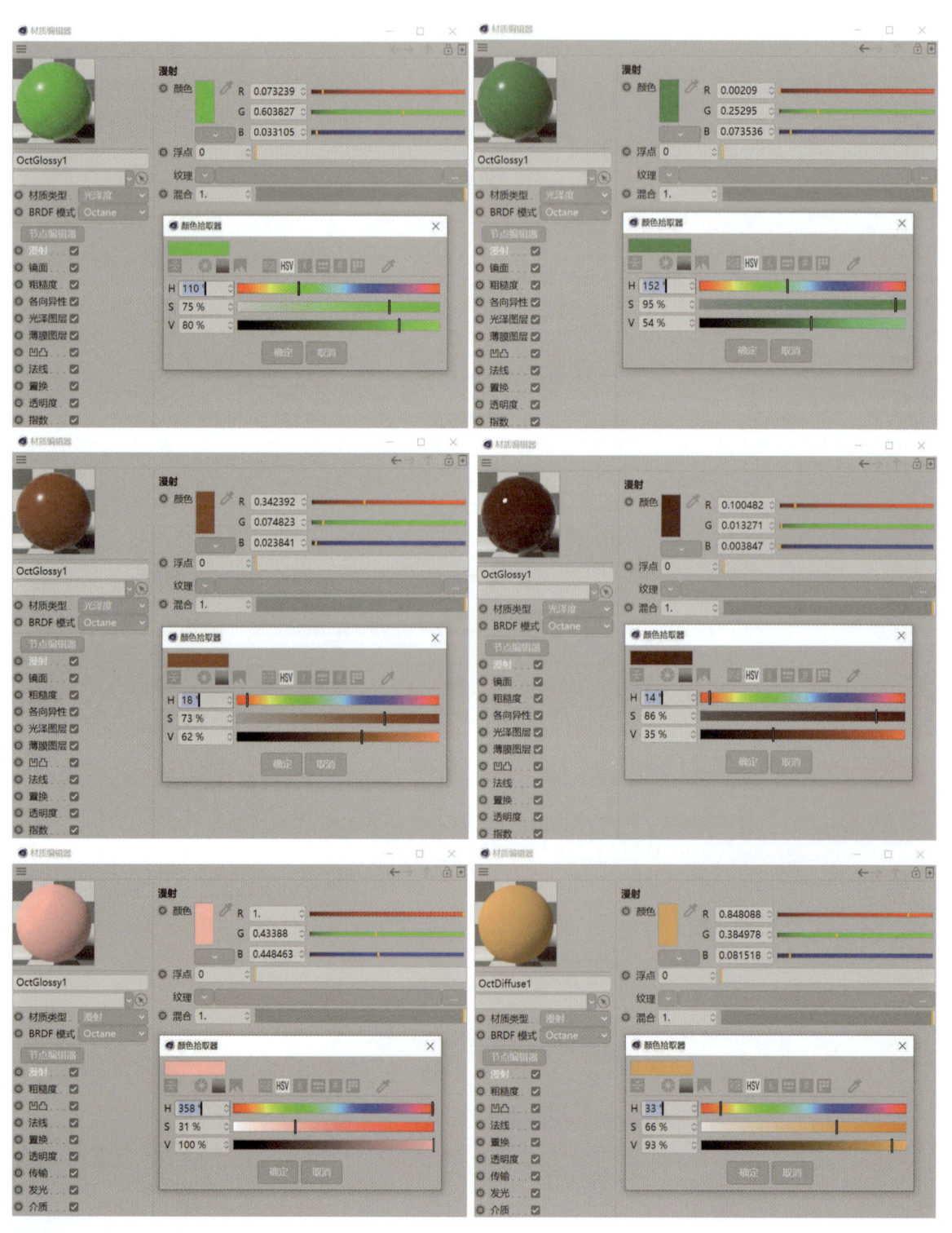

图 3-218

把这些材质球分别赋予每个模型，注意色彩搭配，这样一组缤纷的拟人小物就制作好了，如图 3-219 所示。

图 3-219

第4章

常用场景搭建技巧

本章讲解常用场景的搭建方法，多种展台、几何背景的搭建方式，无缝背景、光影场景的渲染技巧，以及大角度透视背景和水面场景的创建方式等。

4.1 圆形展台搭建

在电商页面中搭建场景时,展台是常用模型元素,可以很好地衬托产品及表现场景的空间感。

本节会介绍几种圆形展台的搭建技巧,适合大部分的单体产品场景和多产品场景,如图 4-1 所示。

图 4-1

4.1.1 整体布局规划

场景布局需要根据展示产品的数量来决定。是单体或多个产品堆叠在平面或一个展台上,还是给每个产品单独的展示空间,由画面属性决定。

单体展台可以在产品单一时使用,或想表现产品赠品堆叠的促销氛围时使用,如图 4-2 所示。

图 4-2

组合展台可以给每个产品一个独立的展示空间，更适合精致场景的表现。根据画面需要，确定展台的数量和位置，选择适合的布局方式，如图4-3所示。

图 4-3

4.1.2 单体展台搭建

在搭建单体展台时，应根据产品数量来设计展台面积。同时，显示可视角度也需要和产品展示角度契合。

先创建圆柱对象并确定大致的位置和高度，再进行细节装饰。创建"半径"为104cm、"高度"为40cm的圆柱对象，如图4-4所示。

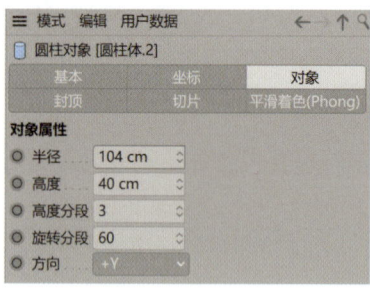

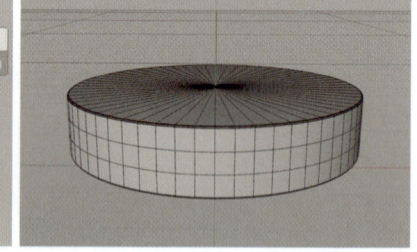

图 4-4

装饰方法有以下几种。

1. 堆叠法

复制圆柱对象，调整"半径"为106cm、"高度"为11.8cm，将它移动到圆柱对象顶端，再次复制圆柱对象并将它移动到圆柱对象底部，如图4-5所示。

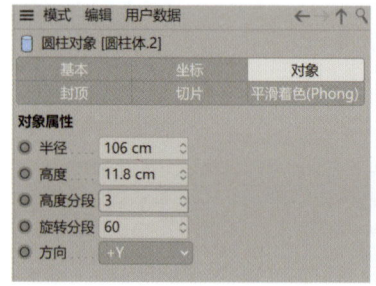

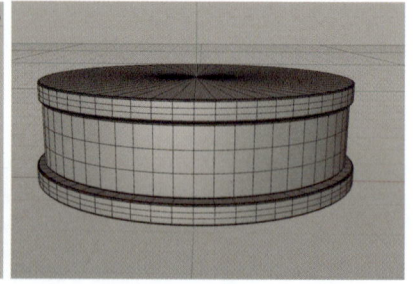

图 4-5

继续复制圆柱对象，调整高度，为圆柱对象增加更多的纹理，如图4-6所示。

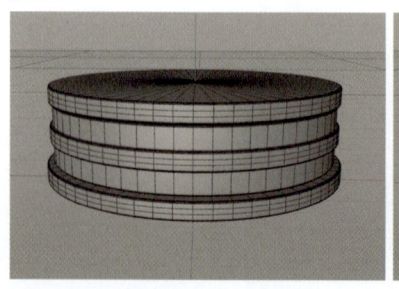

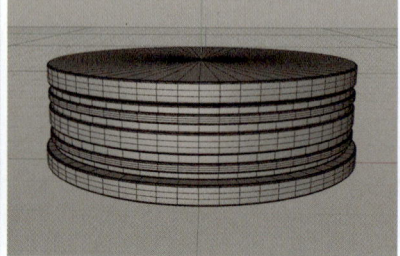

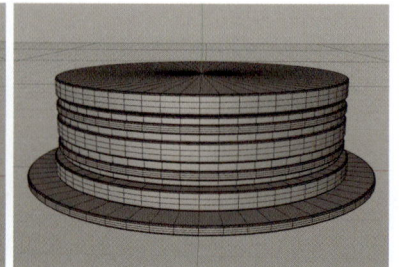

图 4-6

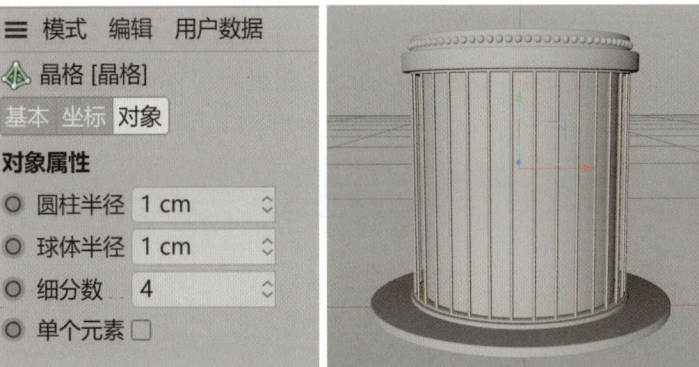

创建半径为 2.2cm 的球体对象，并给它的父级创建一个阵列对象，设置"半径"为 99cm，"副本"为 28，将阵列对象移动到展台顶面制作出一圈灯，这样一个展台就制作好了，如图 4-7 所示。

简单渲染一下。使用金色材质球、蓝色光泽度材质球和发光材质球，搭配起来会非常好看，如图 4-8 所示。

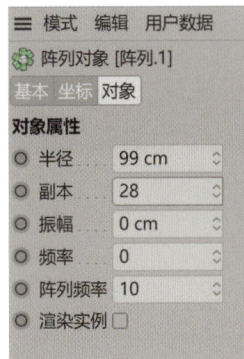

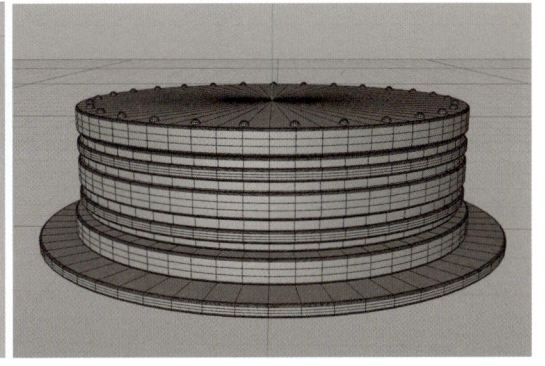

图 4-7

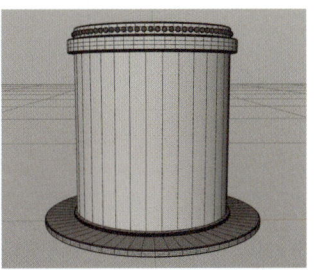

图 4-8　　　　　图 4-9

2. 外部细节装饰法

用堆叠法把展台大体结构制作好后，还可以增加一些外部细节，如调整中心的圆柱对象的分段线和位置，如图 4-9 所示。

给这个圆柱对象的父级创建一个晶格对象，设置晶格对象的"圆柱半径"和"球体半径"均为 1cm，制作出小柱子装饰，如图 4-10 所示。

图 4-10

如果想要更灵活的装饰，还可以给晶格对象的子级创建一个扭曲对象，单击"匹配到父级"按钮，设置"角度"为26°，使晶格对象旋转起来，如图4-11所示。

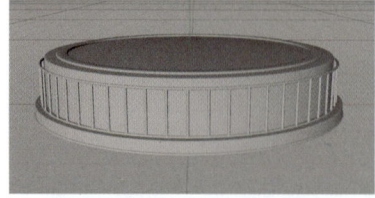

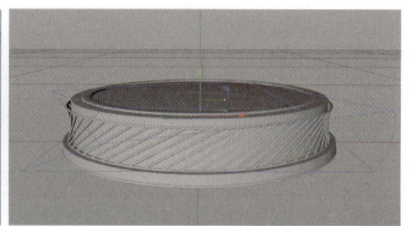

图 4-11

3．内部细节装饰法

除了外部细节装饰，还可以在柱子内部细节上进行一些改变，如装饰罗马柱凹痕。

先创建好柱子的基本形态，调整好圆柱对象的分段线，不要过于密集，按C键把圆柱对象转为可编辑对象，在多边形（面）模式下全选圆柱对象的面，如图4-12所示。

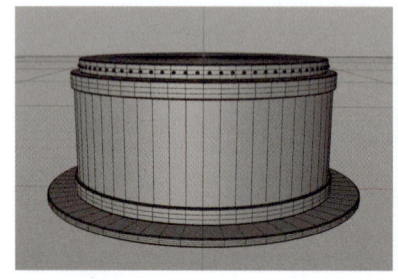

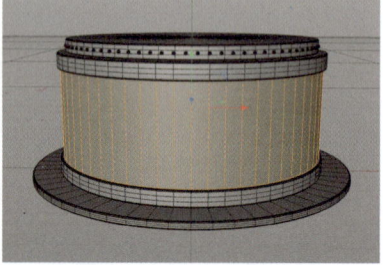

图 4-12

右击，在弹出的快捷菜单中选择"内部挤压"命令，取消勾选"保持群组"复选框，在视图窗口空白处按住鼠标左键拖曳，给每个面向内部挤压出更小的面，如图4-13所示。

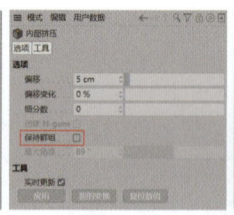

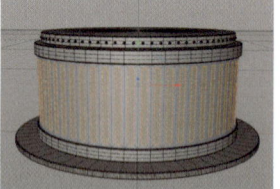

图 4-13

右击，在弹出的快捷菜单中选择"挤压"命令，在视图窗口空白处按住鼠标左键拖曳，把每个小面向内部挤压出厚度，如图4-14所示。

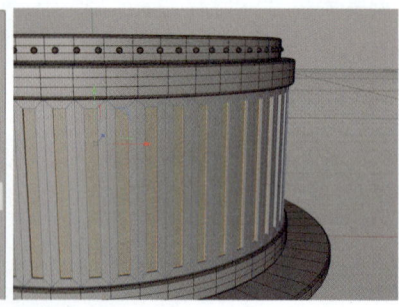

图 4-14

右击，在弹出的快捷菜单中选择"循环/路径切割"命令，给圆柱对象添加两条保护线，如图4-15所示。

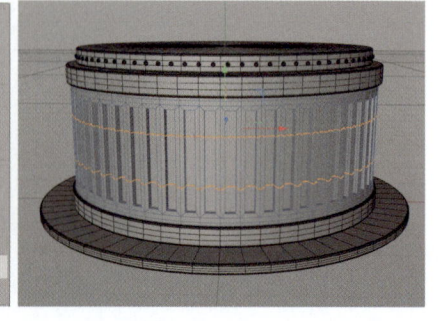

图 4-15

在圆柱对象的父级创建细分曲面对象，使圆柱对象的凹痕更加圆滑，这样罗马柱样式的展台就制作好了，如图 4-16 所示。下面再提供一个思路，制作科技感风格的展台。

在调整好圆柱对象的分段线后，按 C 键转为可编辑对象，切换到多边形（面）模式，选择需要的面，注意间隔均匀，如图 4-17 所示。

右击，在弹出的快捷菜单中，选择"内部挤压"命令，勾选"保持群组"复选框，将"最大角度"改为 91°，在视图窗口空白处按住鼠标左键拖曳，在所选面的内部挤压出小面，如图 4-18 所示。

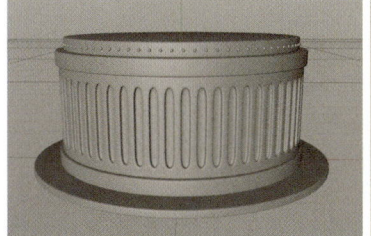

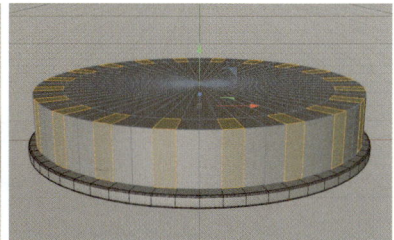

图 4-16

图 4-17

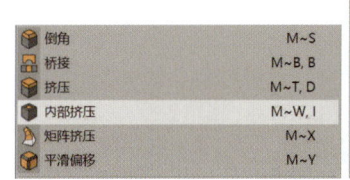

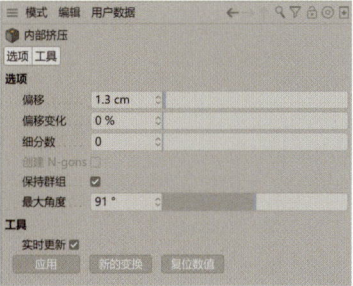

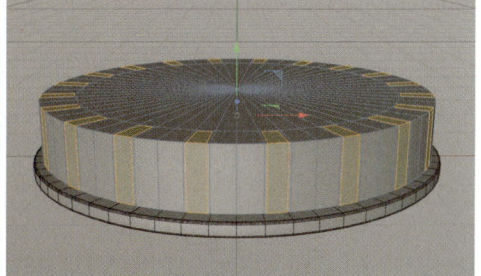

图 4-18

右击，在弹出的快捷菜单中选择"挤压"命令，把小面向外挤压出厚度，如图 4-19 所示。

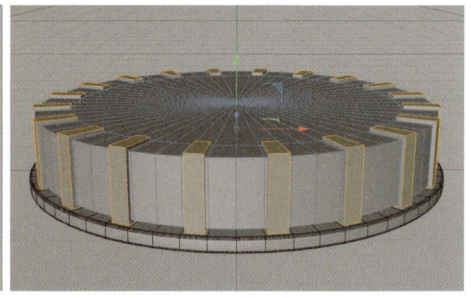

图 4-19

再次给圆柱对象的父级创建细分曲面对象，使它的边缘光滑，这样科技感展台就制作好了，如图 4-20 所示。

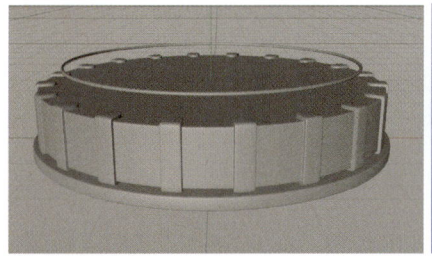

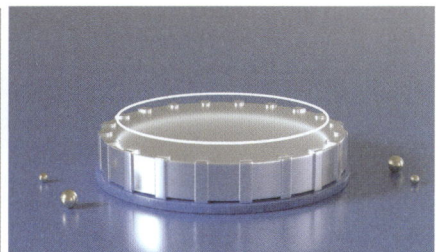

图 4-20

4.1.3 展台组合方式

1. 正三角形

在产品比较多时,可以选择把单体展台组合起来,使产品在展示时高低错落开,让画面更丰富。

在活动页面主视觉中,主要产品在展示中心,两边搭配次要产品构成正三角形构图,如图4-21所示。

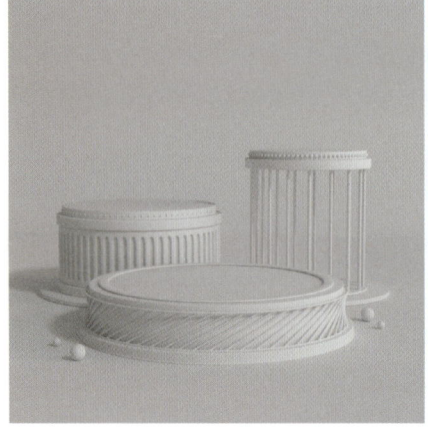

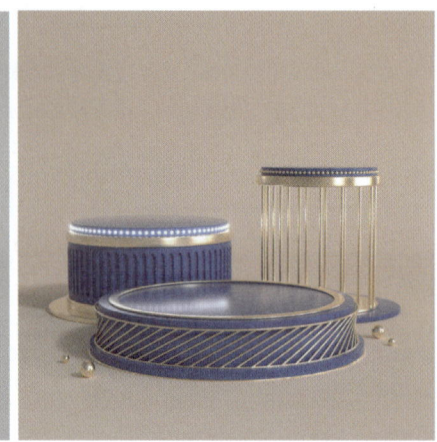

图 4-21

2. 高低楼梯形

除了对称形式的正三角形,后高前低的楼梯形也是常用构图。这种构图可以在有限的画面中展现更多的产品,如图4-22所示。

图 4-22

3. 整齐阶梯形

整齐阶梯形组合方式可以将圆形展台整齐排列起来,形成强烈的持续感,如图4-23所示。

图 4-23

4.2 让几何背景更有序

当场景中产品比较单一,需要背景丰富画面时,几何元素组成的背景就非常实用了。其时尚且适用性强,如图 4-24 所示。

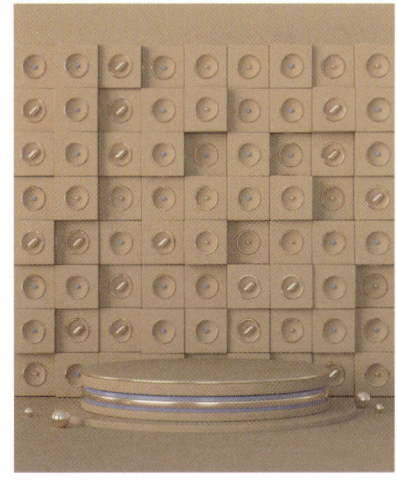

图 4-24

4.2.1 几何元素建模

可以使用参数化对象搭建任意几何元素,根据构图规则去组合,原则是不要太复杂,背景存在的目的是衬托前方主体和丰富画面。比如,图 4-25 所示的背景,只是使用了放大的管道对象作为中心,旁边装饰了球体对象、立方体对象和圆锥对象,地上放了一个圆盘。简单的几何元素,效果图简洁漂亮。

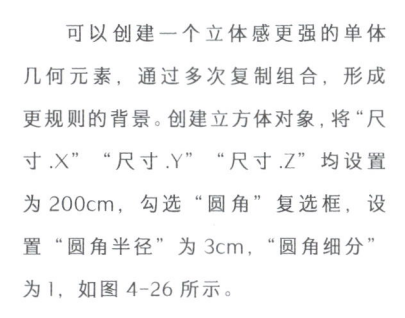

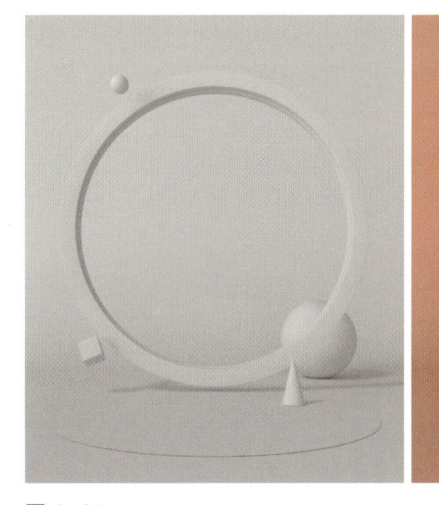

图 4-25

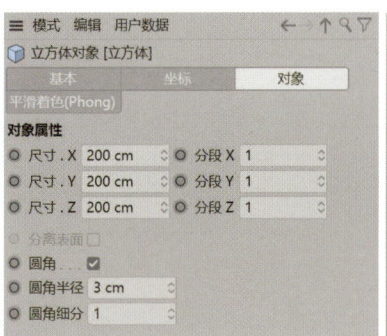

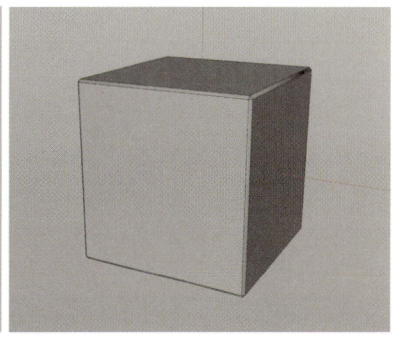

可以创建一个立体感更强的单体几何元素,通过多次复制组合,形成更规则的背景。创建立方体对象,将"尺寸.X""尺寸.Y""尺寸.Z"均设置为 200cm,勾选"圆角"复选框,设置"圆角半径"为 3cm,"圆角细分"为 1,如图 4-26 所示。

图 4-26

创建球体对象，设置"半径"为62cm，"分段"为64，将球体对象移动到立方体对象的正前方，让两个对象有一小部分相互交差，如图4-27所示。

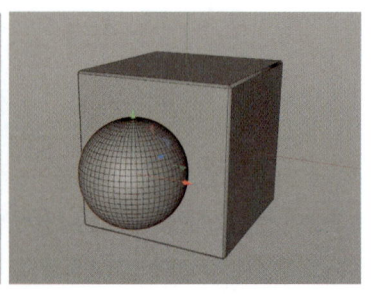

图4-27

创建布尔对象，设置"布尔类型"为"A减B"，勾选"隐藏新的边"复选框，把两个对象拖入布尔对象的子级，上方是立方体对象，下方是球体对象，让立方体对象把球体对象的面积减去，就形成了一个凹进去的半圆面，通过调整球体对象的位置，控制半圆面的大小，如图4-28所示。

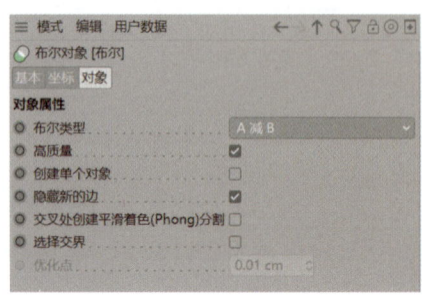

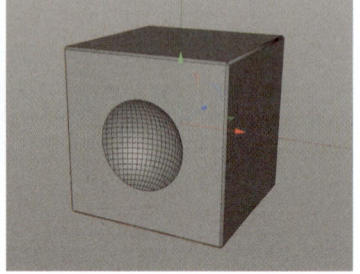

图4-28

再次复制两个球体对象，将球体对象分别移动到立方体对象的顶面和侧面，并选中3个球体对象，按快捷键Alt+G把3个球体对象合成一个组，作为布尔对象的子级B，这样立方体对象的3个面就都形成了凹进去的圆弧面，如图4-29所示。

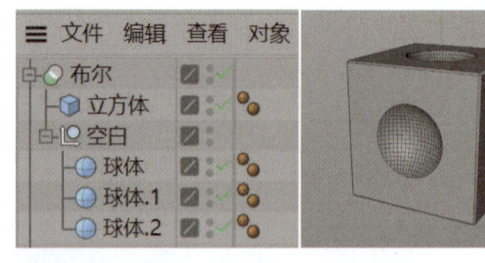

图4-29

根据面的大小，创建圆环对象，设置"圆环半径"为圆弧面的半径，"圆环分段"为158，"导管半径"为2.8cm，"导管分段"为4，为3个面的边缘都放置一个圆环边，让模型更加精致，如图4-30所示。

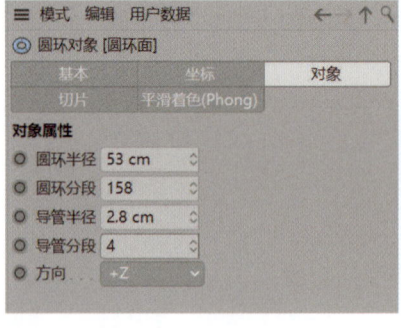

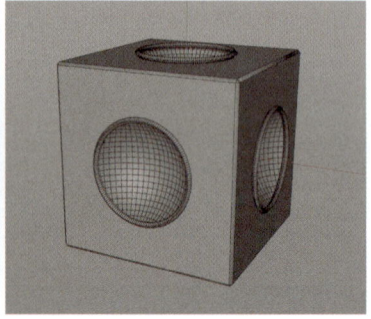

图4-30

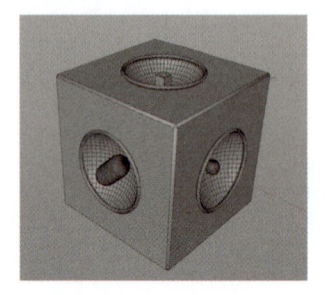

选择几个不同的对象放在凹面的中心位置，在顶面创建立方体对象，侧面创建球体对象，正面创建胶囊对象，单体的几何元素就建模完成了，如图4-31所示。

图4-31

4.2.2 几何元素组合方式

单体的几何元素就好像一块砖,把这些砖通过不同的组合方式堆在一起,就会形成样式不同的墙面,这就是我们需要的背景。这里介绍两种组合思路,分别是网格排列和蜂窝排列。

1. 网格排列

创建克隆对象,选择"模式"为"网格排列",设置"数量"分别为9、8、1,"模式"为"每步","尺寸"为 200cm × 200cm × 0cm,这个尺寸就是立方体对象的尺寸,根据立方体对象的尺寸来确定大小。按快捷键 Alt+G 把立方体对象和装饰模型合成一个组,并拖入克隆对象的子级中,会整齐地克隆出一面墙,如图 4-32 所示。

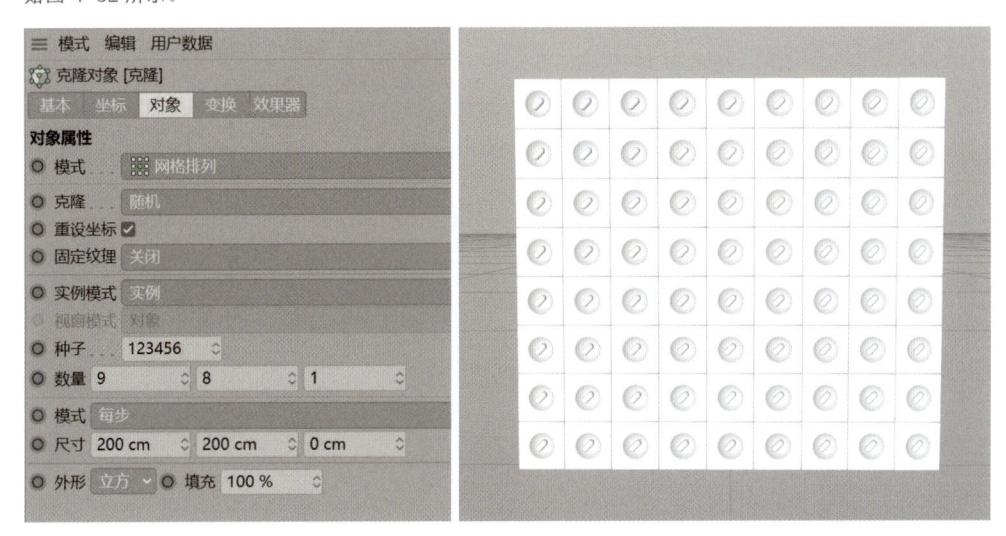

图 4-32

可以看到这个墙有点太整齐了,需要加入一些变化,这时刚才制作的 3 个不同的面就可以起作用了。

把克隆对象子级的立方体对象组复制两组,单击侧边栏的"启用轴心修改"按钮,使用旋转工具,把复制出来的两组几何体对象向不同的方向旋转 90°,墙面就会出现 3 种花纹的组合,如图 4-33 所示。

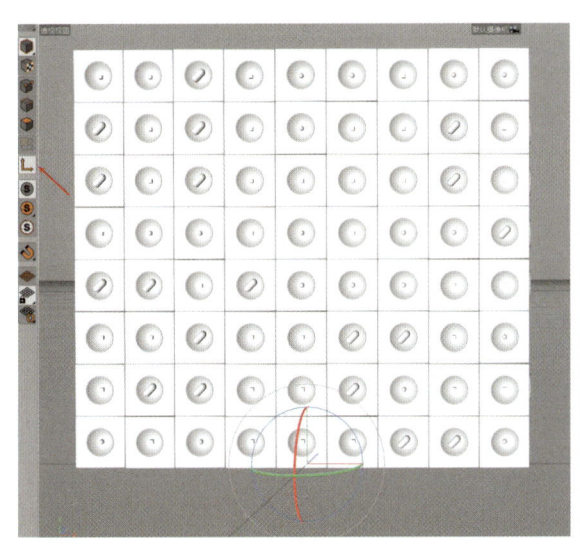

> **知识拓展**
>
> 克隆模式:当克隆对象的子级有不同的模型时,一般默认的排列规则是"迭代",这个排列会让克隆对象排列整齐,如图 4-34 所示。

图 4-33

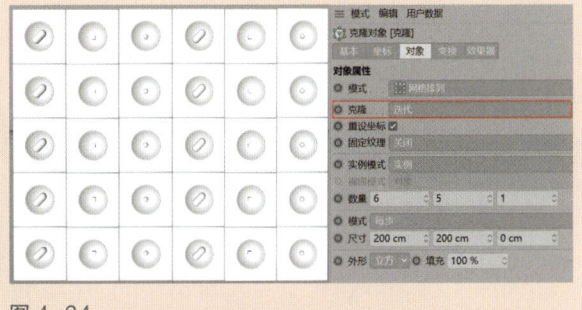

图 4-34

如果不需要这么整整齐齐的排列方式，可以把"克隆"改为"随机"，这样子级的排列方式就是随机分布的了，如图 4-35 所示。

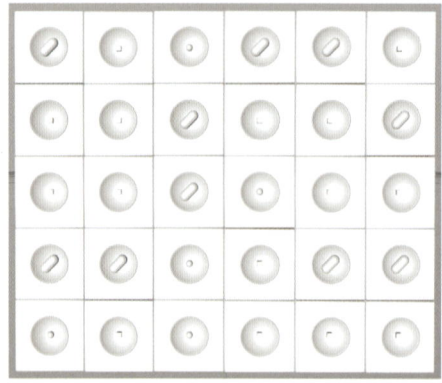

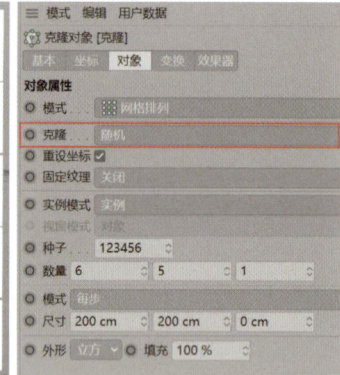

图 4-35

2. 蜂窝排列

在克隆对象的"对象"属性面板中，选择"模式"为"蜂窝阵列"，将"宽数量"设置为 15，"高数量"设置为 5，"模式"设置为"每步"，根据间距调整"宽尺寸"和"高尺寸"，这就是砖墙的排列方式，如图 4-36 所示。

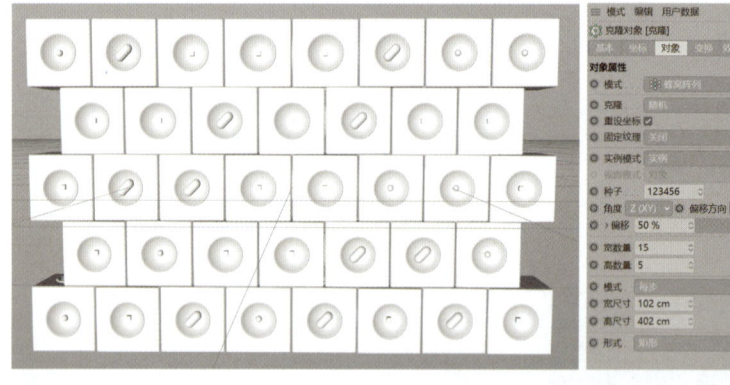

图 4-36

这种方式和网格类似，如果调整单体模型的角度，则可以制作出更有意思的蜂窝排列。

首先把单体元素向左旋转 45°，按住 Shift 键可以调整旋转角度，如图 4-37 所示。

然后开启世界坐标，把单体元素向下旋转 45°，并关闭世界坐标，如图 4-38 所示。

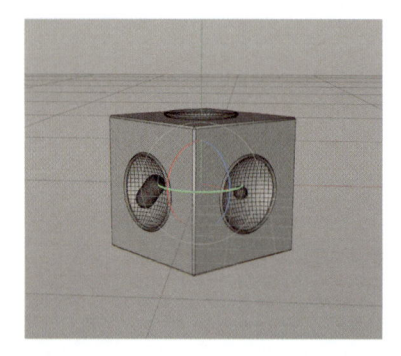

图 4-37

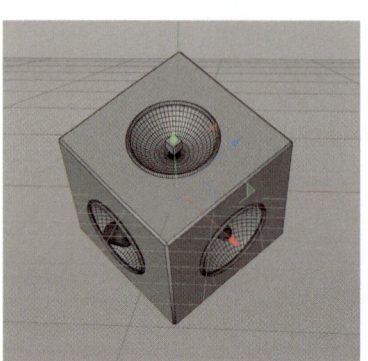

图 4-38

这时切换回移动工具，可以看到坐标轴是随着形体旋转的，全选模型，按快捷键 Alt+G 合成一组，就能够看到新组合的坐标轴已经和世界坐标轴方向相同了，这一步很关键，如图 4-39 所示。

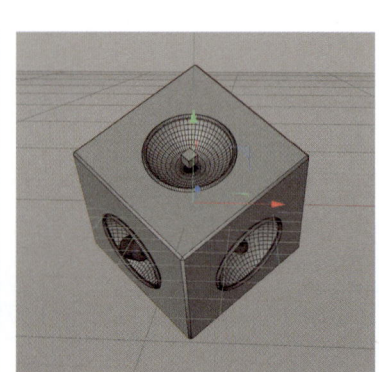

图 4-39

最后把这个组拖入蜂窝克隆对象的子级，调整"宽尺寸"为140cm，"高尺寸"为470cm，根据大小可以增加或减少"宽数量"和"高数量"，这样蜂窝背景墙就制作出来了，如图4-40所示。

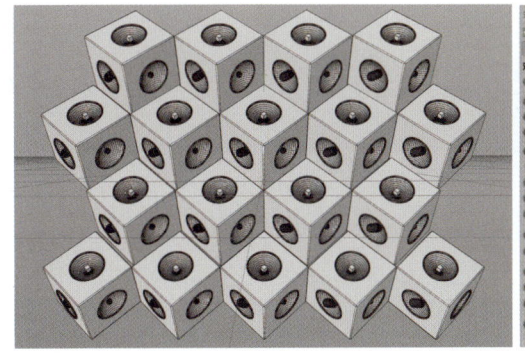

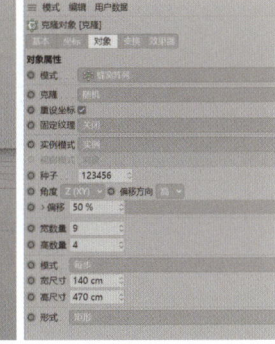

图4-40

4.2.3 画面布局要点

组合元素的背景画面在布局时有些要点需要注意，具体如下。

1. 尺寸

单体背景元素的尺寸不能过大，毕竟视觉上需要近大远小，非常大的背景容易让画面焦点失衡。当然，单体背景元素的尺寸也不能太小，过于密集的背景会给人不舒服的感觉。在尺寸上，其既应尽量小于主体产品，又不应过于密集。这里加入了一个圆形小展台进行对比，可以设置好背景尺寸，如果很密集就不要铺满，留有一些空白，这样更有空间感，如图4-41所示。

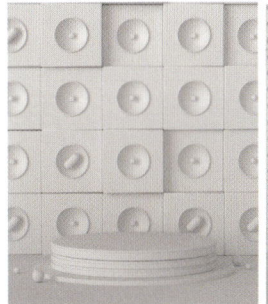

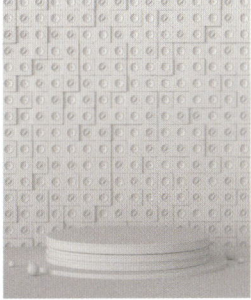

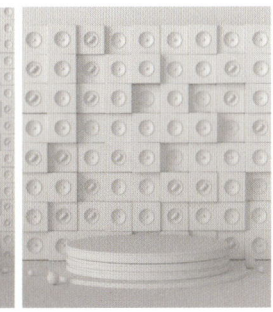

图4-41

2. 简化

将背景作为陪衬，主要目的是凸显产品和展示氛围，背景尽量不要抢眼，当单体背景元素过于复杂时，多次重复后可能让背景元素太过繁复，这时就要适当简化背景元素，如图4-42所示。

图4-42

3. 配色

在颜色上，对比度和饱和度都需要调低一些，配色搭配不要太多，可以先为整体赋予一种材质，然后搭配金属色作为小点缀，最后添加一点撞色，让画面在统一中又有些许变化，这样简单的几何背景就搭建好了，如图4-43和图4-44所示。

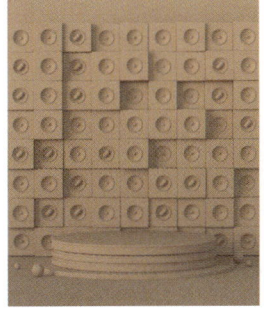

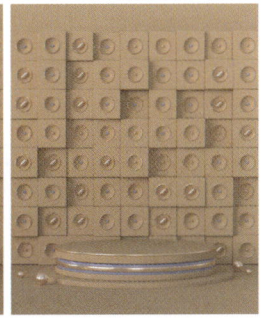

图4-43

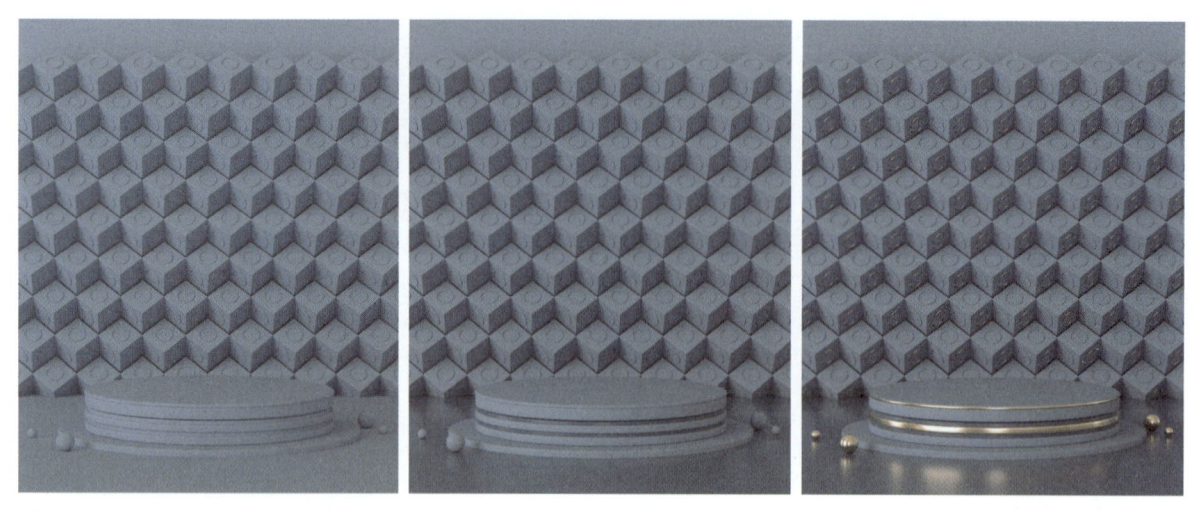

图 4-44

4.3 轻松搭建 3 种多边形展台

除了圆形、方形等常规展台样式,本节介绍 3 种不太常规的展台样式,即多边或多角形展台、楼梯形展台和不规则形展台,以适应更多场景需求,如图 4-45 所示。

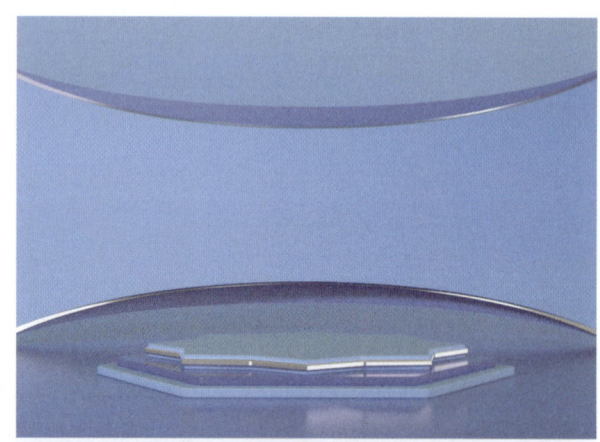

图 4-45

4.3.1 多边或多角形展台

多边形展台的制作思路就是使用多边工具进行挤压，不同的边数和角度可以制作出多种不同形态的展台。创建多边对象，在属性面板中调整"半径"为200cm，"侧边"为6，勾选"圆角"复选框，设置"半径"为17cm，制作出一个六边形，如图4-46所示。

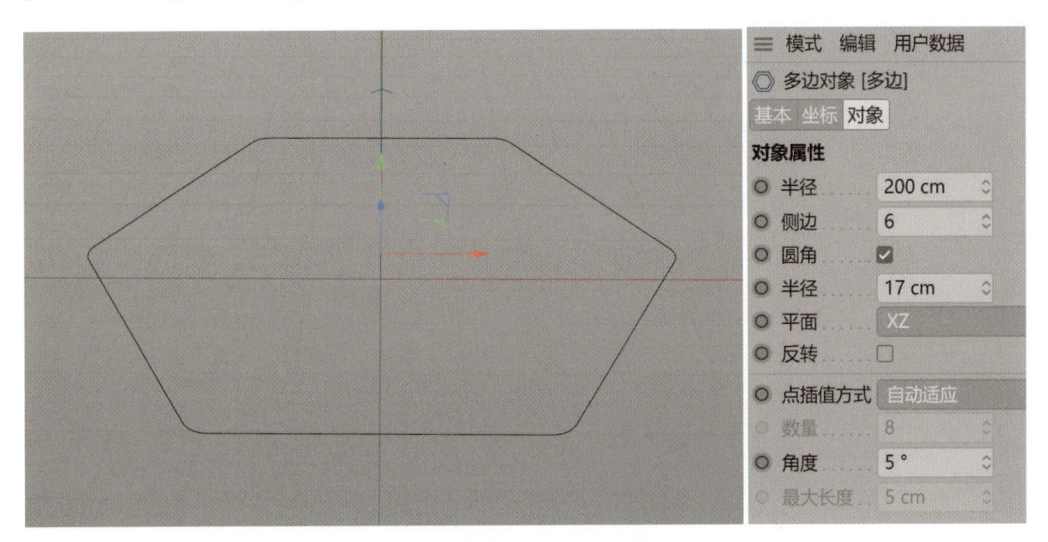

图 4-46

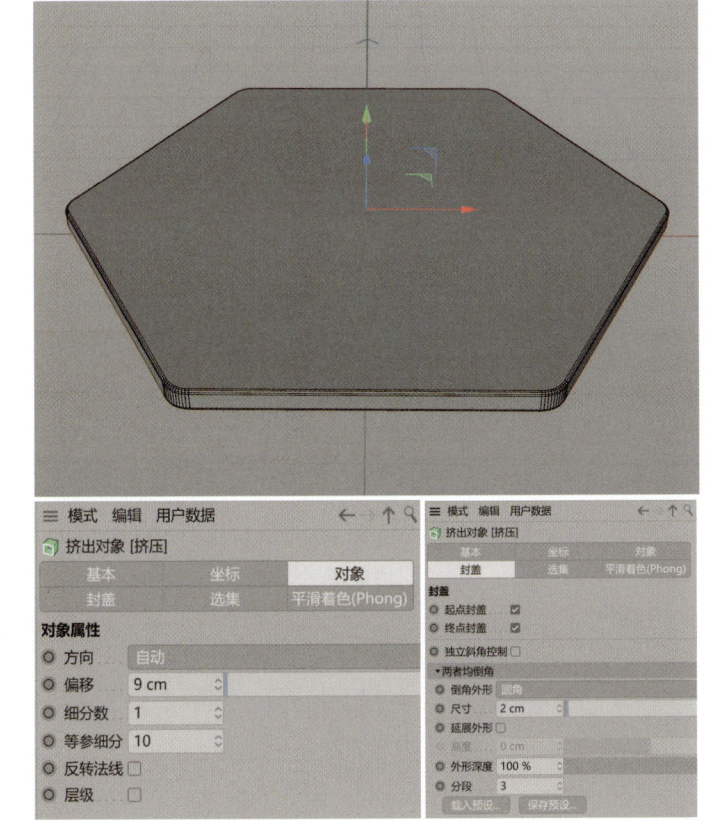

为样条对象的父级创建挤压对象，设置"偏移"为9cm，调整倒角"尺寸"为2cm，把六边形对象挤压出厚度，如图4-47所示。

图 4-47

复制一组六边形挤压对象,将它向下移动 9cm,调整子级中的多边对象的"半径"为 220cm,制作出两层六边形,如图 4-48 所示。

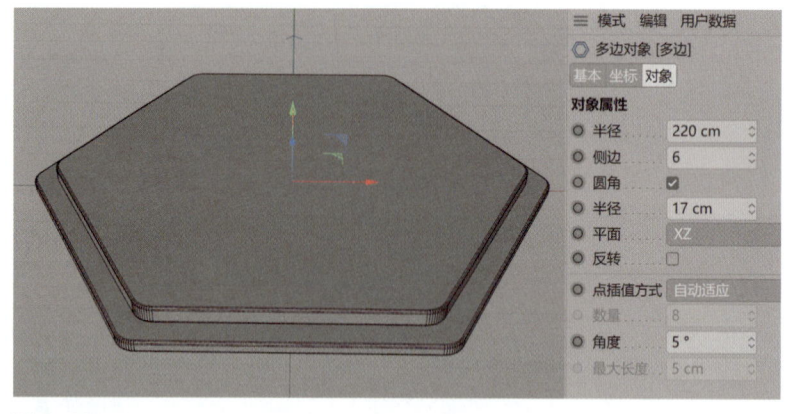

图 4-48

再次复制一组挤压对象,并将挤压对象向上方移动,把子级中的多边对象替换成一个星形对象,设置"内部半径"为 134cm,"外部半径"为 165cm,"点"为 8,"点插值方式"为"统一","数量"为 20,制作出一个多边展台,如图 4-49 所示。

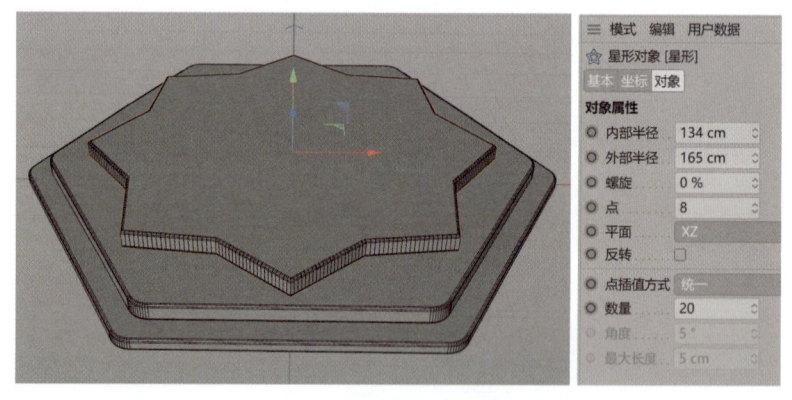

图 4-49

通过调整挤压的样条对象,可以创建出不同样式的多边或多角形展台,它们非常容易调整和延展。简单搭建地面和背景,创建两个足够大的平面对象作为地面和背景板,将背景板拉远一些,让整体空间大一些,如图 4-50 所示。

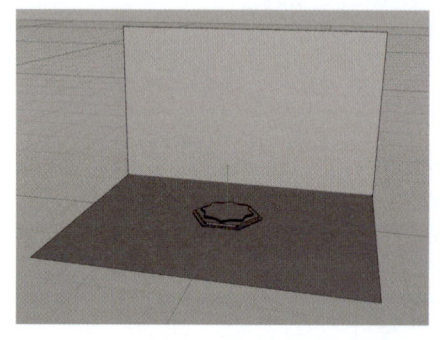

图 4-50

创建一个小一些的平面对象,设置"宽度"为 1430cm,"高度"为 656cm,把整体分段线设置得均匀一些,如图 4-51 所示。

图 4-51

给这个平面对象的子级创建一个膨胀对象，将"强度"设置为-75°，调整方向，使平面中心塌缩、两边膨胀，如图4-52所示。

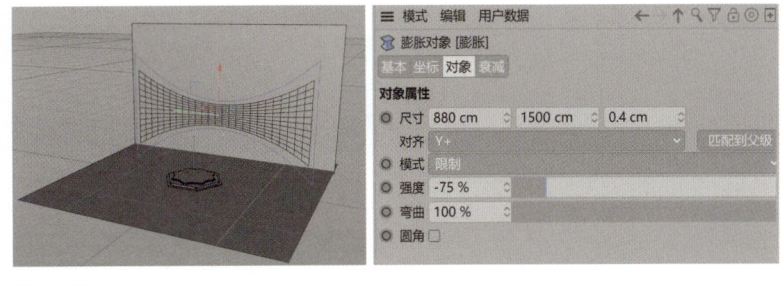

图4-52

创建球化对象，设置"半径"为755cm，移动球化对象到平面对象的一侧，制作出弧形效果，如图4-53所示。

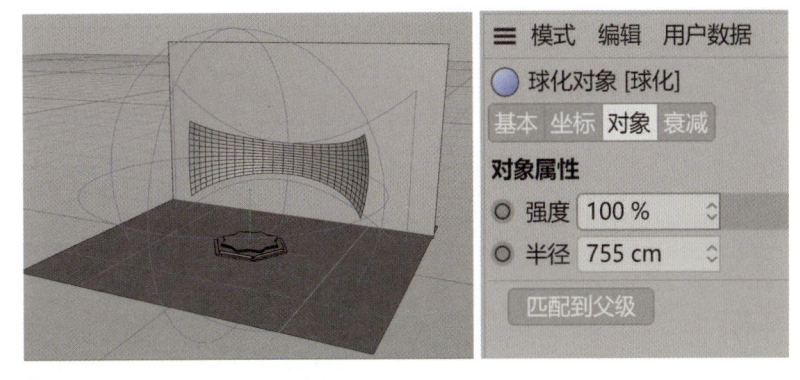

图4-53

复制一组弧形平面并调整尺寸和位置，制作出两层效果，这样一个简单的场景就搭建好了，如图4-54所示。

使用Octane渲染器创建蓝色材质球，在边缘的位置搭配一些金属颜色，为环境创建主光源和Octane HDRI环境，渲染看一下大体效果，如图4-55所示。可以在上面随意添加文字和产品，这样非常实用。

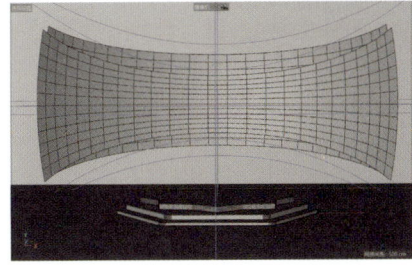

图4-54　　　　　图4-55

4.3.2 楼梯形展台

楼梯形展台适用于比较华丽复古的场景，在产品多时可以让画面有更多的展位，也是很常用的一个场景展台。

下面介绍旋转楼梯的制作方法。首先绘制楼梯外形，单击"启用捕捉"按钮，开启"网格/工作平面捕捉"选项。这样在绘制时使用画笔工具会捕捉吸附到工作平面的网格点上，以便绘制出直线。

按F4键切换到正视图，使用画笔工具根据需要绘制封闭的楼梯对象，如图4-56所示。

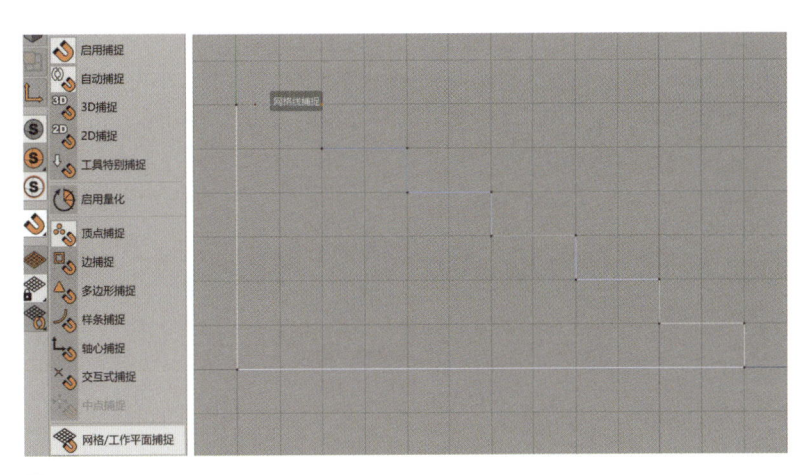

图4-56

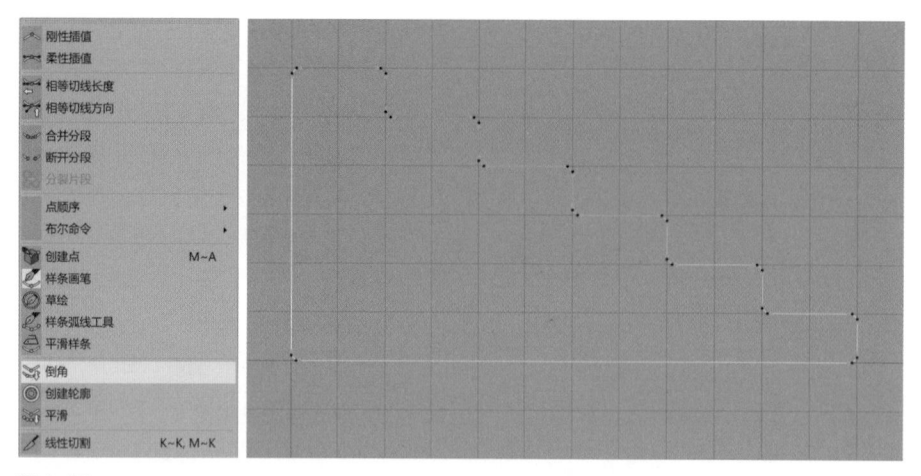

在点模式下使用快捷键 Ctrl+A 全选点，右击，在弹出的快捷菜单中选择"倒角"命令，在视图窗口空白处按住鼠标左键拖曳，给每个点导出圆角，如图 4-57 所示。

图 4-57

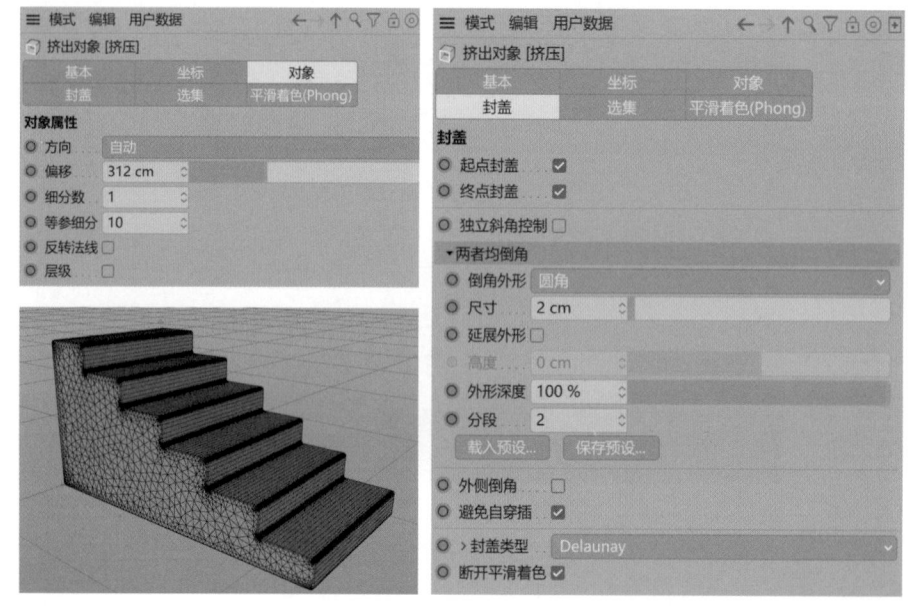

创建挤压对象，把楼梯对象拖入挤压对象的子级，在"对象"属性面板中将"偏移"设置为 312cm，在"封盖"属性面板中设置"尺寸"为 2cm，选择"封盖类型"为 Delaunay，使楼梯的侧面布线均匀。如果只制作普通楼梯模型，使用这一步就可以完成了，如图 4-58 所示。

图 4-58

接下来把楼梯设计成曲形，先在楼梯的挤压对象的子级中创建弯曲对象，并调整弯曲对象的尺寸，使它比楼梯大一些，再根据弯曲方向旋转角度，设置"弯曲强度"为 -131°，查看弯曲对象的变形程度，如图 4-59 所示。

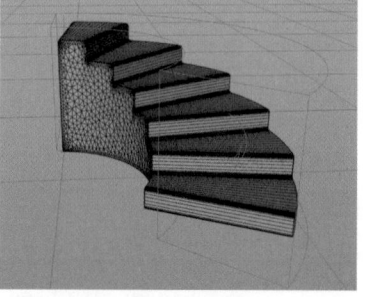

图 4-59

创建对称对象，把楼梯的挤压对象整体拖入对称对象的子级，移动楼梯位置，制作出对称的两组楼梯，如图4-60所示。

图4-60

楼梯中间交接的位置有缝隙，可以创建一个圆柱对象遮挡一下，这样楼梯展台模型就制作好了，如图4-61所示。

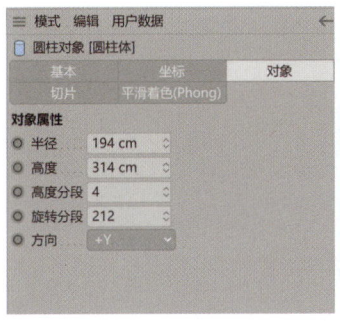

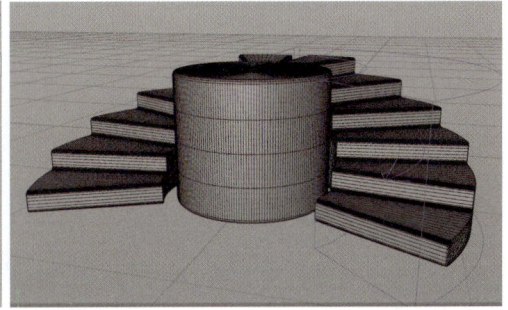

图4-61

加入地面和墙面，使用圆锥对象、球体对象等添加一些装饰，如图4-62所示。

在Octane渲染器中创建左侧灯光和Octane HDRI环境，赋予橙色和金色材质球，渲染出大致的效果，这样楼梯展台场景就制作好了，如图4-63所示。

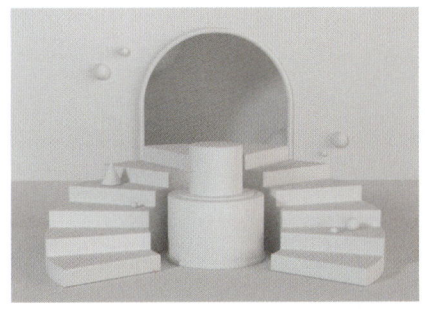

图4-62 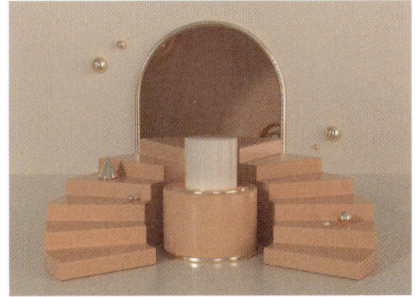　　　　　　　　　图4-63

4.3.3　不规则形展台

在制作不规则形展台时，如果想要呈现的形状没有预制样条对象可用，那么需要手动绘制。

选择画笔工具，按F2键，切换到顶视图，在二维平面上绘制需要的形状。这里随意绘制了一条闭合的曲线，如图4-64所示。

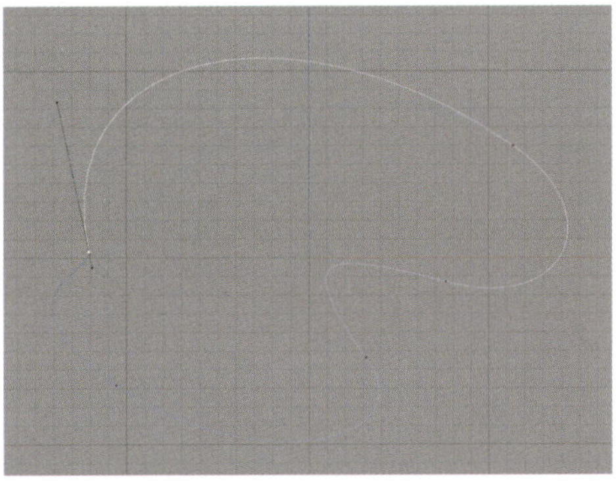

图4-64

创建挤压对象，把绘制的样条对象拖入挤压对象的子级，设置"移动"选项中的第 2 个数值为 20cm，把样条对象挤压出厚度，如图 4-65 所示。

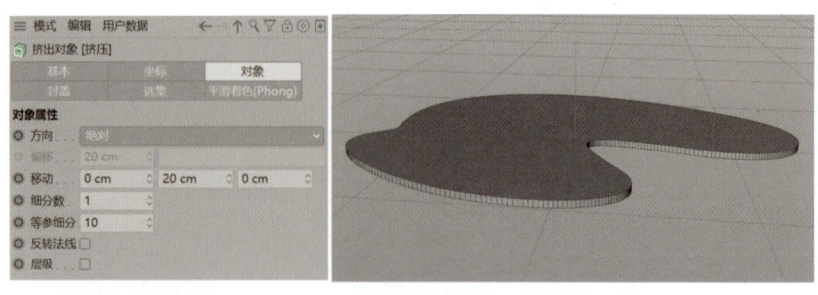

图 4-65

先按快捷键 Ctrl + C 和 Ctrl + V，原位复制并粘贴一根上一步绘制的样条对象，再创建"半径"为 1cm 的圆环对象，把两根样条对象通过扫描对象生成圆管对象，作为不规则曲线展台的边缘，如图 4-66 所示。

复制扫描对象组，将扫描对象组移动到展台的上边缘，这样展台的上、下边缘就都设计好了，如图 4-67 所示。

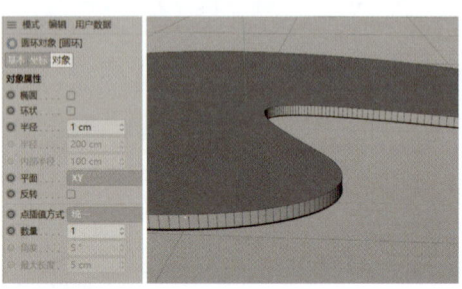

图 4-66 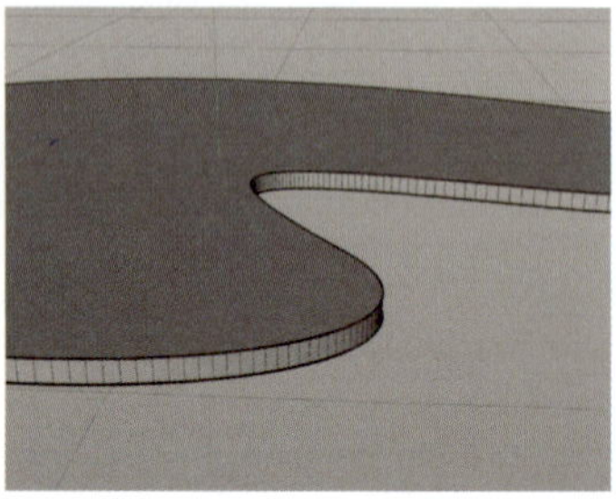　　　　图 4-67

如果觉得单调，可以切换到顶视图，再次绘制一根曲线样条对象，如图 4-68 所示。

同样将样条对象挤压出厚度，调整其比之前的展台高出一些，制作出两层效果，如图 4-69 所示。

图 4-68 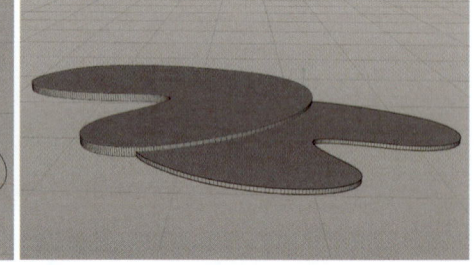　　　　图 4-69

上边缘同样用半径为 1cm 的圆环对象进行扫描，这样边缘看起来会比较精致，如图 4-70 所示。

先架上摄像机找到几个比较好的角度，再制作出装饰，如图 4-71 所示。

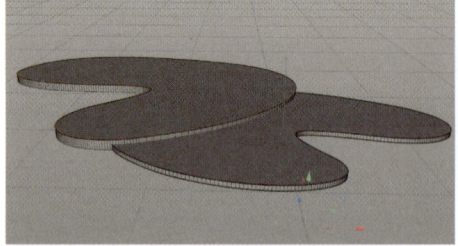

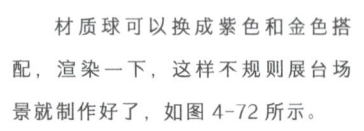

图 4-70 　　　　图 4-71

材质球可以换成紫色和金色搭配，渲染一下，这样不规则展台场景就制作好了，如图 4-72 所示。

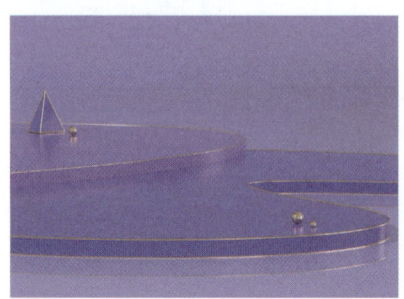

图 4-72

4.4 如何制作无缝背景

为了更清晰地展示产品，很多时候需要背景简单干净，比较简单的就是使用两个平面当作地面和背景板，但两个平面相交的位置会有一条明显的接缝，一种解决办法是用 L 形板柔化接缝，另一种解决方法是制作无缝背景，如图 4-73 和图 4-74 所示。这样既能保留地面的阴影关系，又能得到纯净的背景。本节会分别介绍在默认渲染器下和 Octane 渲染器下如何制作无缝背景。

图 4-73

图 4-74

4.4.1 默认渲染器无缝背景制作

在场景中拖入一个茶杯模型，设置画面尺寸为正方形，架设好摄像机，"渲染器"选择"标准"，如图 4-75 所示。

在默认渲染器下制作无缝背景，关键需要 3 个对象，分别是"地板""天空""背景"，如图 4-76 所示。

图 4-75   图 4-76

给天空对象创建 HDR 贴图，双击材质面板创建默认材质球，勾选"颜色"通道，在"纹理"栏添加一张 HDR 贴图，把这个材质球赋予天空对象。天空对象是默认场景中必不可少的反射环境提供者，如图 4-77 所示。

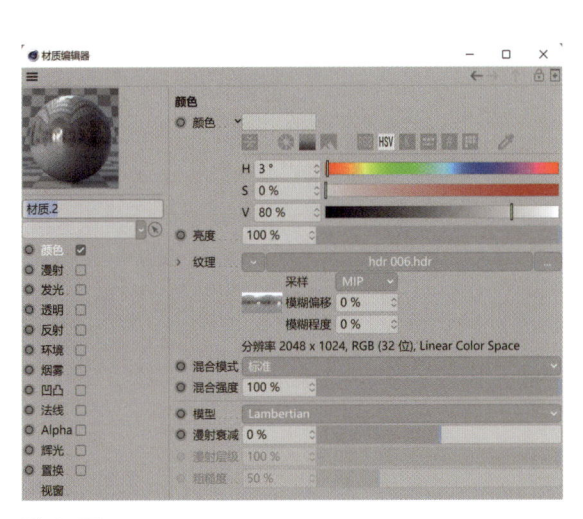

图 4-77

先简单给场景打一个灯光，再在渲染设置窗口的左侧选择"全局光照"选项，右侧选择"主算法"下拉列表中的"辐照缓存"选项，选择"次级算法"下拉列表中的"辐照缓存"选项，设置"漫射深度"为4，这样基本光影环境就设置好了，如图4-78所示。效果如图4-79所示。

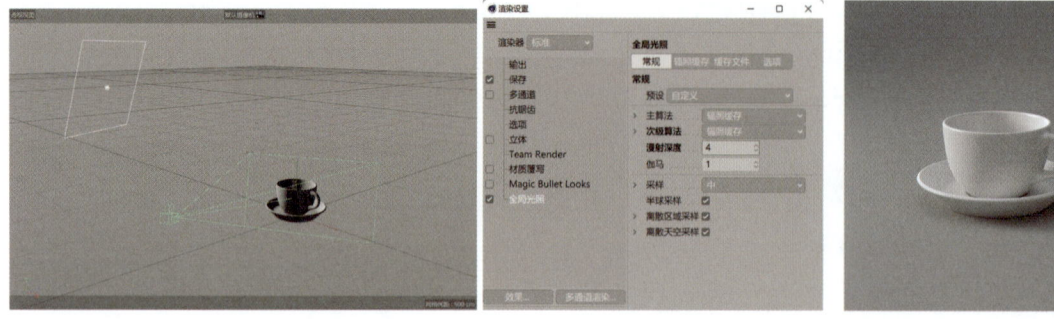

图4-78

图4-79

下面制作好看的背景颜色。双击材质面板，创建默认材质球。勾选"颜色"通道，在"纹理"下拉列表中选择"渐变"选项，在"着色器"选项卡中选择"类型"为"二维-斜向"，调整渐变颜色，斜上方为浅蓝色、斜下方为浅橙色，如图4-80所示。

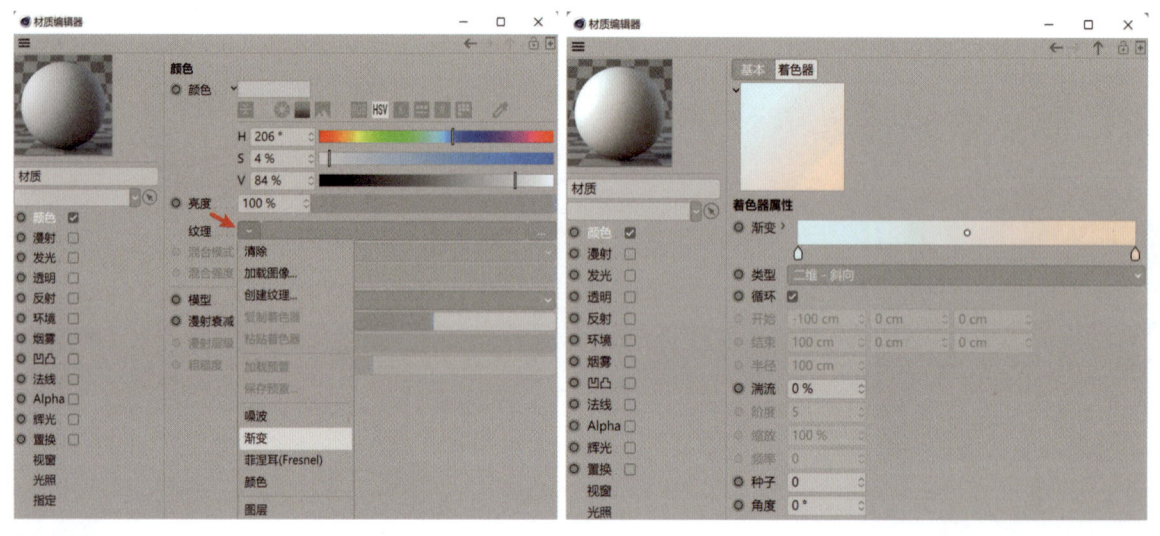

图4-80

给创建的地板和背景都赋予这个渐变材质球，选择材质球的"投射"为"前沿"，这时可以看到大体颜色已经有了，只不过后方还会受到光影影响，会有些暗，如图4-81所示。

图4-81

先选择"地板"→"渲染标签"→"合成"命令,在"标签"属性面板中勾选"合成背景"复选框,再选择"天空"→"渲染标签"→"合成"命令,在"标签"属性面板中取消勾选"摄像机可见"复选框,渲染一下,可以看到背景不受光影影响,地面有正常的阴影,这样无缝背景就制作好了。更改背景,只需调整材质球的颜色即可,如图4-82所示。效果如图4-83所示。

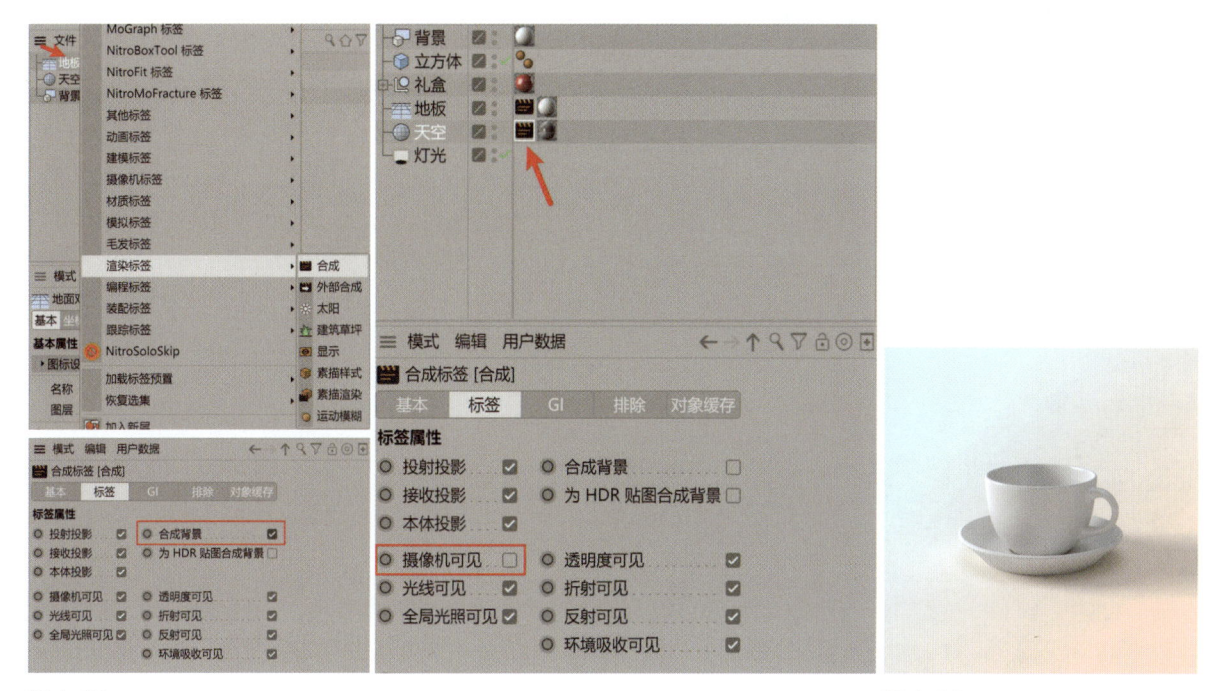

图 4-82

图 4-83

4.4.2 Octane 渲染器无缝背景制作

设置 Octane 渲染器。使用之前的杯子模型,创建圆盘对象当作地面,并在左上方创建目标区域光,设置好基本的光影关系,如图 4-84 所示。

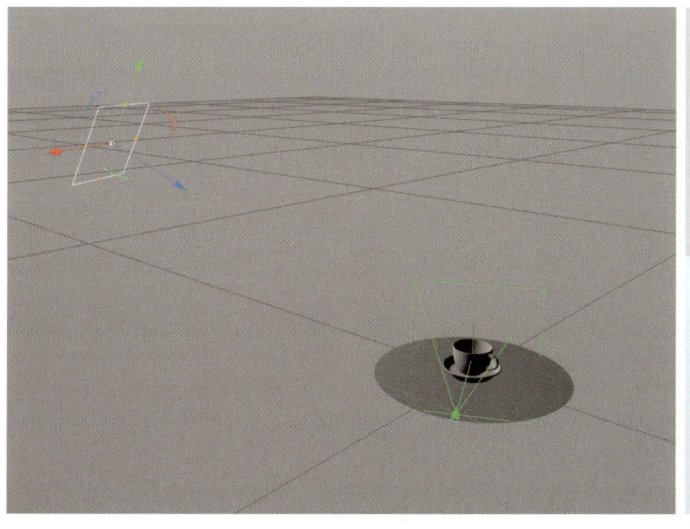

图 4-84

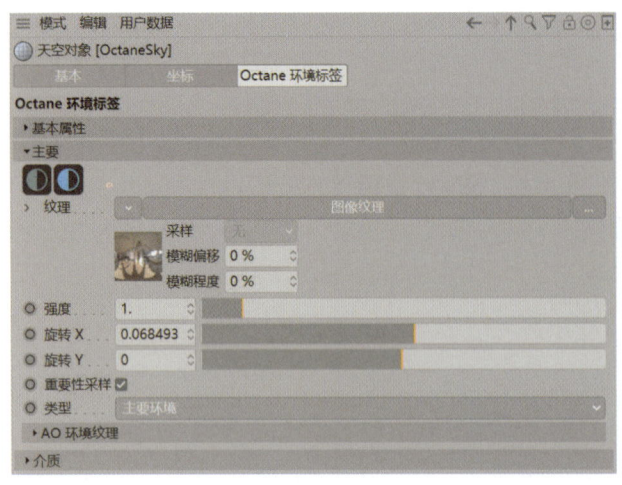

杯子使用白色的基础反射材质。创建 Octane HDRI 环境，在"纹理"栏添加一张 HDR 贴图，让整体环境有反射内容，如图 4-85 所示。

图 4-85

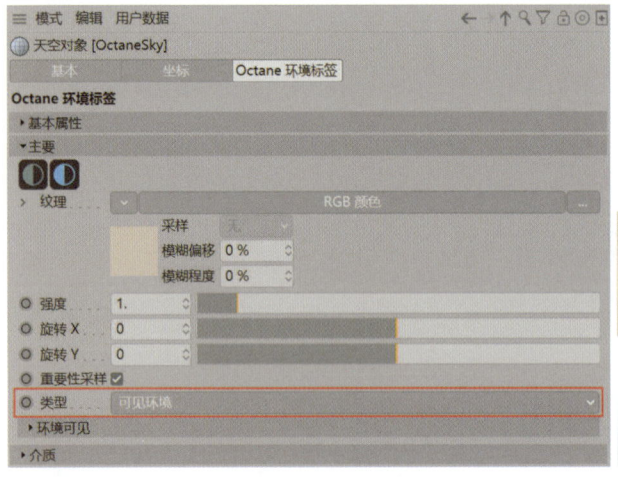

创建天空对象。选择"纹理"下拉列表中的"RGB 颜色"，将颜色同样设置成暖黄色，选择"类型"为"可见环境"。这样它只是作为背景存在，而不会影响模型的反射，如图 4-86 所示。

图 4-86

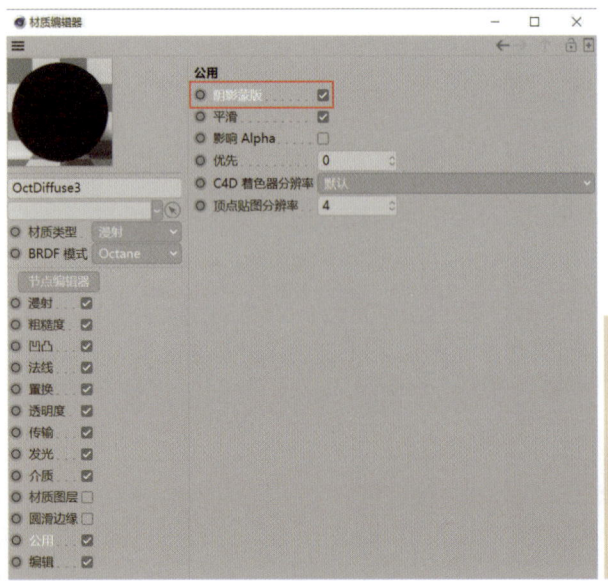

进行地面设置。创建漫射材质球，勾选"公用"通道，勾选"阴影蒙版"复选框，把这个材质球赋予地面的圆盘对象，这样 Octane 渲染器的无缝背景也制作好了，如图 4-87 所示。

图 4-87

4.5 光影营造场景氛围

本节搭建一个国风背景墙,通过打造 3 种光影效果,表现出 3 种氛围,来学习灯光的相关知识,如图 4-88 所示。

图 4-88

4.5.1 场景搭建

模型搭建的要点是国风元素和线条的设置,可以找一些国画进行参考。

在 AI 中绘制出所需的元素路径,这里需要一个具有国风特点的窗户外形,以及内部的窗棂,装饰元素选择松树与流云,按照比例把元素的路径勾勒出来,制作成封闭路径,最好不要重叠,而应平铺开,绘制好后另存为 Illustrator 8 格式,如图 4-89 所示。

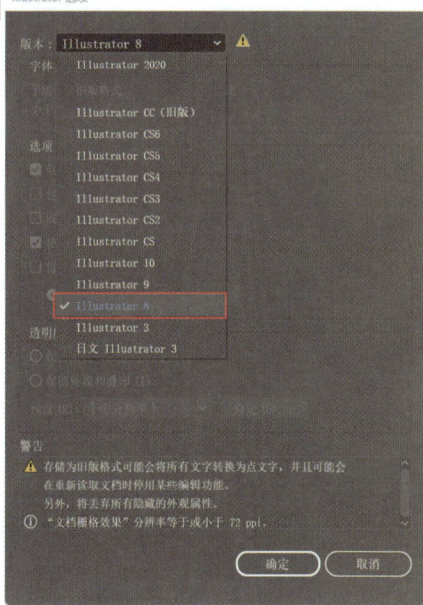

图 4-89

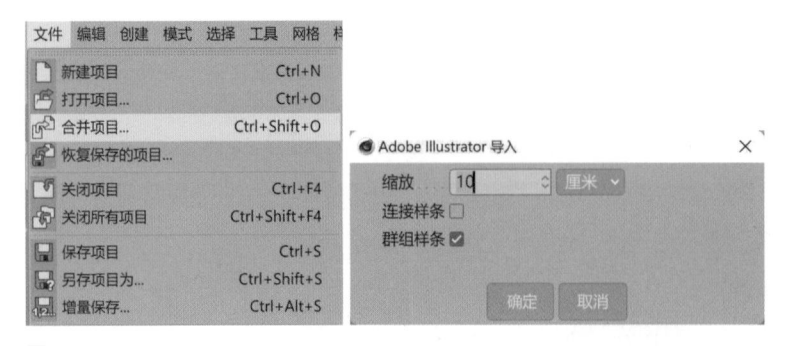

打开C4D，选择"文件"→"合并项目"命令，把AI8格式的路径导入C4D，将"缩放"改为10cm，如图4-90所示。

图4-90

样条对象需要整理一下，如需要把镂空的窗格合并成一个样条对象。把所有窗格对象选中，右击，在弹出的快捷菜单中选择"连接对象+删除"命令，进行样条对象的合并，其他需要合并在一起的样条对象都进行这样的处理，如图4-91所示。

在视图窗口中，把之前平铺开的样条对象都移动到合适的位置，云、松枝和窗格等都需要对齐，形成二维画面，如图4-92所示。

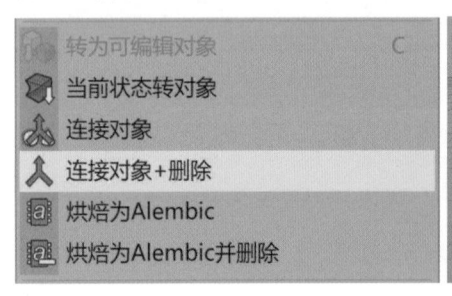

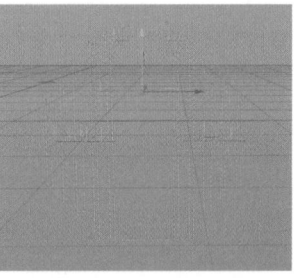

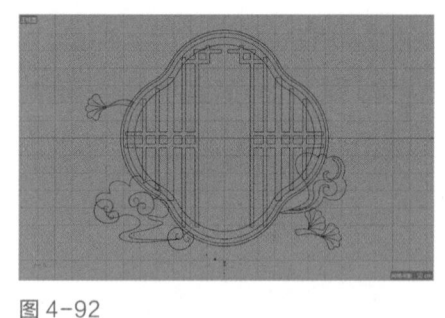

图4-91

图4-92

为全部元素挤压出厚度，注意同一层面的样条对象要移动前后距离，制作出不同层次的效果，如图4-93所示。

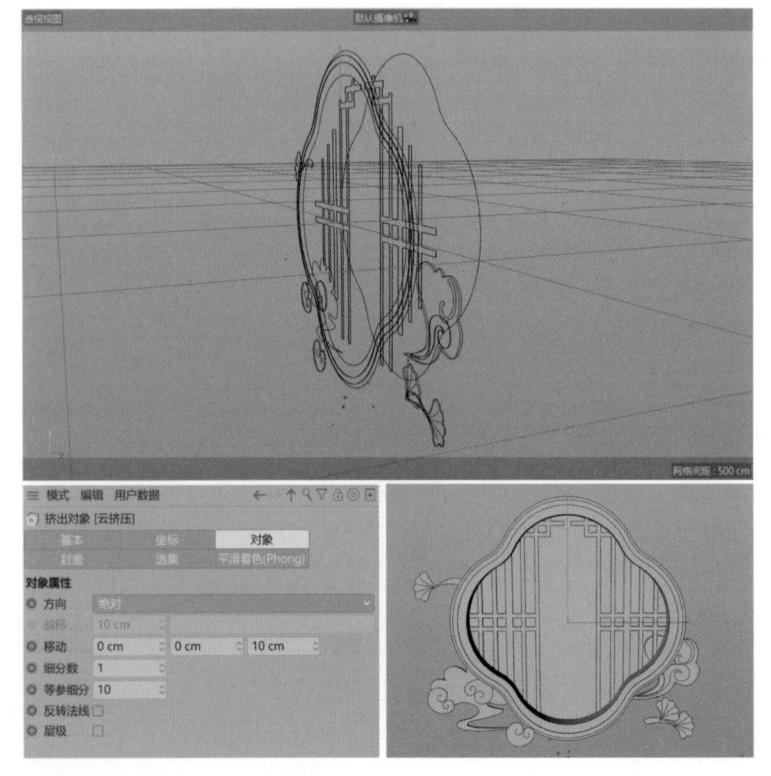

图4-93

将边框元素进行扫描，为后期金边描线效果做准备，注意封顶圆角距离，如图 4-94 所示。

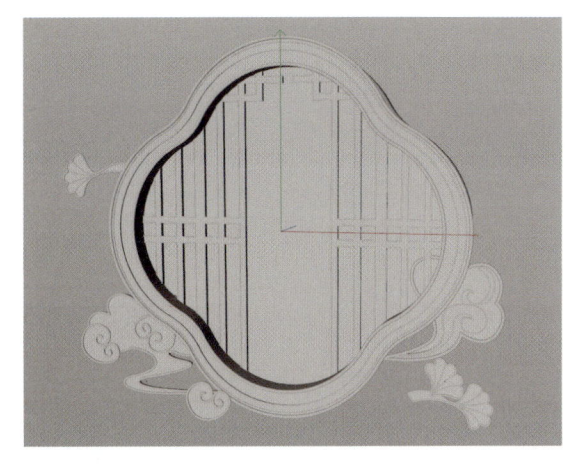

图 4-94

把松枝元素进行多次复制，填充空白画面，让整体构图更完整，如图 4-95 所示。

使用 Octane 渲染器，使用侧面的区域光作为光源并创建 Octane HDRI 环境，选用一种国风配色上色，这样国风背景墙就制作好了，如图 4-96 所示。

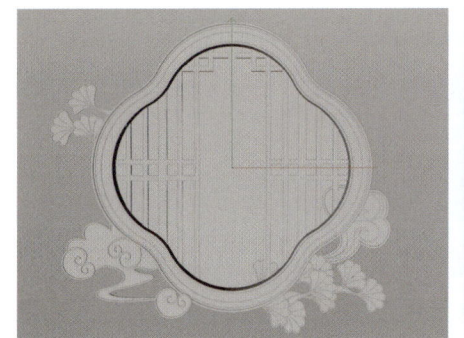

图 4-95　　　　图 4-96

4.5.2　灯光使用要点

在电商页面中的常用灯光类型有 3 种，即区域光、日光和自发光。在大部分场景中使用区域光就足够了，日光会在模拟户外场景时使用，自发光更多用在装饰和点缀时，如图 4-97 所示。

灯光的使用需要注意以下几个要点。

① 灯光明暗由强度、灯光面积和与物体距离决定。同样的灯光面积、相同的灯光与物体距离，灯光的强度不要太高，容易使画面曝光发白，如图 4-98 所示。

② 灯光面积越大，亮度越高，影子越虚；灯光面积越小，亮度越低，影子越实，如图 4-99 所示。

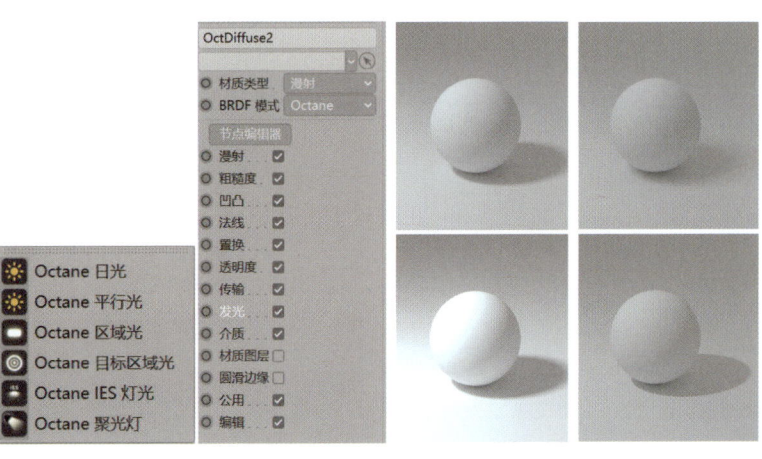

图 4-97　　　　图 4-98　　　　图 4-99

③ 勾选"表面亮度"复选框，灯光强度不随着灯光面积的变化而变化，如图 4-100 所示。

④ 色温：色温数值越低，颜色越暖；色温数值越高，颜色越冷。色温值为 6500，如图 4-101 所示。

⑤ 纹理与分配：可加载颜色。纹理颜色是灯光颜色，分配颜色是发光颜色，如图 4-102 所示。

图 4-100

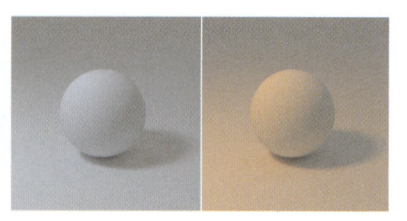

图 4-101

图 4-102

4.5.3 光影氛围营造

当画面比较单调时，可以使用光影来营造氛围，使画面更具深度和故事感。

在画面中制造出影子时，需要注意两点。一是光要强烈，光源要小才有实影，二是需要有遮挡物，才会形成影，需要注意距离和遮挡关系。

1. 树影

使用一组树木模型，放在场景与灯光之间，勾选"表面亮度"复选框，并缩小灯光尺寸，调整亮度，此时可以看到画面中有树叶斑驳的影子照在墙上，如图 4-103 所示。

2. 窗影

把树叶换成一组窗户的样式，可以是百叶窗，也可以是格子窗等，就能得到窗影，如图 4-104 所示。

3. 射灯

创建 Octane IES 灯光，添加一张合适的 Octane IES 灯光贴图，就可以制作出射灯效果，如图 4-105 所示。

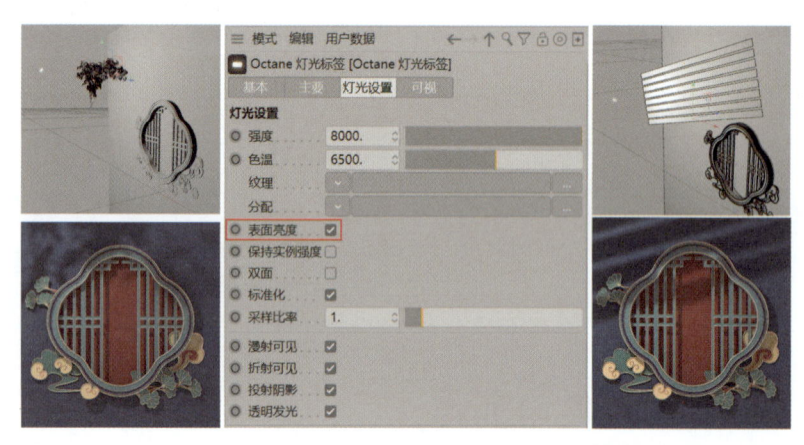

图 4-103

图 4-104

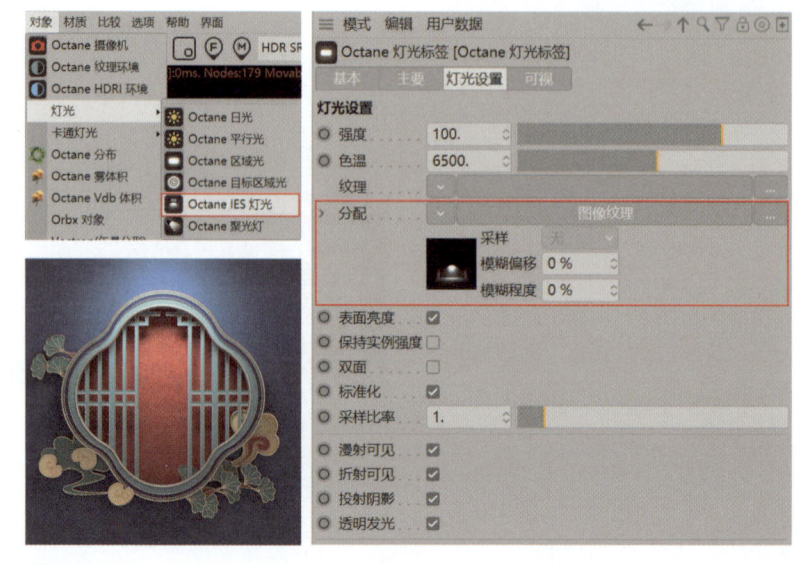

图 4-105

4.6 大角度透视背景

本节通过搭建一个大角度透视背景，学习摄像机的使用方法和大场景构图的方法，如图 4-106 所示。

图 4-106

4.6.1 场景搭建

下面简单搭建一个场景。创建管道对象，设置"内部半径"为 3500cm，"外部半径"为 3600cm，"旋转分段"为 12，"高度"为 1841cm，"高度分段"为 1，作为场景外壁，如图 4-107 所示。

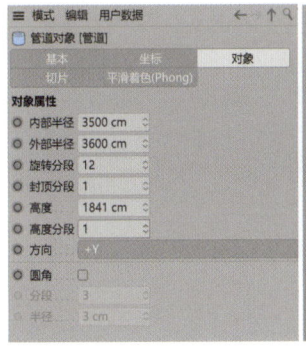

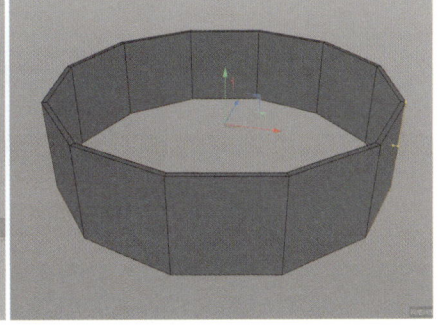

图 4-107

给墙壁添加一些装饰，按 C 键把管道对象转为可编辑对象，切换到多边形（面）模式，使用实时选择工具选择内部的面，按 Shift 键隔一个选一个面，如图 4-108 所示。

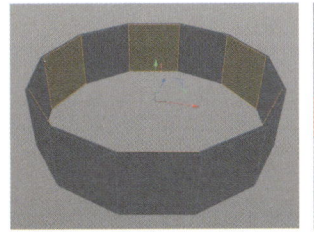

右击，在弹出的快捷菜单中分别选择"挤压"和"内部挤压"命令，不断向内部挤压拉伸，给每个面制作出几层结构，如图 4-109 所示。

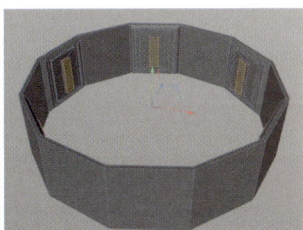

图 4-108　　图 4-109

创建平面对象，将平面对象放大并移动到管道对象底部作为地面，如图4-110所示。

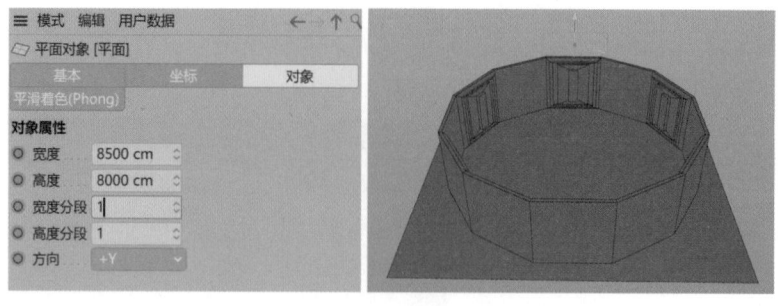

图4-110

创建管道对象，调整"内部半径"为380cm，"外部半径"为1300cm，"旋转分段"为12，"高度"为83cm，勾选"圆角"复选框，将"半径"设置为2cm，"分段"设置为2，将管道对象移动到地面中心作为地台，如图4-111所示。

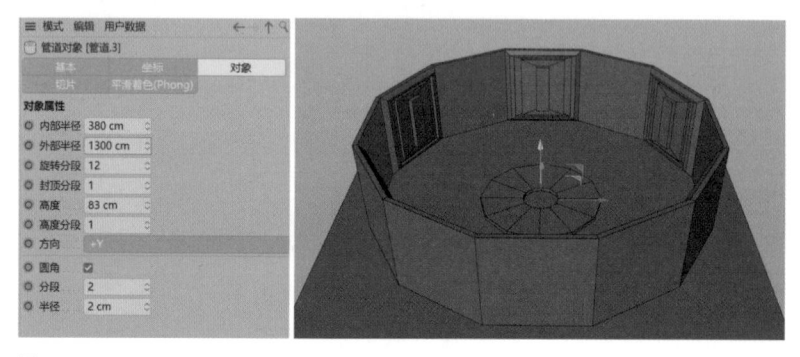

图4-111

复制两个管道对象，并调整半径和高度，给地台制作出边缘结构，如图4-112所示。

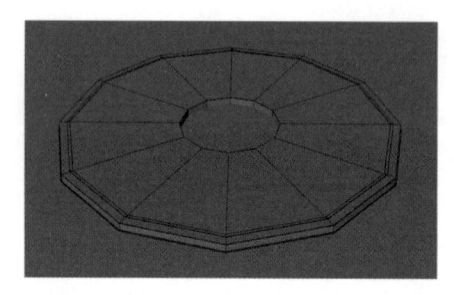

图4-112

再次复制管道对象，将"内部半径"设置为2230cm，"外部半径"设置为2380cm，"高度"设置为30cm，在地面四周添加装饰，如图4-113所示。

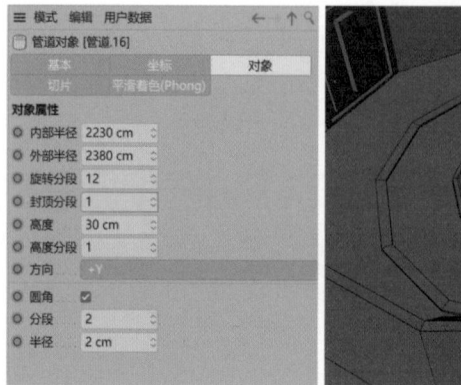

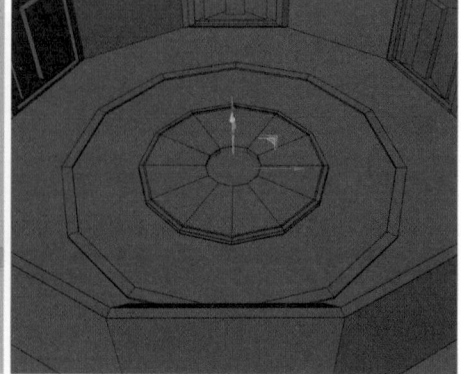

图4-113

图 4-114

继续复制管道对象，将"内部半径"设置为1700cm，"外部半径"设置为1810cm，制作出第二层，如图4-114所示。

图 4-115

再次复制管道对象，将"内部半径"设置为1440cm，"外部半径"设置为1500cm，制作出第三层，如图4-115所示。

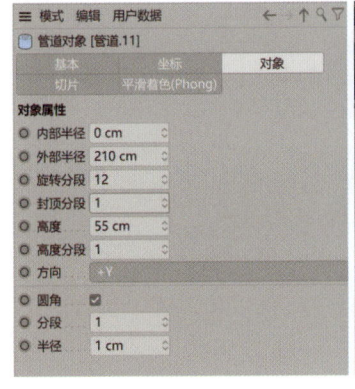

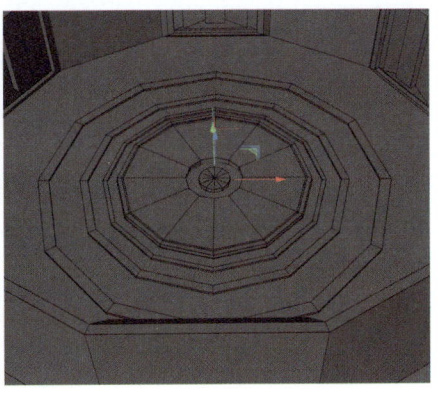

图 4-116

继续复制管道对象，将"内部半径"设置为0cm，"外部半径"设置为210cm，将管道对象放在中心，这样场景的基座和墙面就搭建好了，如图4-116所示。

4.6.2 摄像机使用要点

使用摄像机有以下几个要点。

① 单击摄像机标签后的按钮，进入摄像机视角，是最终的渲染构图。退出摄像机视角，可以编辑画面，修整构图，这是非常便捷的功能，如图4-117所示。

图 4-117

②当画面角度固定好后,为了避免操作失误,可以锁定摄像机,使画面在处于摄像机视角时不会变动。其方法是在对象面板上右击,在弹出的快捷菜单中,选择"装配标签"→"保护"命令,这样相当于给摄像机加了一把小锁,退出摄像机视角后编辑不受影响,如图 4-118 所示。

③焦距数值越大,场景中包含的内容越多,四周物体形变越严重;焦距数值越小,场景中包含的内容越少,四周物体形变越小,如图 4-119 所示。

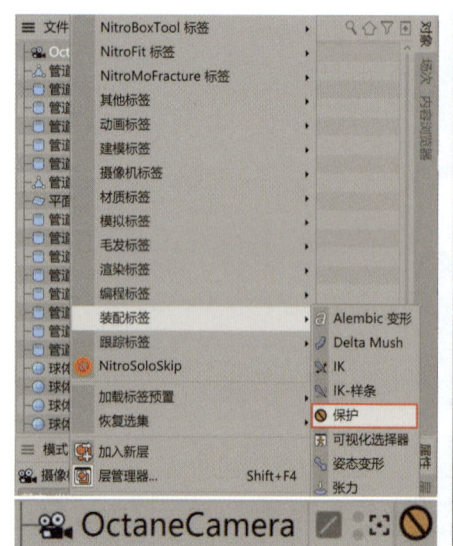

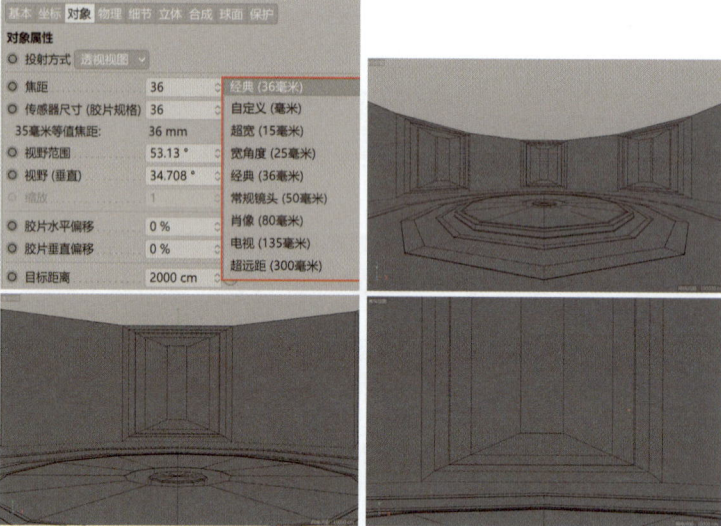

图 4-118

图 4-119

④使用景深效果,是非常好用的营造画面感的手段。光圈数值越小,背景虚化越重;光圈数值越大,背景虚化越轻,如图 4-120 所示。

图 4-120

⑤选择合适的焦点位置,让视线聚焦到重要元素上,如图 4-121 所示。

图 4-121

4.6.3 透视角度选择和场景完善

有些画面需要精准地展现产品细节,画面形变会影响展示效果,这时需要调大焦距数值,以使画面细节更为准确。有些画面则恰恰相反,需要画面具有夸张、震撼的广角效果,从而展现更广阔的空间感。

图 4-122

这里需要表现出大场景的效果。选择超宽广角，将"焦距"设置为15mm，可以看到更大、更宽的场景，如图 4-122 所示。

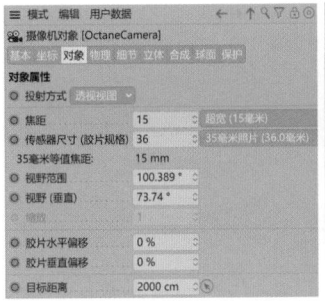

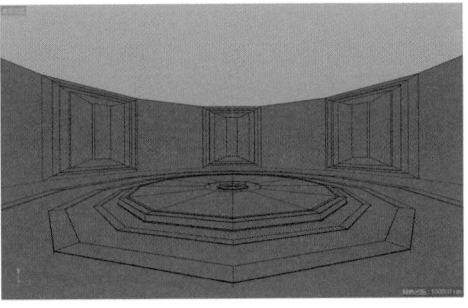

图 4-123

搭建好屋顶的细节。创建管道对象，将"内部半径"设置为1670cm，"外部半径"设置为4000cm，"高度"设置为80cm，"旋转分段"设置为12，勾选"圆角"复选框，将"分段"设置为2，"半径"设置为2cm，将管道对象移动到墙壁顶部，如图 4-123 所示。

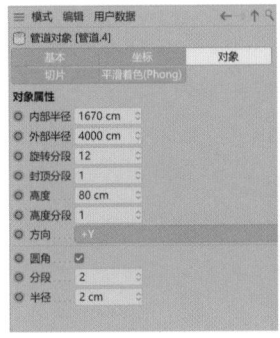

图 4-124

复制管道对象，将管道对象"内部半径"设置为1440cm，"外部半径"设置为1660cm，给顶部制作一个边缘，如图 4-124 所示。

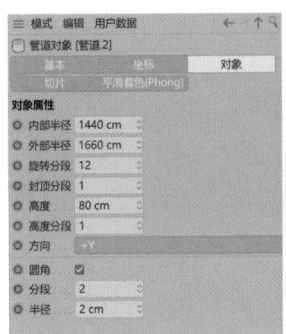

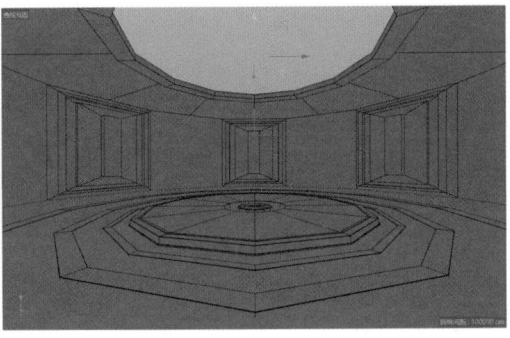

图 4-125

再次复制管道对象，缩小"内部半径"为1200cm，将管道对象向上移动，为顶部制作出层次感，如图 4-125 所示。

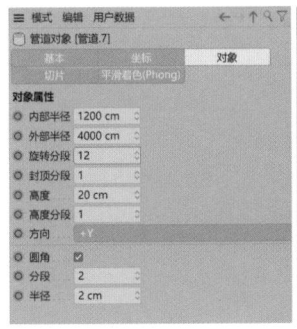

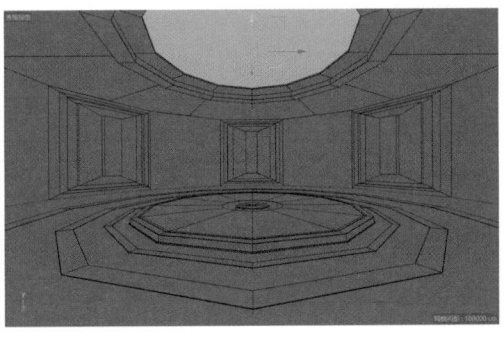

再次复制管道对象，调整"内部半径"为1600cm，"高度"为2600cm，把画面剩余部分都遮住，制作出一个天窗，如图4-126所示。

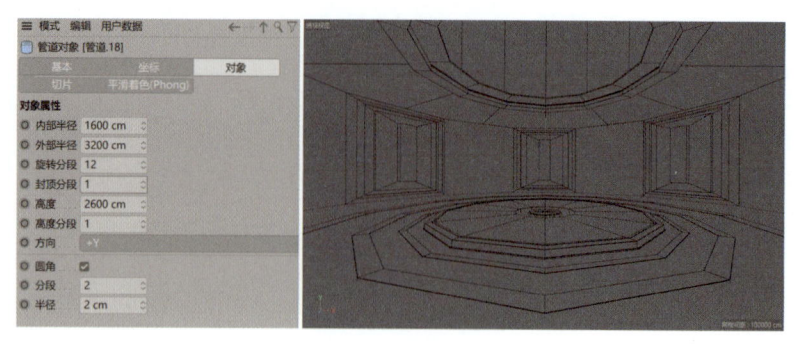

图4-126

4.6.4 渲染要点

打开Octane实时查看窗口，进行基础设置。打开"Octane 设置"窗口，将"核心"选项卡的渲染模式改为"路径追踪"，"最大采样"改为2000（在预览时可以只用200）。勾选"自适应采样"复选框。选择"重定义空间"下拉列表中的"Gamma 2.2"选项，勾选"启用降噪"和"降噪体积"复选框，取消勾选"完成时降噪"复选框，其他设置保持默认值，如图4-127所示。

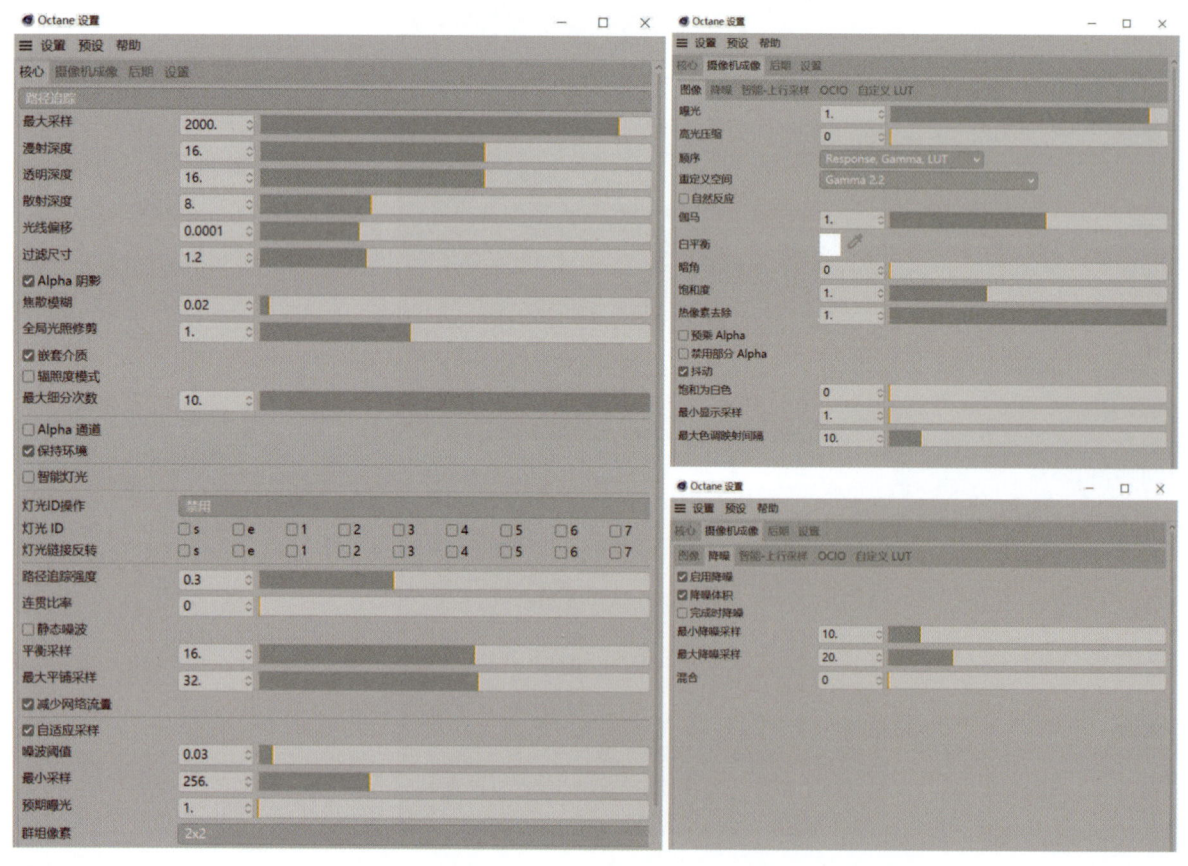

图4-127

设置完成后的效果如图 4-128 所示。

创建目标区域光,并将其移动到场景顶端窗口,使部分光照射进来,照亮整个空间,如图 4-129 所示。

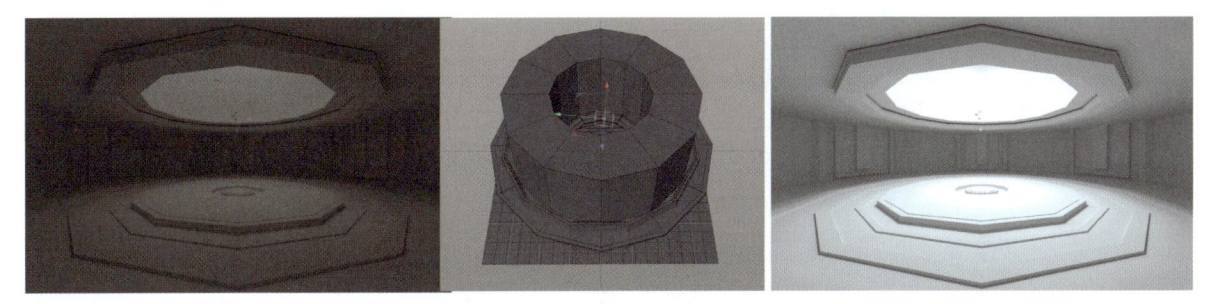

图 4-128					图 4-129

创建两个光泽度材质球,将颜色分别设置为浅黄色和浅蓝色,并将反射和粗糙度都增加一些,赋予地面、屋顶和外部天窗,如图 4-130 所示,效果如图 4-131 所示。

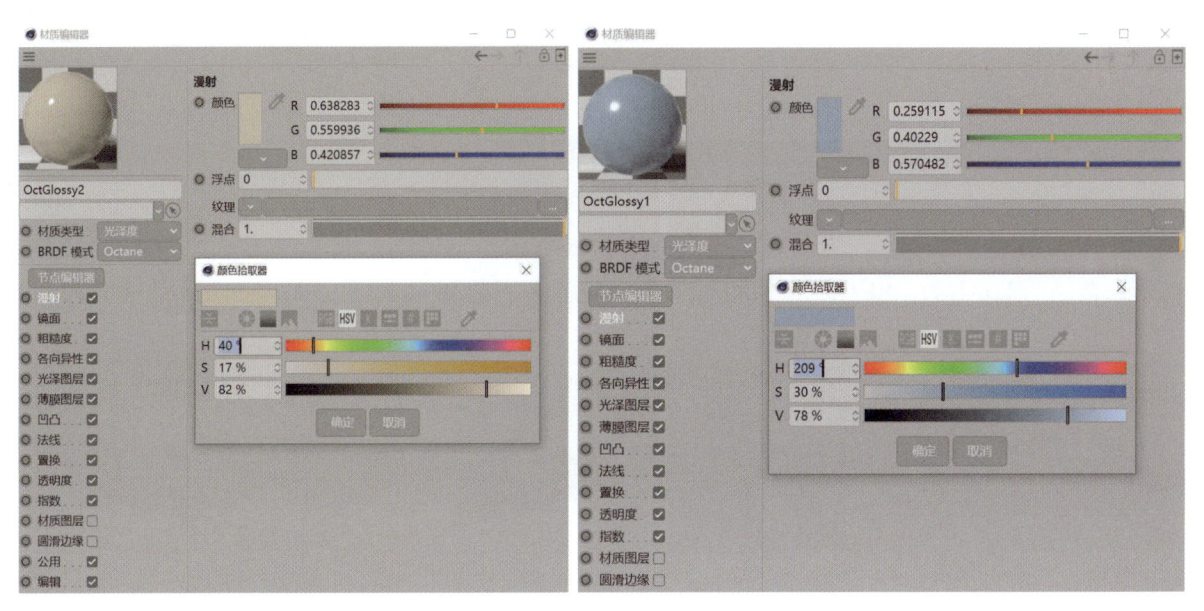

图 4-130

图 4-131

创建金色材质球，并将其赋予内部的装饰条，如图4-132所示。

复制金属材质球，打开"材质编辑器"窗口，在"粗糙度"通道添加一张黑灰色条纹贴图，把这个材质球赋予四周的墙壁，形成条纹状，如图4-133所示。

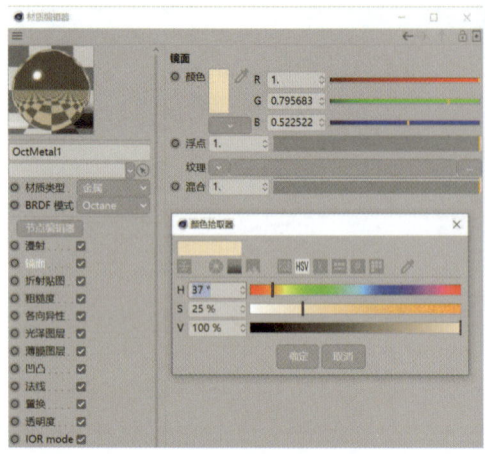

图4-132

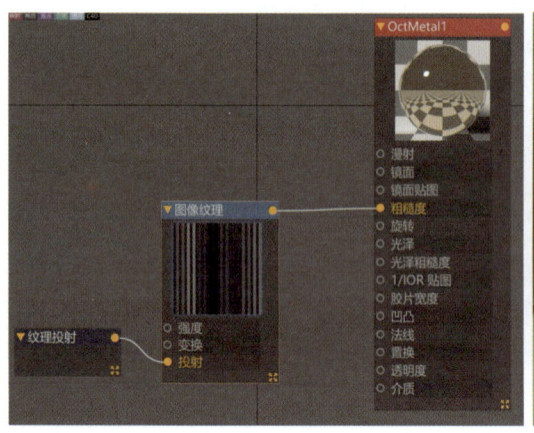

图4-133

创建漫射材质球，勾选"发光"通道，单击"黑体发光"按钮，设置"强度"为30，"色温"为10500，把这个漫射材质球赋予墙壁被挤压出来的面，以及顶部装饰灯条，使场景光泽感更好，如图4-134所示。效果如图4-135所示。

图4-134

图4-135

4.7 水面场景让画面更灵动

水面倒影也是常用场景之一，水可以让画面更灵动，本节会重点介绍水的模型和渲染要点，以及如何用非常快的速度得到非常真实的水面效果，如图 4-136 所示。

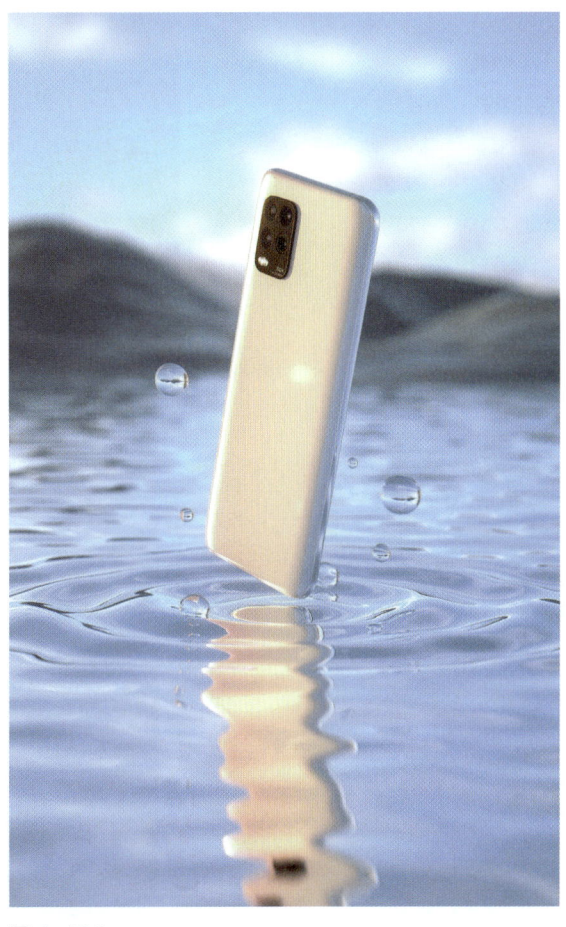

图 4-136

4.7.1 场景搭建

简单搭建一个场景，可以使用自己的项目产品模型，或在素材网站上购买需要的产品模型。这里导入一个手机模型，放在水面场景的中心，如图 4-137 所示。

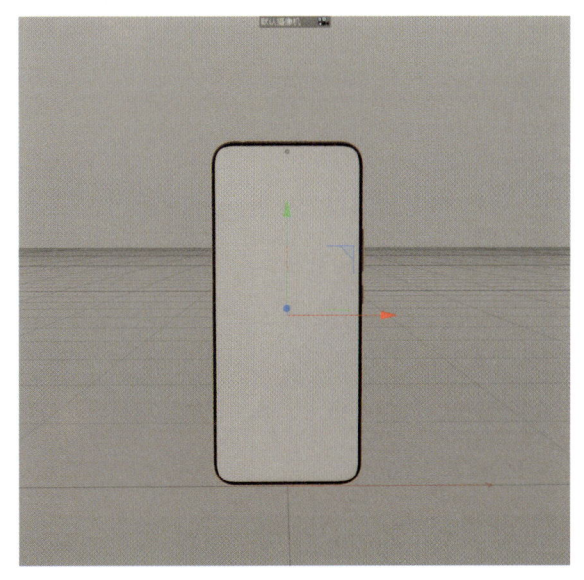

图 4-137

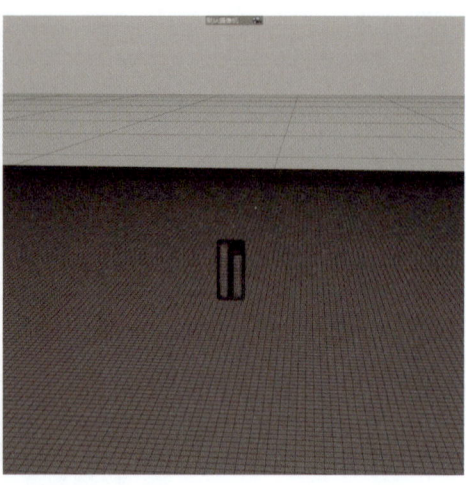

创建平面对象，把尺寸调整到足够大，设置"宽度"为14000cm，"高度"为16000cm，将"宽度分段"和"高度分段"都改为300，以这个平面对象作为水面的基础，如图4-138所示。

图4-138

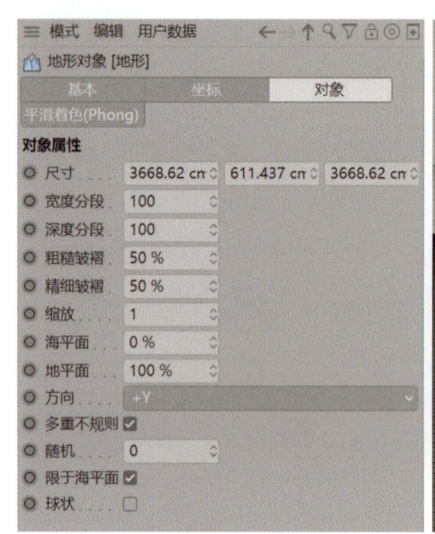

创建地形对象，模拟远处的山，将地形对象移动到手机模型的后方，距离手机模型远一些，如图4-139所示。

图4-139

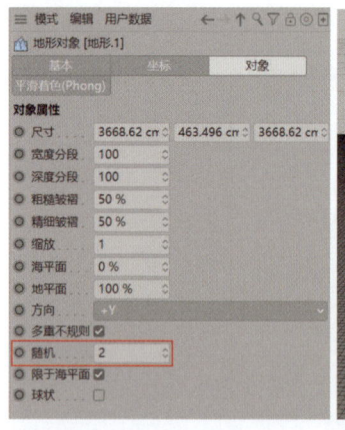

多复制几个地形对象，设置"随机"为2，让山脉的形态不重复，这样简单几个模型就可以把场景创建好，如图4-140所示。

图4-140

为了便于观察，应把场景渲染做好。把场景尺寸设置成长方形，创建摄像机，将"焦距"设置为"80"，减小形变。打开 Octane 实时查看窗口，在"Octane 设置"窗口中修改"核心"选项卡的渲染模式为"路径追踪"，"最大采样"为 2000，勾选"自适应采样"复选框，在"摄像机成像"选项卡中选择"重定义空间"下拉列表中的"Agfacolor_Vista_100CD"选项，产生比较偏向冷色的滤镜效果，如图 4-141 所示。

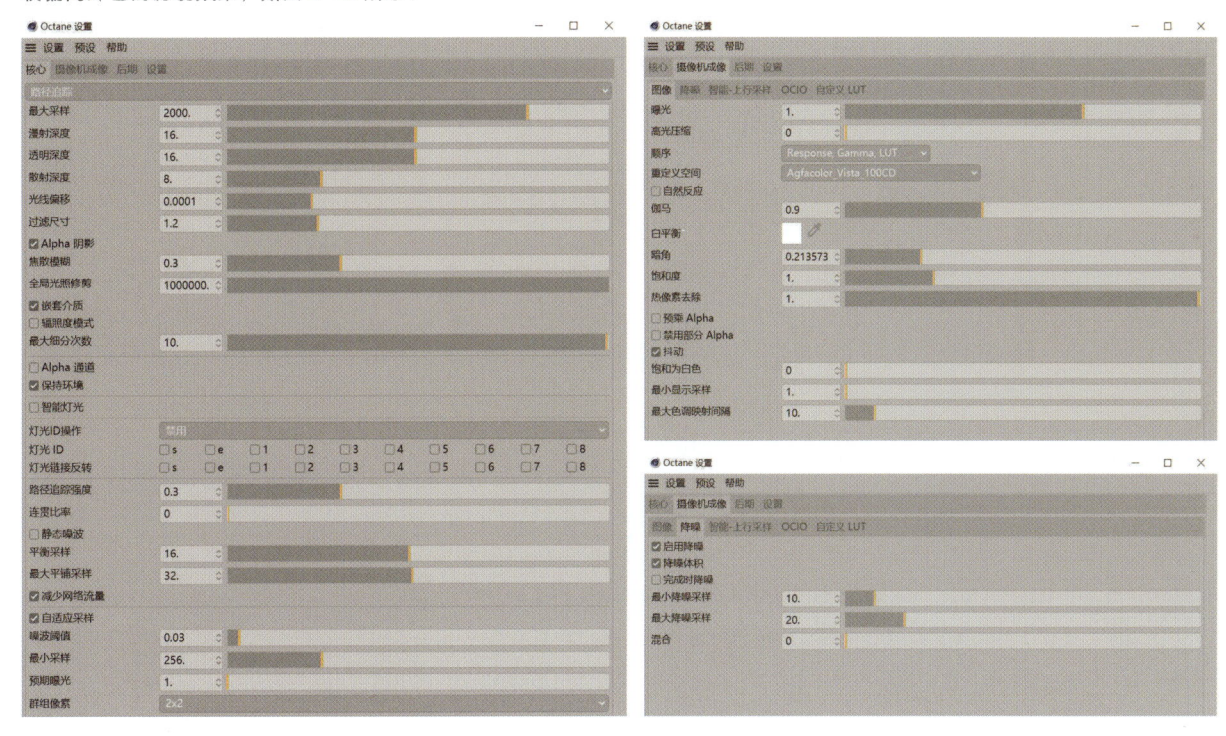

图 4-141

设置完成后的效果如图 4-142 所示。

创建 Octane HDRI 环境，在"纹理"栏添加一张户外的 HDR 贴图，调整旋转角度，使画面的天空部分只露出蓝天和白云，如图 4-143 所示。

图 4-142　　图 4-143

光源使用 Octane 日光，形成户外光照效果，调整灯光对象的参数。首先调整灯光坐标的"R.P"为-7°，形成夕阳效果，然后调整 Octane 日光标签"向北偏移"的角度，并调整光影方位，最后勾选"混合天空纹理"复选框，把 HDR 贴图露出来，如图 4-144 所示。

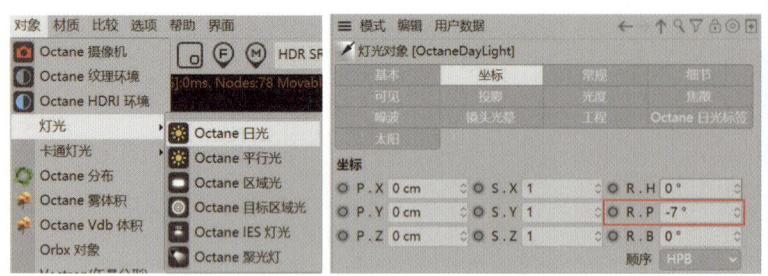

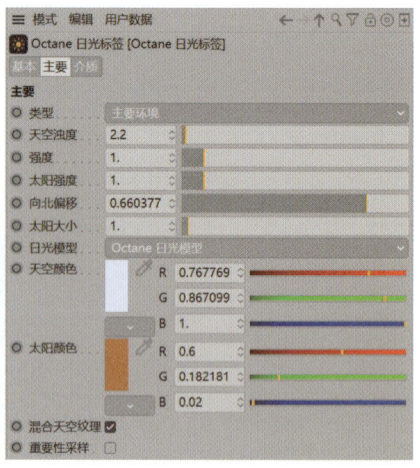

图 4-144

设置完成后的效果如图 4-145 所示。

材质的制作比较简单。远山作为背景，可以简单地创建光泽度材质球，先勾选"漫射"通道，设置"颜色"为青绿色，分别设置 H 为 190°、S 为 21%、V 为 72%，再勾选"粗糙度"通道，进行设置，并把这个材质球赋予地形对象。创建金属材质球，不需要调整这个金属材质球，只需将金属材质球直接赋予平面对象，模拟水面效果。产品渲染不是本节重点，使用模型自带的材质球即可，如图 4-146 所示。

这样整个场景就搭建好了，如图 4-147 所示。

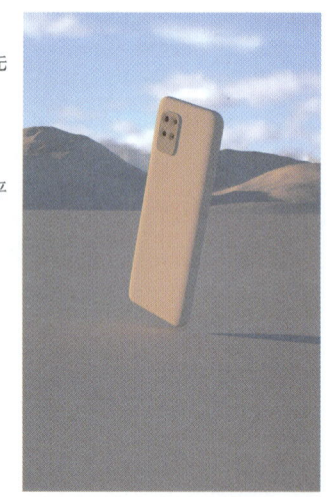

图 4-145

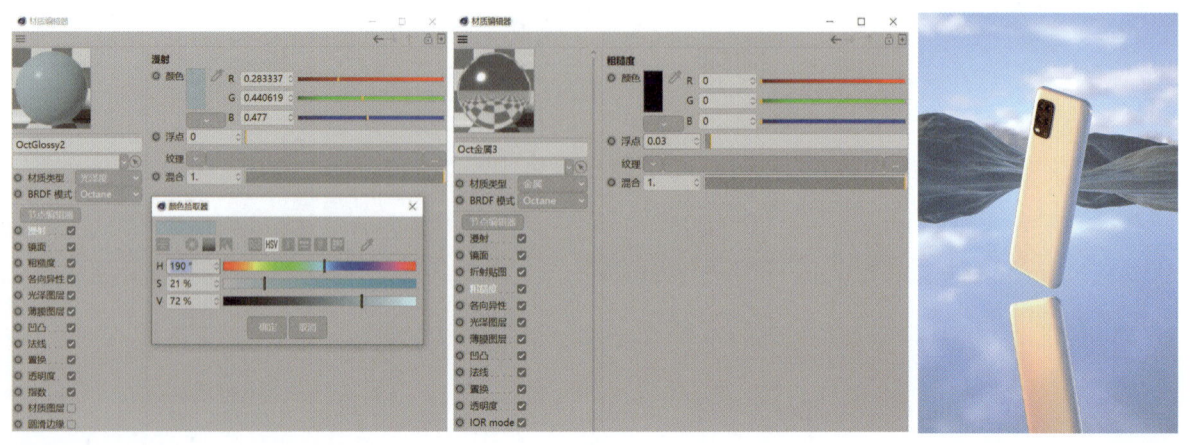

图 4-146

图 4-147

4.7.2 渲染要点

下面开始制作水面效果，包括 3 个构成要素，分别为水面波纹、水面涟漪和飘浮水珠。

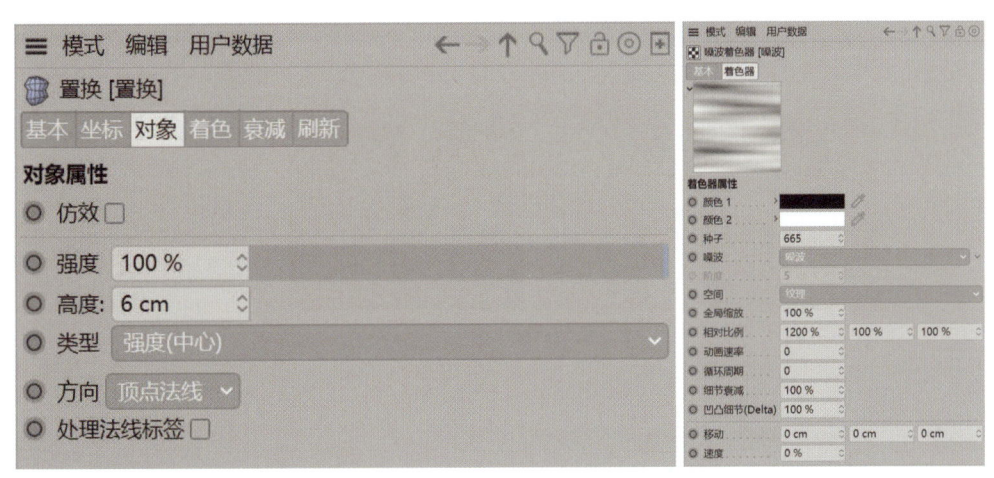

1. 水面波纹

在平面对象的子级中创建置换对象，在"着色器"选项卡中添加"噪波"选项，调整"相对比例"的 X 轴方向比例为 1200%，将"对象"属性面板中的"高度"降低到 6cm，如图 4-148 所示。

图 4-148

设置完成的效果如图 4-149 所示。

先为整体平面创建细分曲面对象，使水面更平滑，再进行景深效果的处理。在 Octane 摄像机对象的"薄透镜"属性面板中取消勾选"自动对焦"复选框，将"光圈"设置为 15cm，在 Octane 实时查看窗口中先单击"拾取焦点"按钮，再单击画面重手机部分，使焦点聚焦到产品上，如图 4-150 所示。这时前景和背景就都已经被虚化了，如图 4-151 所示。

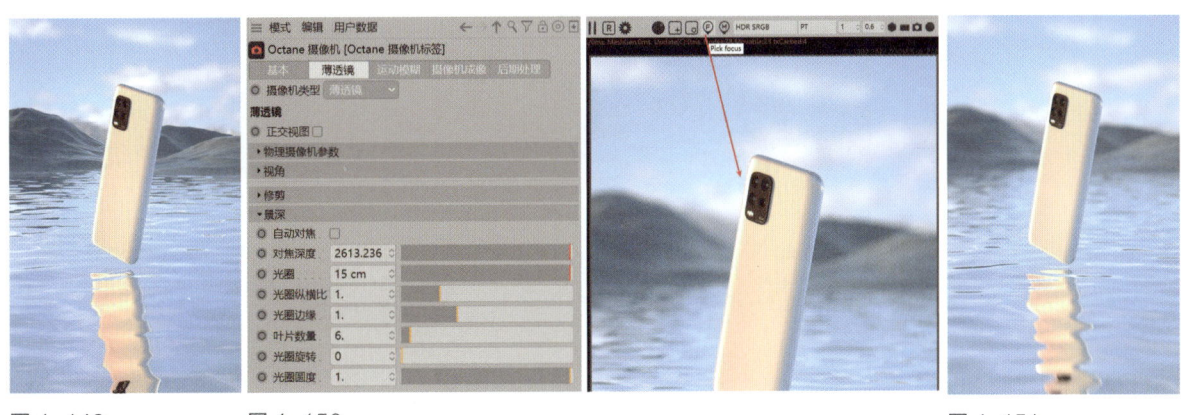

图 4-149   图 4-150   图 4-151

2. 水面涟漪

在水面对象的子级中创建公式对象，调整公式对象属性面板中"d(u,v,x,y,z,t)"的最后一项数值为 0.08，使波纹不用太夸张，这样平面中心位置就出现了一圈一圈的涟漪，如图 4-152 所示。

图 4-152

涟漪需要控制在一定的范围内。在公式对象的"衰减"属性面板中，创建球体域对象，可以看到在对象面板中的公式对象的子级中出现了球体域对象，在视图窗口中能够看到域的范围，调整大小，只在产品周围出现涟漪即可，如图 4-153 所示。效果如图 4-154 所示。

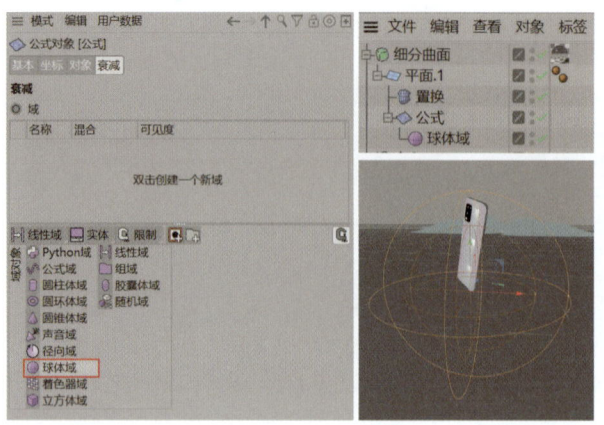

图 4-153

图 4-154

3. 漂浮水珠

创建球体对象，在球体对象的子级中创建置换对象，在"着色器"选项卡中添加"噪波"选项，将"全局缩放"加大到 514%，此时可以看到球体对象不是正圆了。创建镜面材质球，调整"传输"通道的"颜色"为纯白色，将它赋予球体对象，这样一个透明的水珠就制作好了，如图 4-155 所示。

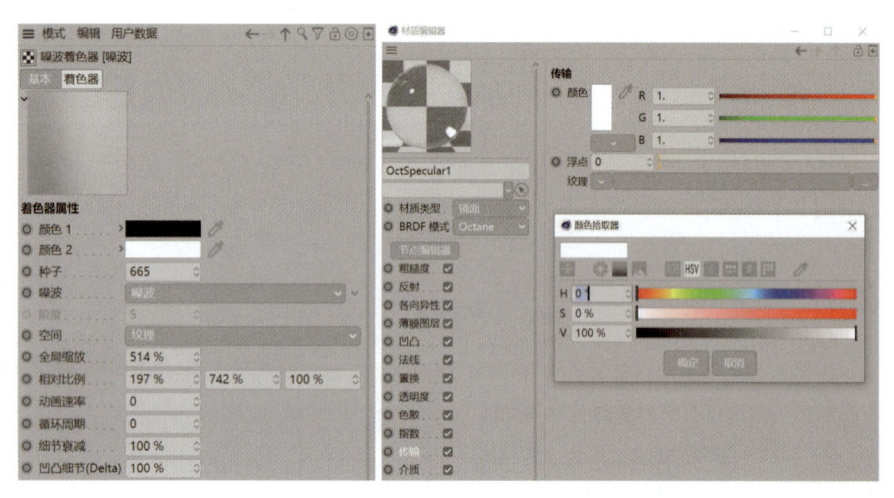

图 4-155

多复制几个水珠，将其装饰在产品涟漪的四周，制作出飞溅出来的水珠效果。打开"Octane 设置"窗口，在"后期"选项卡中勾选"启用"复选框，设置"辉光强度"为 0.155，"修剪"为 0.09，"眩光强度"为 3.4，给画面增加光泽感，如图 4-156 所示。

效果如图 4-157 所示。

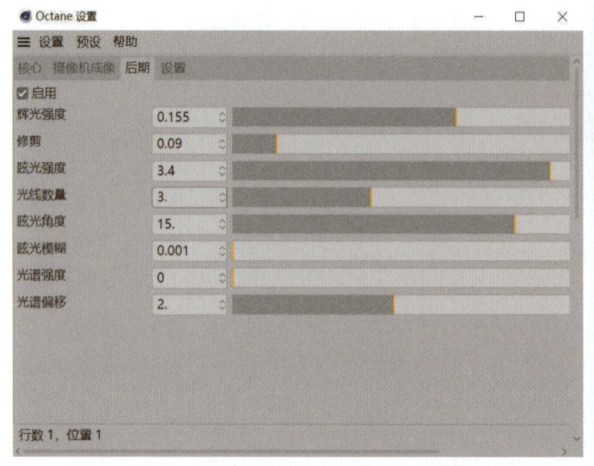

图 4-156

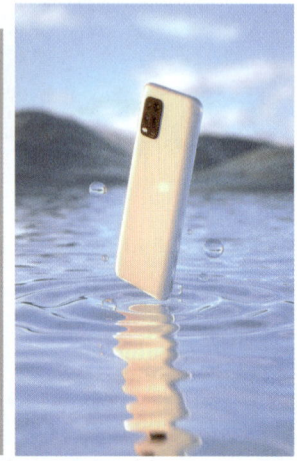

图 4-157

4.8 使用图片做实景合成

本节学习如何给一张图片添加三维元素,并制作一个实景合成的作品,如图 4-158 所示。

图 4-158

4.8.1 图片筛选

制作实景合成的图片,需要满足以下几个要点。

主体和背景鲜明，便于分离主体，可以在主体周围建模加入想要的元素，如图 4-159 所示。

图 4-159

背景比较空旷，如桌面或墙面，如果有空间那么可以增加内容，如图 4-160 所示。

图 4-160

光影相对简单，易于模仿。太过繁复的光影关系会让画面太乱，如图 4-161 所示。

图片尺寸不能太小，不然放大会比较模糊，再加上渲染就更影响清晰度了。

图 4-161

4.8.2 图片处理

如果需要把图片中的背景和主体分离，那么需要把选好的图片拖入 Photoshop，选择"选择"→"主体"命令，把主体人物选中，按快捷键 Ctrl+J 把人物复制出来，如图 4-162 所示。

图 4-162

如果需要把人物图层隐藏，那么要先在背景图层上再次选择"选择"→"主体"命令，然后选择"选择"→"修改"→"扩展"命令，在弹出的对话框中设置"扩展量"为 2，把人物周围多选中一圈，如图 4-163 所示。

按快捷键 Shift+F5 调出"填充"对话框，选择"内容"为"内容识别"，确定后就可以把背景人物消除，只剩下背景。把人物存储为背景透明的 PNG 格式图片，把背景图片单独存储为 JPG 格式图片，以作备用，如图 4-164 所示。

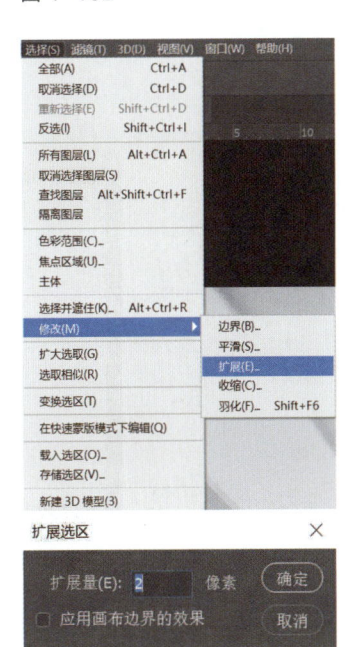

图 4-163

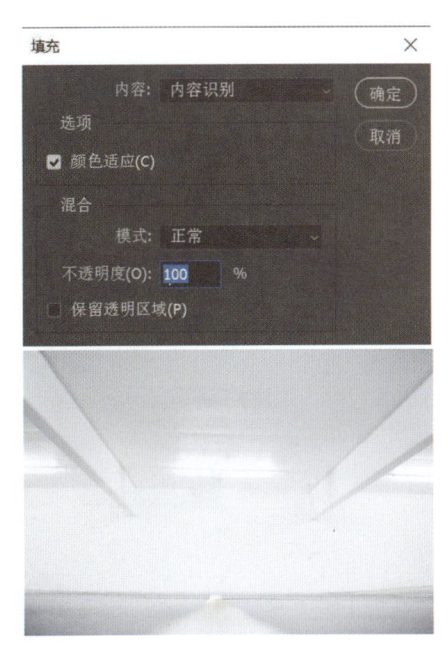

图 4-164

4.8.3 图片导入 C4D

查看背景图片的尺寸，在 C4D 中创建一个平面对象，将尺寸设置为和背景图片相同，将"宽度分段"和"高度分段"都设置为 1，"方向"设置为"-Z"，如图 4-165 所示。

图 4-165

创建漫射材质球，勾选"漫射"通道，在"纹理"栏中添加背景图片，并把这个材质球赋予平面对象，如图4-166所示。

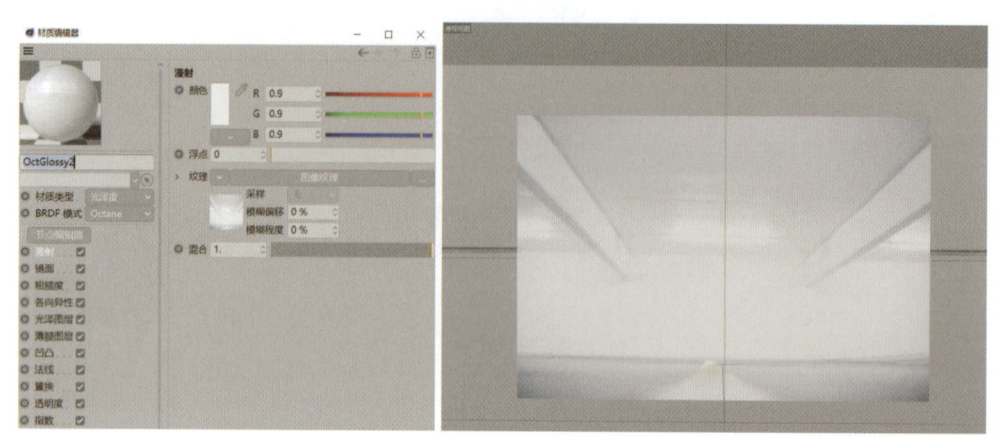

图4-166

选择"Octane摄像机"命令，将"焦距"设置为80cm，坐标归零，只调整前后距离，使平面充满画面，布置好背景，如图4-167所示。

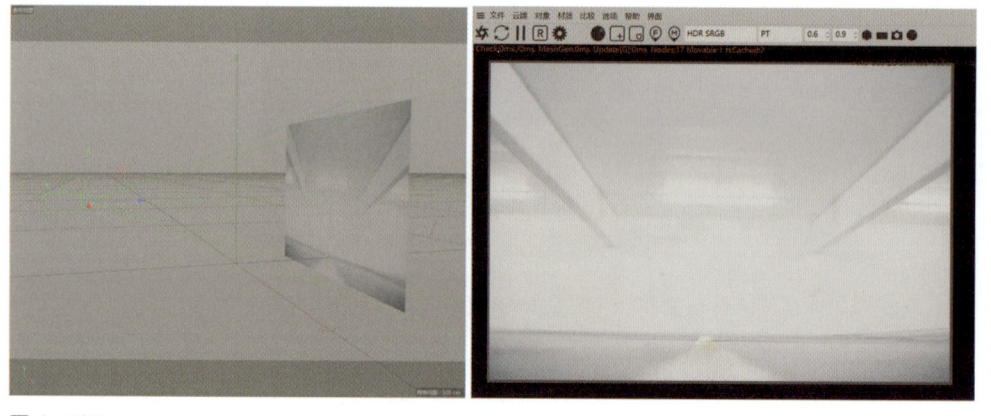

图4-167

再次创建漫射材质球，打开"Octane节点编辑器"窗口，为"漫射"通道添加"图像纹理"节点。在"文件"栏中添加人物的PNG图片。复制"图像纹理"节点，并把复制的"图像纹理"节点连接到"透明度"通道，这样就制作出背景透明的人物材质球了，如图4-168所示。

图4-168

复制平面对象，先把平面对象向摄像机对象方向移动和缩小，使它充满画面，然后把材质替换成刚才制作的人物材质球，这样就可以把人物和背景都导入C4D了，如图4-169所示。

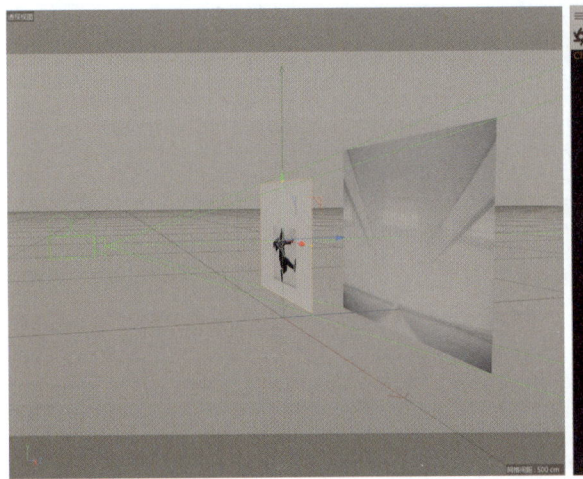

图 4-169

4.8.4 创建元素做合成

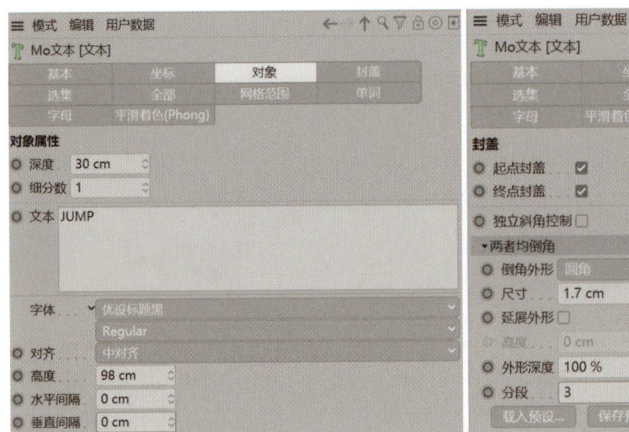

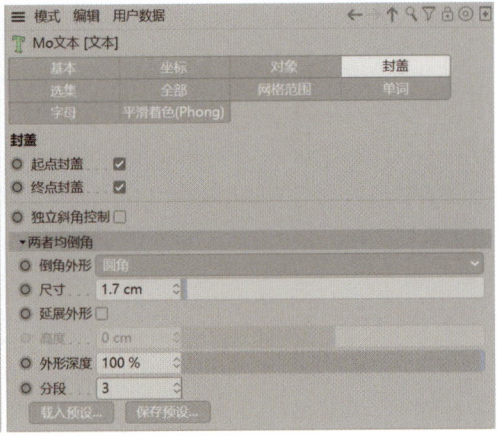

选择"运动图形"→"文本"命令，创建文本对象，在"对象"属性面板中的"文本"文本框中输入"JUMP"，设置"深度"为30cm，"高度"为98cm，在"封盖"属性面板中将"尺寸"改为1.7cm，如图4-170所示。

图 4-170

把文本对象移动到人物和背景中间，调整文本对象的大小，在Octane实时查看窗口查看文本对象的位置，如图4-171所示。

图 4-171

创建圆环对象，将"圆环半径"调整为30cm，"圆环分段"增加到90，"导管半径"改为0.8cm，把这个圆环对象移动到人物的腰间，注意前后位置，如图4-172所示。

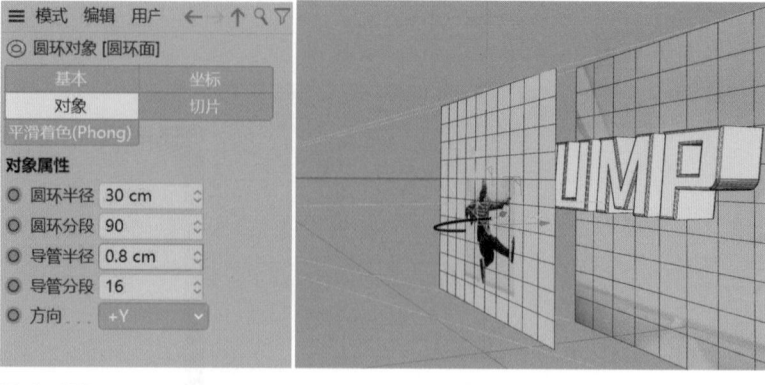

图4-172

根据需要多复制几个圆环对象，先在人物身上多放置几个圆环对象，然后将圆环对象进行旋转和缩放，注意遮挡关系，如图4-173所示。

图4-173

创建Octane HDRI环境，在"纹理"栏添加背景图片，让整体环境更接近原图。如果觉得暗，那么可以对图片进行调整，如图4-174所示。

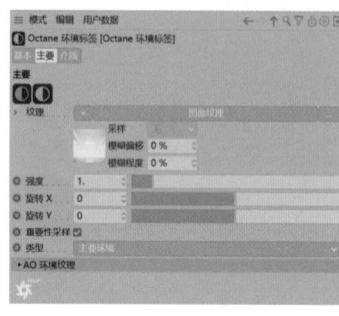

图4-174

创建金属材质，勾选"粗糙度"通道，将"浮点"增加到0.05，如图4-175所示。

把这个材质球赋予文本对象和圆环对象，调整整体位置，这样合成图就渲染好了，如图4-176所示。

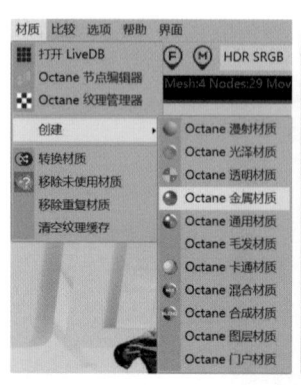

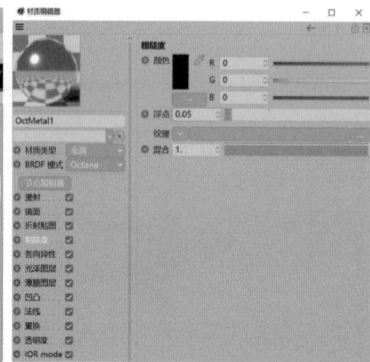

图4-175

图4-176

第5章

创建预设库

本章介绍如何制作自己的预设库和一些快捷的预设方法，能够帮助读者有效地提高作图效率。

5.1 预设库制作

很多场景和渲染都使用了相同的灯光和环境，这时只需要调整灯光的位置和强度即可，如果每次都设置一遍其实很麻烦。

在C4D中就可以建立自己的预设库，可以把常用灯光、贴图和场景都制作好并保存起来，在每次使用时调出，这样非常方便，也可以把自己制作的预设库分享给别人，共享资源。

本节会介绍预设库的制作方法和一些实用的预设小技巧，善用这些小技巧，可以提高工作效率，避免重复性劳作，如图5-1所示。

图 5-1

5.1.1 灯光预设

创建预设库的方法很简单。选择C4D菜单中的"窗口"→"内容浏览器"命令，打开"内容浏览器"对话框，选择"文件"→"新建预置库"命令，在弹出的对话框中设置"名称"选项，如图5-2所示。

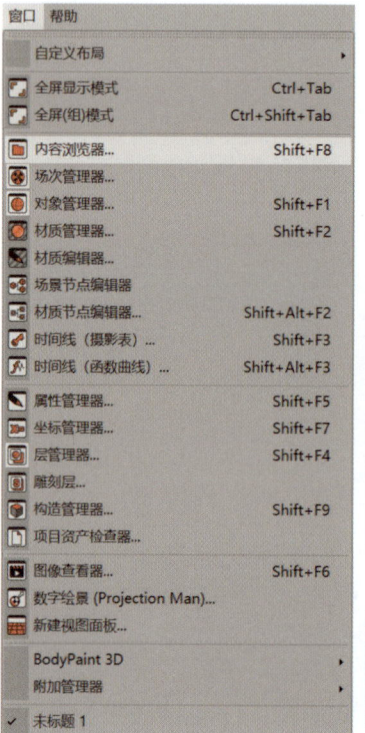

图 5-2

制作灯光预设,把常用灯光制作出来。在使用默认渲染器时,配合的灯光大多是区域光。创建灯光对象,在属性面板中调整"投影"为"区域",如图 5-3 所示。

图 5-3

创建空白对象,在属性面板中将空白对象重命名为"目标",右击灯光对象,在弹出的快捷菜单中选择"动画标签"→"目标"命令,给灯光对象加上目标表达式,把空白对象拖入目标表达式,这个灯光对象就成了目标区域光灯,如图 5-4 所示。

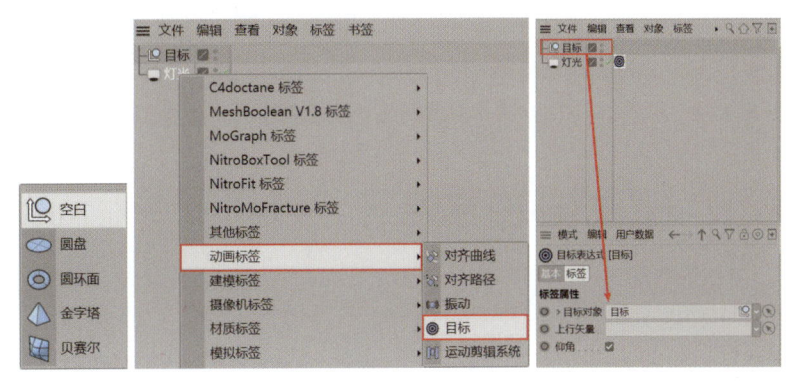

图 5-4

创建球体对象,把灯光对象移动到球体对象的一侧,测试效果如图 5-5 所示。

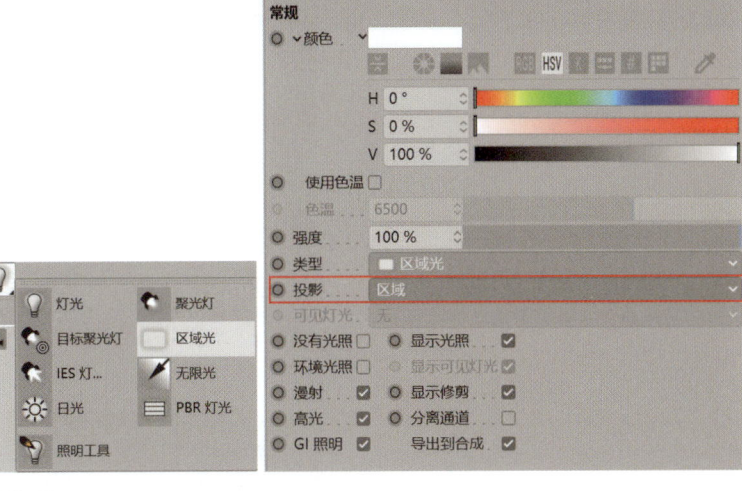

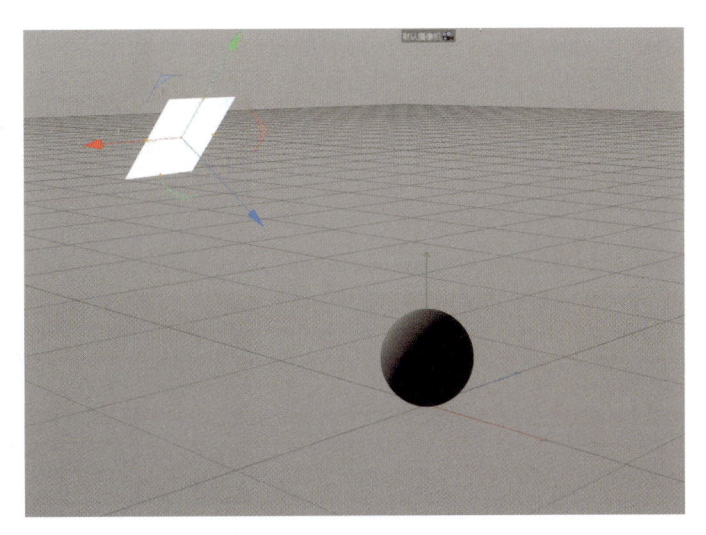

图 5-5

调整好后把目标点和灯光对象打包成一组，使用快捷键 Shift+F8 打开内容浏览器，把目标区域光灯组整体拖入创建的预设库，一个灯光预设就制作好了，如图 5-6 所示。

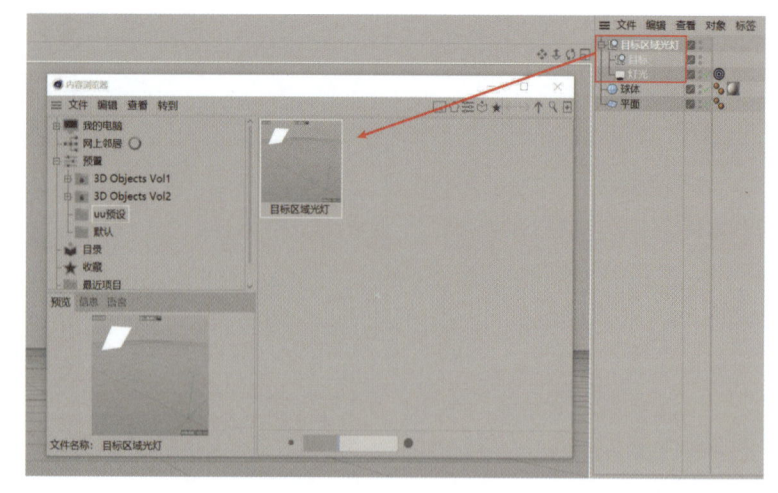

图 5-6

再复制一盏灯，将这盏灯移动到另一侧，降低强度，制作成双侧光源，再次存储，如图 5-7 所示。

为了分类方便，可以在预设库空白处右击，在弹出的快捷菜单中选择"新建文件夹"命令，双击文件名重命名，把灯光都拖入文件夹，完成灯光分类，如图 5-8 所示。

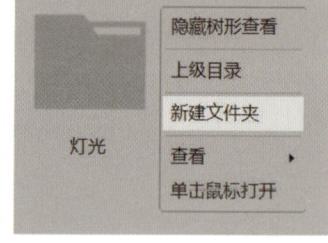

图 5-7

图 5-8

5.1.2 HDR 贴图预设

HDR 贴图即高动态范围贴图，也叫作全景贴图，它在 C4D 中创造模拟现实的虚拟环境，为反射材质提供反射环境，让材质和光源更接近现实。HDR 贴图分为两种，一种是真实拍摄的，如户外天空、室内灯光等，如图 5-9 所示。另一种是制作的影棚式，如黑场中的左右光源或单侧光源等，就像在摄影工作室中创造的光源环境，如图 5-10 所示。

图 5-9

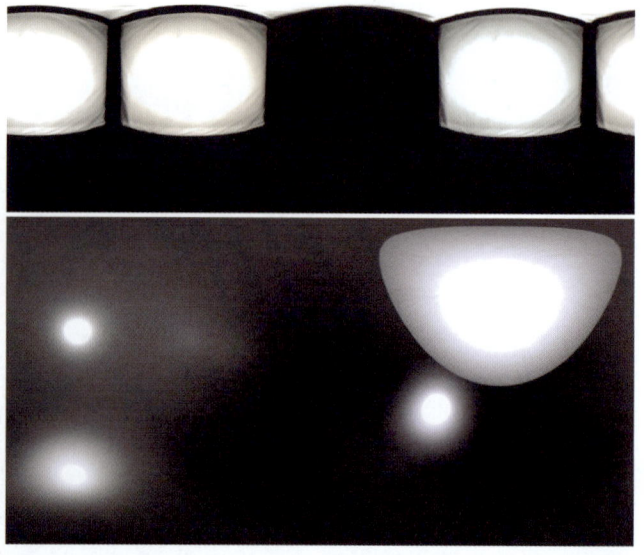

图 5-10

这些 HDR 贴图需要在平时进行收集，并把它们分门别类地归纳好，存入自己的预设库，这样使用起来非常方便，如图 5-11 所示。

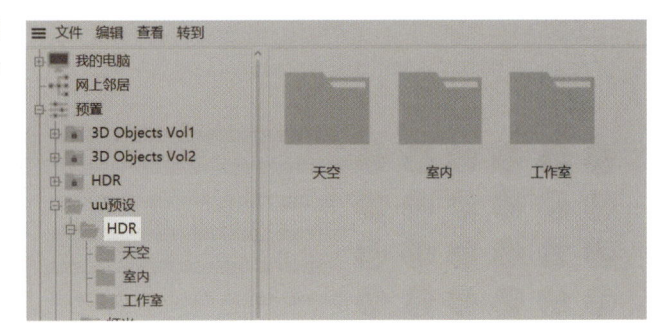

图 5-11

5.1.3 贴图预设

贴图需要平时积累，也可以从素材网站上购买下载，还可以自己拍摄制作。

在制作材质球时，有一张好的贴图非常重要，像木纹、墙面纹理、布纹、水纹等都非常常用，可以把它们收集起来添加到贴图预设中，如图 5-12 所示。

此外，可以收集一些各色颜料混合的图片，用在制作绚丽的天空渐变时，效果会非常漂亮，如图 5-13 所示。

图 5-12

图 5-13

还可以自己制作常用黑白贴图，在 Photoshop 中新建 2K 以上的画布，在画布上绘制需要的条纹、噪点和几何形状等。

条纹：用矩形工具在画布上绘制等距的横格或竖格，粗细和间距根据需要调整，如图 5-14 所示。

噪点：用散点画笔工具在画布上绘制噪点图案，绘制不同形状的噪点，如图 5-15 所示。

图 5-14

图 5-15

规则几何：在画布上绘制圆形、方形和三角形等，如图 5-16 所示。

曲线：用画笔工具随意绘制曲线组合，如图 5-17 所示。

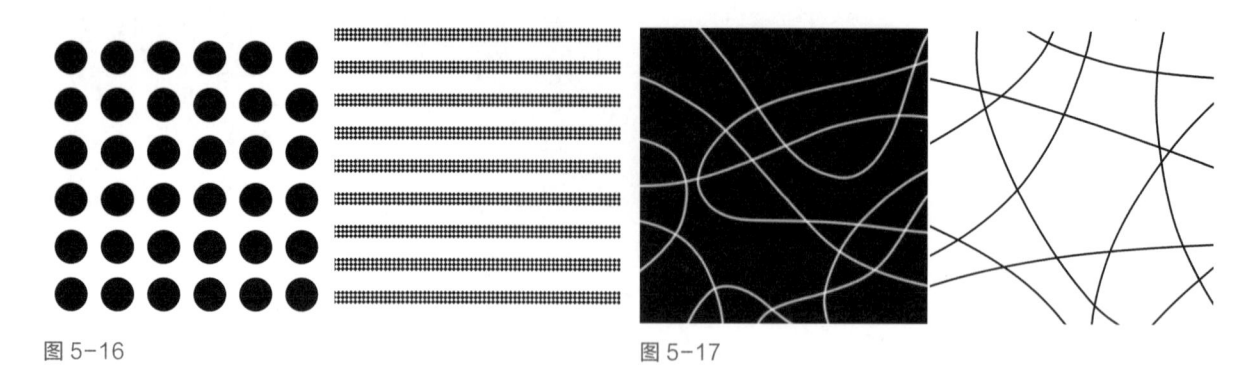

图 5-16

图 5-17

Logo 或图形：存储常用 Logo 或贴图的剪影，如图 5-18 所示。

把这些图形绘制好后存储为 JPG 或 PNG 格式，拖入创建的预设库，右击，在弹出的快捷菜单中选择"新建文件夹"命令，把类似贴图放在一起，便于查找，这样贴图预设库就创建好了，如图 5-19 所示。

图 5-18

图 5-19

5.1.4 材质预设

创建一些常用材质球，以默认渲染器材质球为例。

1．漫射材质球

一般背景材质会使用到无反射的材质。双击材质面板，创建默认材质球，勾选"颜色"通道，调节颜色，可以预设一些常用颜色，如图 5-20 所示。

2．银色、金色材质球

创建默认材质球，取消勾选"颜色"通道，进入"反射"通道，单击"移除"按钮，删除默认的反射，修改"类型"为"GGX"，对"粗糙度"选项进行适当调整，将"采样细分"增加到 5，"层颜色"若不修改，则是银色材质，若修改为浅黄色，则是金色材质，如图 5-21 所示。

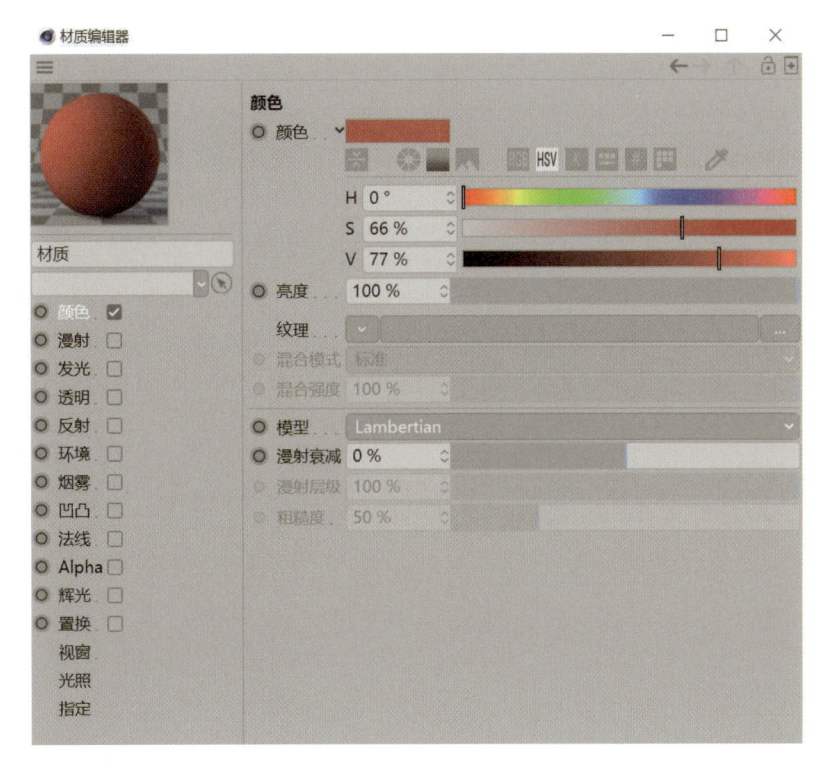

图 5-20

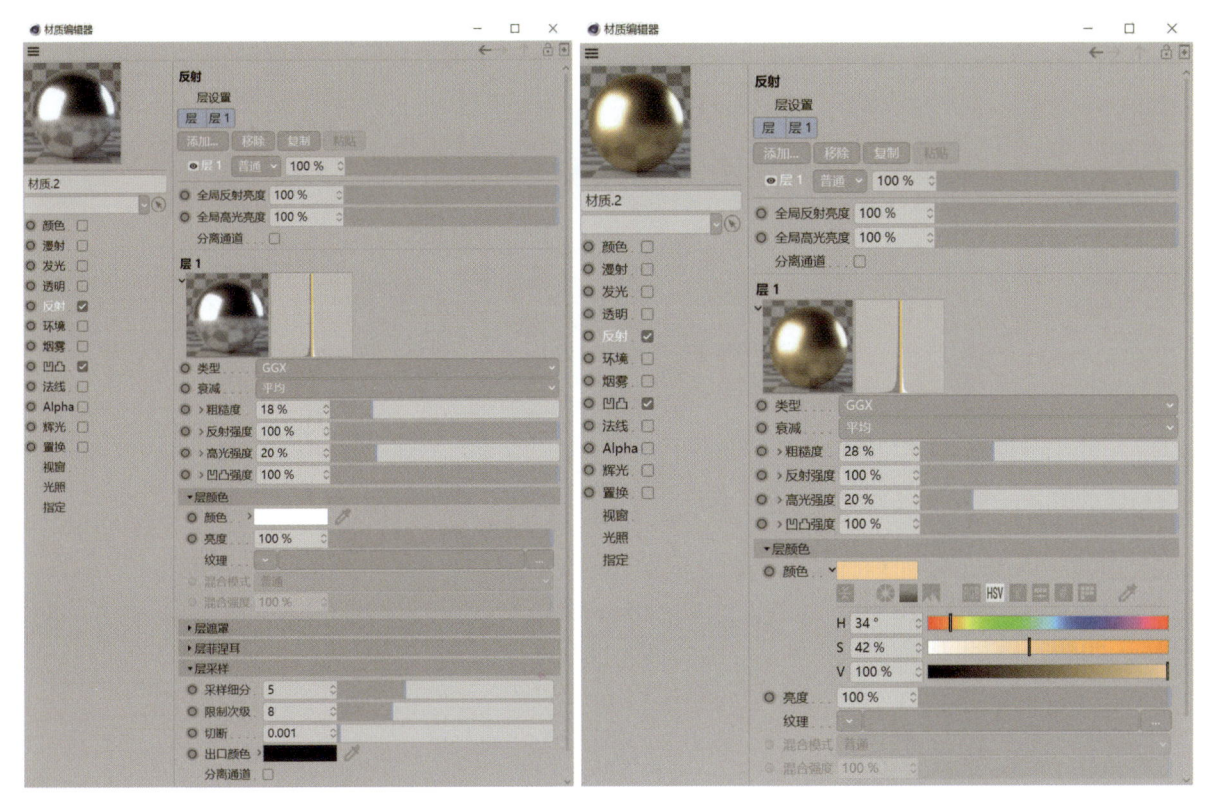

图 5-21

3. 塑料材质球

创建默认材质球，在"颜色"通道调出想要的颜色，在"反射"通道移除默认反光，修改"类型"为"GGX"，将透明度调节到6%，对"粗糙度"选项进行适当调整，如图5-22所示。

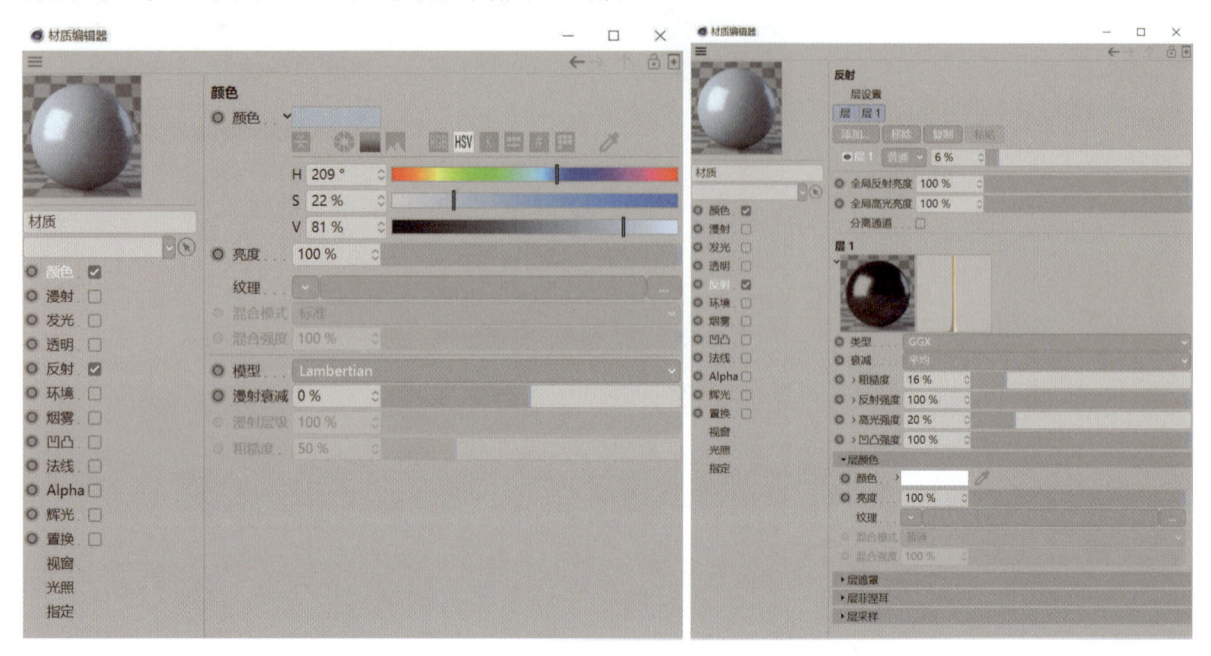

图 5-22

4. 纹理材质球

创建默认材质球，在"颜色"通道的"纹理"栏添加纹理贴图，在"反射"通道修改"类型"为"GGX"，将透明度调节到4%，"粗糙度"修改为18%，替换不同的贴图制作出不同的纹理材质球，如图5-23所示。

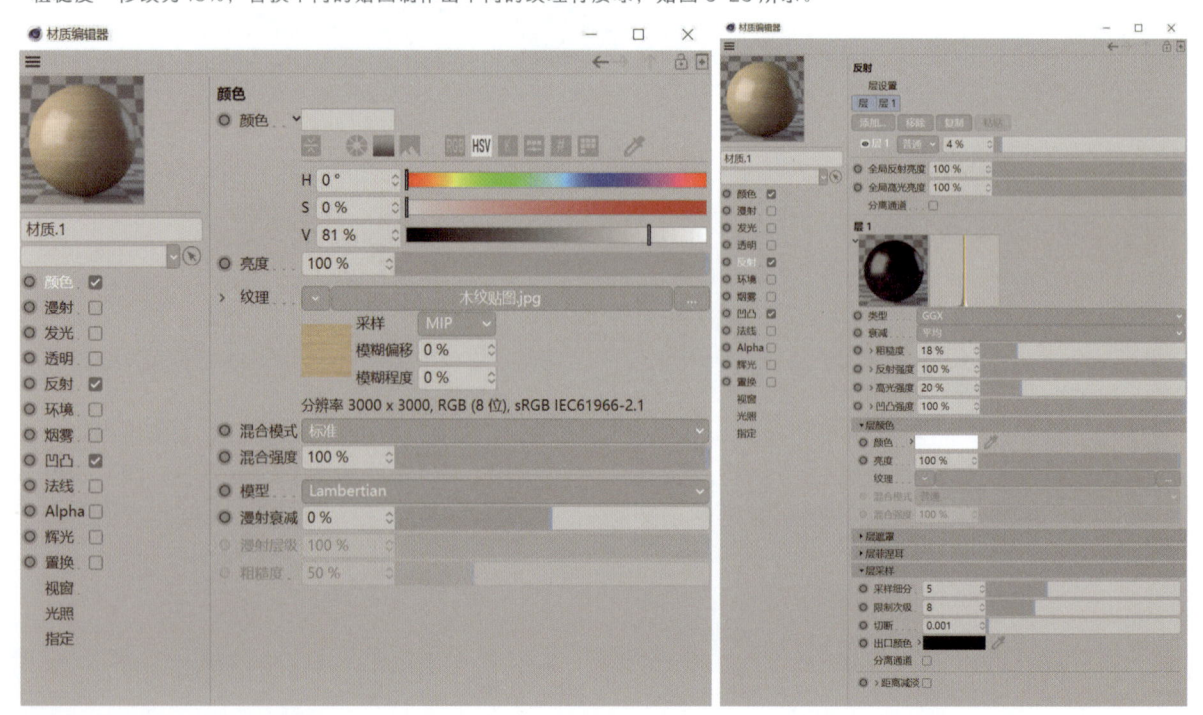

图 5-23

提前制作这些常用材质球，把它们拖入预设库，新建一个文件夹，并把它们放在一起，这样就创建好了材质预设库，如图 5-24 所示。

图 5-24

5.1.5 场景预设

简单创建一个场景，将整个场景包括渲染设置灯光材质和摄像机都存储成预设，这样在使用时只需更改中心物体即可。

先用平面对象搭建地面和背景板，几个立方体对象、球体对象、胶囊对象当作中心展台和展示物，再创建摄像机对象，将"焦距"调整到 80cm，把场景基本搭建好，如图 5-25 所示。

设置灯光环境，给场景左上方创建目标区域光，将目标区域光拉远一些，如图 5-26 所示。

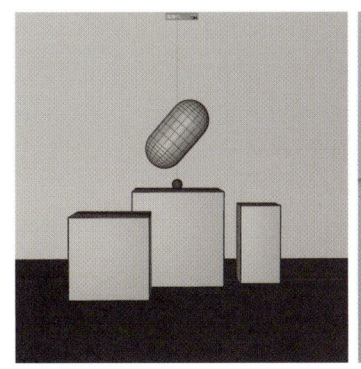

先创建天空对象，再创建默认材质球，在"纹理"栏添加一张室内的 HDR 贴图，赋予天空对象，如图 5-27 所示。

为了增加光影效果，创建几个平面组成的窗户，将这些窗户移动到场景与灯光之间，形成窗影，如图 5-28 所示。

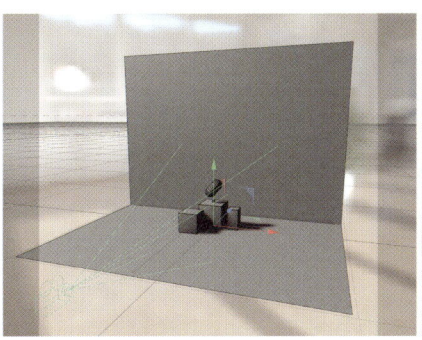

图 5-25　　　　图 5-26

图 5-27 　　　　图 5-28

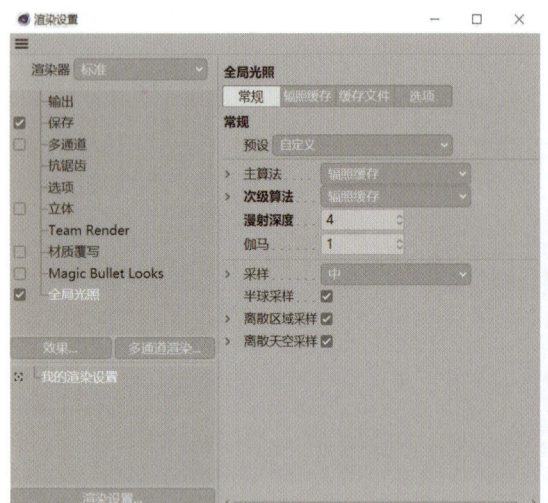

给场景创建一些基础材质球，在"渲染设置"窗口中设置好画面尺寸，并设置"抗锯齿"为"最佳"，选择"全局光照"选项，如图 5-29 所示。

存储好后再次制作一张不带窗影的场景，设置好光影关系，并为场景简单一些材质，如图 5-30 所示。

图 5-29

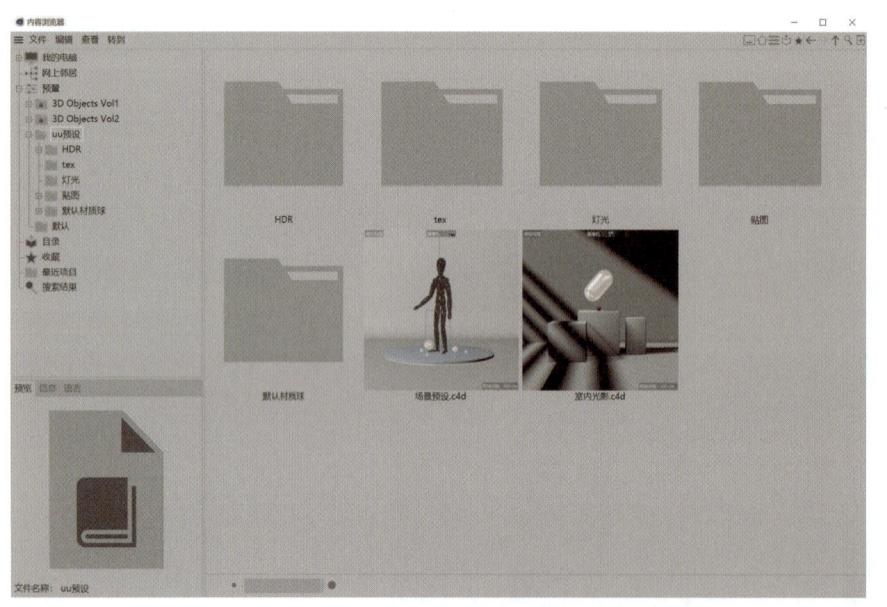

图 5-30

把两个存储好的场景连同 tex 文件夹一起拖入预设库，这样场景预设也就制作好了。对于平时使用多的场景都可以先进行存储，这样在下次使用时可以直接从预设库中双击打开，然后另存在电脑中，场景就可以重复使用了，如图 5-31 所示。

图 5-31

5.2 实用的预设小技巧

除了预设库，还有一些实用的预设小技巧，能够提高工作效率，本节介绍比较常用的 Octane 渲染预设和 C4D 界面预设。

5.2.1 Octane 渲染预设

打开 Octane 实时查看窗口，单击"Octane 设置"按钮，在打开的"Octane 设置"窗口中将"核心"选项卡的渲染模式修改为"路径追踪"，"最大采样"设置为 800，"全局光照修剪"改为 10，勾选"自适应采样"复选框，在"摄像机成像"选项卡中选择"重定义空间"下拉列表中的"Gamma 2.2"选项，勾选"启用降噪"和"降噪体积"复选框，取消勾选"完成时降噪"复选框，其他设置保持默认值，如图 5-32 所示。

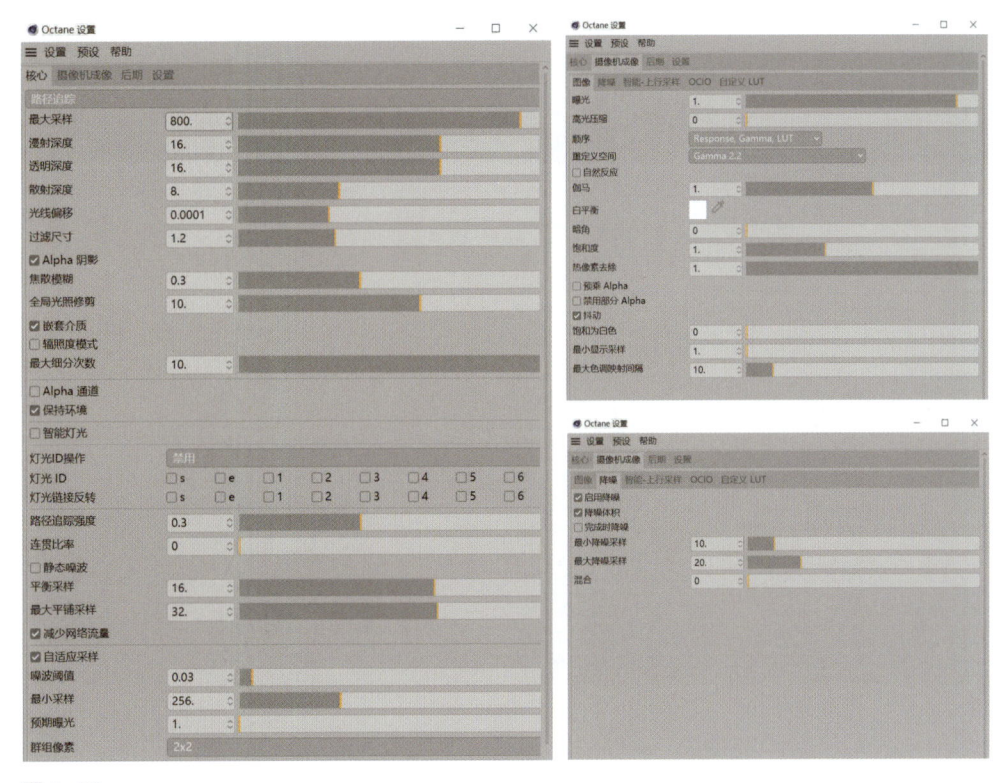

图 5-32

将每次都要进行的设置存储成预设，选择"Octane 设置"窗口中的"预设"→"添加新的预设"命令，如图 5-33 所示。

在弹出的对话框中先设置本次预设的名称，然后单击"添加预设"按钮，这样就把刚才的设置都存储好了，如图 5-34 所示。这样再次打开预设菜单，就能够看到新的预设了，直接使用即可。

图 5-33　　　　图 5-34

5.2.2 C4D 界面预设

C4D 界面也可以按照使用习惯进行设置，如当经常使用 Octane 渲染时，就可以把常用工具放置在界面上，不必每次都调取菜单去选择。

在界面面板空白处右击，在弹出的快捷菜单中选择"新建面板"命令，会弹出一个空白面板，将空白面板放在一边不动，再次在界面面板空白处右击，在弹出的快捷菜单中选择"自定义命令"命令，会弹出"自定义命令"窗口，如图 5-35 所示。

图 5-35

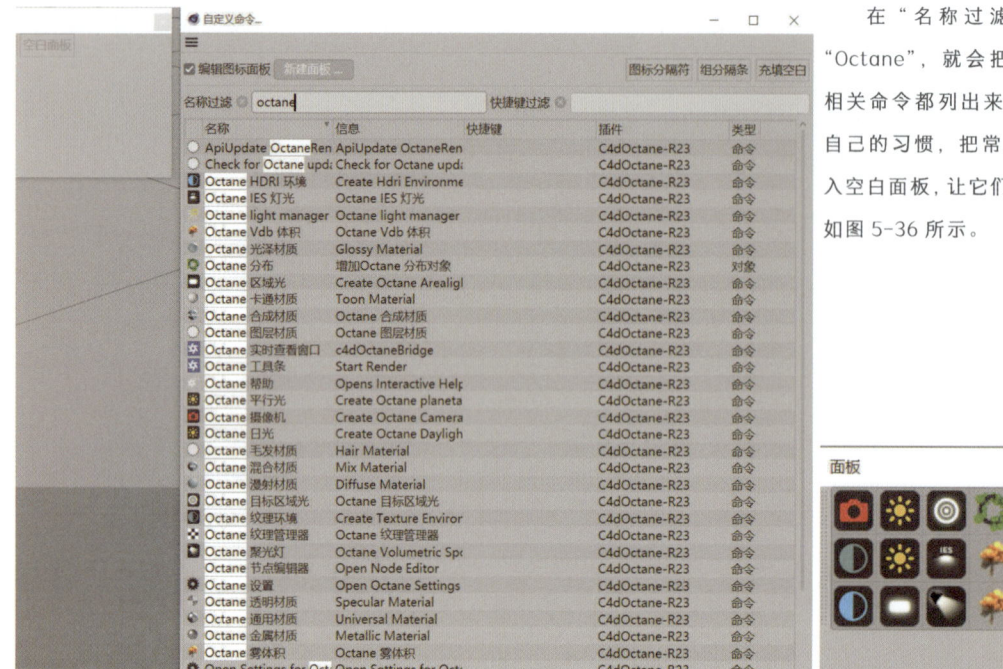

在"名称过滤"文本框中输入"Octane",就会把 Octane 渲染器的相关命令都列出来。此时,可以按照自己的习惯,把常用命令一个一个拖入空白面板,让它们依次排列在一起,如图 5-36 所示。

图 5-36

拖动面板左侧边缘的小点位置,把这个面板贴靠在窗口中容易单击的位置,也可以把 Octane 实时查看窗口紧贴窗口。

笔者一般习惯使用图 5-37 所示的界面布局,左侧可以实时渲染观察,右侧进行移动操作,下方一栏是常用 Octane 按钮,这样调取工具非常方便。

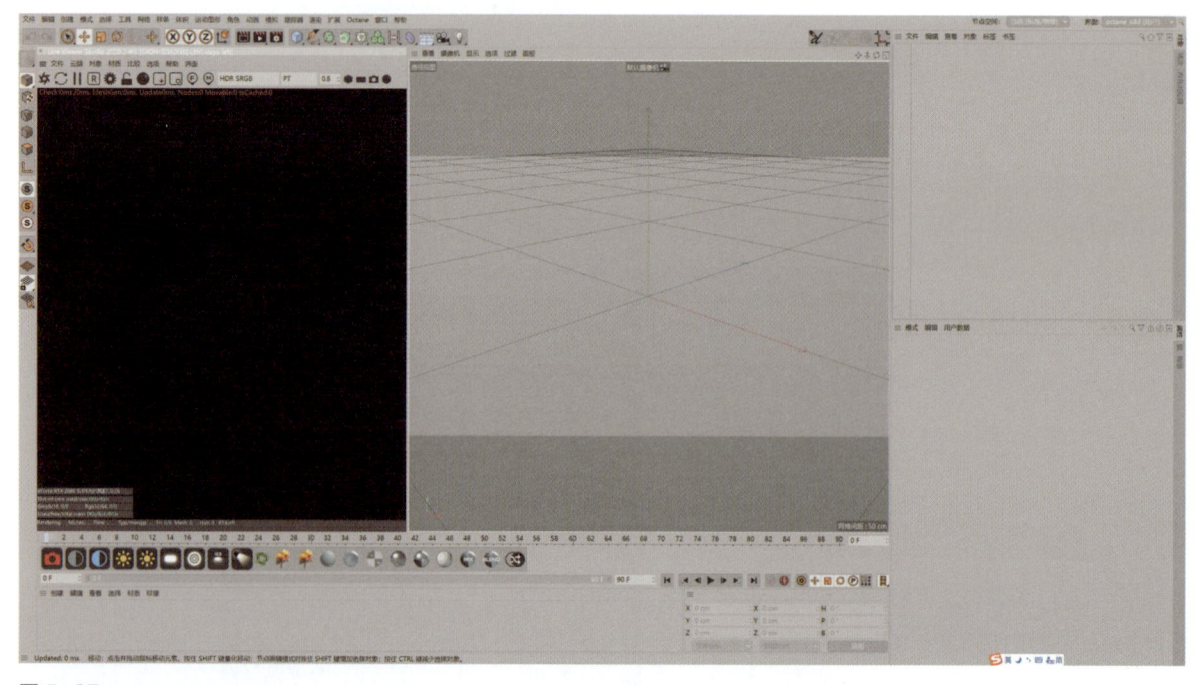

图 5-37

选择"窗口"→"自定义布局"→"另存布局为"命令，在打开的对话框中设置文件名为"octane_c4d"并进行保存，如图 5-38 所示。

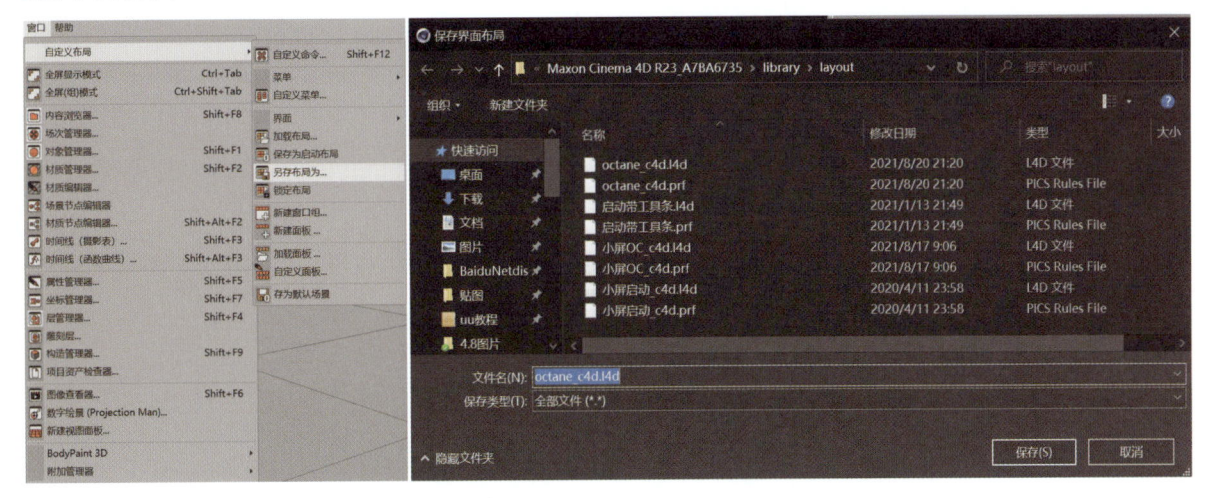

图 5-38

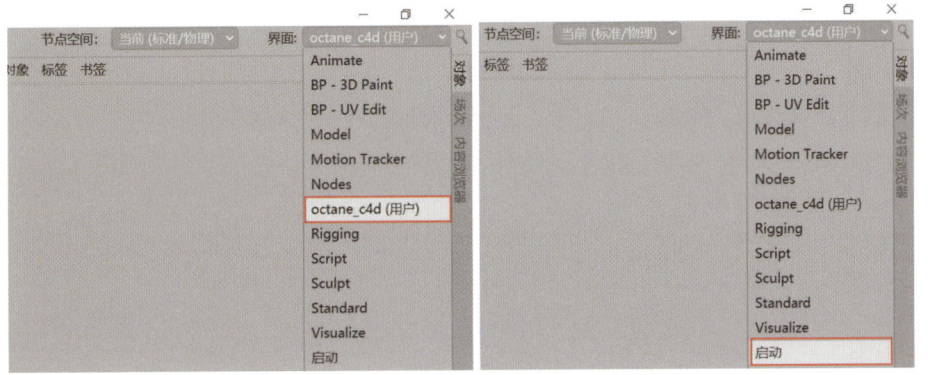

当需要使用 Octane 渲染时，只需要在 C4D 右上角的"界面"的下拉列表中选择刚才创建的"octane_c4d（用户）"选项就可以了，若要返回初始界面，选择"启动"命令即可，如图 5-39 所示。

图 5-39

第6章

电商主图建模技巧

本章通过几个典型的产品模型,讲解曲面建模和多边形建模两种常用主图建模技巧。

6.1 曲面建模

6.1.1 曲面建模介绍

曲面建模，又被称为 NURBS 建模，是由曲线组成曲面，再由曲面生成立体模型的建模方式，如图 6-1 所示。

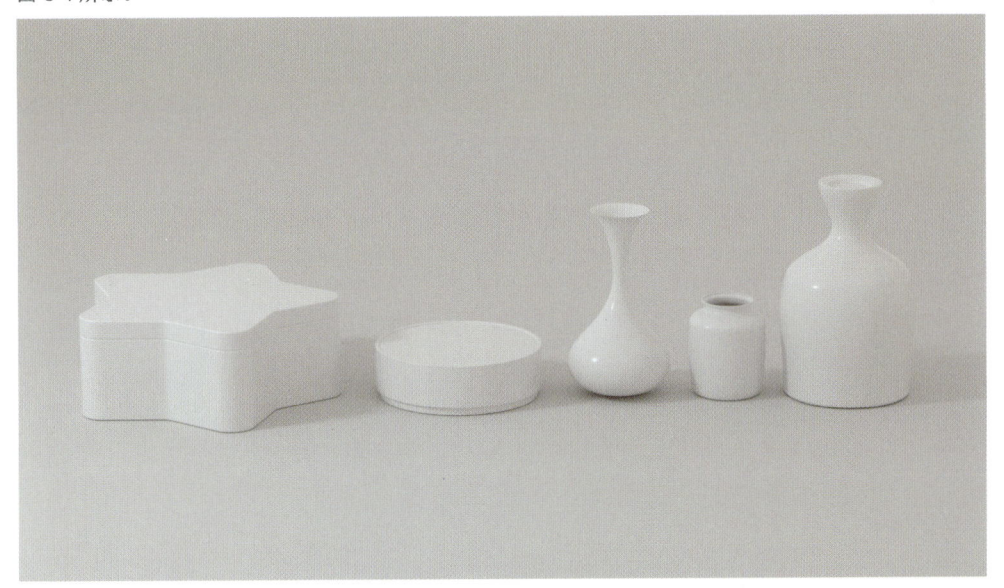

图 6-1

曲线通过控制点控制曲线、曲率、方向和长短。曲面的边界重合，并且没有缝隙，由曲面形成体。

之前学过的几个生成器工具就是重要的曲面建模工具，即挤压、扫描、旋转、放样。它们的特点都是需要由一条或一条以上的曲线对象来生成。

1. 挤压

创建星形对象，按 C 键把星形对象转为可编辑对象，全选点，选择"倒角"命令，在视图窗口空白处按住鼠标左键拖曳，把尖角都制作成圆角，如图 6-2 所示。

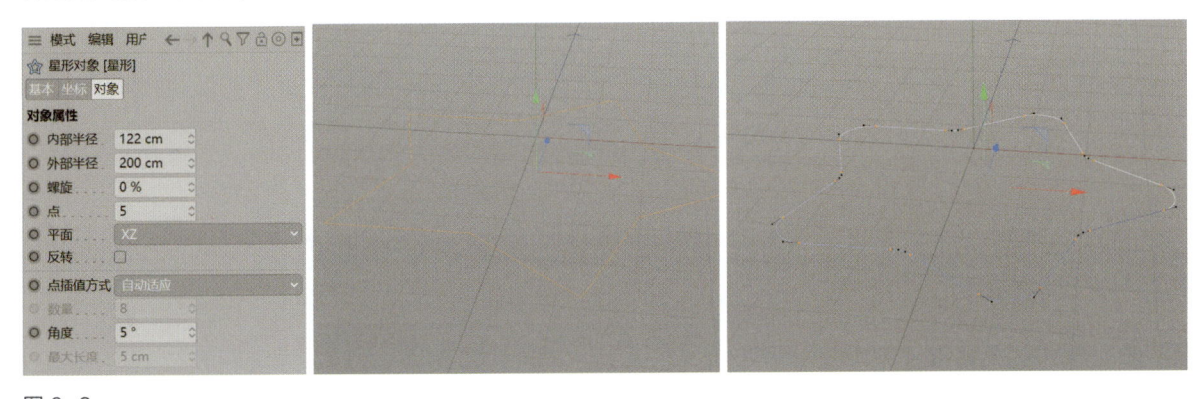

图 6-2

首先创建挤压对象，把样条对象拖入挤压对象的子级，调整"封盖"属性面板中的"尺寸"为2cm，使边缘平滑，然后向上复制一组挤压对象，调整挤压对象的高度，制作出盒子和盖子，如图6-3所示。

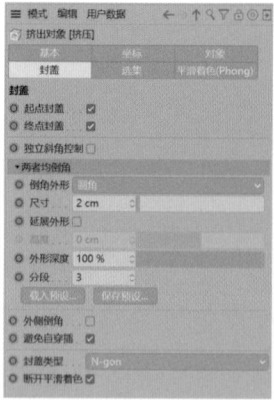

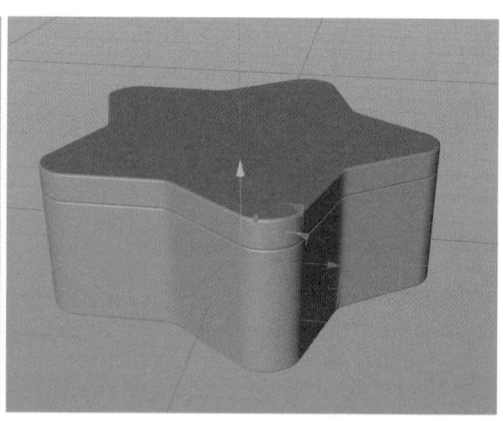

图6-3

2. 扫描

先创建一个"半径"为100cm的圆环对象，再创建一个"宽度"为5cm、"高度"为50cm的矩形对象，勾选"圆角"复选框，如图6-4所示。

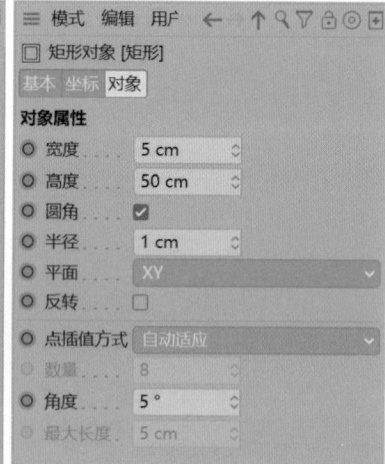

图6-4

创建扫描对象，把两个样条对象都拖入扫描对象的子级，矩形对象在上，扫描出盒子的外壁，如图6-5所示。

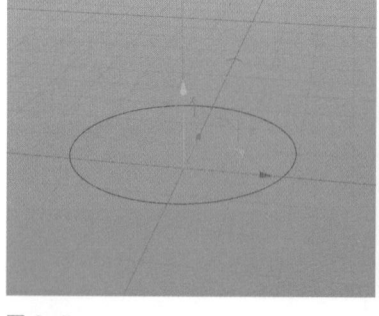

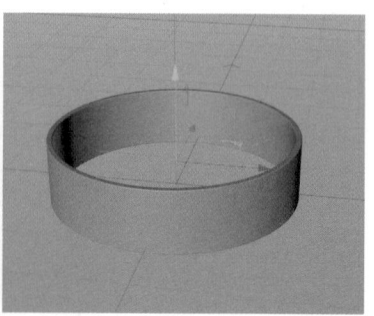

图6-5

复制之前创建的圆环对象，将圆环对象挤压出2cm的厚度，放在盒子底部，给盒子封上，如图6-6所示。

整体复制外壁和盒底，并将其向上移动，使用缩放工具将外壁和盒底放大一些，制作出盖子，如图6-7所示。

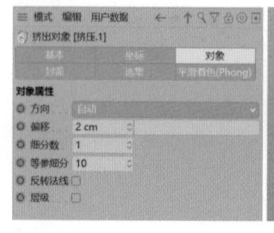

图6-6　　　　　　　　图6-7

3. 旋转

在视图窗口中，使用画笔工具沿着 Y 轴绘制出一根封闭样条对象，注意闭环的距离。这个样条对象决定了瓶子的厚度，如图 6-8 所示。

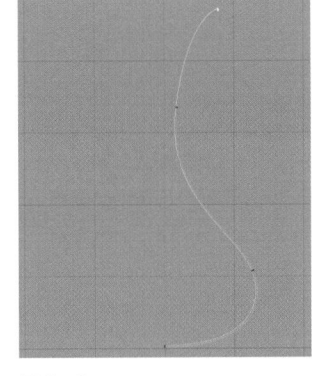

图 6-8

创建旋转对象，把绘制的样条对象拖入旋转对象的子级，增大细分数值，这样一个花瓶就制作好了，如图 6-9 所示。

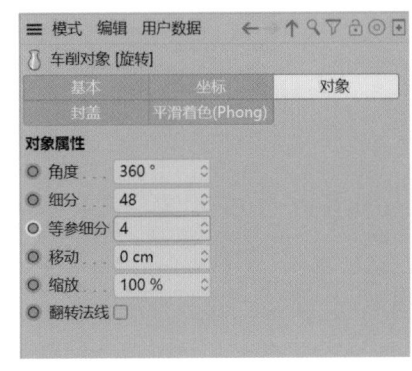

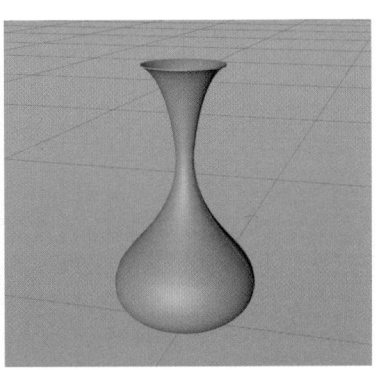

图 6-9

只要调整样条对象的形态，就可以选择不同形状的瓶子，如图 6-10 所示。

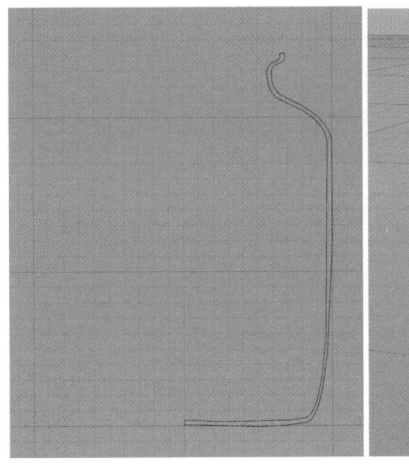

图 6-10

4. 放样

创建几个圆环对象，将圆环对象自下而上排列好，并调整圆环对象的半径，如图 6-11 所示。

创建放样对象，把所有圆环对象按顺序拖入放样对象的子级，形成瓶身的样式，调整样条对象即可控制瓶身的形态，如图 6-12 所示。

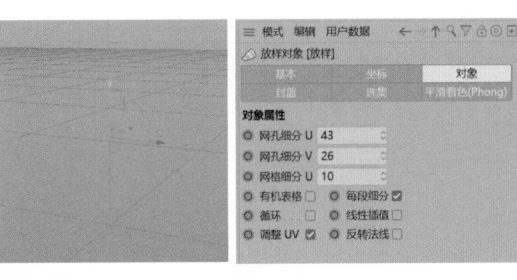

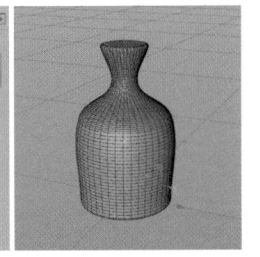

图 6-11　　图 6-12

这些都属于曲面建模，从曲线生成曲面，这种建模方式简单、直观，调整方便，适合规则的且对称性比较强的产品，如规则的包装、美妆产品、瓶子和罐子等。建模方式并不是单一的，也会出现多种方式相结合使用的情况，如图6-13所示。

图 6-13

知识拓展

曲线调整：要想使曲线变得圆滑就需要调节节点手柄，节点尽量少一些，只在重要的拐点添加，手柄两端调节曲率，已经绘制完成的样条对象也可以使用画笔工具来调整，按住Ctrl键进行加点或减点，如图6-14所示。

布线：曲面建模也需要模型布线尽量均匀。其有两个数值可以调节，一个是曲线对象的"点插值方式"选项，如果曲线曲率均匀，则可以选择"统一"，通过数量点的增减调节布线的疏密程度；另一个就是属性面板中的"细分"选项，适当增加细分数值可以让模型表面更为光滑，如图6-15所示。

样条顺序：曲线对象在生成器工具中的顺序很重要，如在扫描生成器中，需要横截面对象在上方，扫描路径处于下方。在放样生成器中，样条对象最好是从下到上顺序排列，顺序不对会让模型出错，如图6-16和图6-17所示。

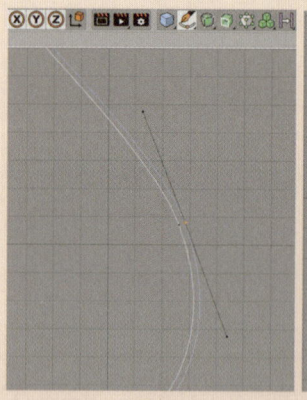

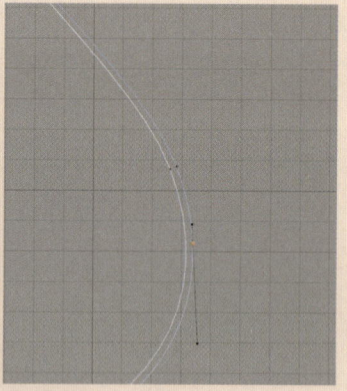

图 6-14

图 6-15

图 6-16   图 6-17

6.1.2 洗面奶建模

下面使用曲面建模的方式，制作一个洗面奶包装的模型，如图 6-18 所示。

图 6-18

1. 瓶身建模

在建模前需要找到形态参考图或手绘草图，正面和侧面即可。把参考图分别拖入右视图和正视图，如图 6-19 所示。

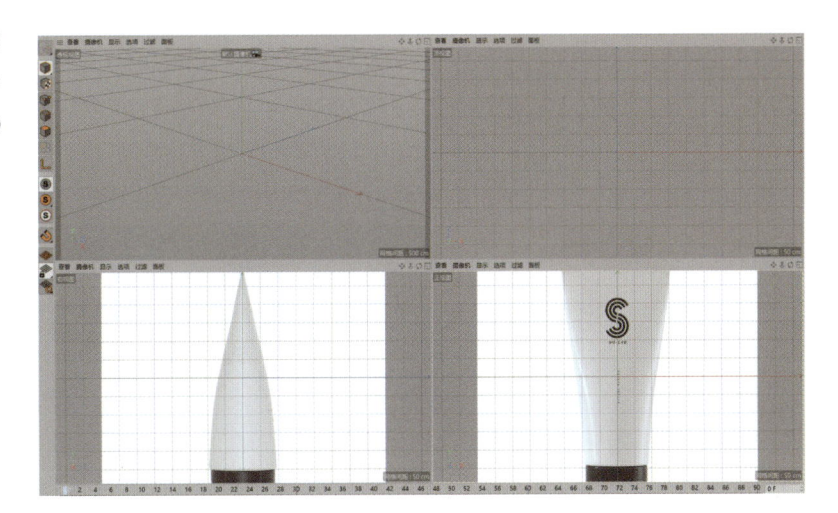

图 6-19

选择"模式"→"视图设置"命令，在打开的属性面板中，通过调整"透明"选项调整背景图的透明度，通过调整"水平偏移"和"垂直偏移"选项调整图片在视图中的位置，使参考图处于世界坐标的中心，便于后面的建模，如图 6-20 所示。

图 6-20

切换到正视图，先创建圆环对象，将半径调整到和瓶身宽度一致，然后将圆环对象依次向上复制，并根据瓶身宽度调整半径，如图6-21所示。

创建放样对象，把所有圆环对象都拖入放样对象的子级，使它们形成面，注意圆环对象的顺序，应自下而上依次排列，将"网孔细分U"改为12，"网孔细分V"改为2，"网格细分U"改为3，如图6-22所示。

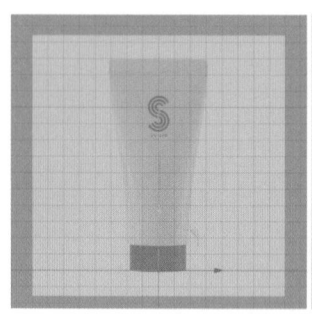

图 6-21

图 6-22

选中所有圆环对象，按C键把它们转为可编辑对象，切换到右视图，根据洗面奶的侧面宽度调整圆环对象的Z轴宽度，并将它们对齐，使它们均匀分布，如图6-23所示。

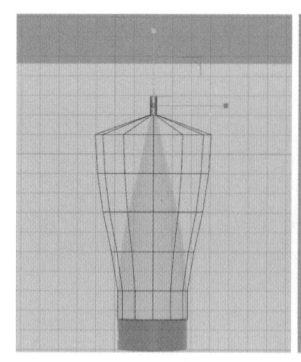

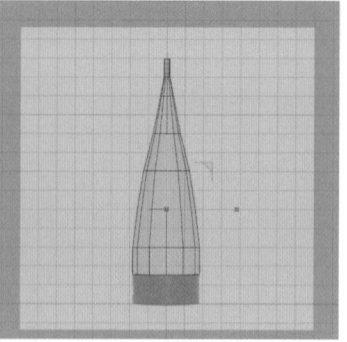

图 6-23

切换到透视视图，可以观察瓶身整体形态，这时瓶子基本的形状已经出来了，在样条对象分布不均匀的位置可以进行调整，如图6-24所示。

下面开始制作瓶口的细节，选中瓶身放样对象中的底部的圆环对象，按住Ctrl键向下拖动并复制，将它放在样条对象的底层，使用缩放工具整体缩小尺寸，如图6-25所示。

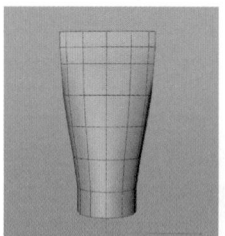

图 6-24 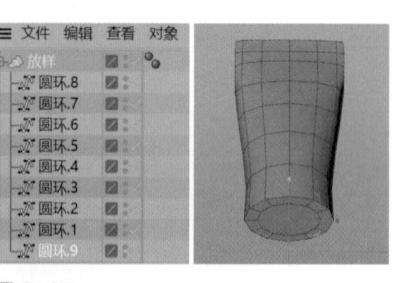　　图 6-25

按照这个方法，复制圆环对象，将它放在底层，并向下移动，再次复制圆环对象，将它放在底层，并向内缩小，制作出需要的瓶口细节。如果后期渲染看不到这里，可以不用设置得那么细致，外形准确就可以了，如图6-26所示。

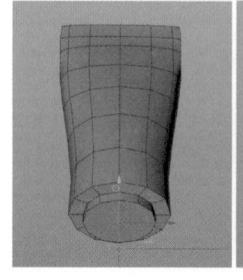

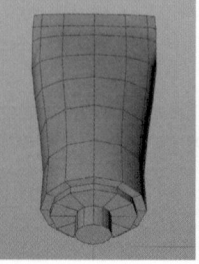

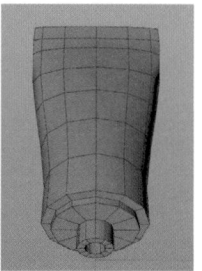

图 6-26

通过调整圆环对象的位置和尺寸,可以控制瓶身的各种细节,调整完成后,低模状态基本就制作好了。为放样对象的父级创建细分曲面对象可以让整体模型圆润起来,如图6-27所示。

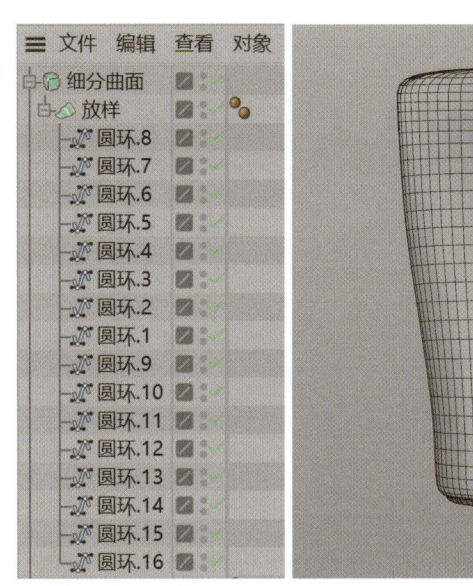

图6-27

细分曲面对象的工作原理是在两条分段线之间增加细分数量,使模型光滑。加入细分曲面对象后的模型结构有点变形,为了保护好结构,使它不过度圆滑,需要在每个转折的位置添加保护线,如在瓶身顶端鱼鳍位置、底部转角位置添加保护线。分别复制圆环对象,在不改变整体形态的前提下,将圆环对象向下或向上移动,增加转折处的分段数值,这样在细分时圆角会更小,结构会保持得比较好,如图6-28所示。

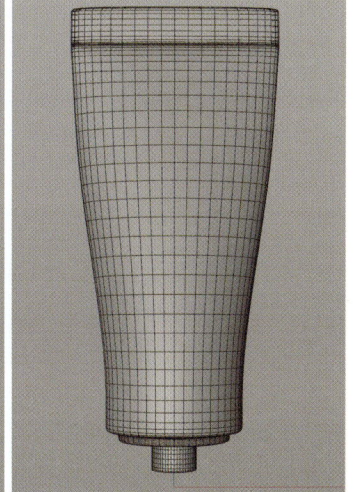

图6-28

一般瓶身的鱼鳍位置会有一圈防滑纹理,这是为了在后期贴图时制作出凹凸贴图效果。当然,也可以在模型阶段就把那些小结构制作出来,方法很简单。创建胶囊对象,在"对象"属性面板中调整"半径"为1cm,"高度"为48cm,这个高度差不多是顶端封口位置的高度,如图6-29所示。

图6-29

创建克隆对象，"模式"选择"对象"，把放样对象顶部的样条对象复制出来，调整到中间位置，拖入克隆对象的对象面板。在"对象"属性面板中设置"数量"为149，微调位置，制作出防滑纹理的感觉，如图6-30所示。

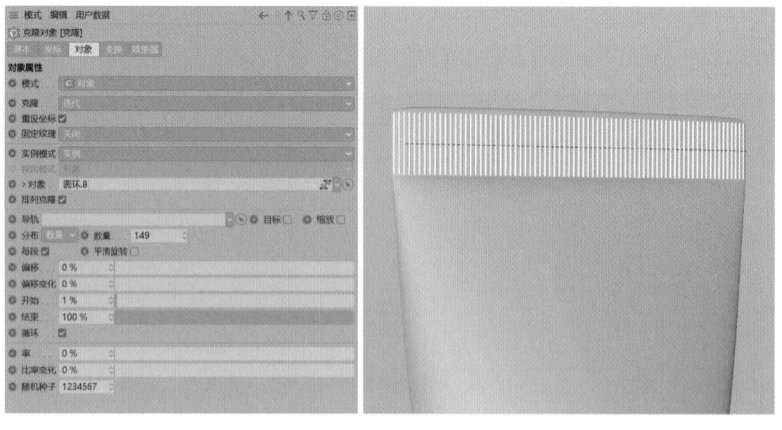

图 6-30

2. 瓶盖建模

瓶盖的建模就更简单了，把瓶身靠近瓶口的圆环对象复制出来，并将它移动到大约瓶盖高度的位置，如图6-31所示。

把瓶身隐藏，在样条对象的父级继续创建放样对象，按Ctrl键向上拖动圆环对象，并拖动出瓶盖高度，如图6-32所示。

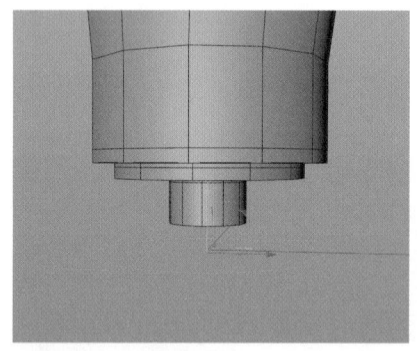

图 6-31 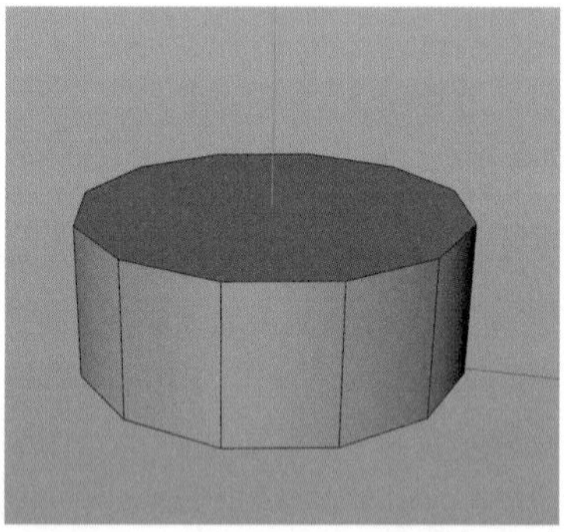　　　　　图 6-32

先在顶端复制样条对象，缩小半径，形成厚度，再将样条对象向下复制，拖动出瓶盖深度，如图6-33所示。

整理表面布线，在每个转折处都复制一条保护线，并在底部增加两个样条对象，保持每个面大小均匀，如图6-34所示。

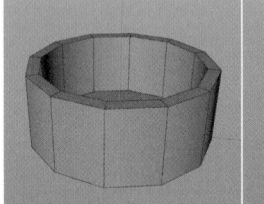

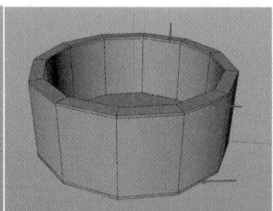

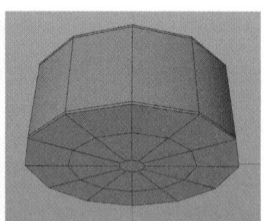

图 6-33　　　　　图 6-34

在瓶盖的放样对象的父级创建细分曲面对象，检查每个转角的大小，调整保护线的位置，使模型表明光滑，结构准确，如图6-35所示。

将隐藏的瓶身显示出来，调整瓶盖和瓶身的位置，如果感觉不太光滑，可以增加细分曲面对象的级别，使布线更密集，这样表面就会更光滑，这样洗面奶建模就完成了，如图6-36所示。

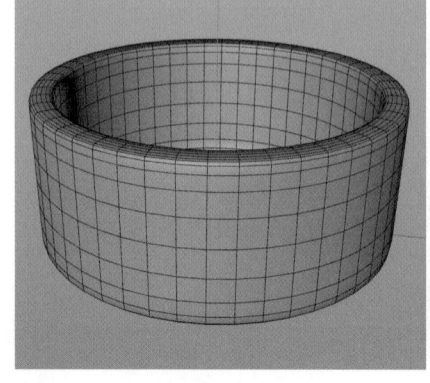

图 6-35 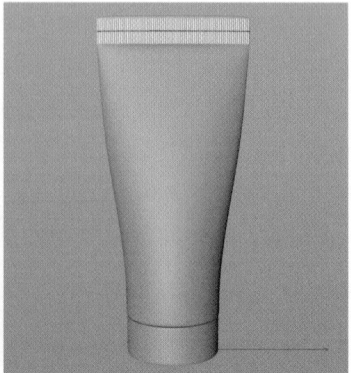　　　　　图 6-36

6.1.3 面霜建模

类似面霜的这种下方上圆的模型形态，也是可以使用曲面建模的方式来创建的，如图 6-37 所示。

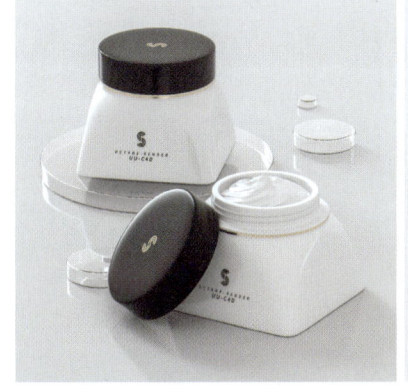

图 6-37

1. 瓶身建模

制作底部的形态，创建矩形对象，设置"宽度"和"高度"均为 130cm，勾选"圆角"复选框，设置"半径"为 12cm，沿着 Y 轴正方向复制两个矩形对象，并依次缩小矩形对象的尺寸，增大其圆角半径，如图 6-38 所示。

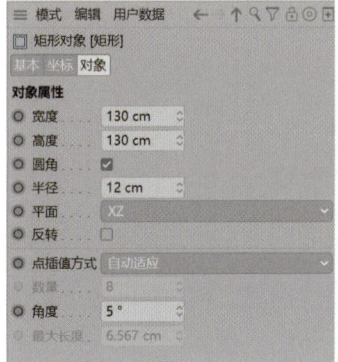

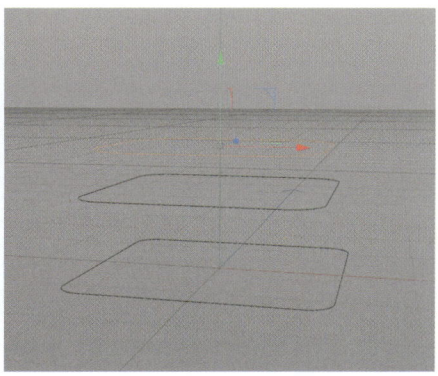

图 6-38

创建圆环对象，设置"半径"为 55cm，将圆环对象放在矩形对象的顶端。创建放样对象，设置"网孔细分 U"为 24，"网孔细分 V"为 2，"网格细分 U"为 3，把矩形对象和圆环对象都拖入放样对象的子级，查看分段是否均匀，可以适当旋转圆环对象的方向，使圆环对象和矩形对象对齐，如图 6-39 所示。

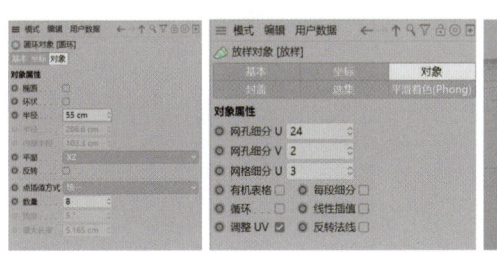

图 6-39

先从顶端的圆环对象开始沿着 Y 轴正方向复制圆环对象，并缩小圆环对象的尺寸，慢慢调整出瓶口的位置，然后把瓶口顶端的圆环对象缩小尺寸并沿着 Y 轴负方向复制，制作出瓶子的内部结构，注意每个样条对象的顺序，不要穿插，如图 6-40 所示。

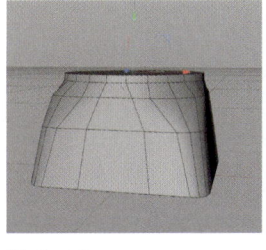

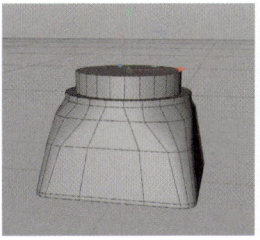

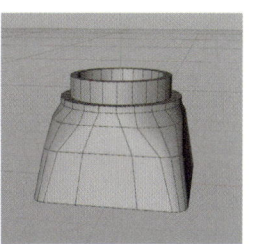

图 6-40

给每个转角的样条对象都复制一条保护线,将保护线沿着Y轴方向移动一点位置,这样在创建细分曲面对象时模型结构就会保持得很好。这样就创建出瓶身的模型了,如图6-41所示。

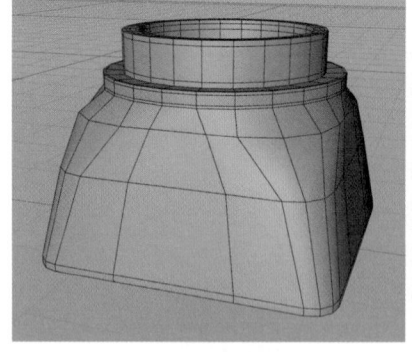

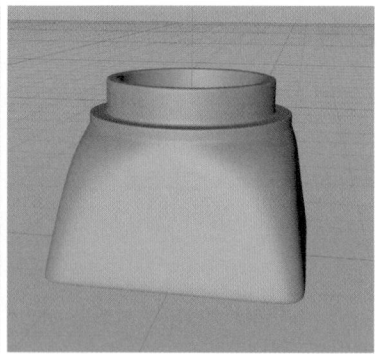

图6-41

2. 膏体建模

创建地形对象,勾选"球状"复选框,将"粗糙皱褶"和"精细皱褶"都改为0%,"随机"改为7,如图6-42所示。

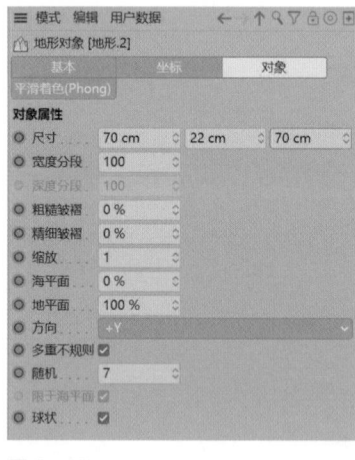

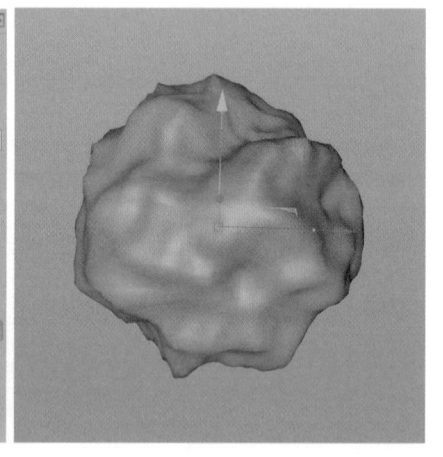

图6-42

创建螺旋对象,将螺旋对象放在地形对象的子级,单击"匹配到父级"按钮,将"角度"调整为242°,可以看到地形球已经旋转起来了,如图6-43所示。

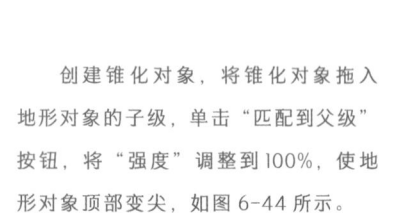

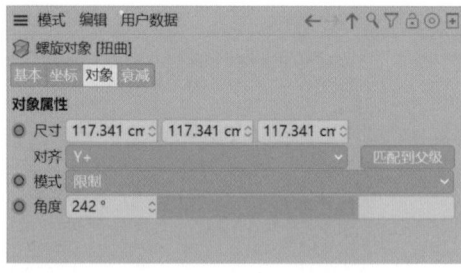

图6-43

创建锥化对象,将锥化对象拖入地形对象的子级,单击"匹配到父级"按钮,将"强度"调整到100%,使地形对象顶部变尖,如图6-44所示。

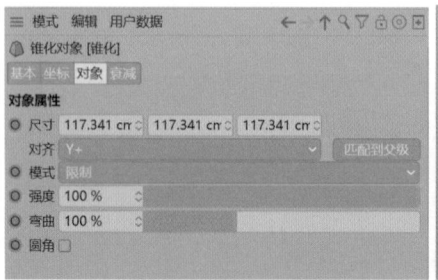

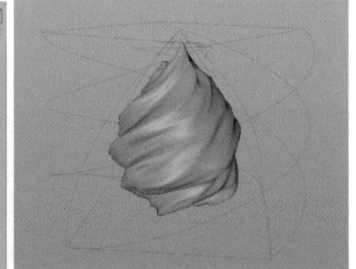

图6-44

切换到对象模式，把地形球沿着Y轴负方向压缩，把它压扁一些，移动到瓶口的位置，调整大小。如果不够平滑，在地形对象的父级创建细分曲面对象，增加模型的平滑度，这样膏体就制作好了，如图6-45所示。

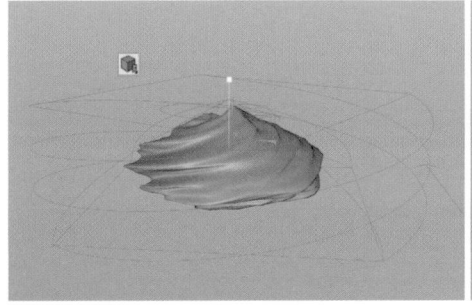

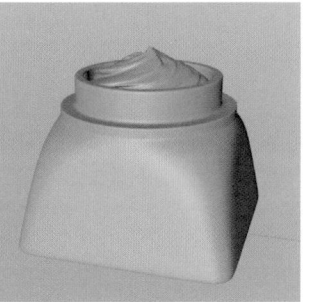

图6-45

3. 瓶盖建模

创建圆环对象，设置"半径"为55cm。复制圆环对象，将圆环对象移动到瓶盖位置的高度，如图6-46所示。

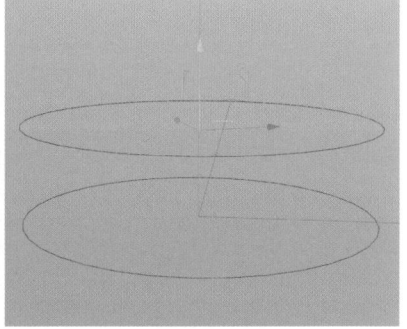

图6-46

创建放样对象，把两个圆环对象都拖入放样对象的子级，检查分段是否够用，如图6-47所示。

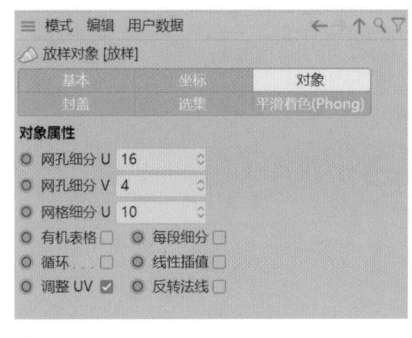

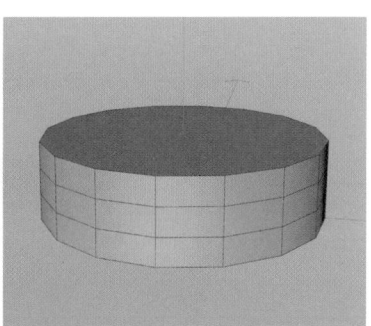

图6-47

先在瓶盖底部复制样条对象，并缩小其尺寸，再复制样条对象并将它沿着Y轴正方向移动，制作出瓶盖的厚度，在每个转角边缘复制样条对象并移动样条对象的位置，为每个边缘添加保护线，如图6-48所示。

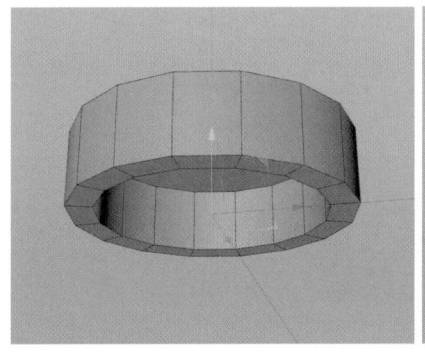

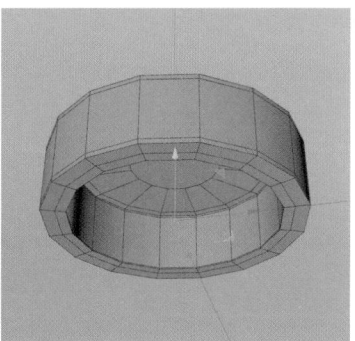

图6-48

先检查边缘是否都添加了保护边，然后在放样对象的父级创建细分曲面对象，使瓶盖边缘圆滑，如图 6-49 所示。

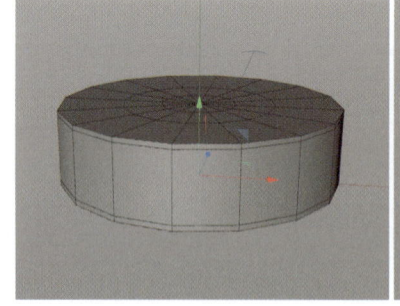

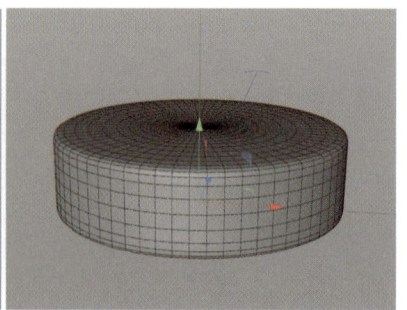

图 6-49

把瓶盖复制到瓶身的上方并对齐，这样面霜的模型就制作好了，如图 6-50 所示。

加入地面和背景，再复制一组面霜，移动瓶盖露出膏体，让画面更丰富，如图 6-51 所示。

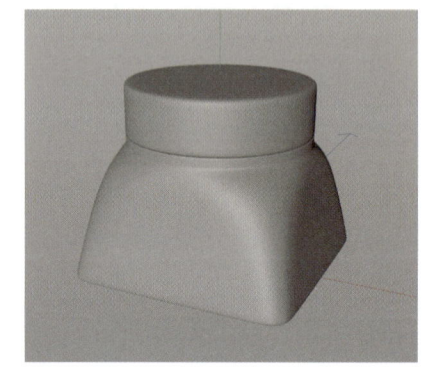

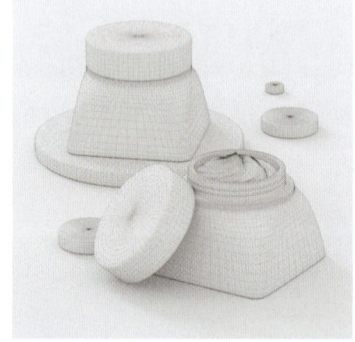

图 6-50

图 6-51

6.2 多边形建模

本节介绍多边形建模的相关知识，并用多边形建模的方式制作两个产品模型。将建模知识运用到实际案例中，以帮助读者更好地理解，如图 6-52 所示。

图 6-52

6.2.1 多边形建模介绍

1. 多边形

从点开始，延长成边，至少 3 条边才能形成一个多边形，可以是三边形、四边形和五边形等，如图 6-53 所示。

在多边形建模中比较受欢迎的多边形是四边形，四边形的左右相邻的两条边，每条边的对面有且只有唯一的边。当需要切线时，切线方向就是由它对面的边决定的，从一条边开始的切线必然通向对面的边，这个方向是可以预测的，如图 6-54 所示。

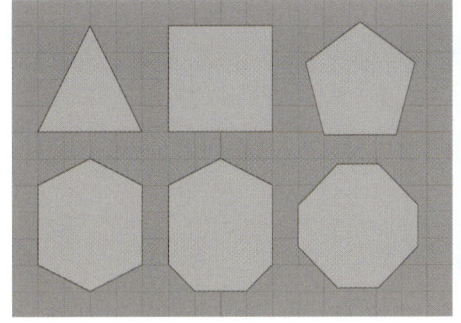

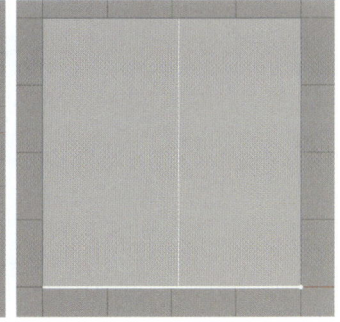

图 6-53

图 6-54

而三边形每条边的对面是顶点，从一条边开始的切线既可能向左，又可能向右，是随机生成的，不可预测，也不能随意变换切线方向，如图 6-55 所示。

同理，五边形及大于五条边的多边形，每条边的相邻两条边，对面的边不止一条，当从一条边出发的切线到对面的边不唯一时，循环切线便会被打断，只能手动切割，如图 6-56 所示。

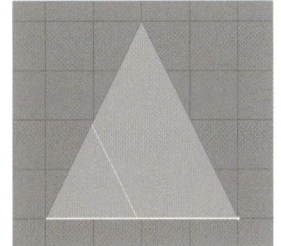

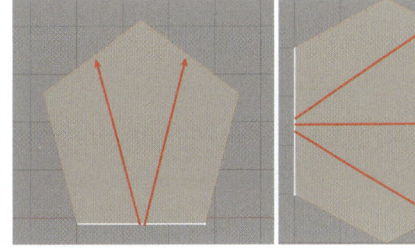

图 6-55

图 6-56

在建模时应尽量多使用四边面，减少使用三边面和五边以上的面。当边数多于四边时，软件会自动生成一些看不到的边来分割复杂的图像，这就是 N-gon 线，也就是图上蓝色的线，如图 6-57 所示。

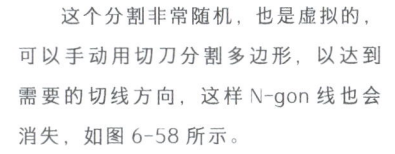

图 6-57

这个分割非常随机，也是虚拟的，可以手动用切刀分割多边形，以达到需要的切线方向，这样 N-gon 线也会消失，如图 6-58 所示。

2. 极点

极点指一个顶点连接超过 5 条边或少于 4 条边的点，如果双击一条边，那么每个顶点连接的对面边会被连续选中，而经过极点的边将找不到对面的边，此时循环选择就会停到极点的位置，如图 6-59 所示。

图 6-58

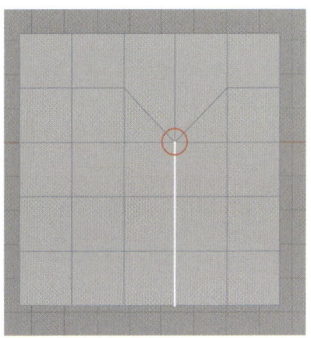

图 6-59

当极点出现在平面上时，渲染不会有问题，但是当极点出现在曲面上时，会有明显的变形，所以在转折曲面的位置要尽量避免极点，如图 6-60 所示。

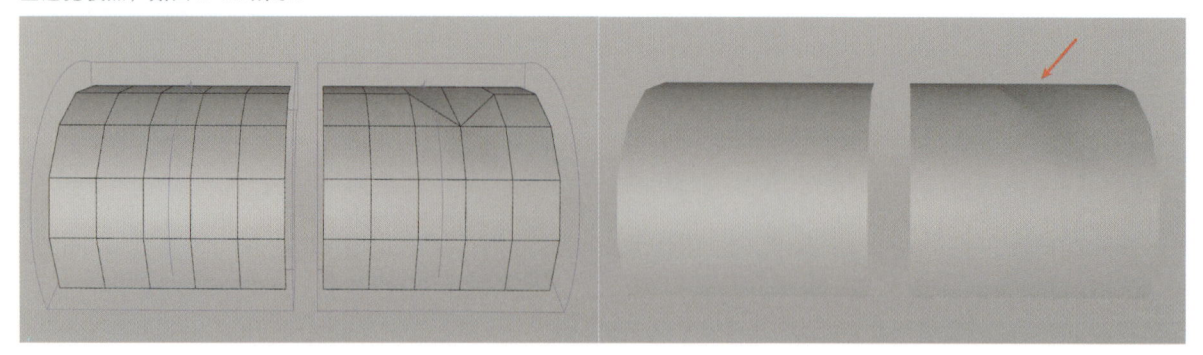

图 6-60

在多边形建模时，应尽量多创建四边形以避免极点。

3. 保护线

由于在进行多边形建模时需要调节的是点、线、面，所以如果模型分段线特别多，那么调整形态就会变得非常复杂，但是分段线少了模型表面又会变得不光滑。为了解决这个问题，一般在建模时会尽量使用低模，其分段线非常少。此时可以创建细分曲面对象，给低模增加细分数量，从而使它变成高模，表面也会变得平滑，如图 6-61 所示。

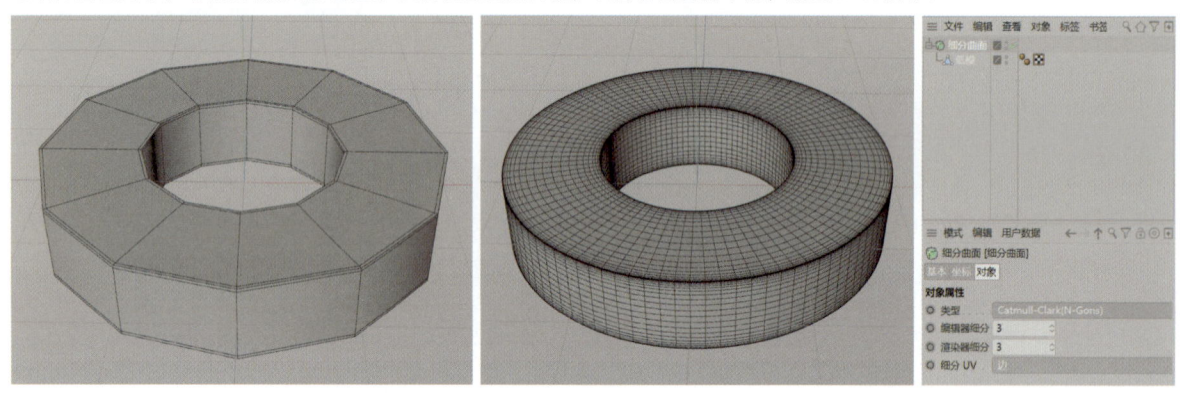

图 6-61

细分曲面对象的工作原理就是自动在两个分段支架上添加细分数值。如果将一个立方体对象的"编辑器细分"和"渲染器细分"均设置为 2，也就是立方体对象每两条边之间添加两倍的细分数值，那么这个立方体对象就会变成球体对象，如图 6-62 所示。

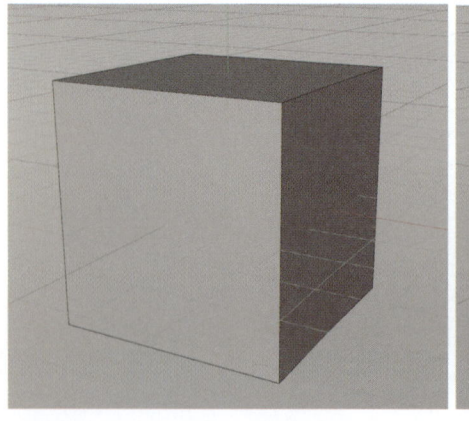

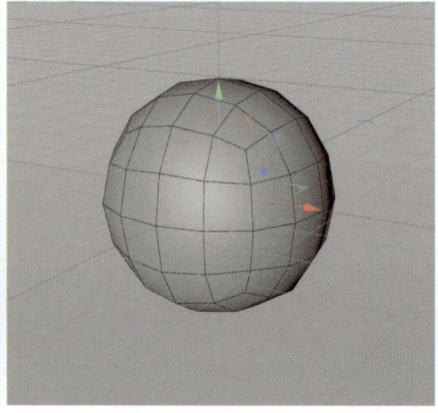

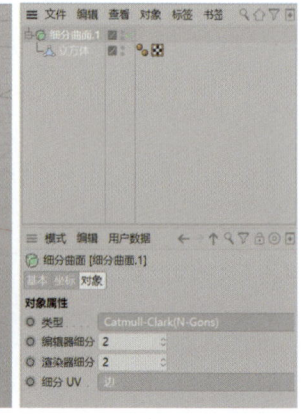

图 6-62

为了保持住原有的形态，只需要给每条转角边周围再增加一条分段线，也称为"保护线"，这样细分曲面对象就会在转角很小的距离内变得圆滑，整体形态也就能够控制住，并且得到了光滑的边缘，如图 6-63 所示。

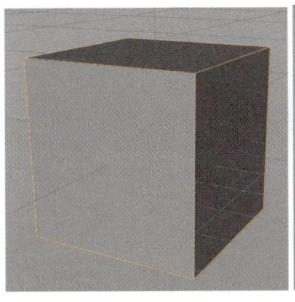

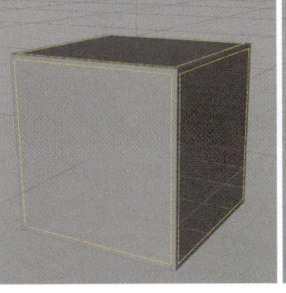

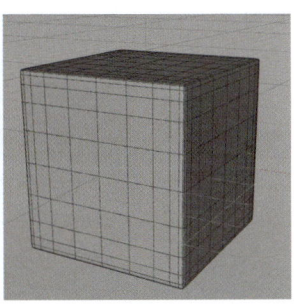

图 6-63

得到保护线的方式有 3 种，可以根据实际情况自由选用。

方法一：使用倒角工具。选中循环边，右击，在弹出的快捷菜单中选择"倒角"命令，选择"倒角模式"为"实体"，在视图窗口空白处按住鼠标左键拖曳，就能够快速给选中的边添加保护线，如图 6-64 所示。

图 6-64

方法二：使用循环/路径切割工具。右击，在弹出的快捷菜单中，选择"循环/路径切割"命令，手动给边缘添加保护线，这种方式更灵活，在倒角不起作用或需要特定位置时使用，如图 6-65 所示。

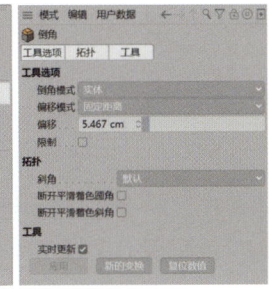

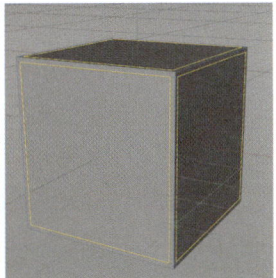

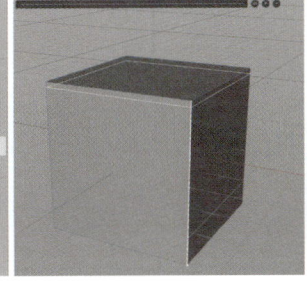

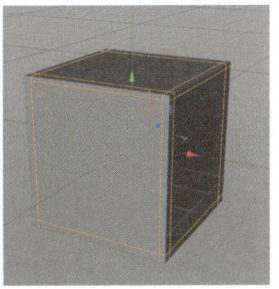

图 6-65

方法三：使用滑动工具。这也属于手动添加保护线的方式。选中一圈转折边，右击，在弹出的快捷菜单中选择"滑动"命令，在属性面板中勾选"克隆"复选框，按住鼠标左键拖曳选中的边，就能够克隆出一条边，如 6-66 所示。

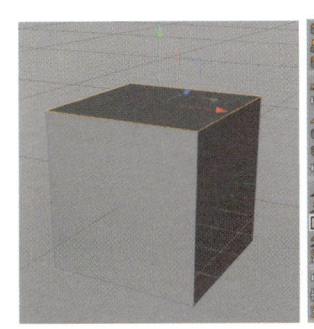

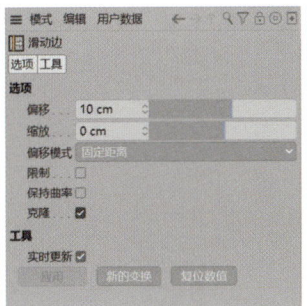

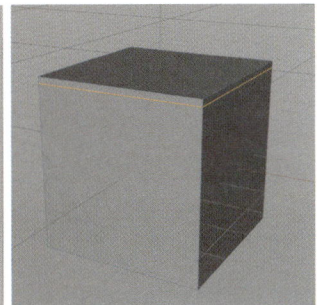

图 6-66

6.2.2 风扇建模

使用多边形建模的知识,创建一个小风扇,如图6-67所示。通过这个案例,可以学到多边形建模中很重要的两个概念,即单体复制和平面挖洞。

在建模之前,首先要了解模型的结构,把它们分解成一个又一个小零件,分析每个零件的形态,这时再去建模就会简单很多,如图6-68所示。

图6-67

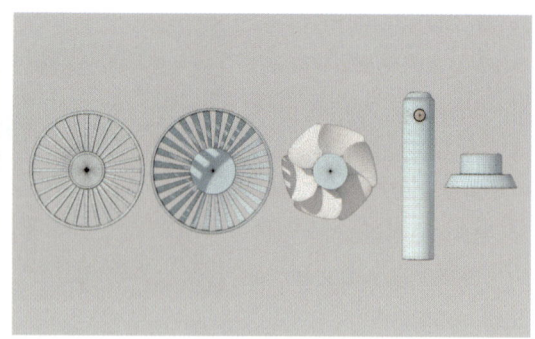

图6-68

1. 扇叶保护盖建模

保护盖的结构分为中心的圆片、外圈的圆环和中心的栅栏三部分。一圈栅栏只需要制作好一个,再复制一圈就能得到,按照这个思路开始进行制作。

在建模前需要找到形态参考图或手绘草图,正面和侧面即可,把参考图分别拖入右视图和正视图,按快捷键 Shift+V 调出背景视图,调整位置和透明度,使参考图位于世界坐标的中心,这样便于建模,如图6-69所示。

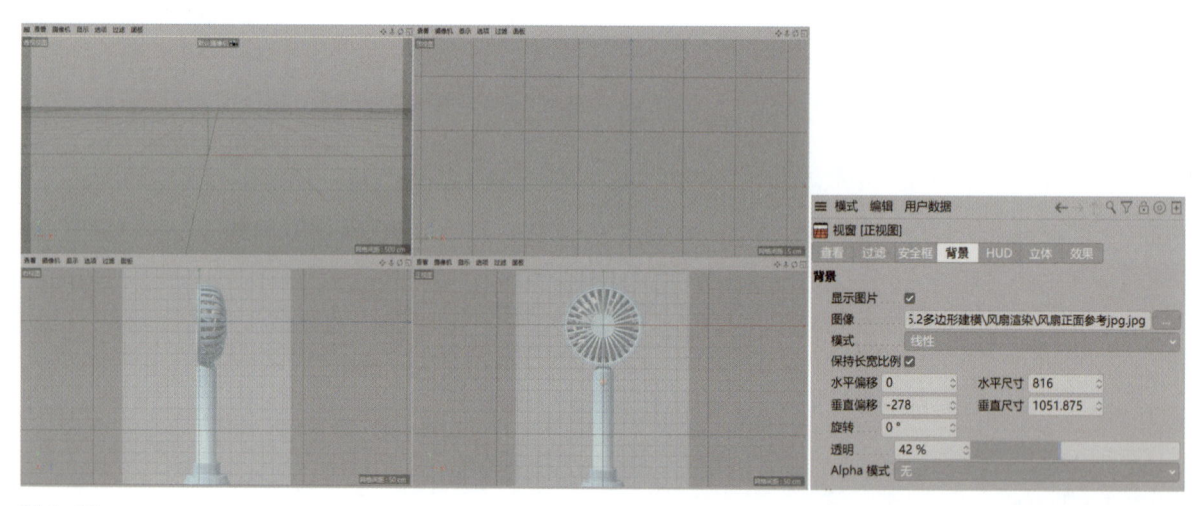

图6-69

按照前保护盖的大体形态,先创建圆柱对象,设置"半径"为66cm,"高度"为20cm,"旋转分段"为56。再创建管道对象,设置"内部半径"为198cm,"外部半径"为208cm,"高度"为20cm,"旋转分段"为112,如图6-70所示。

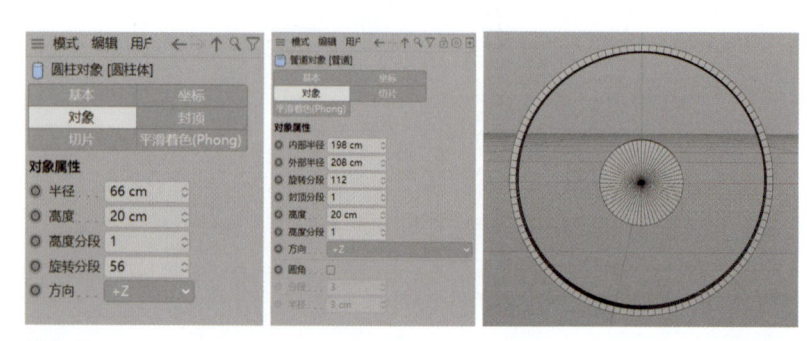

图6-70

按 C 键把两个模型转为可编辑对象，先选中圆柱对象顶端的两个面，右击，在弹出的快捷菜单中选择"内部挤压"命令，在空白处向按住鼠标左键拖曳，将两个面向内挤压一点，再按住 Ctrl 键向上移动选中的面，为面挤压出高度，最后将它贴近管道的边缘，并删除顶端的两个面，形成缺口，如图 6-71 所示。

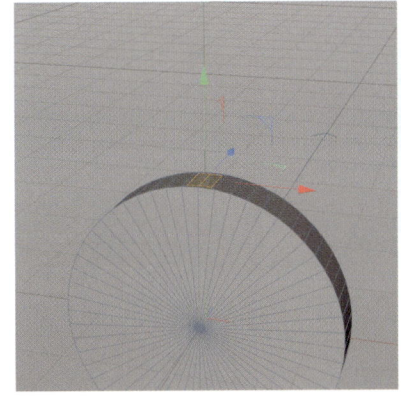

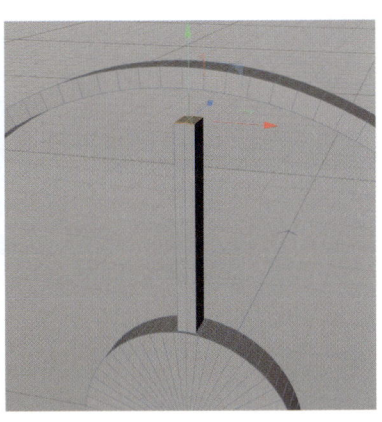

图 6-71

先选择管道内侧对应的两个面并删除，让管道也出现同样面数的缺口，然后选中两个模型，右击，在弹出的快捷菜单中选择"连接对象+删除"命令，将两个模型合并成一个，如图 6-72 所示。

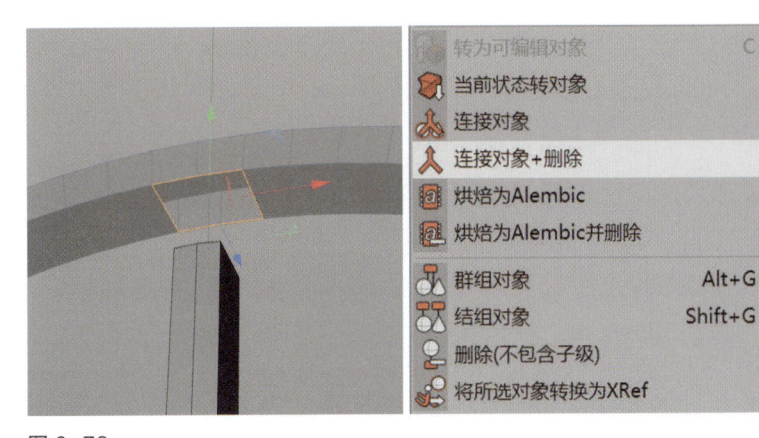

图 6-72

在边模式下，选中缺口处的边界线，右击，在弹出的快捷菜单中选择"缝合"命令，按住 Shift 键，将光标从上面的缺口边缘滑动到下面的缺口边缘，这样两个缺口就会直接被缝合上对应的面，如图 6-73 所示。

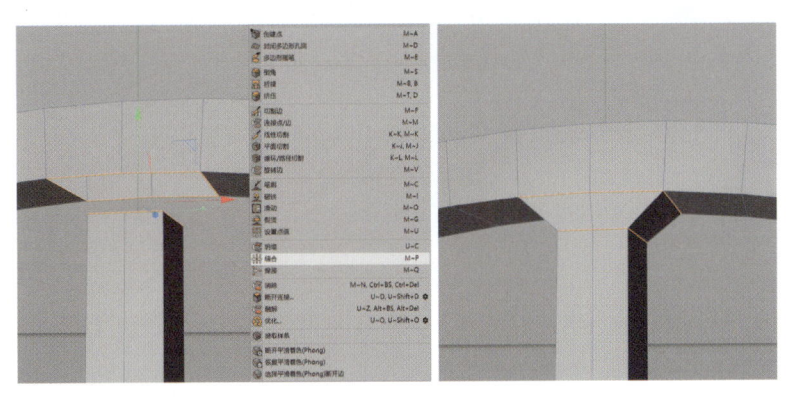

图 6-73

在多边形（面）模式下，先使用循环/路径切割工具，给圆环对象和圆柱对象，以及挤压出来的栅栏都切出保护边，然后给模型的父级创建细分曲面对象，此时可以看到整个模型变得光滑起来，并且有保护边的位置棱角相对硬朗，如图 6-74 所示。

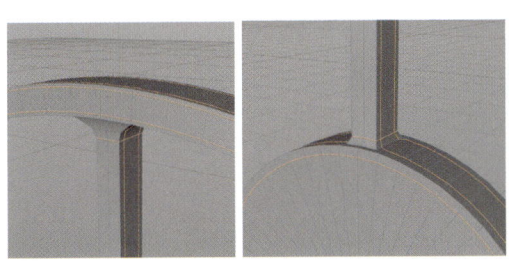

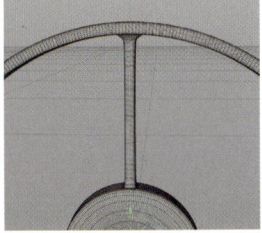

图 6-74

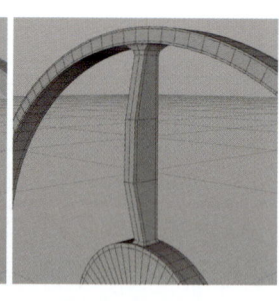

图 6-75

使用右键快捷菜单中的循环 / 路径切割工具给挤压出的栅栏上面添加两条分段，在边模式下使用移动工具选择正面的两条分段线，可以按住 Shift 键加选，并将两条分段线向 Z 轴负方向拖动一段距离，给栅栏制作出弧度，如图 6-75 所示。

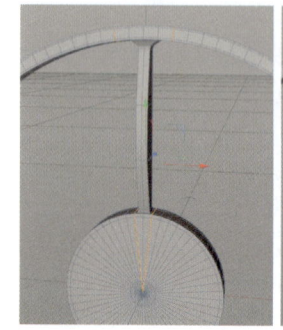

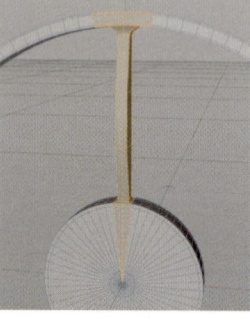

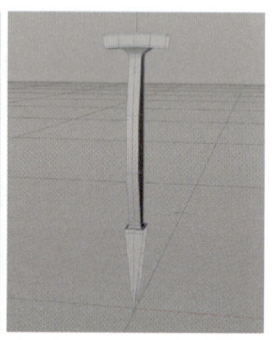

图 6-76

在边模式下，选中栅栏周围的边，使用填充选择工具，单击栅栏部分，就选中了单体栅栏，选择"反选"命令，并按 Delete 键删除单体栅栏之外的部分，就得到了栅栏的一条模型，如图 6-76 所示。

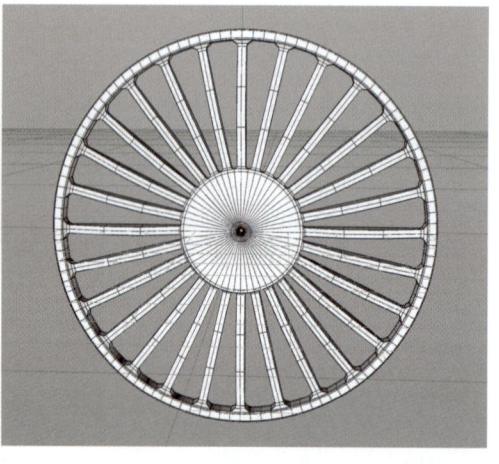

图 6-77

给模型的父级创建克隆对象。设置"模式"为"放射"，"数量"为 28，"半径"为 0cm，"平面"为"XY"，此时就可以看到单体栅栏被复制了一圈，得到了前保护盖的模型，如图 6-77 所示。

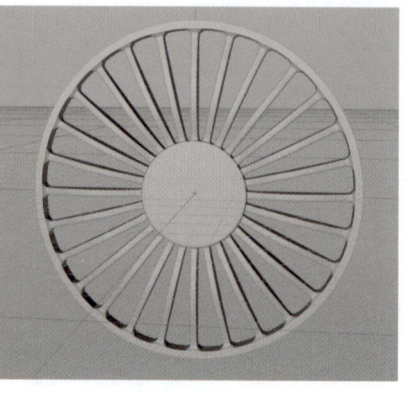

图 6-78

在对象面板中选择克隆对象和模型，右击，在弹出的快捷菜单中选择"连接对象 + 删除"命令，把克隆对象变为一个整体，选择细分曲面对象，此时就可以看到前保护盖的模型已经创建完成了，如图 6-78 所示。

用同样的方法把后保护盖也制作出来。创建管道对象，比照参考图，设置管道对象的"内部半径"为209cm，"外部半径"为219cm，"高度"为20cm，"旋转分段"为112，"方向"为"+Z"，如图6-79所示。

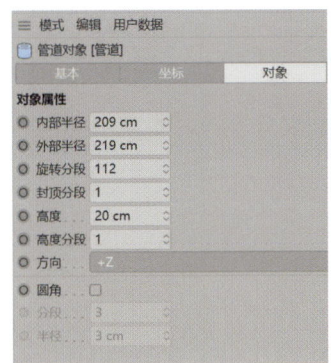

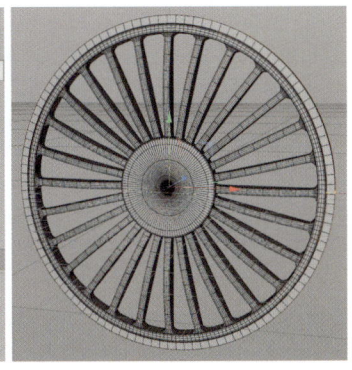

图 6-79

按C键把管道对象转为可编辑对象，在多边形（面）模式下选择顶部后侧方的两个面，按Ctrl键将两个面沿着Z轴正方向拖出，挤压出厚度。按F3键切换到右视图，这样比较便于观察。沿着参考图方向把面一节一节拖出，注意每次拖出后旋转一下面的角度并缩小面的尺寸，让挤压出来的栅栏有一个由大到小的渐变，如图6-80所示。

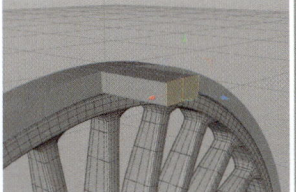

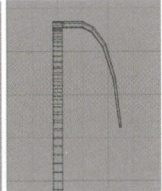

图 6-80

在调整好形态后，使用循环/路径切割工具，给每个转折边的周围都切割出保护线，这时可以双击对象面板前保护壳对象后面的点状按钮，把已经完成的模型隐藏起来。在外壳模型的父级创建细分曲面对象，检查模型是否平滑、完整，如图6-81所示。

图 6-81

在确认没有问题后，关闭细分曲面对象。在边模式下，选中模型单体栅栏的两端的分段线，使用填充选择工具，选择单体外围的面，按Delete键将其删除，就得到了后保护盖的单体模型，如图6-82所示。

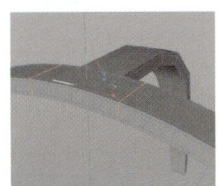

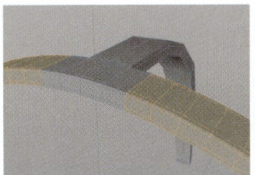

图 6-82

创建同样的放射状的克隆对象，设置"数量"为28，"半径"为0cm，"平面"为"XY"，就能看到单体栅栏被复制了一圈，如图6-83所示。在对象面板中选中克隆对象和模型，使用连接对象+删除工具。

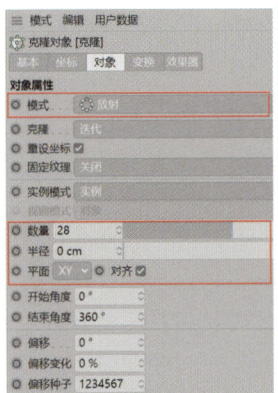

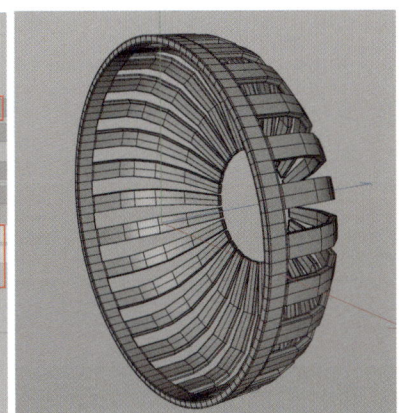

图 6-83

创建圆柱对象，设置"半径"为64cm，"高度"为10cm，"旋转分段"为56，将圆柱对象移动到后保护盖的缺口处，拼接出中心的盖子，保护壳也就制作好了，如图6-84所示。

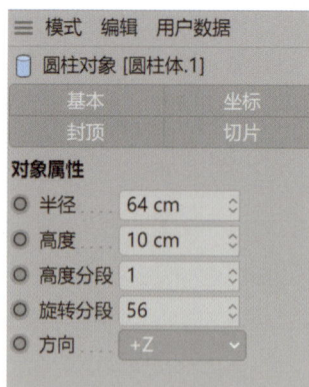

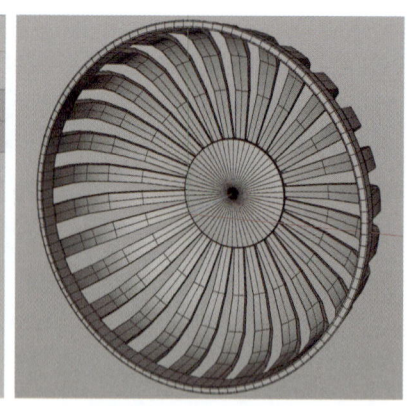

图 6-84

2. 扇叶建模

扇叶会围绕轴旋转，不过它处于风扇内部，不用制作细节，只需要创建一个圆柱对象。调整"半径"为53cm，"高度"为125cm，"旋转分段"为56，将圆柱对象移动到前保护盖与后保护盖中间的位置，当作风扇轴，如图6-85所示。

下面绘制扇叶的形状。先创建一个平面对象，缩小尺寸，设置"宽度"和"高度"均为33cm，"宽度分段"和"高度分段"均为1，将平面对象移动到轴的上方，并按C键转为可编辑对象，如图6-86所示。

在多边形（面）模式下先使用多边形画笔工具，将工具移动到平面对象的边缘，这样就能选中平面对象的一条边了，然后按住Ctrl键，并按住鼠标左键拖曳出新的四边面。按照参考图的形状，拖动四边形的各个边，慢慢扩展出扇叶的形状，直到形状闭合。可以切换到点模式，通过调整点的位置控制整体形状，使每个四边形的大小尽量分布均匀，如图6-87所示。

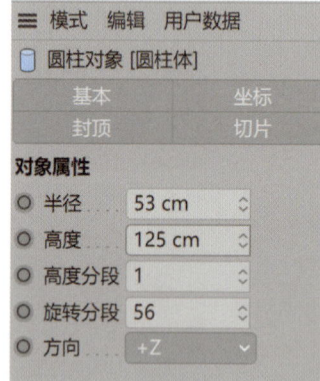

图 6-85

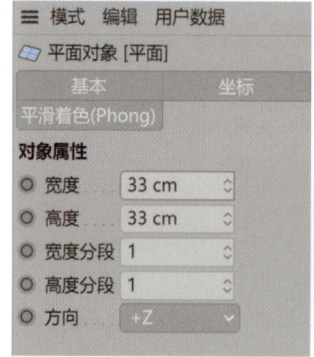

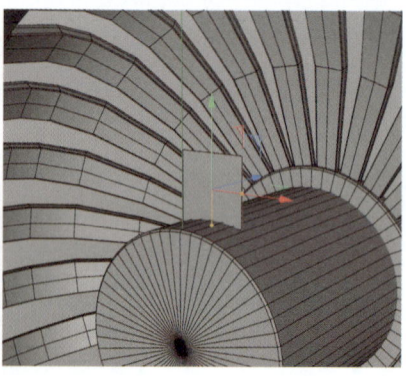

图 6-86

图 6-87

调整好后返回多边形（面）模式，使用快捷键 Ctrl+A 全选面，右击，在弹出的快捷菜单中选择"挤压"命令，在属性面板中勾选"创建封顶"复选框，在视图窗口空白处按住鼠标左键拖曳，给扇叶面挤出厚度，如图 6-88 所示。

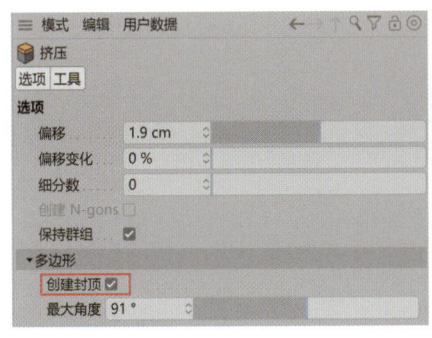

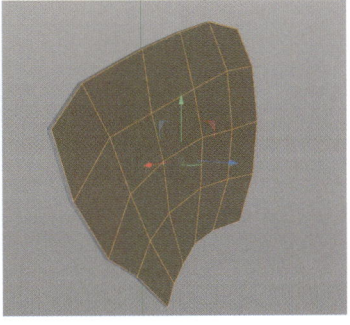

图 6-88

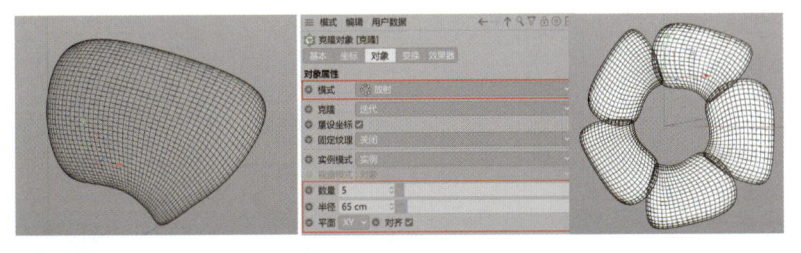

在对象面板的父级创建细分曲面对象，就能够看到扇叶变得非常圆润、光滑了，此时单体的扇叶就创建完成了，如图 6-89 所示。

创建克隆对象，选择"模式"为"放射"，设置"数量"为 5，"半径"为 65cm，"平面"为"XY"，把单体扇叶拖入克隆对象的子级，5 片扇叶就制作好了，如图 6-90 所示。

图 6-89   图 6-90

此时，还需要添加一些细节，在扇叶单体模型的子级创建螺旋对象，在属性面板中单击"匹配到父级"按钮，增大角度，此时可以看到扇叶有了一些扭动的效果，这样更像扇叶了，如图 6-91 所示。

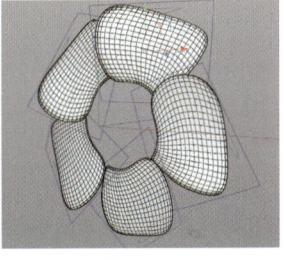

图 6-91

把保护壳和轴等隐藏的模型显示出来，检查前后保护壳和扇叶的位置与大小是否合适，将所有细分曲面对象都打开，这样风扇的头部模型就制作好了，如图 6-92 所示。

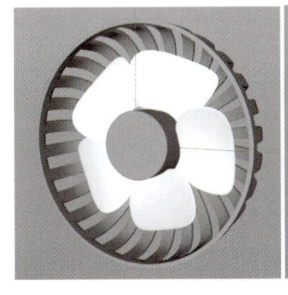

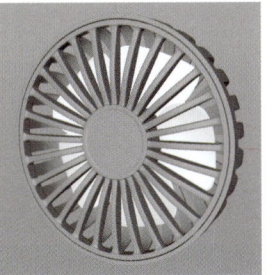

图 6-92

3. 手柄建模

在正视图中按照参考图的大小，创建圆柱对象，设置"半径"为 50cm，"高度"为 500cm，这是手柄的基本形态的设置。在进行分段设置时，需要对着按钮的位置进行设置，设置"高度分段"为 22，"旋转分段"为 16，使按钮位置正好处于一个田字格的中心，如图 6-93 所示。

图 6-93

按 C 键把这个圆柱对象转为可编辑对象，切换到点模式，选择按钮中心的一个点，右击，在弹出的快捷菜单中选择"倒角"命令，在属性面板中设置"细分"为1，"深度"为-100%，在视图窗口空白处按住鼠标左键拖曳，把点倒出八边形，使其大小等于按钮的尺寸，如图6-94所示。

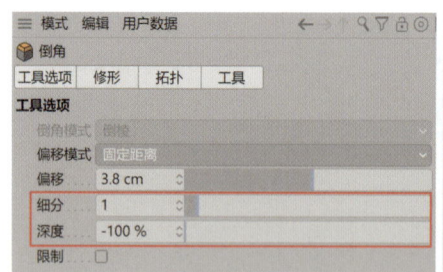

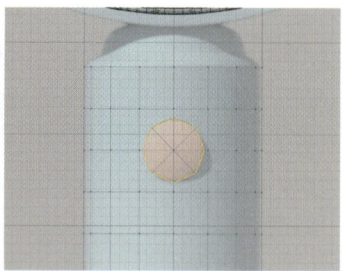

图 6-94

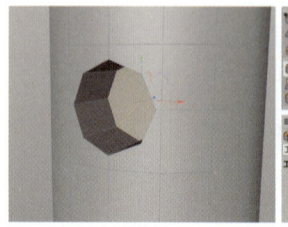

按 F1 键返回透视视图，先选择中心点四周的4个面，按住 Ctrl 键并按住鼠标左键拖曳，将面向内部挤压，挖出一个洞，然后按 Delete 键删除内部的面，如图6-95所示。

选择洞的边界线，右击，在弹出的快捷菜单中选择"倒角"命令，选择"倒角模式"为"实体"，按住鼠标左键拖曳，给边界线生成两条保护线，如图6-96所示。

图 6-95　　　　图 6-96

在点模式下，右击，在弹出的快捷菜单中选择"线性切割"命令，把导出的八边形的斜上方和斜下方的几个点连接到田字格的四周，尽量让圆孔的四周形成四边面，如图6-97所示。

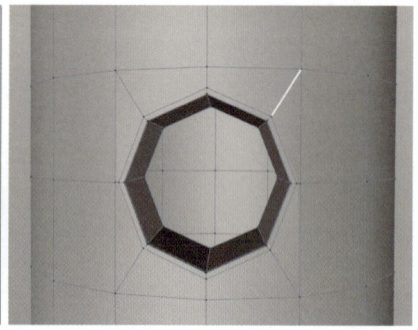

图 6-97

右击，在弹出的快捷菜单中选择"滑动"命令，把圆孔四周的点向外滑动，使圆孔四周的面大小统一，如图6-98所示。

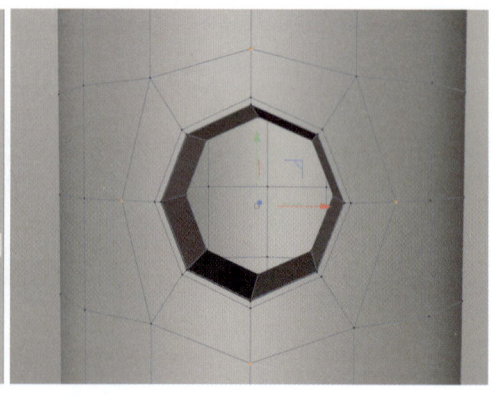

图 6-98

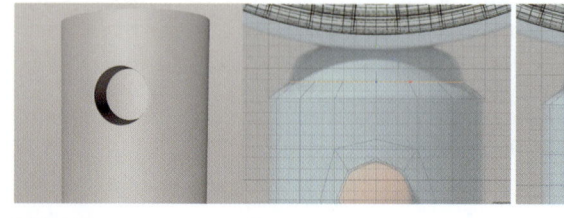

为圆柱对象的父级创建细分曲面对象，这样圆柱对象上就有了一个非常规整的圆形孔，如图6-99所示。

切换到正视图，选择顶面，按照模型形态，向上挤压出边并逐步缩小，形成向上缩小的趋势，如图6-100所示。

图 6-99　　　　图 6-100

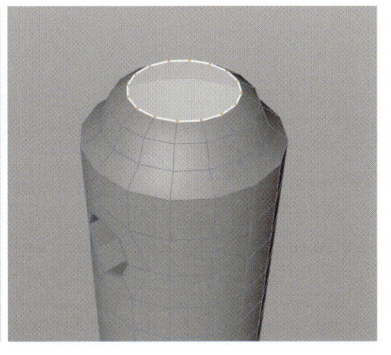

顶面布线不好调整，可以先按 Delete 键将其删除，然后右击，在弹出的快捷菜单中选择"封闭多边形孔洞"命令，把它重新封上，如图 6-101 所示。

图 6-101

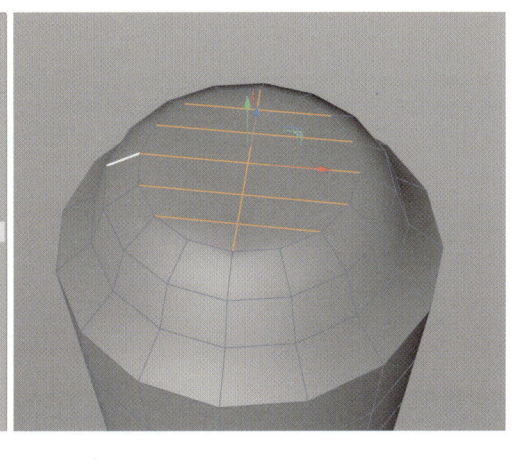

使用线性切割工具把顶面重新切出面，如图 6-102 所示。

图 6-102

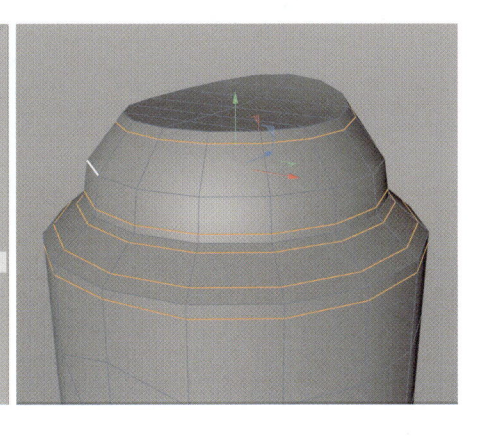

先按照参考图适当调整点的位置使手柄贴合风扇边缘，然后使用循环/路径切割工具把每个转折边的上、下位置都切出保护线，如图 6-103 所示。

图 6-103

打开圆柱对象父级的细分曲面对象，就能够看到手柄的顶部也制作好了，如图 6-104 所示。

图 6-104

4. 按钮建模

制作按钮相对比较简单。创建油桶对象,调整"半径"为16cm,"高度"为27.7cm,"封顶高度"为3cm,"高度分段"为10,"封顶分段"为4,"旋转分段"为16,把这个油桶对象移动到手柄的孔洞中心,使它贴合孔,这样按钮就制作好了,如图6-105所示。

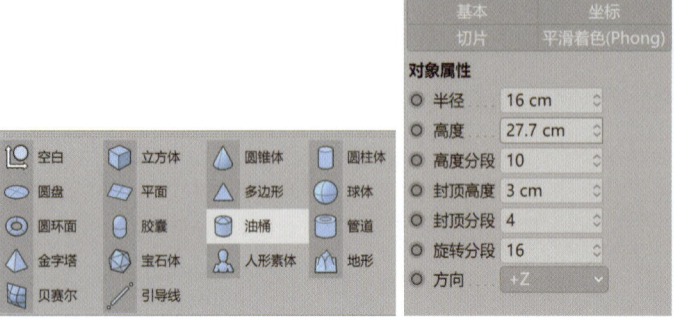

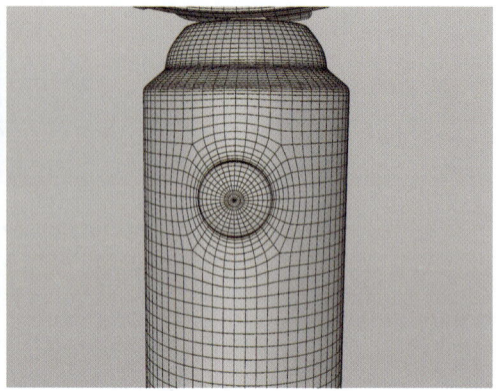

图 6-105

5. 底座建模

创建管道对象,在正视图中调整管道对象的尺寸,设置"内部半径"为51cm,"外部半径"为64cm,"高度"为65cm,"高度分段"为3,使管道对象的中心孔比手柄大一些,如图6-106所示。

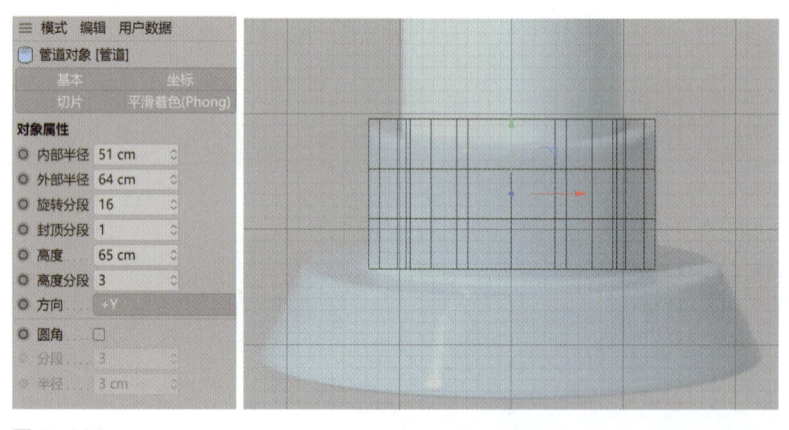

图 6-106

按C键把管道对象转为可编辑对象,使用循环选择工具,选中管道对象的底面,并按Delete键删除,如图6-107所示。

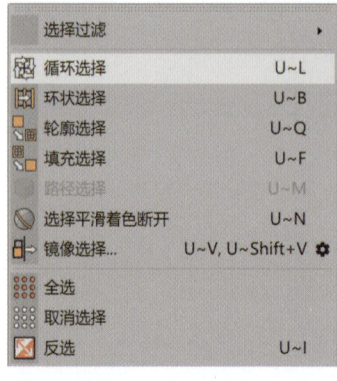

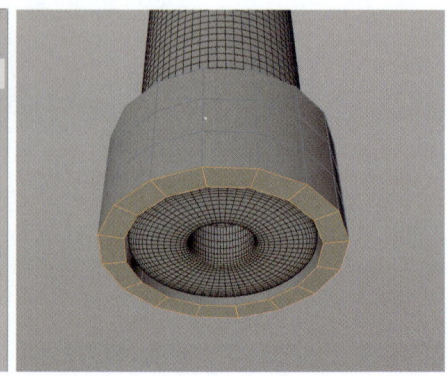

图 6-107

在边模式下选择管道对象底部最外围的一圈边，在按住 Ctrl 键的同时使用缩放工具把边缘放大，先使用移动工具向下挤压边缘，再使用缩放工具放大，形成上窄下宽的梯形，如图 6-108 所示。

按 Ctrl 键向内部缩小，直至底部封住，如图 6-109 所示。

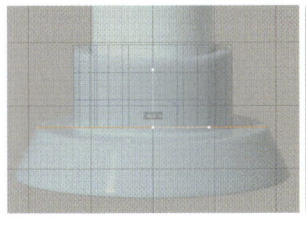

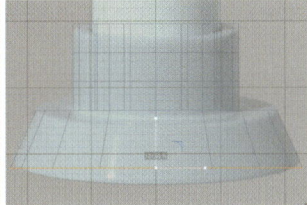

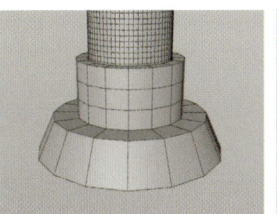

图 6-108

图 6-109

先使用移动工具，然后双击选中每条转折边，右击，在弹出的快捷菜单中选择"倒角"命令。将"倒角模式"改为"实体"，先在视图窗口空白处按住鼠标左键拖曳，给每条边都加入保护线，然后给底座父级创建细分曲面对象，得到表面光滑的底座，如图 6-110 所示。

显示所有模型，调整位置和大小，风扇的建模就完成了，如图 6-111 所示。

图 6-110

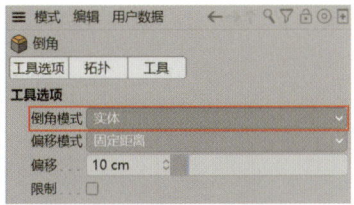

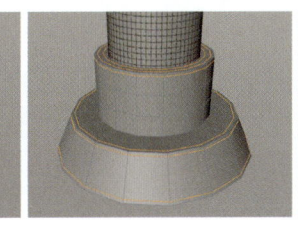

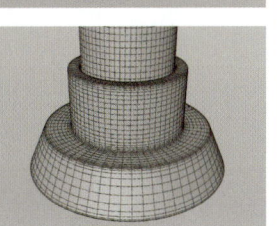

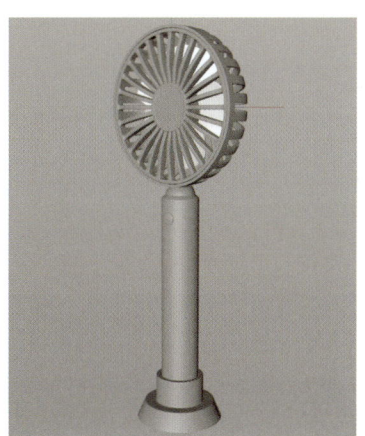

图 6-111

6.2.3 手机无线充电支架建模

本节学习手机无线充电支架建模，通过对小产品进行建模，学习如何利用点、线、面的编辑得到切斜的形体，以及支架处缺口的布线技巧，如图 6-112 所示。

建模思路依然是先拆解零件，分析结构和每个零件的形态，再去建模。这个充电支架大体可以分为主体部分、指示灯和装饰条、充电板、支架几部分，如图 6-113 所示。

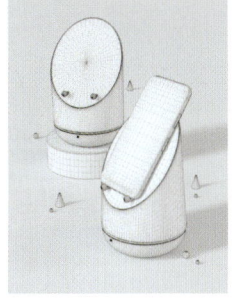

图 6-112

图 6-113

1. 主体部分建模

导入参考图的正面和侧面，把参考图分别拖入右视图和正视图，按快捷键 Shift+V 调出背景视图，调整位置和透明度，使参考图位于世界坐标的中心，以便建模，如图 6-114 所示。

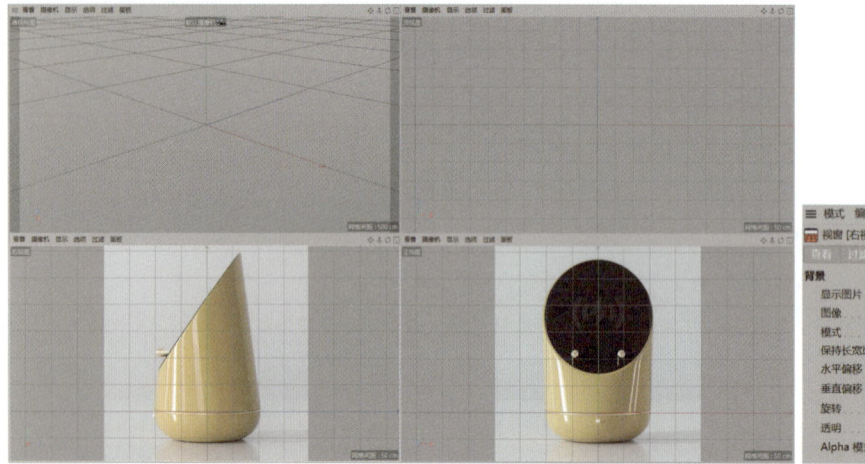

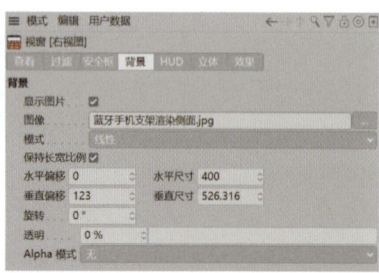

图 6-114

在底部用基本体创建模型，新建圆柱对象，调整"半径"为 104cm，"高度"为 46cm，"高度分段"为 3，"旋转分段"为 16，在右视图中将圆柱对象和参考图对齐，如图 6-115 所示。

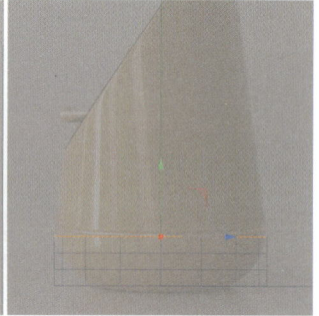

图 6-115

按 C 键把圆柱对象转为可编辑对象，使用移动工具选中圆柱对象顶端的一圈，按住 Ctrl 键向上挤压，先挤压出 3 条边作为接缝，再向上挤压并旋转制作出斜面，如图 6-116 所示。

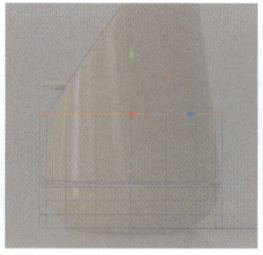

图 6-116

调整接缝下方的 3 条边，选中 3 条边后将它们一层一层缩小，按照参考图把基本形态调整好，注意检查正面和侧面的点形态都要一一对应，如图 6-117 所示。

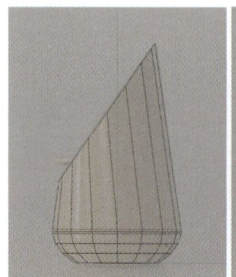

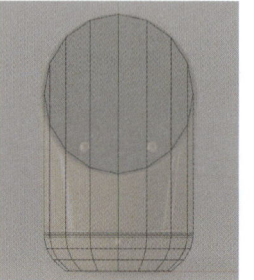

图 6-117

返回透视视图，先选中最下方的一圈边，使用缩放工具，按住 Ctrl 键向内挤压 3 次，然后右击，在弹出的快捷菜单中选择"坍塌"命令，把底面封闭好，如图 6-118 所示。

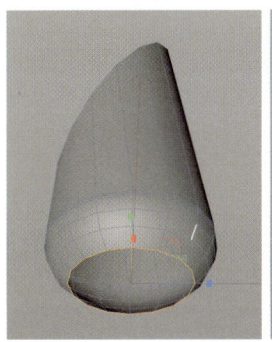

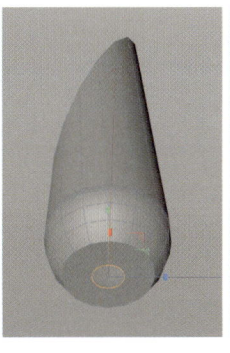

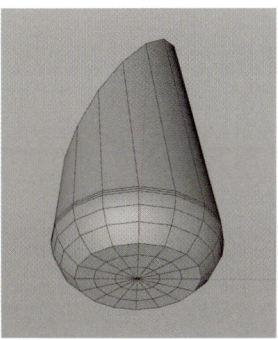

图 6-118

图 6-119

查看顶端，右击，在弹出的快捷菜单中，选择"封闭多边形孔洞"命令，将光标移动到斜面处，为最上方的斜面做封闭，如图 6-119 所示。

使用线性切割工具，将封闭好的斜面切出四边面，双击斜面的边，右击，在弹出的快捷菜单中选择"倒角"命令，设置"倒角模式"为"实体"，使斜面的边偏移一点距离，给这个边添加保护线，如图 6-120 所示。

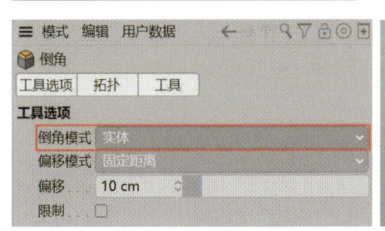

在多边形（面）模式下选中斜面，先使用实时选择工具设置"轴向"属性面板中的"方向"为"法线"，这样轴就能够垂直选中的斜面，再按住 Ctrl 键并拖动鼠标沿着 Z 轴正方向移动，挤压出凹槽，如图 6-121 所示。

图 6-120

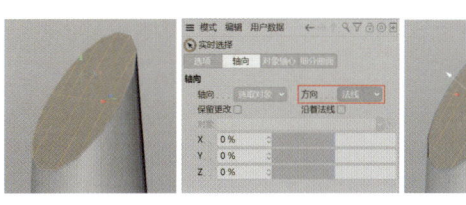

图 6-121

在边模式下选中转折边，右击，在弹出的快捷菜单中选择"倒角"命令，给转折边添加保护线，如图 6-122 所示。

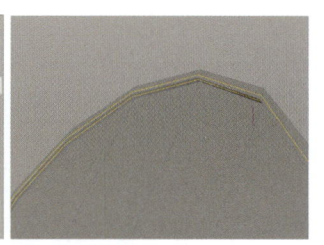

图 6-122

下面是接缝的处理。选中接缝处 3 条分段线中间的一条，将它向内缩小，制作出接缝的凹陷状，如图 6-123 所示。

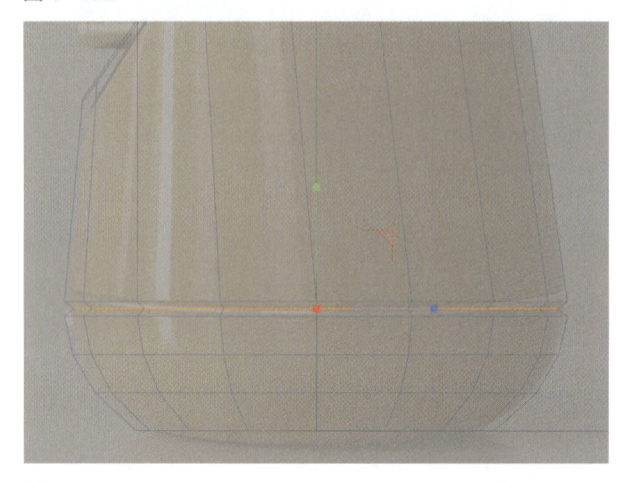

图 6-123

分别选择接缝上、下方的边界线和底部的一圈边界线，右击，在弹出的快捷菜单中选择"倒角"命令，设置"倒角模式"为"实体"，在视图窗口空白处按住鼠标左键拖曳，给每条边添加保护线，如图 6-124 所示。

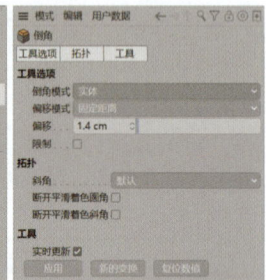

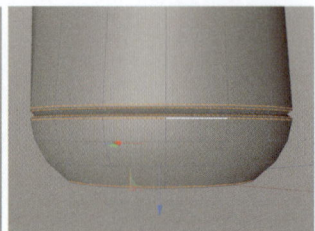

图 6-124

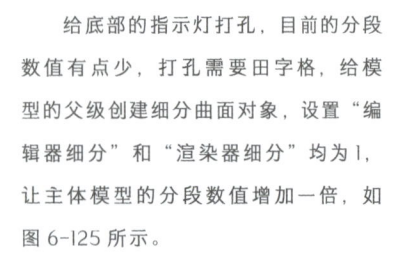

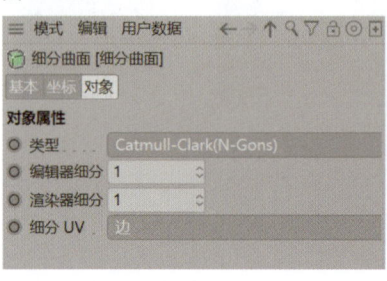

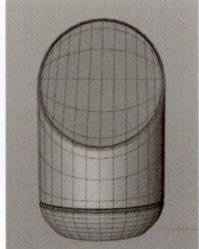

给底部的指示灯打孔，目前的分段数值有点少，打孔需要田字格，给模型的父级创建细分曲面对象，设置"编辑器细分"和"渲染器细分"均为1，让主体模型的分段数值增加一倍，如图 6-125 所示。

图 6-125

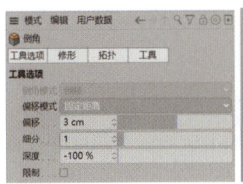

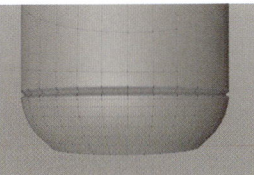

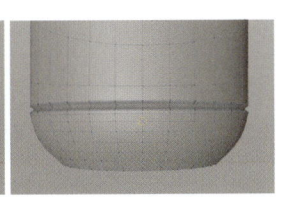

图 6-126

在点模式下找到正面中心线下方的一个点，右击，在弹出的快捷菜单中选择"倒角"命令，设置"偏移"为3cm，"细分"为1，"深度"为-100%，导出一个八边形，如图 6-126 所示。

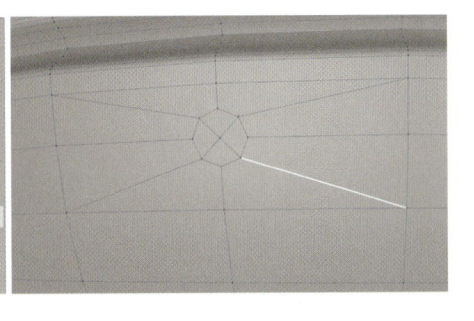

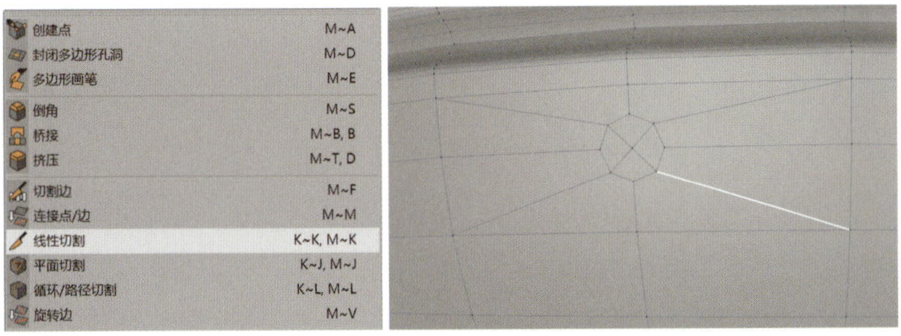

图 6-127

使用线性切割工具，将八边形的点与四周的点接上，尽量让孔洞的四周形成四边面，如图 6-127 所示。

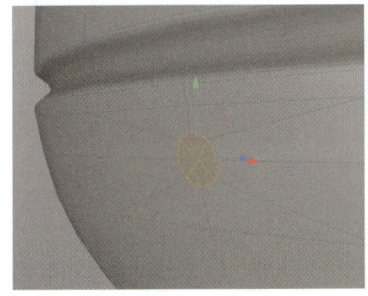

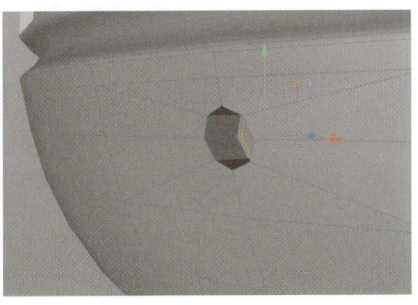

图 6-128

在多边形（面）模式下选中八边形的面，按 Ctrl 键，同时按住鼠标左键拖曳面，使其沿着 Z 轴正方向移动，挤压出孔的深度，并删除内部的面，如图 6-128 所示。

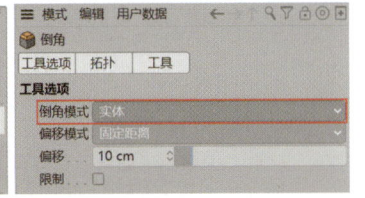

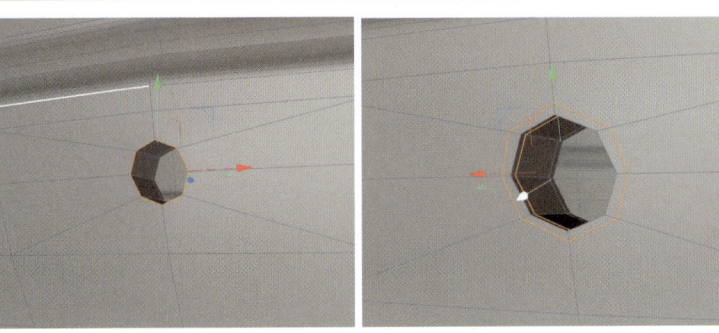

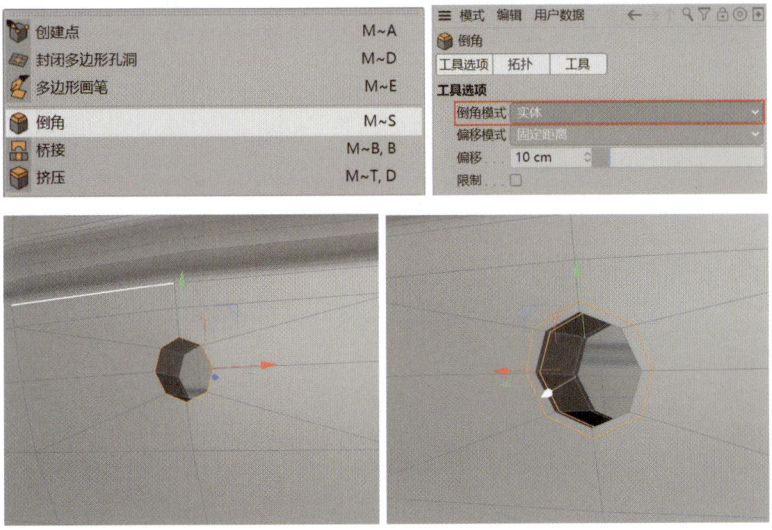

图 6-129

在边模式下选择孔洞四周的一圈边，右击，在弹出的快捷菜单中选择"倒角"命令，设置"倒角模式"为"实体"，给孔洞的四周添加保护线，如图 6-129 所示。

为主体模型的父级创建细分曲面对象，将"编辑器细分"和"渲染器细分"均设置为3，这样主体部分的建模就完成了，如图6-130所示。

2. 指示灯和装饰条建模

创建圆环对象，设置"圆环半径"为100cm，"圆环分段"为80，"导管半径"为2cm，"导管分段"为16，将圆环对象移动到主体模型的接缝处，当作装饰条，如图6-131所示。

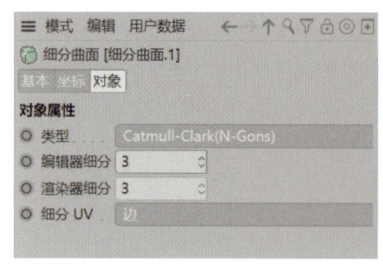

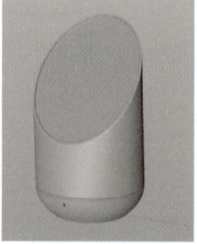

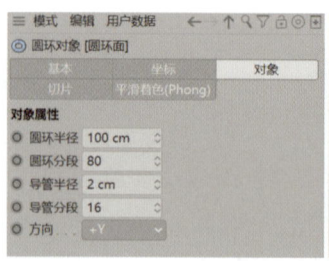

图6-130

图6-131

创建油桶对象，设置"半径"为2.5cm，"高度"为10cm，"高度分段"为11，"封顶高度"为1cm，"封顶分段"为4，"旋转分段"为16，"方向"为"+Z"，将油桶对象移动到主体模型的孔洞处，当作指示灯，如图6-132所示。

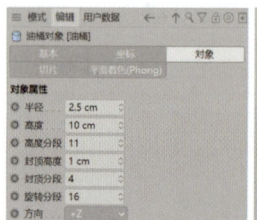

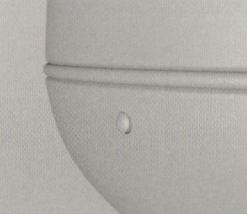

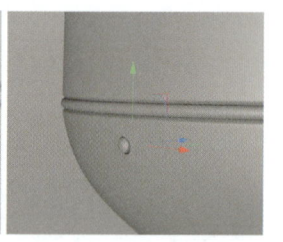

图6-132

3. 充电板建模

在多边形（面）模式下选择主体模型凹进去的斜面，右击，在弹出的快捷菜单中选择"分裂"命令，这个面就被复制出来了，如图6-133所示。

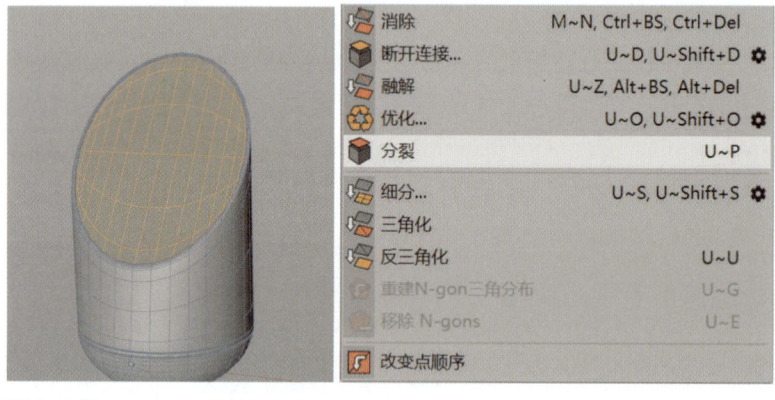

图6-133

在移动对象的"轴向"属性面板中，把"方向"改为"法线"，按住Ctrl键，沿着Z轴正方向移动面，使垂直分裂的面挤压出厚度，如图6-134所示。

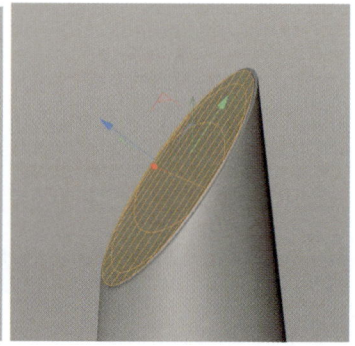

图6-134

在边模式下选中有厚度的一圈转角边，右击，在弹出的快捷菜单中选择"倒角"命令，给边、角都添加保护线。在对象面板中，为分裂出来的模型创建细分曲面对象，这样充电面板也就制作好了，如图6-135所示。

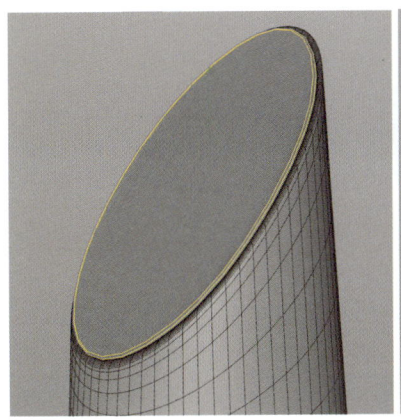

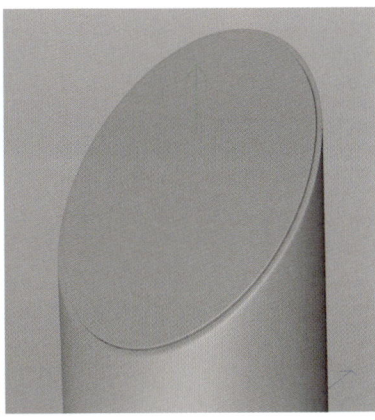

图6-135

4．支架建模

创建圆柱对象，设置"半径"为90cm，"高度"为358cm，"高度分段"为16，"旋转分段"为32，删除封顶，这样支架的基本形态就创建好了，如图6-136所示。

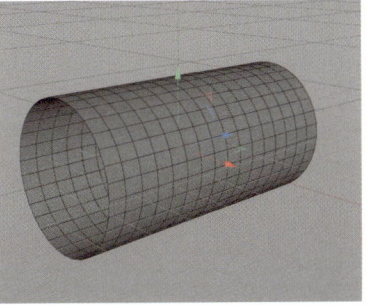

图6-136

按C键把圆柱对象转为可编辑对象，切换到多边形（面）模式，使用框选工具选择圆柱对象上半部分的面，在缩放对象的属性面板中先将Y轴方向改为-100%，使轴心位于所选面的底端，然后按住Ctrl键，沿着Y轴负方向压缩至轴心，把曲面调平，如图6-137所示。

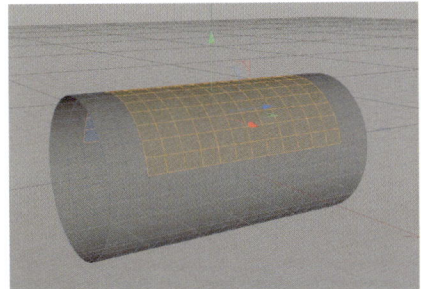

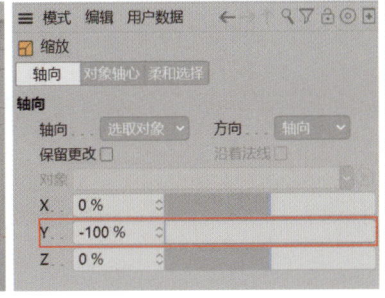

图6-137

在边模式下选择凹槽处的几条边，按Shift键加选，使用倒角工具，将"倒角模式"改为"实体"，给这几条边添加保护线，如图6-138所示。

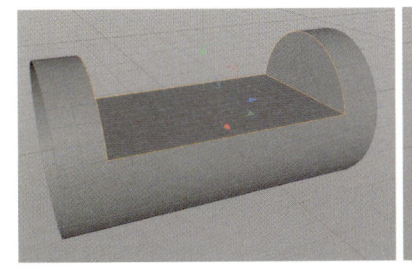

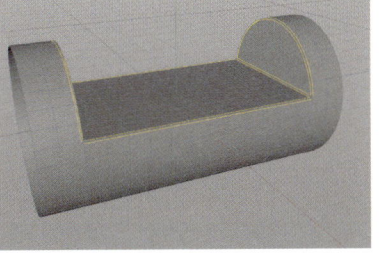

图6-138

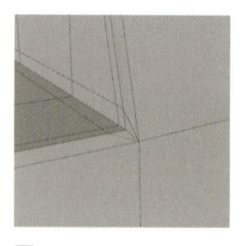

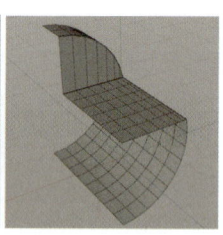

图 6-139 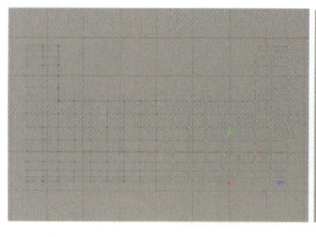　　　　图 6-140

观察模型可以看到转折面有三角面，这样会影响细分效果，需要进行处理，如图 6-139 所示。

为了便于编辑，在点模式下分别在正视图和右视图中框选中线一侧的点并删除一部分，只保留四分之一即可，如图 6-140 所示。

找到三角面，先把侧面上的两条斜边选中，右击，再在弹出的快捷菜单中选择"消除"命令，把这两条边删除，如图 6-141 所示。

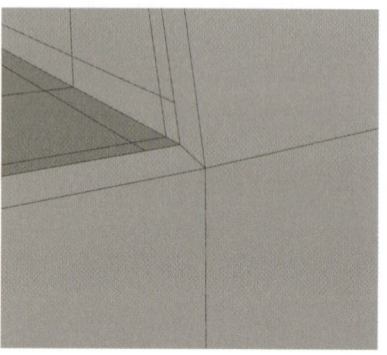

图 6-141

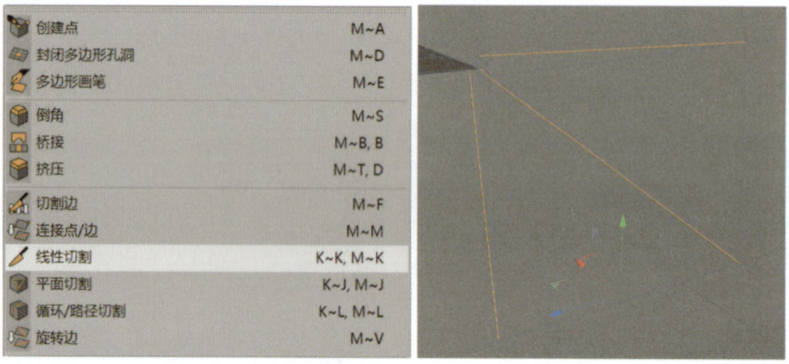

图 6-142

使用线性切割工具，把原位置上没有连接的点连接到侧面四周，如图 6-142 所示。

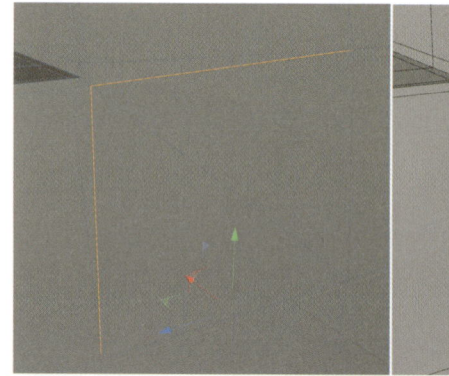

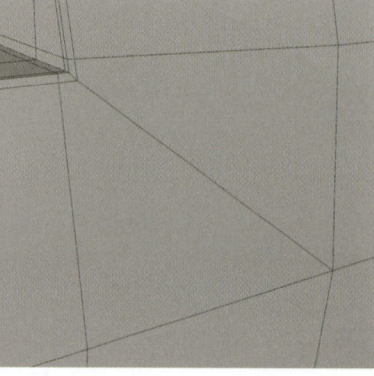

图 6-143

选中三角面的边，右击，在弹出的快捷菜单中选择"消除"命令，删除这两条边，这样这个转角就都是四边面了，如图 6-143 所示。

给这个模型先创建一个对称对象，并设置"镜像平面"为"ZY"，再创建一个对称对象，并把它们一起拖入新的对称对象，设置"镜像平面"为"XY"，这样四分之一的模型就恢复原样了，如图6-144所示。

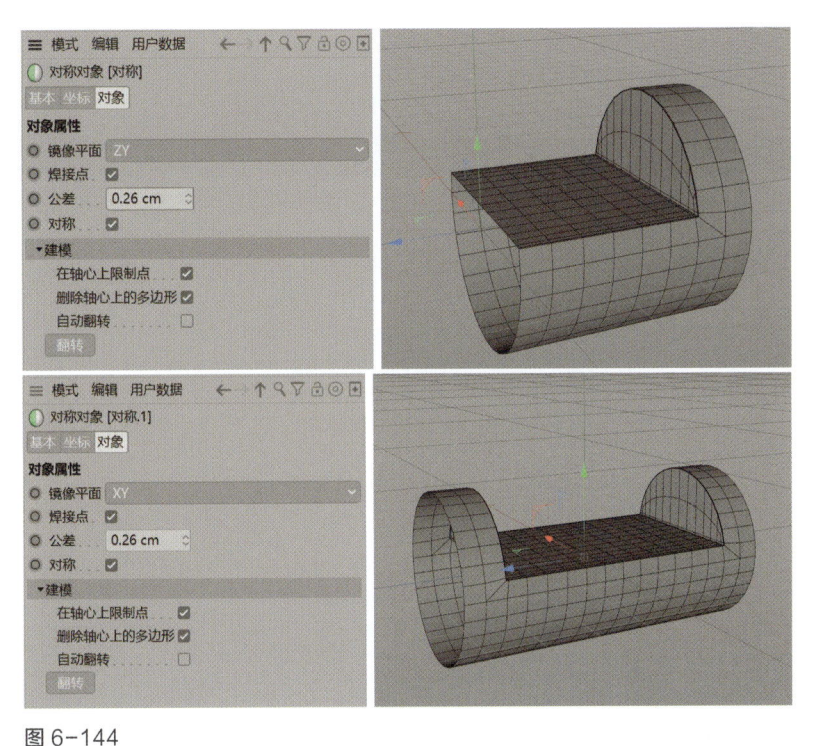

图6-144

先在对象面板中选择对称对象，使用连接对象+删除工具，把对称对象合并，再创建细分曲面对象检查模型表面，如图6-145所示。

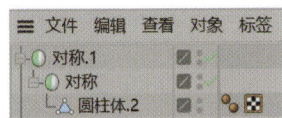

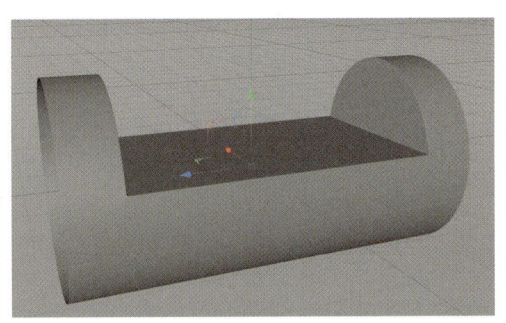

图6-145

关闭细分曲面对象，开始制作一端的圆头。创建球体对象，设置"半径"为90cm，"分段"为32，将球体对象移动到圆柱对象的顶端封顶位置，如图6-146所示。

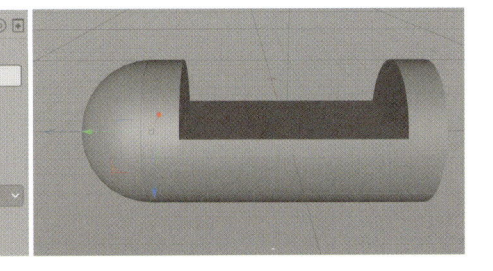

图6-146

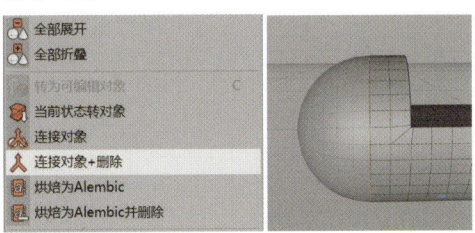

选中两个模型，使用连接对象+删除工具，将两个模型合并成一个对象，在接缝处使用缝合工具将它们相接，如图6-147所示。

图6-147

在创建细分曲面对象后，检查模型是否光滑平整，如图 6-148 所示。

复制一个支架，把两个支架一起移动到主体模型的斜面位置，拼合好支架，整体模型就建模完成了，如图 6-149 所示。

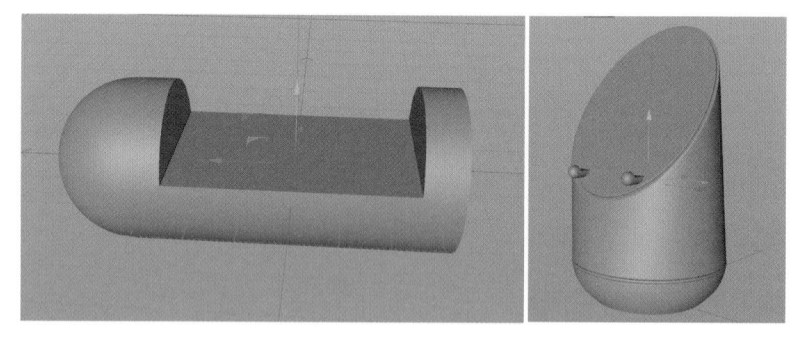

图 6-148　　　　　　　　图 6-149

第7章

进阶渲染技巧

如何快速出图、如何提高渲染时间、如何巧用预设、如何调整材质等问题，可以在本章一一得到解答。本章通过几个全程渲染案例，讲解标准渲染器和Octane渲染器的多种进阶渲染技巧。

7.1 标准渲染器快速出图技巧

本节主要介绍 C4D 自带的标准渲染器的使用方法和能够更快速出图的技巧,以及自带物理渲染器的使用要点。

7.1.1 什么图适合使用标准渲染器

标准渲染器是 C4D 自带的默认渲染器,是基于 CPU 的计算来进行渲染的,对电脑配置的要求不高,不需要任何插件即可使用,兼容性好,非常适合简单的纯色场景渲染,色彩好控制,没有复杂的光影和材质,出图速度很快,如图 7-1 所示。

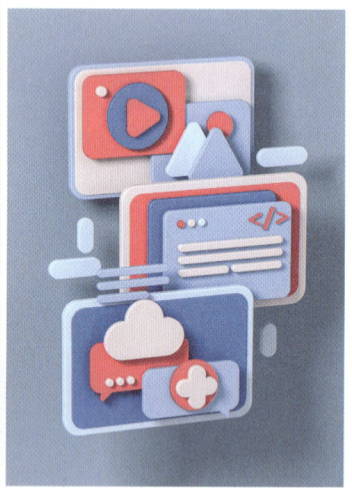

图 7-1

此外,标准渲染器还适合几何电商场景展示、文创类设计展示和设计包装图案展示等,易于操作,更换整体色调和图案快速、简单,并且可以用它制作设计样机,便于更多的延展,如图 7-2 所示。

图 7-2

7.1.2 巧用预设快速渲染场景图

标准渲染器在进行一般渲染设置时比较烦琐,且每次都要重复,可以使用之前学过的预设库的制作方法。把常用场景制作好后存在预设库中,在使用时调用预设场景,可以快速构建场景,如图 7-3 所示。

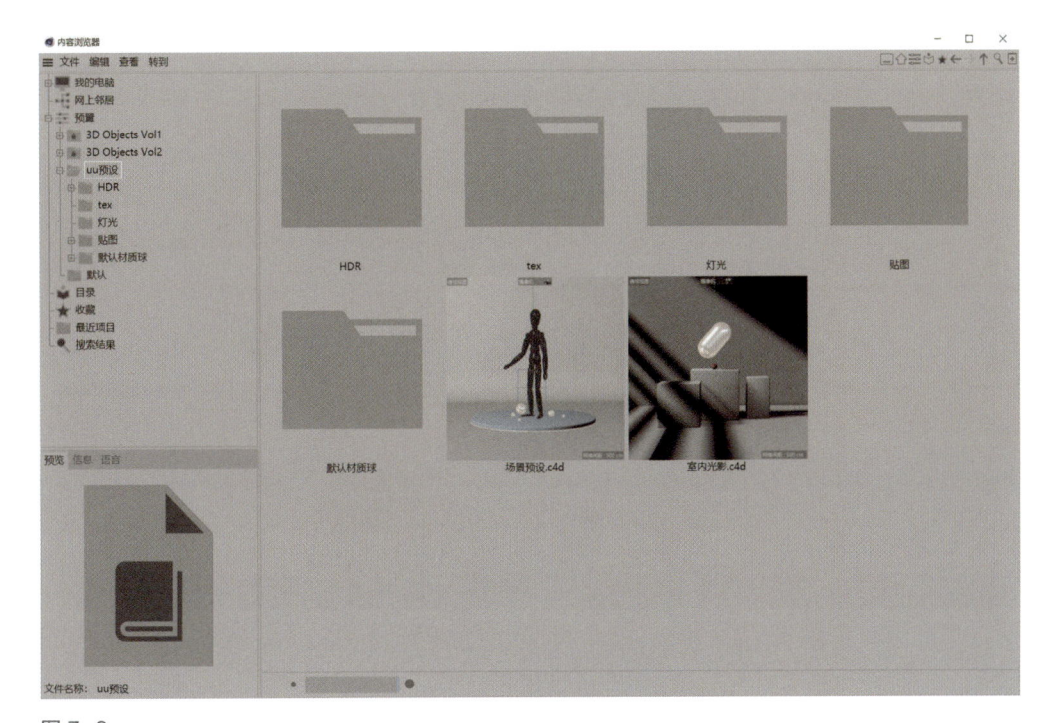

图 7-3

双击"场景预设"文件,存储好的场景、灯光和环境都会出现在视图窗口中,渲染设置也是设置好的。

删除预设主体,把需要用的模型复制到场景中,这里需要复制两个笔记本模型到场景中,另存文件到本地磁盘中,这个步骤很重要。如果不把文件另存好,则无法进行渲染,如图 7-4 所示。

这时不需要调整太多的灯光,只需要创建默认材质球,勾选"颜色"通道,在"纹理"栏添加设计好的纹理贴图,就制作好了图案材质球。制作两个不一样的材质球,并将其分别赋予两个笔记本模型,就可以快速渲染出效果图了,如图 7-5 所示。

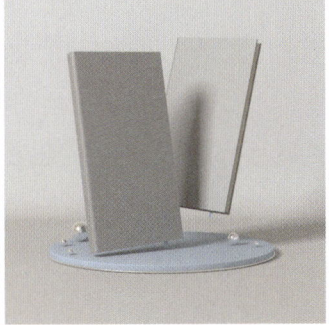

图 7-4

图 7-5

7.1.3 文创类产品渲染技巧

纸质包袋的材质重在展示外包装图案设计,不需要复杂的光影与反射,适合使用默认渲染器。像文创类的纸盒、包装袋、书本、咖啡杯、笔和夹子等,都可以使用C4D自带的模型库。在模型库中,有很多常见文具、器具、包装袋等模型,不需自己建模,还能修改尺寸,可以非常方便,如图7-6所示。

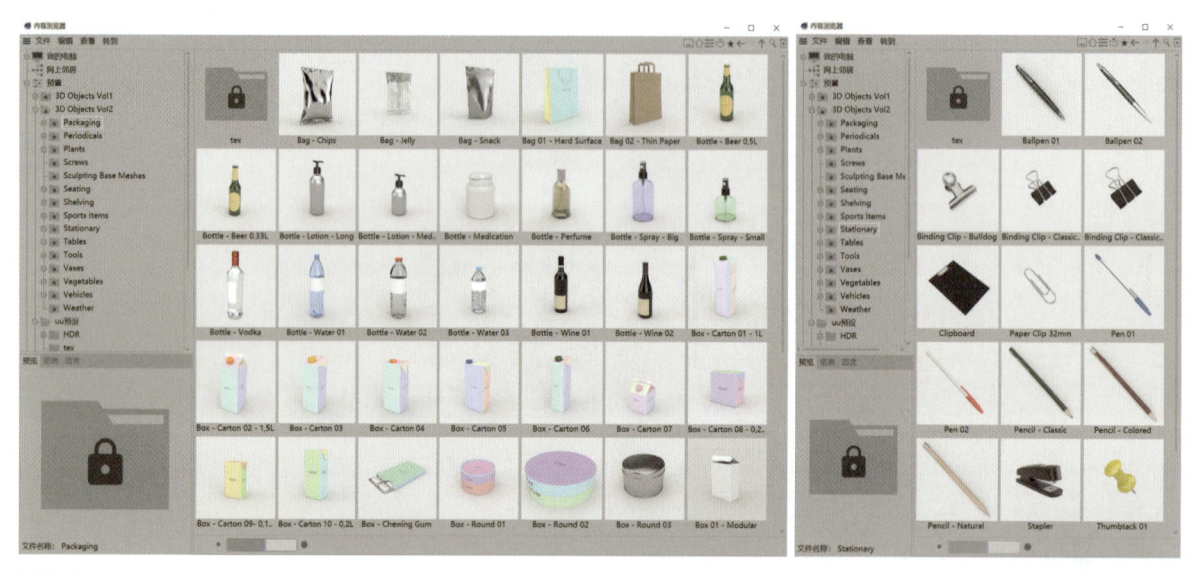

图 7-6

在设计产品包装盒和礼盒时,不仅可以使用C4D自带的模型库,而且可以根据尺寸自己建模。先根据底面的长度和宽度创建矩形对象,再根据盒子的高度和厚度创建矩形对象,勾选"圆角"复选框,如图7-7所示。

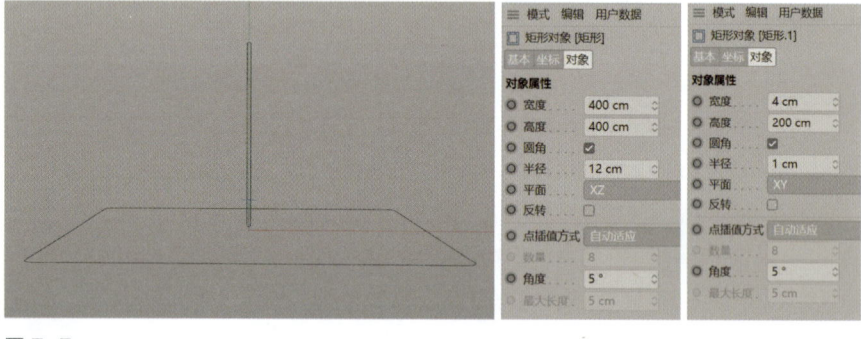

图 7-7

先创建扫描对象,把外盒扫描出来,再调整尺寸制作出盒盖,用挤压对象制作出封盖和封底,这样就完成了包装盒的建模,如图7-8所示。

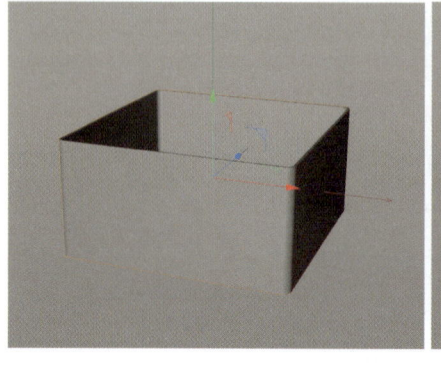

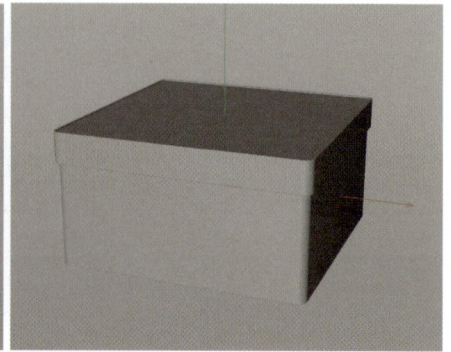

图 7-8

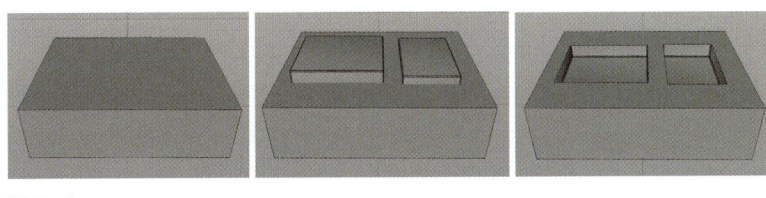

图 7-9

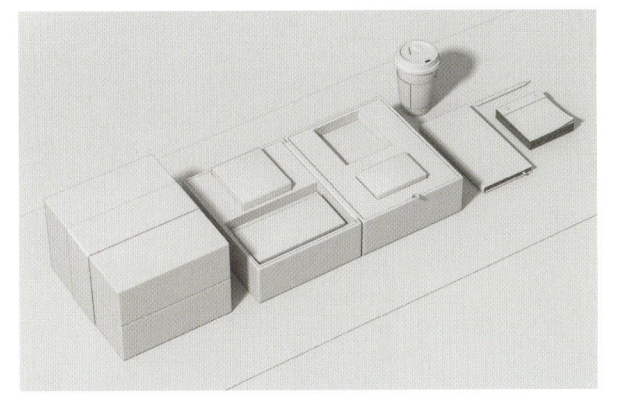

图 7-10

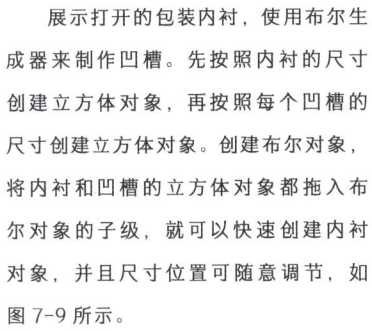

图 7-11

图 7-12

展示打开的包装内衬，使用布尔生成器来制作凹槽。先按照内衬的尺寸创建立方体对象，再按照每个凹槽的尺寸创建立方体对象。创建布尔对象，将内衬和凹槽的立方体对象都拖入布尔对象的子级，就可以快速创建内衬对象，并且尺寸位置可随意调节，如图 7-9 所示。

把需要展示的产品排列好，添加单侧灯光，调整光影关系，就是白膜状态。这样替换材质就能得到不同的效果图了，如图 7-10 所示。

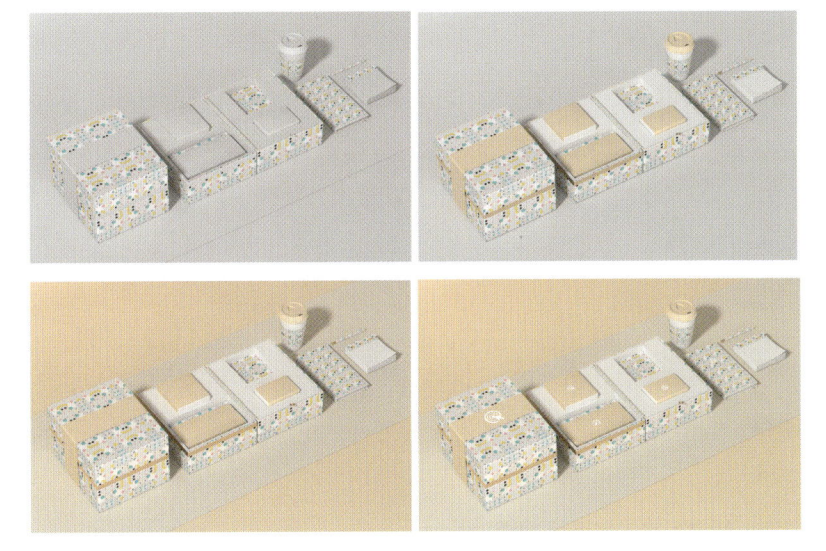

选择默认材质球，先在"纹理"栏添加设计的图样，再搭配适合的辅助颜色的漫射材质球，以及金色材质球，另外给背景也添加相应的颜色，添加透明的 Logo 贴图，并将贴图贴到相应的位置，快速渲染，如图 7-11 所示。

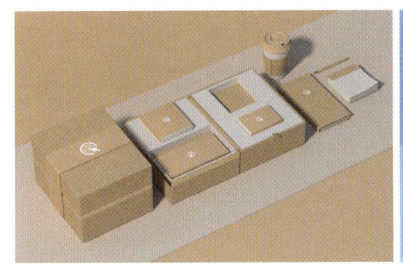

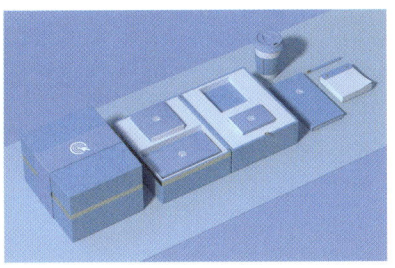

这样在再次制作系列产品时，可以轻松地改变颜色、构图和排版等，会非常有效率地出图，如图 7-12 所示。

7.1.4 设计样机制作

在电商页面中经常会出现礼盒包装的展示,如果模型能像 Photoshop 设计样机一样轻松地替换图案,就能够提升工作效率。在 C4D 中想做到这点,可以给包装拆分 UV,这样只要替换 UV 贴图,就能够一次替换包装的全部外观了,相当于制作了 C4D 的设计样机。

1. 准备白膜

根据包装尺寸,创建对应比例的立方体对象,光影使用预设中的场景。下面以制作两个不同尺寸的香氛包装为例介绍。创建两个立方体对象,分别设置"尺寸.X"为86cm、"尺寸.Y"为230cm、"尺寸.Z"为86cm 和"尺寸.X"为80cm、"尺寸.Y"为95cm、"尺寸.Z"为80cm,均勾选"圆角"复选框,设置"圆角半径"均为1cm,"圆角细分"均为3,如图 7-13 所示。

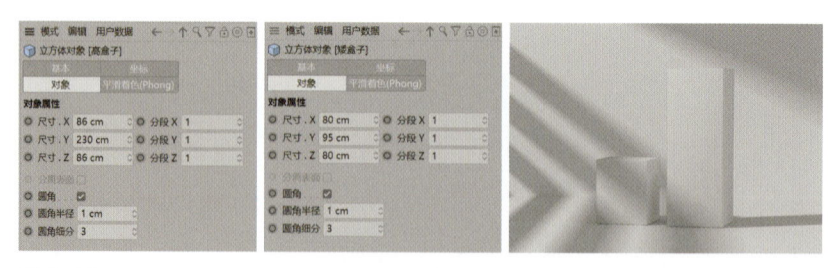

图 7-13

2. 拆分 UV

选中高款包装,按 C 键将高款包装转为可编辑对象,选择"启动"下拉列表中的"BP-UV Edit"选项,进入 UV 编辑界面,选择"投射"选项卡,单击"方形"按钮,可以看到在视图窗口中模型已经展开成平面,就像包装展开图的状态一样,如图 7-14 所示。

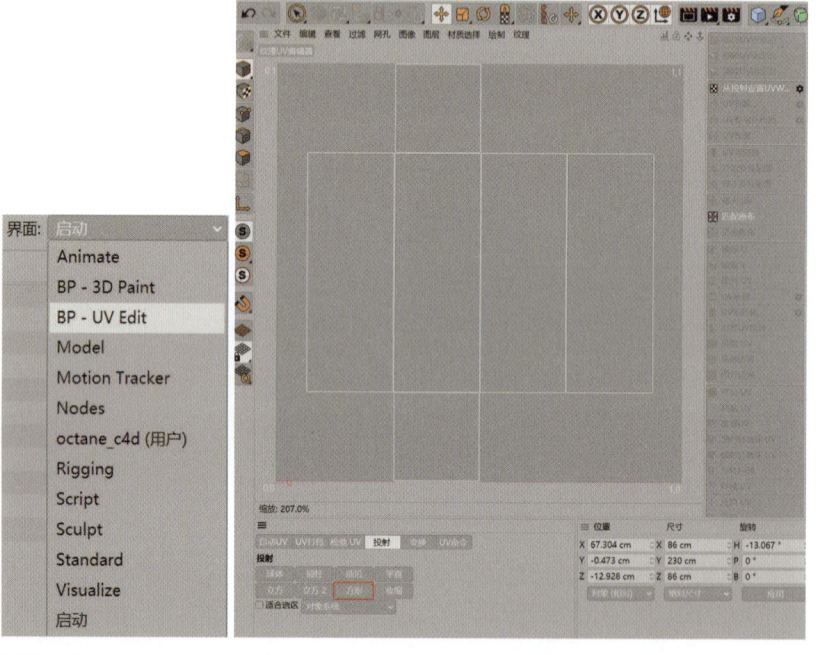

图 7-14

选择"文件"→"新建纹理"命令,在弹出的对话框中设置"名称"为高款包装UV,"宽度"和"高度"分别为 3000 像素,单击"确定"按钮,如图 7-15 所示。

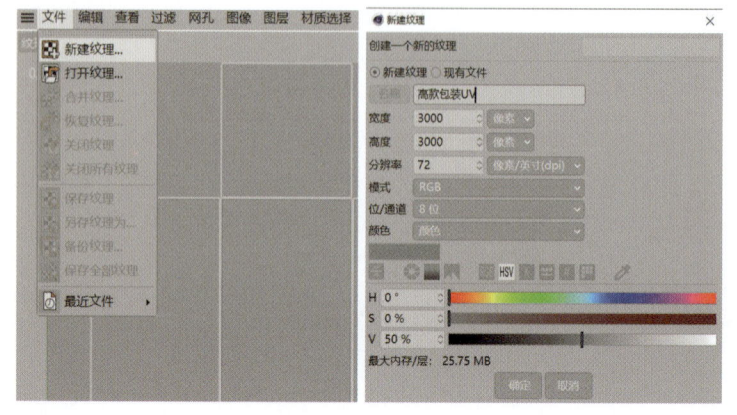

图 7-15

先选择"图层"→"创建 UV 网格层"命令，会在界面中按照创建的 UV 图创建描边，再把这个网格保存下来。选择"文件"→"保存纹理"命令，存储文件为 PSD 格式，这样 UV 网格就保存下来了，如图 7-16 所示。

图 7-16

3. 贴图制作

在 Photoshop 中打开存储好的 UV 文件，可以看到有灰色底层和白色网格层，分别把每个面标上一个字母，存储一个 JPG 贴图，测试效果如图 7-17 所示。

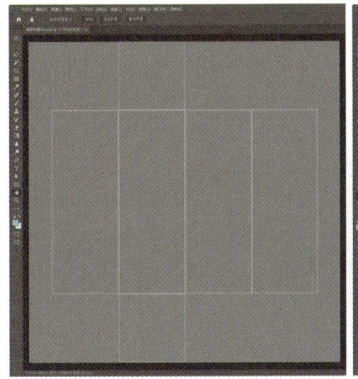

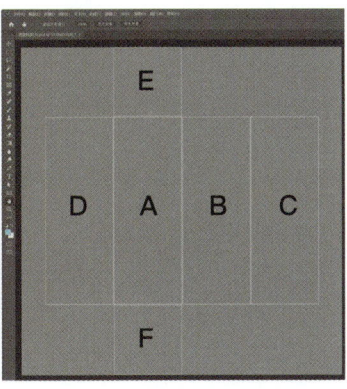

选择"界面"下拉列表中的"启动"选项，创建漫射材质球，在"颜色"通道的"纹理"栏添加标识了字母的 UV 测试贴图，把这个材质球赋予高款盒子，此时可以看到标识的字母出现在了包装的各个面上，如图 7-18 所示。这样在编辑时就能够通过贴图控制每个面的图案了。

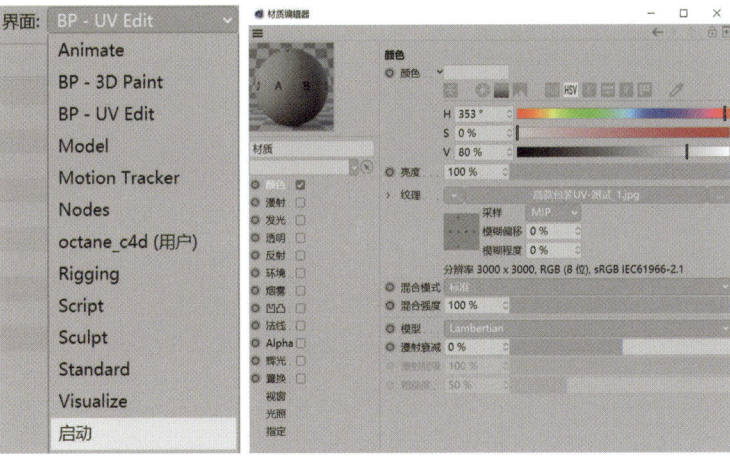

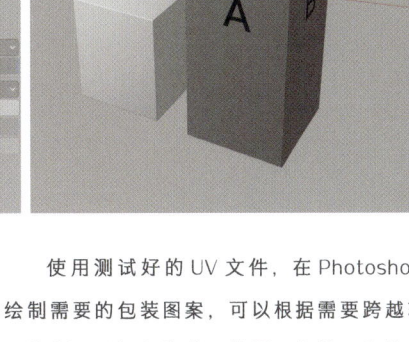

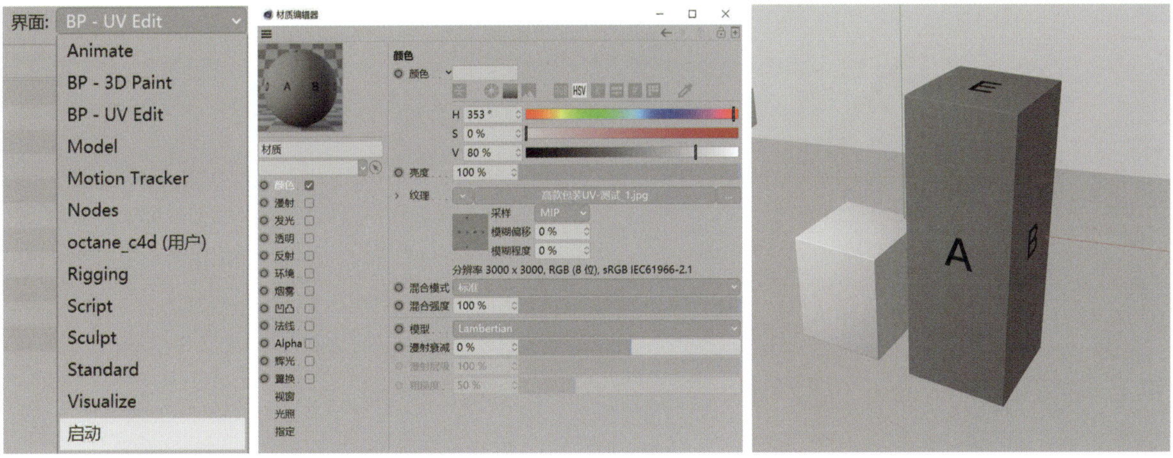

图 7-17

图 7-18

使用测试好的 UV 文件，在 Photoshop 中绘制需要的包装图案，可以根据需要跨越转折面绘制，要记得隐藏网格层，存储一张纯纹理贴图，在 C4D 中通过替换材质球中的测试纹理，就可以看到包装图案准确地出现在盒子上了，如图 7-19 所示。

图 7-19

在颜色贴图制作好后，如果还有特殊效果需求，可以继续制作贴图，如设计材质球的凹凸感，可以通过制作黑白贴图贴入"凹凸"通道来实现。

再次回到 Photoshop 中，在属性面板中添加黑、白滤镜，调整颜色数值，加大黑白对比，白色会凸出，黑色会凹进。根据需要调整画面的黑白信息，导出一张 JPG 格式的贴图，标注凹凸贴图，如图 7-20 所示。

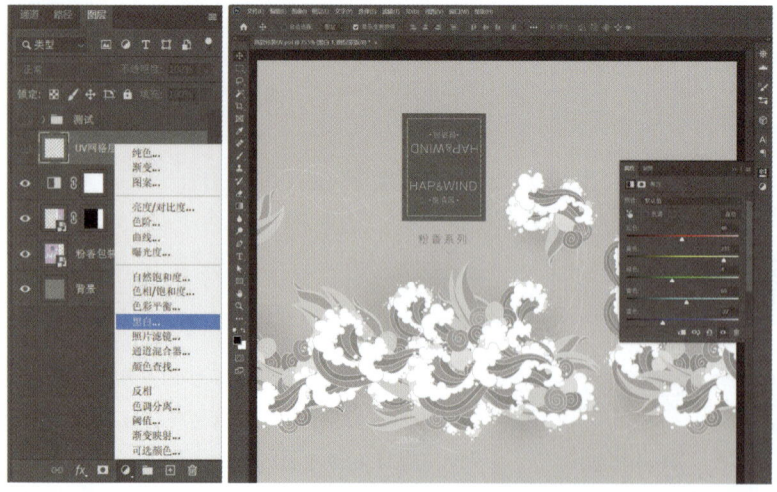

图 7-20

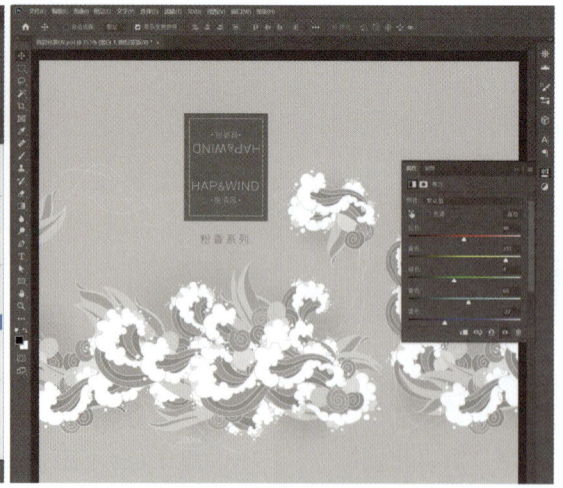

在 C4D 中，双击打开之前创建的包装材质球，勾选"凹凸"通道，在"纹理"栏添加制作的黑白贴图，"强度"根据需要进行调整，这时包装上面就会出现凹凸感，如图 7-21 所示。

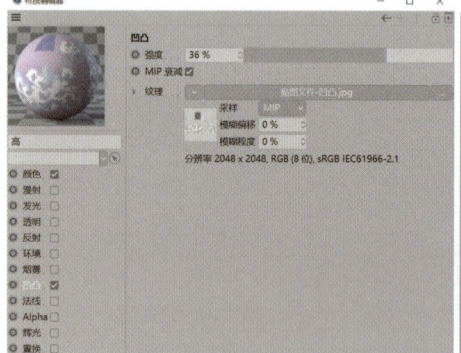

图 7-21

使用同样的方法把矮款包装盒的 UV 也制作出来。创建材质球并将其赋予小盒子，简单渲染一下，确保 UV 贴图的位置和颜色正确，如图 7-22 所示。

图 7-22

4. 材质渲染

在渲染时，先将几个盒子进行排列，堆叠 3 个小盒子，将它们旋转成不同的角度，再创建一些球体对象作为装饰。为顶部需要展示的面也复制一个盒子，把它旋转向摄像机，让整个构图更饱满，如图 7-23 所示。

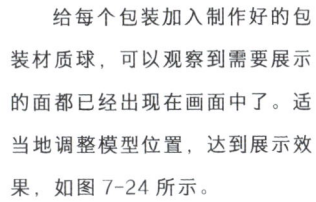

图 7-23

图 7-24

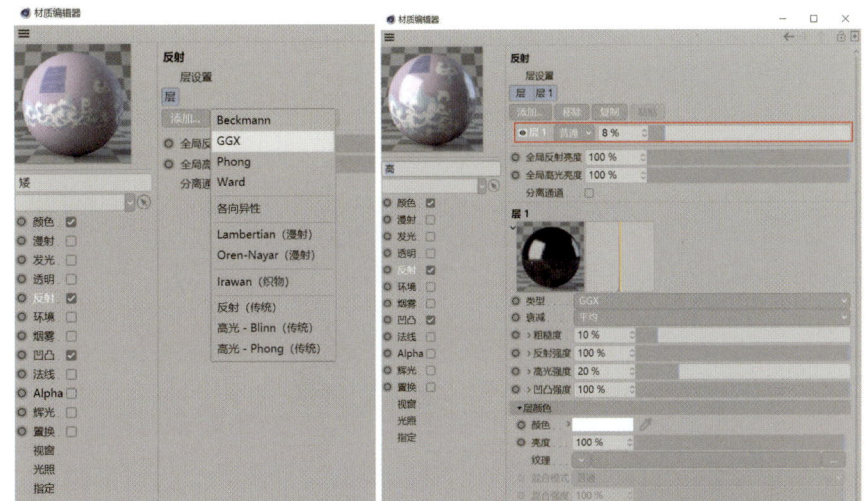

给每个包装加入制作好的包装材质球，可以观察到需要展示的面都已经出现在画面中了。适当地调整模型位置，达到展示效果，如图 7-24 所示。

给包装添加光泽感。打开"材质编辑器"窗口，勾选"反射"通道，移除默认高光，添加"GGX"选项，将层透明度降低到 8%，此时渲染后就可以看到包装盒上面有了一些反光效果，如图 7-25 所示。

图 7-25

创建默认材质球，取消勾选"反射"通道，勾选"颜色"通道，分别设置 H 为 353°、S 为 5%、V 为 92%，给背景添加颜色，如图 7-26 所示。

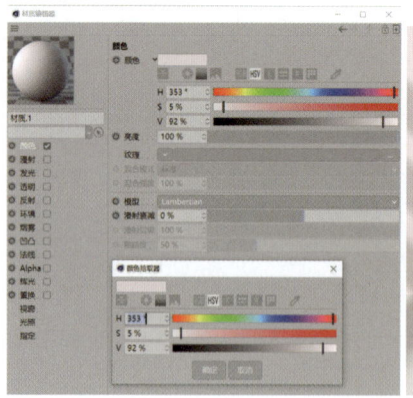

图 7-26

创建材质球，分别设置 H 为 353°、S 为 9%、V 为 74%，勾选"反射"通道，移除默认高光，添加"GGX"选项，将层透明度降低到 8%，把这个材质球赋予地面和小球等，这样整体画面就渲染完成了，如图 7-27 所示。后期如果需要更新包装图案，只需要在 Photoshop 中调整 UV 图案，重新渲染就可以出图了。

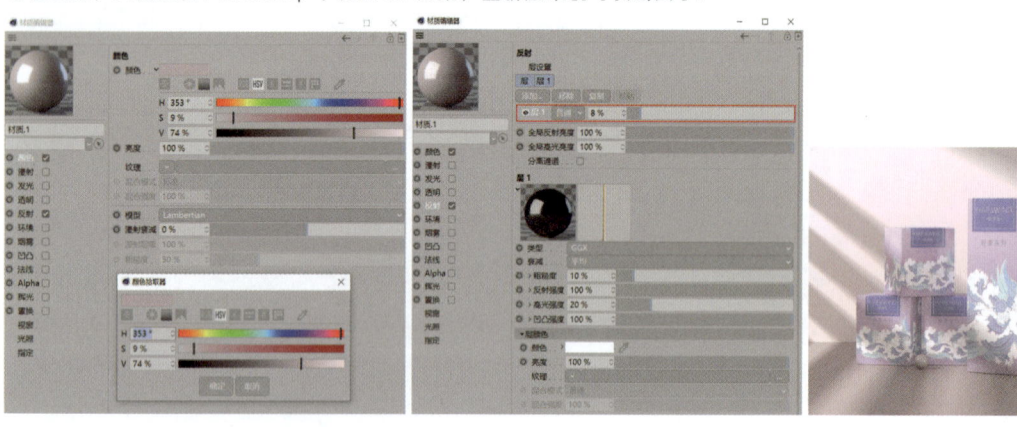

图 7-27

7.1.5 物理渲染器使用要点

C4D 中自带的渲染器除了默认的标准渲染器，还有一个物理渲染器，它虽然也基于 CPU 的计算，但是会按照物理法则进行计算。物理渲染器渲染出来的效果一般会比标准渲染器渲染出来的效果更接近真实效果，相对来说，它的渲染时间会更长一些。

切换到物理渲染器的方法非常简单，打开"渲染设置"窗口，选择左侧的"渲染器"下拉列表中的"物理"选项即可，如图 7-28 所示。

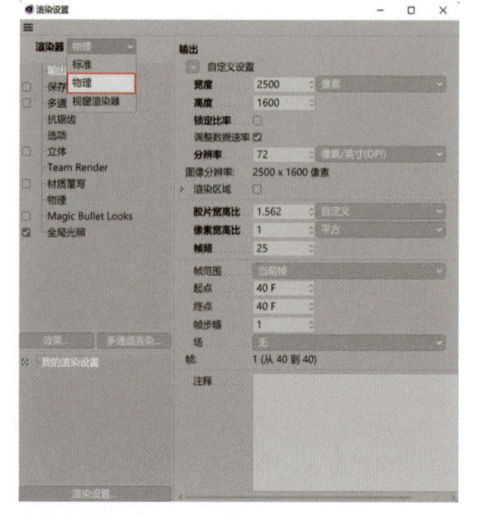

图 7-28

相比默认的标准渲染器，物理渲染器在渲染强反射的金属材质时，有着明显的优势。它可以通过拉长渲染时间，得到更好、更真实的金属反射效果。而在渲染漫射材质、弱反射材质和透明材质时，标准渲染器和物理渲染器的渲染效果差别不大，如图 7-29 所示。

标准渲染器　　　　　　　　　　　　　　　物理渲染器

图 7-29

物理渲染器在进行渲染设置时十分重要的是采样器的设置。采样器分为固定的、自适应和递增。为了得到更好的效果，可以选择"采样器"下拉列表中的"递增"选项。递增模式分为 3 种，分别是无限、通道数和时间限制。"递增模式"选择"无限"，渲染器就会无限渲染下去，直到效果满意手动停止。而通道数和时间限制都是手动设置一个界限，其中比较好掌握的是通道数，通道数在一般情况下可以渲染几十次进行渲染预览，最终出图可以根据场景中的反射材质数量来决定，如图 7-30 所示。

图 7-30

选择物理渲染器渲染设置中采样器的递增模式，可以在渲染进程数很少时看到大致的预览效果，且在最终出图时又可以设置更多的渲染，可以使渲染时间得到更好的效果，可控性非常高。下面以之前制作的文创类产品为例进行说明。按照上一步更改为物理渲染器后，当渲染达到渐进式进程 2 时就可以看到大致的效果，而当渲染达到渐进式进程 30 及以上时则感觉不到太多噪点了，如图 7-31 所示。

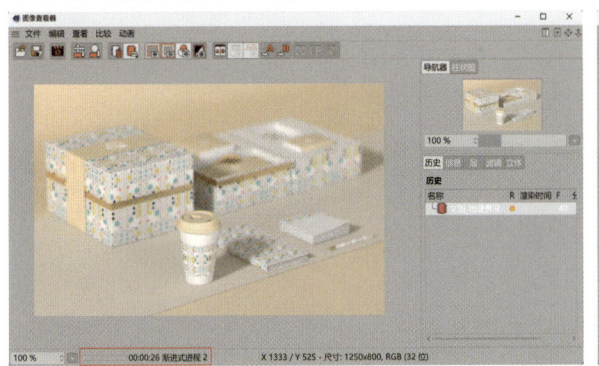

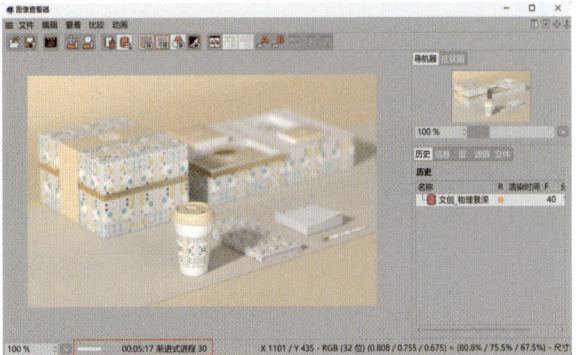

图 7-31

物理渲染器还有一个特点是能够渲染景深效果，它的使用方法也非常简单。通过以下操作即可实现，如图7-32所示。

① 在"渲染设置"窗口中选择"渲染器"下拉列表的"物理"选项，在右侧的"物理"选区中勾选"景深"复选框。

② 在摄像机对象的"物理"属性面板中设置"光圈"为0.2。这个数值越小场景越模糊，可以根据自己的画面进行调整。

③ 在摄像机对象的"对象"属性面板中设置"焦点对象"选项，把需要聚焦的对象拖入这个文本框，这个焦点以外的场景就会模糊。

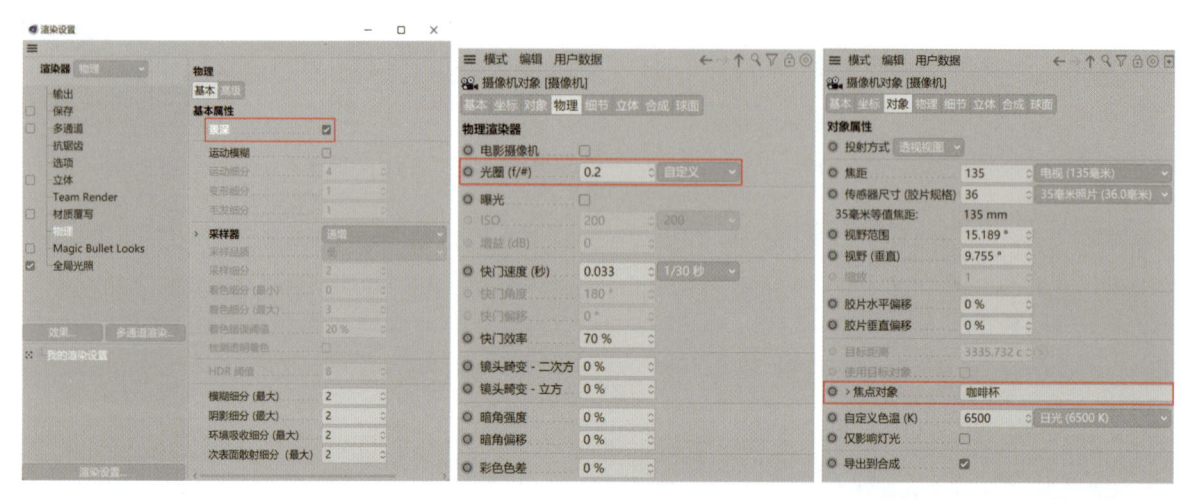

图 7-32

以之前制作的文创类场景为例，渲染一张景深效果。按照上面的步骤把焦点聚焦到咖啡杯上，在视图窗口中退出摄像机视角，就可以观察到摄像机对象有了边界框，摄像机对象照射到的位置就是焦点的位置，如图7-33所示。

图 7-33

当使物理渲染器渲染大约达到渐进式进程50时，就可以得到一张比较满意的景深效果图了，如图7-34所示。

图 7-34

7.2 Octane 渲染器渲染技巧

本节介绍 Octane 渲染器在不同场景下的使用方法和使用不同材质时的渲染技巧。

7.2.1 什么图适合使用 GPU 渲染器

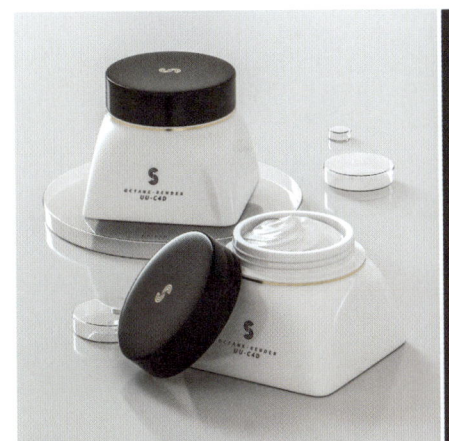

Octane 渲染器是基于 GPU 的渲染器，比标准渲染器计算速度更快，但其对电脑配置要求也比较高。在条件允许的情况下，大部分渲染工作都可以交给 Octane 渲染器，它在材质的光泽感、透明材质的表现、金属材质的表现、浮雕效果和混合材质的应用上都非常优异，如图 7-35 所示。

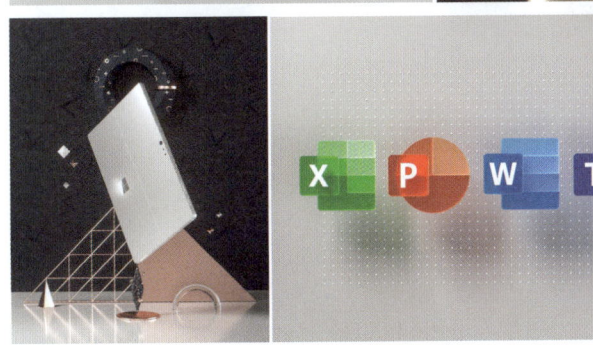

图 7-35

7.2.2 化妆品光泽渲染

化妆品等光泽度非常强的产品，对材质表现的光泽感有非常高的需求，仅仅调整材质不能满足画面需求，光、环境和材质等都需要配合好。本节以之前创建好的面霜场景为例，学习几个渲染技巧，如图 7-36 所示。

打开之前创建好的面霜场景，在 Octane 实时查看窗口，选择设置好的 Octane 渲染预设，得到比较均衡的白膜状态，如图 7-37 所示。

图 7-36 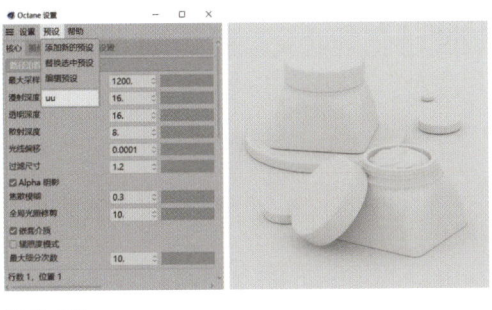　　　　图 7-37

创建区域光，将区域光的尺寸放大并拉远一些，照亮整个场景，可以适当降低灯光强度，不要让场景曝光严重，如图7-38所示。

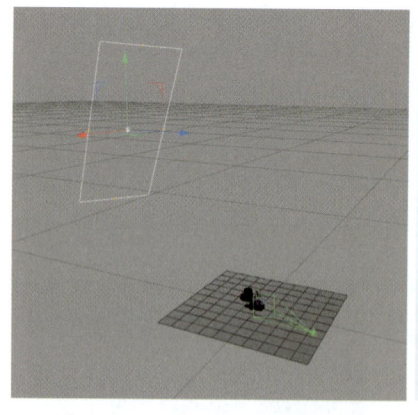

图7-38

创建光泽度材质球，勾选"颜色"通道，分别设置H为0°、S为0%、V为78%，在"指数"通道设置"指数"为1.33，得到一个灰色光泽度材质球，把它赋予地面对象，模拟浅色桌面效果。复制灰色光泽度材质球，调整"颜色"为更浅的白色，分别设置H为0°、S为0%、V为89%，将"指数"通道的"指数"提高到1.73，并把它赋予膏体。其光泽更好，指数数值更大，如图7-39所示。

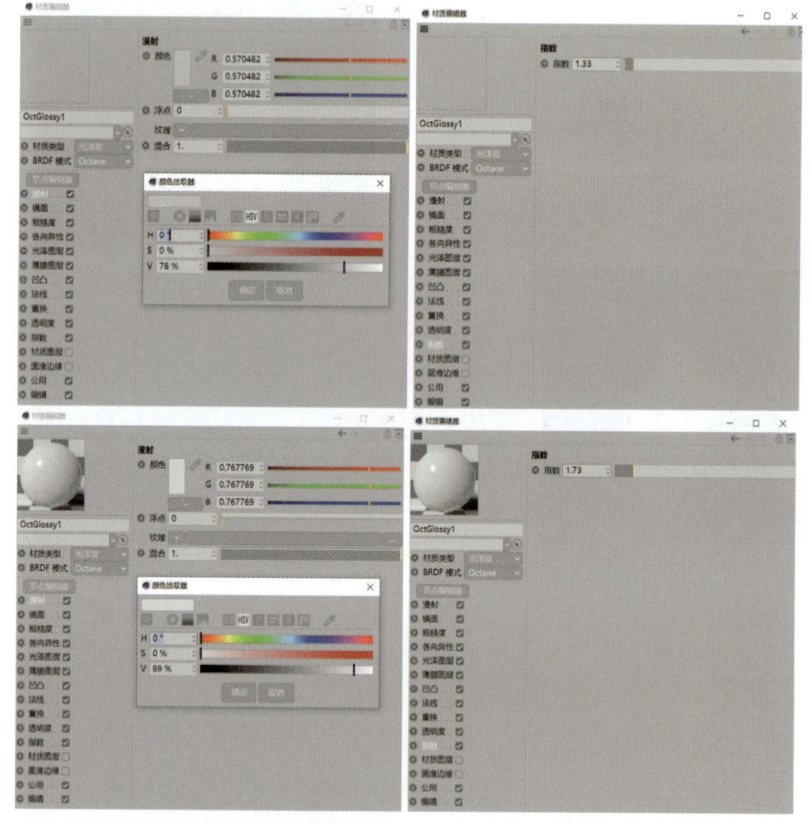

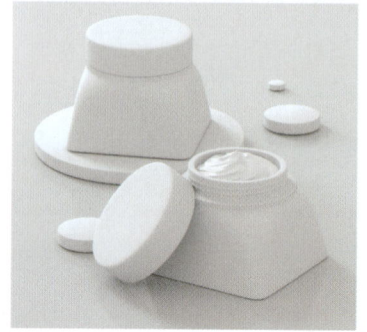

图7-39

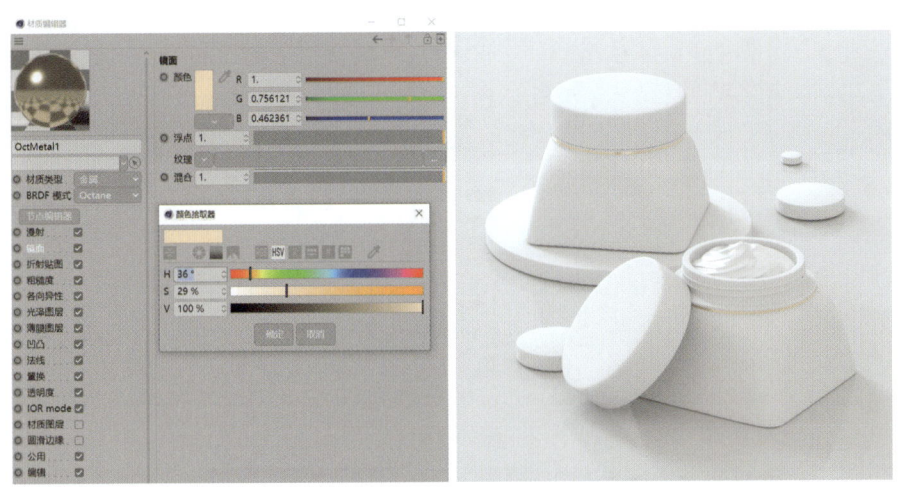

创建金属材质球。勾选"镜面"通道，分别设置H为36°、S为29%、V为100%，得到金属材质球，把它赋予瓶身上面的接口处，如图7-40所示。

图 7-40

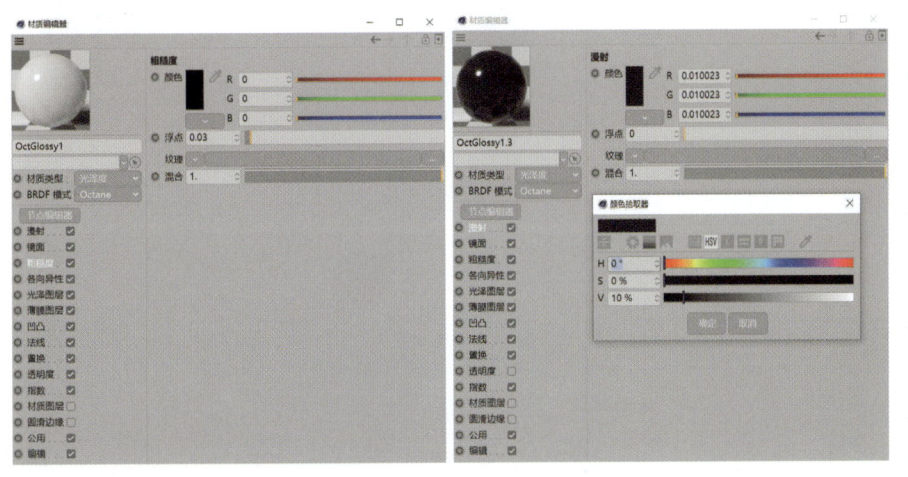

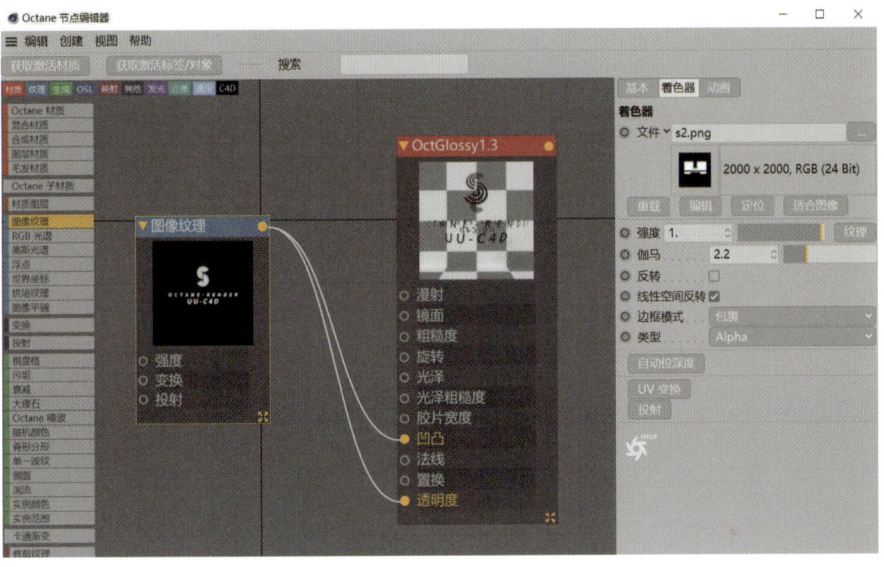

下面制作瓶身的材质。先复制膏体的白色材质球，勾选"粗糙度"通道，设置"浮点"为0.03，把这个材质球赋予瓶身，再创建光泽度材质球，勾选"颜色"通道，分别设置H为0°、S为0%、V为10%。打开"Octane节点编辑器"窗口，拖入"图像纹理"节点，在"着色器"选项卡的"文件"栏添加一张背景透明的Logo贴图，格式为PNG，将"类型"改为"Alpha"，把这个节点分别连接到"凹凸"通道和"透明度"通道，就能得到一个背景透明的黑色Logo材质球了，如图7-41所示。

图 7-41

把黑色Logo材质球赋予瓶身，注意白色底色材质球在前，黑色Logo材质球在后，观察Octane实时查看窗口，可以发现Logo并没有在瓶身的正确位置。下面会分几步对Logo的位置来进行调整，如图7-42所示。

选择Logo材质球，在属性面板中选择"投射"下拉列表中的"立方体"选项，取消勾选"平铺"复选框，如图7-43所示。

图7-42　　　　　　　图7-43

单击编辑模式工具栏的"纹理"按钮，能够看到瓶身四周的立方体对象的纹理边界框。先使用缩放工具把Logo尺寸缩放到合适的大小，再使用移动工具把Logo向正面方向移动，直到侧面的Logo被移出瓶身，微调位置和尺寸，Logo材质球就设置好了。这时单击编辑模式工具栏的"纹理"按钮退出纹理模式，如图7-44所示。

图7-44

下面开始制作瓶盖的材质。创建光泽度材质球，勾选"颜色"通道，分别设置H为0°、S为0%、V为10%；勾选"指数"通道，设置"指数"为1.31；勾选"粗糙度"通道，设置"浮点"为0.04，把它赋予瓶盖作为底色，如图7-45所示。

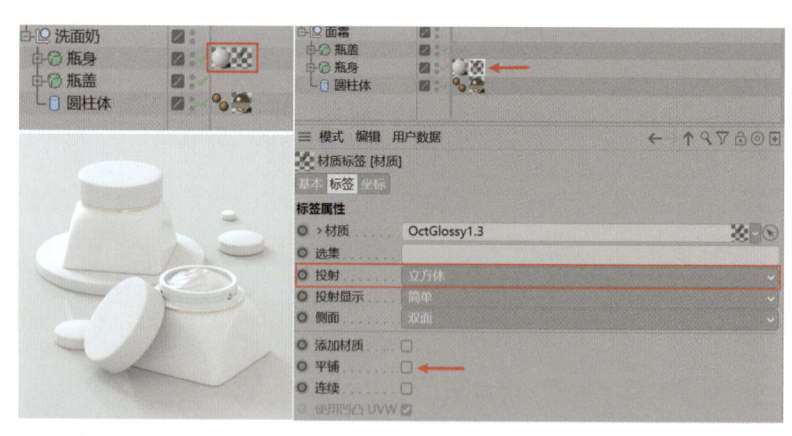

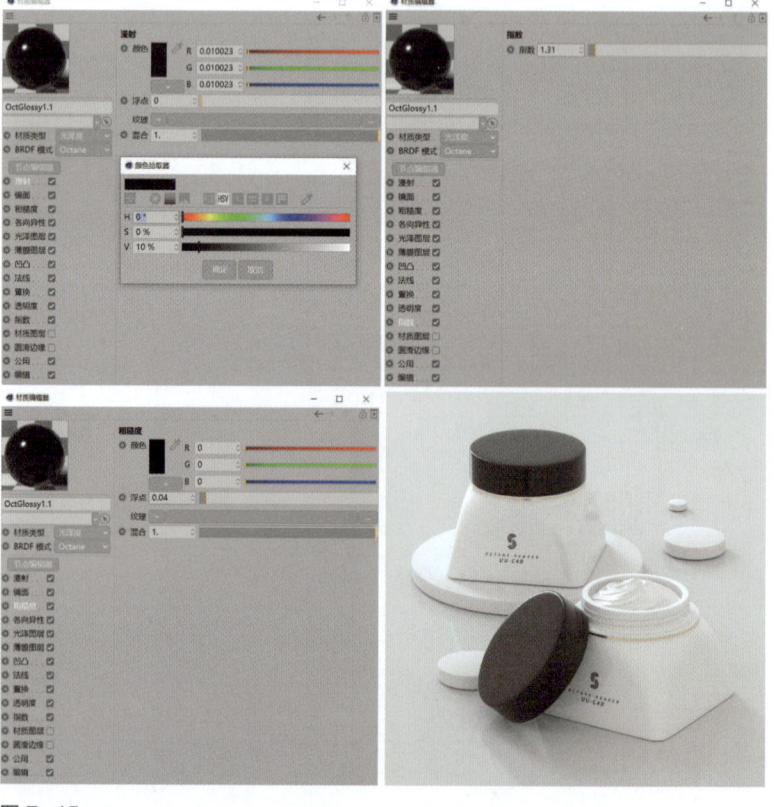

图7-45

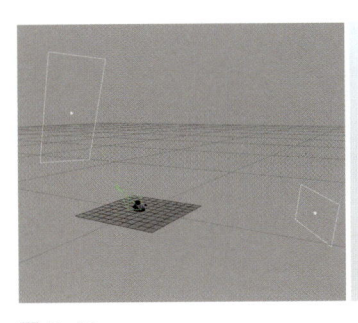

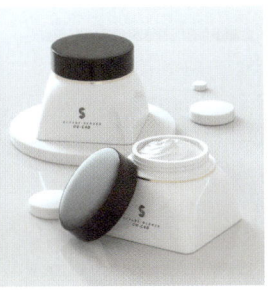

为了得到更好的光泽感，先复制区域光到右侧，降低区域光的亮度，将它作为辅助光源，使瓶身右侧也有漂亮的反光，再微调左侧主光源的位置，使它的光能够更好地反射到瓶盖上，如图7-46所示。

图7-46

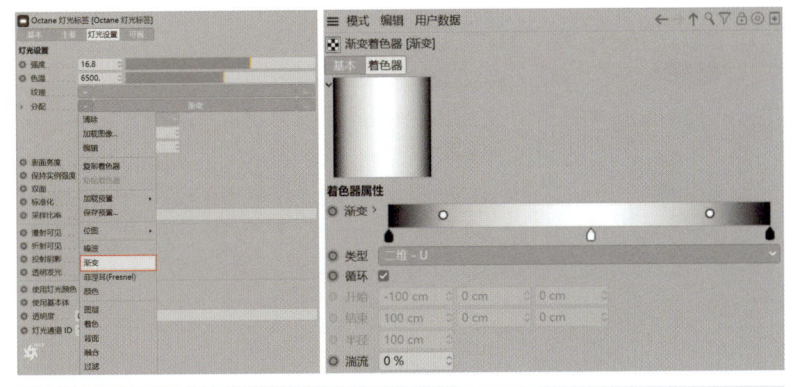

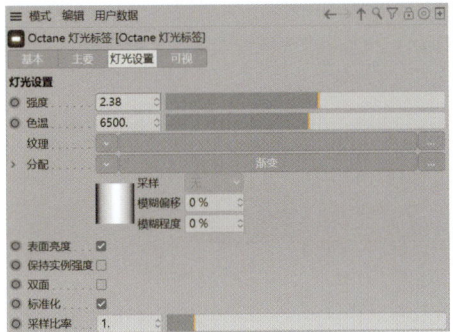

为了让瓶盖的光泽更精致，在主光源的属性面板中，选择"分配"下拉列表中的"渐变"选项，设置"类型"为"二维-U"，将"渐变"设置成两端黑色中心白色，这样可以使瓶盖反射光过渡得更自然，如图7-47所示。

给瓶盖加上金色的Logo。复制金色材质球，打开"Octane节点编辑器"窗口，导入一张背景透明的Logo贴图，将贴图分别连接到"凹凸"通道和"透明度"通道上，把这个材质球赋予瓶盖，并将它放在黑色材质球后方，单击Logo纹理图标，修改"投射"为"立方体"，如图7-48所示。

图7-47

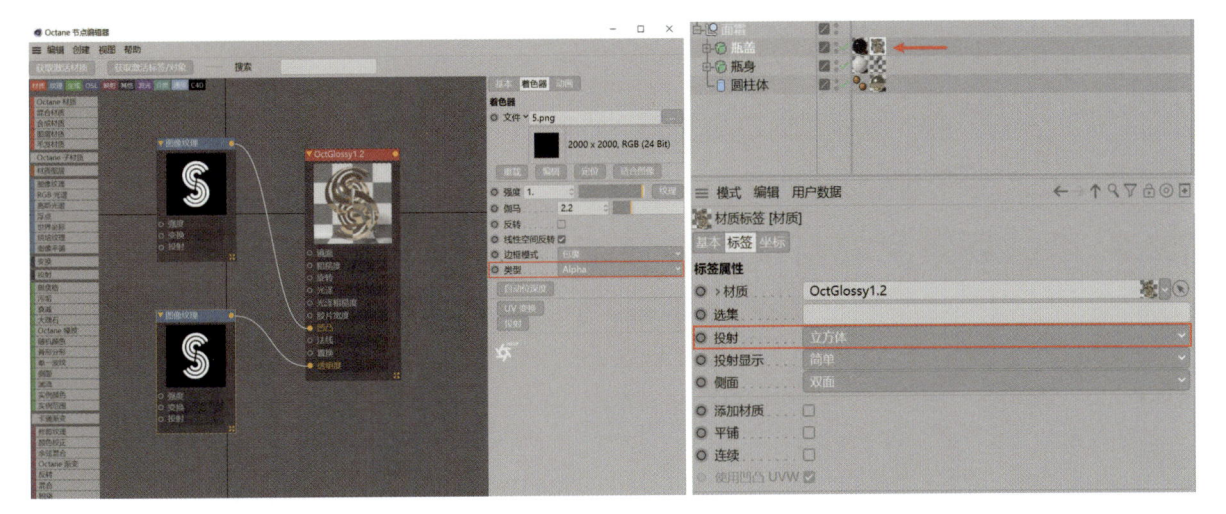

图7-48

单击"纹理"按钮，进入纹理模式，出现 Logo 纹理边界框，使用缩放工具把 Logo 缩小到中心位置，这样金色 Logo 就贴好了，如图 7-49 所示。

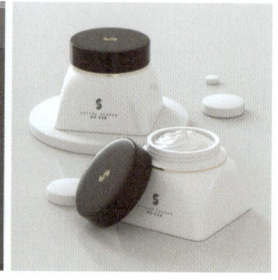

图 7-49

给装饰的透明摆台赋予材质球。直接创建透明材质球，将透明材质球赋予透明摆台，可以看到光泽和折射都很奇怪，这时需要做一些调整。创建布料曲面对象，把几个透明摆台都拖入布料曲面对象的子级，在属性面板中设置"细分数"为 0，"厚度"为1cm。当玻璃材质有了厚度后，里面的折射就会显示正常，如图 7-50 所示。

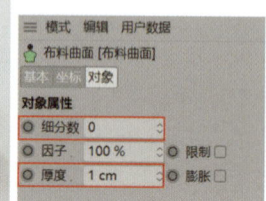

图 7-50

打开"材质编辑器"窗口，勾选"传输"通道，把"颜色"改成纯白色，分别设置 H 为 0°、S 为 0%、V 为 100%，将"指数"通道的"指数"适当提高到 1.7，这样玻璃材质的透光度和光泽都会表现得比较好，这样整体面霜场景就渲染完成了。后期可以适当添加一些对比度，化妆品的光泽质感会更好，如图 7-51 所示。

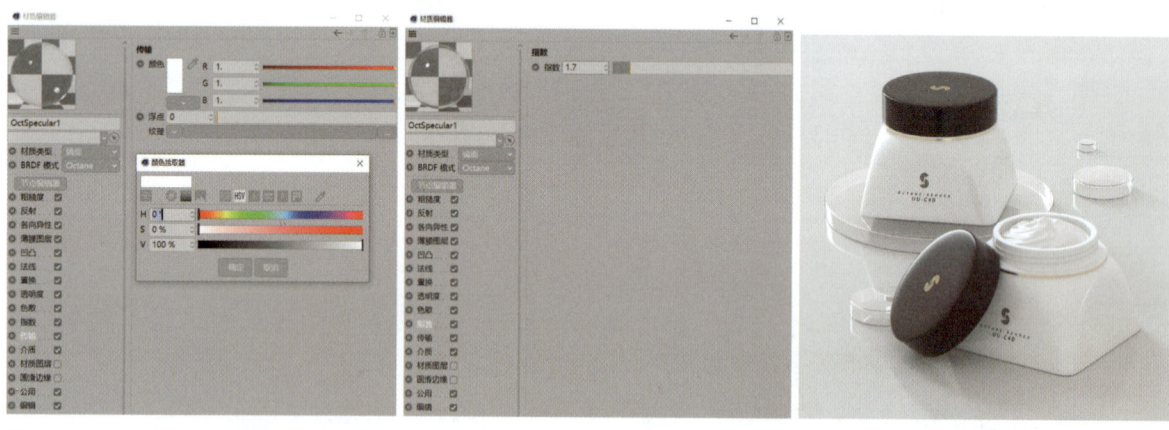

图 7-51

7.2.3 产品场景金属与混合材质渲染

本节将对平板电脑的场景进行渲染，学习在产品上表现金属质感的技巧与混合材质的应用，如图 7-52 所示。

金属材质球的参数很好调节，主要依靠外部环境。因为它属于强反射材质，灯光、天空和反光板都是影响金属光泽的重要因素。

混合材质可以千变万化，重要的是控制好混合程度的节点。它默认的是浮点，也就是透明度。本节会应用图片来控制节点，这样更易于掌握。只要更改控制好节点的图片，就能得到不同的混合纹理材质。

准备场景模型，一般电子产品涉及精确的产品外观，其模型会由产品设计部门提供。在拿到模型后，应先将它导入C4D，创建一些元素作为展示场景搭配，如图7-53所示。

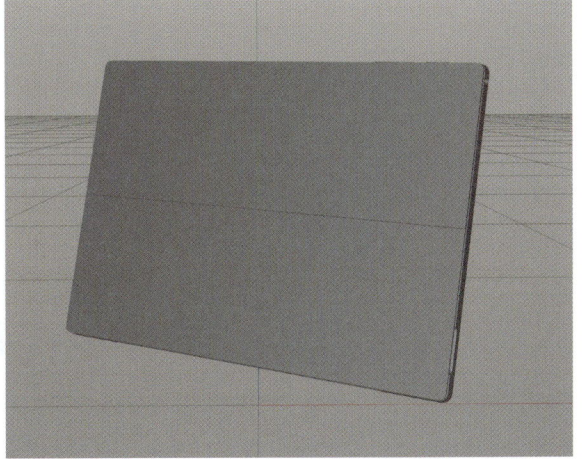

图7-52

图7-53

创建预置的宝石对象，选择"类型"为"八面"，得到八面体模型。在这个模型的子级创建倒角对象，设置"偏移"为1cm，"细分"为4，使八面体模型的边、角圆滑，如图7-54所示。

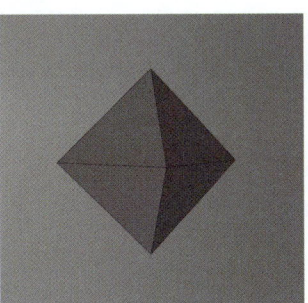

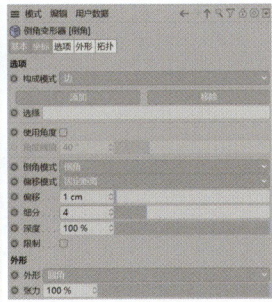

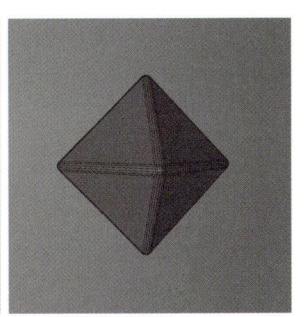

图7-54

先创建圆环对象，设置"半径"为85cm，再创建多边对象，设置"半径"为26cm，"侧边"为4，勾选"圆角"复选框，设置"半径"为1.2cm，最后创建扫描对象，把两个样条对象都拖入扫描对象的子级，生成四角截面的圆环，如图7-55所示。

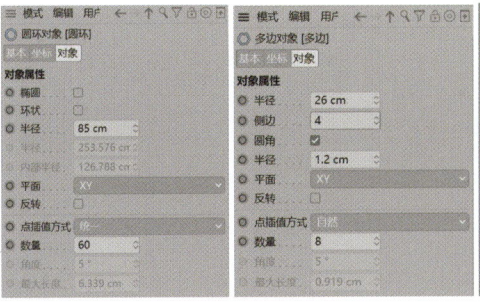

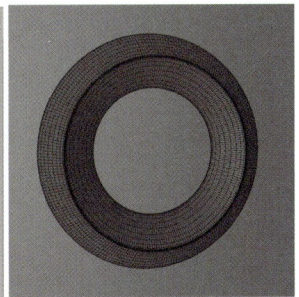

图7-55

在扫描对象的属性面板中，打开"细节"选区的参数设置，设置旋转角度为自-90°至90°，使圆环对象扭转180°，如图7-56所示。

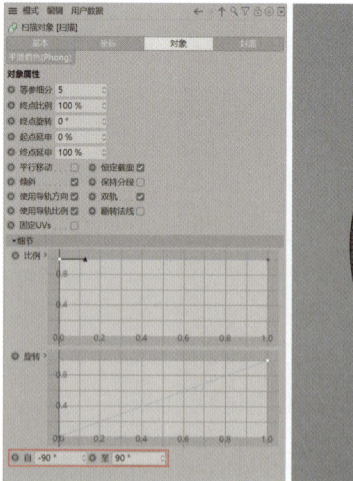

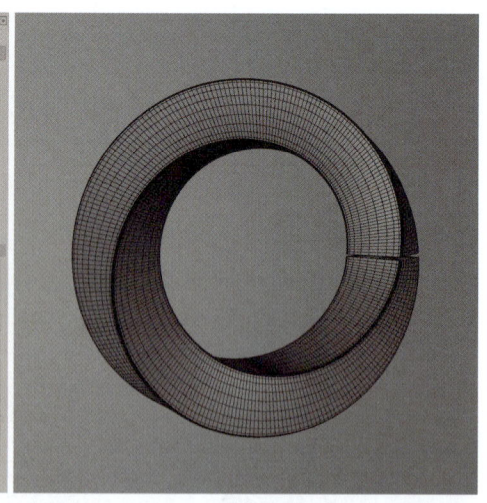

图7-56

创建管道对象，设置"内部半径"为25cm，"外部半径"为30cm，"旋转分段"为105，"高度"为9cm，勾选"圆角"复选框，设置"分段"为5，"半径"为1cm，将管道对象移动到圆环对象的接口处遮挡接缝，如图7-57所示。

创建两个多边形对象，设置"宽度"均为410cm，"高度"均为205cm，勾选"三角形"复选框，设置"方向"为"+Z"，"分段"分别为5和1，调整两个三角形的位置使其形成一个大三角形，如图7-58所示。

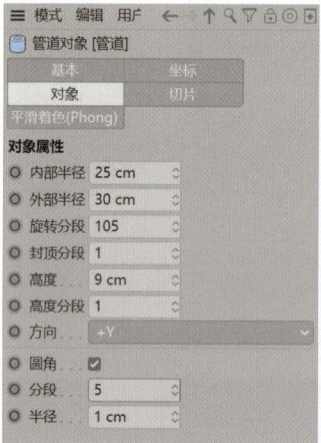

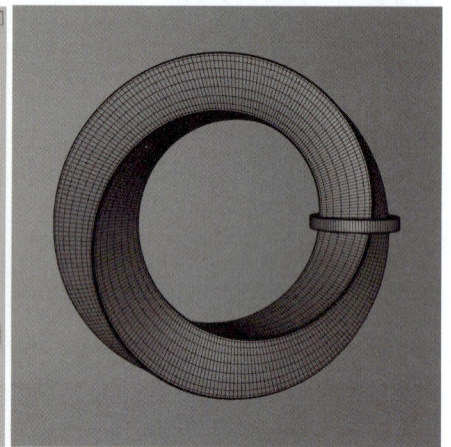

图7-57

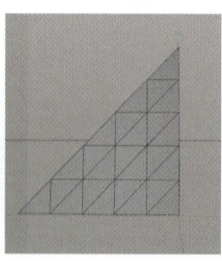

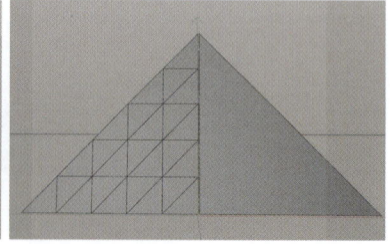

图7-58

给分段数值为5的三角形的父级创建晶格对象，将"圆柱半径"和"球体半径"都设置为1.5cm，形成三角格状态，如图7-59所示。

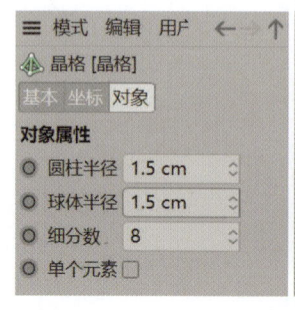

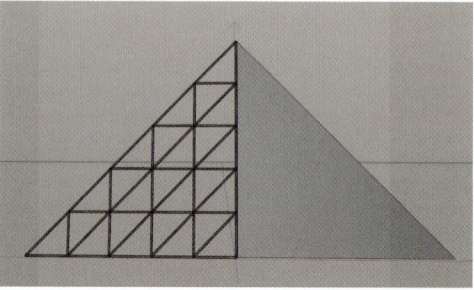

图7-59

创建椎体对象，设置"尺寸"为 30cm×58cm×30cm，在子级创建倒角对象，设置"偏移"为 0.7cm，"细分"为 5，让锥体对象形成圆滑的边，如图 7-60 所示。

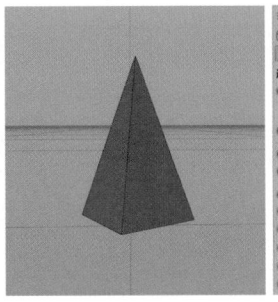

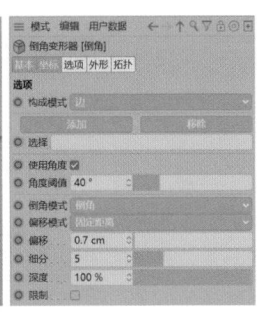

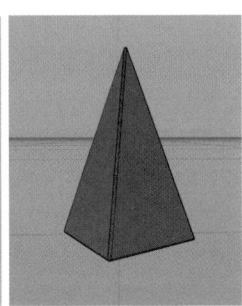

图 7-60

创建对称对象，把锥体对象拖入对称对象的子级，设置对称对象的"镜像平面"为"XZ"，移动锥体对象，使其形成上下对称的样式，如图 7-61 所示。

把所有模型组合在一起，创建平面对象作为地面和背景，将创建的元素复制并缩放移动到产品四周，衬托中心的产品，这样模型阶段的画面构图就完成了，如图 7-62 所示。

打开 Octane 实时查看窗口，创建预设，使画面状态比较均衡，如图 7-63 所示。

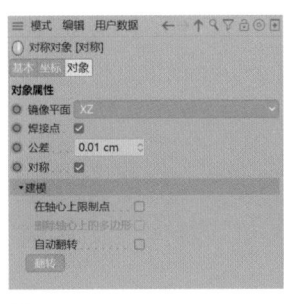

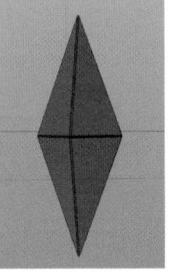

图 7-61   图 7-62

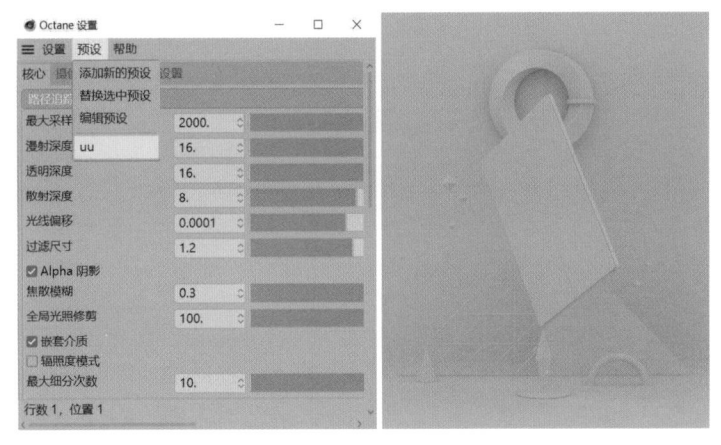

图 7-63

创建 Octane HDRI 环境，添加一张光线相对简单的 HDR 贴图，旋转贴图位置使它照亮画面右侧，作为辅助补光，如图 7-64 所示。

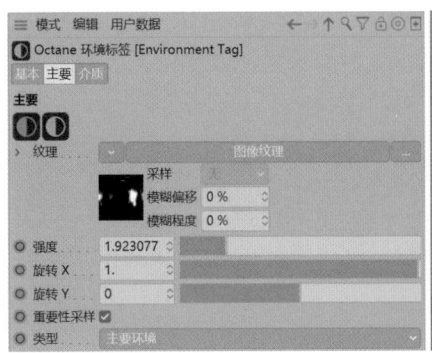

图 7-64

创建区域光，将区域光的尺寸放大并拉远一些，作为主光源，照亮整个场景，检查白膜状态的场景光影关系，可以适当调整构图和灯光位置，如图 7-65 所示。

下面给模型赋予材质。创建两个光泽度材质球，勾选"颜色"通道，分别设置其中一个材质球 H 为 0°、S 为 0%、V 为 82%，将浅灰色的地面材质赋予地面的平面对象，设置另外一个材质球的 H 为 198°、S 为 48%、V 为 22%，将深蓝色材质球赋予背景的平面对象，如图 7-66 所示。

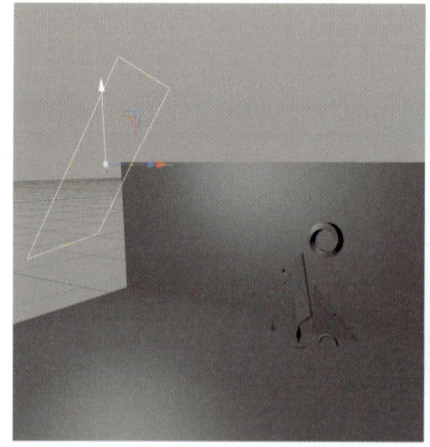

图 7-65

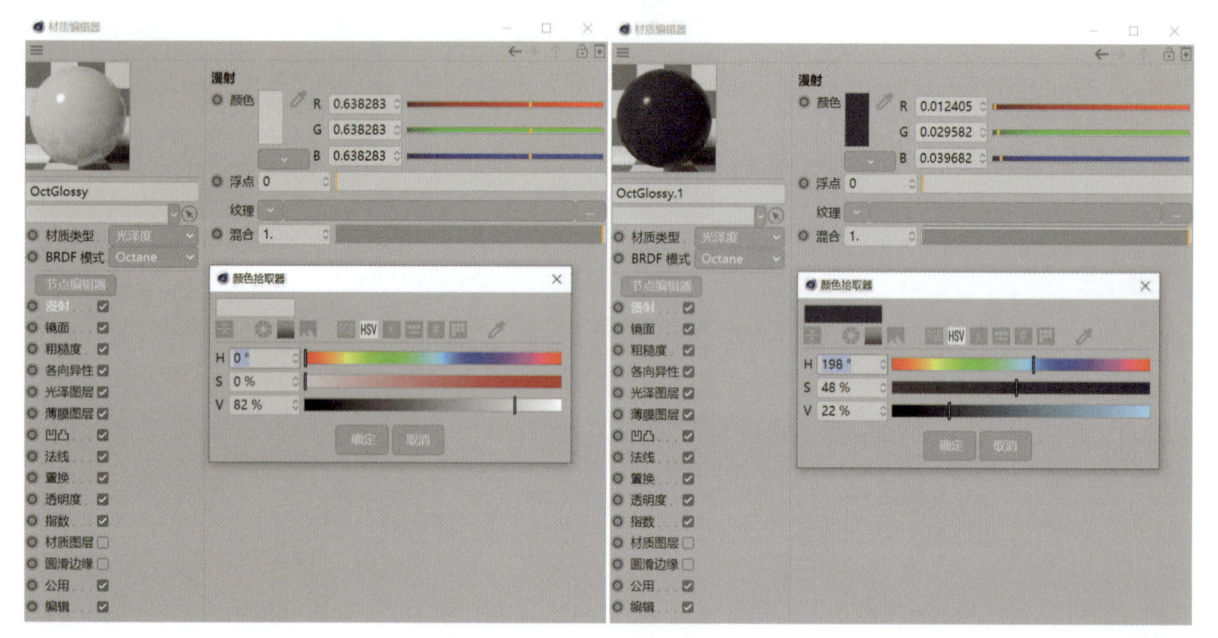

图 7-66

打开"Octane 节点编辑器"窗口，在"图像纹理"窗口拖入一张带有几何图案的纹理贴图，将"类型"改为"浮点"，删除贴图的颜色信息，把这个图像节点分别连接到"镜面"通道和"凹凸"通道，给背景添加一些淡淡的纹理效果，如图 7-67 所示。

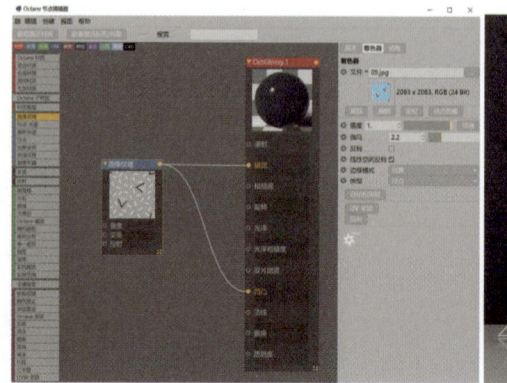

图 7-67

下面给元素创建一些纹理材质。先创建一个金属材质球，勾选"镜面"通道，分别设置 H 为 12°、S 为 27%、V 为 100%，得到一个玫瑰金色材质球。再创建一个漫射材质球，勾选"漫射"通道，分别设置 H 为 198°、S 为 50%、V 为 28%，得到一个深蓝色材质球，如图 7-68 所示。

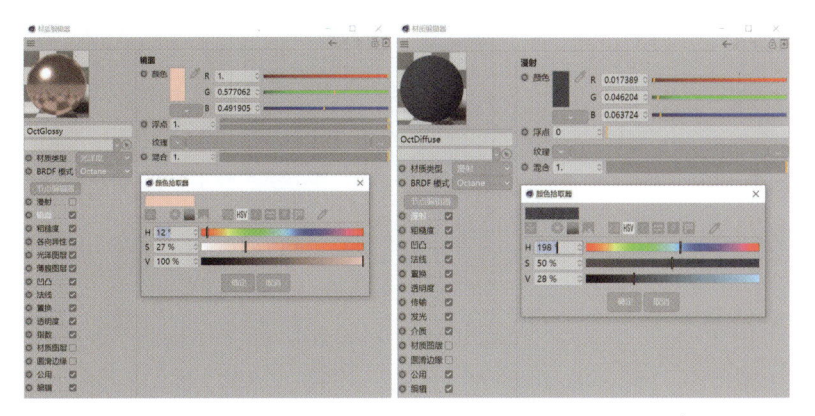

图 7-68

创建混合材质球，打开"Octane 节点编辑器"窗口，把玫瑰金色材质球和深蓝色材质球分别拖入材质窗口并分别连接到材质1和材质2的节点处，删除浮点节点，将一张黑底白色几何纹理的贴图插入"图像纹理"窗口，并将"图像纹理"窗口右上角的输出节点连接到"数量"节点上。这样黑色底色部分显示的就是深蓝色，白色纹理部分显示的就是玫瑰金色，把这个混合材质球赋予产品后方的扭转圆环对象。

使用同样的方法复制混合材质球，打开"Octane 节点编辑器"窗口，把材质1的玫瑰金色材质球替换成地面的浅灰色材质球，在"图像纹理"窗口的节点处更换一张带有黑底白色图案的贴图，使底色部分显示为深蓝色，白色纹理显示为浅灰色，把这个混合材质球赋予产品下方的菱形对象，如图 7-69 所示。

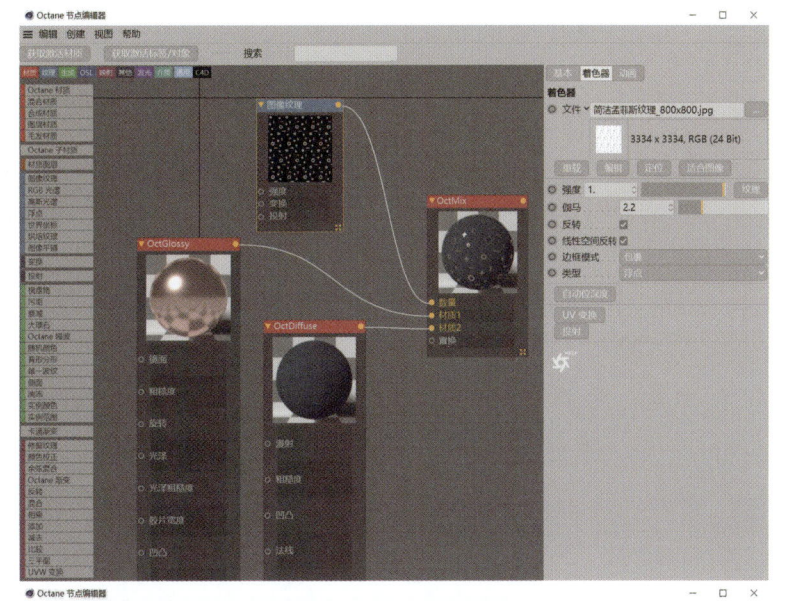

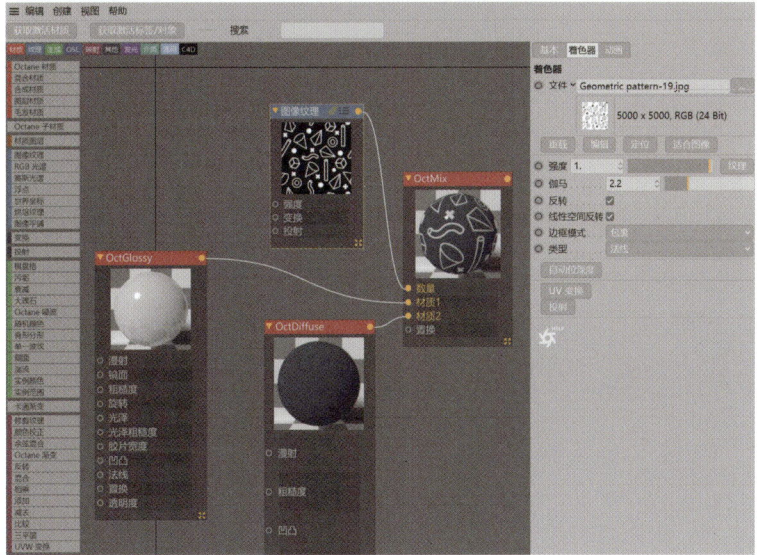

图 7-69

首先加入两个混合纹理材质球后，画面气氛会变得更加活跃，再将金属材质球添加到三角元素、底部的圆柱托盘和小球元素等上，进一步丰富元素的材质，最后创建一个透明材质球并赋予半圆环，这样就为所有元素都赋好了材质，如图7-70所示。

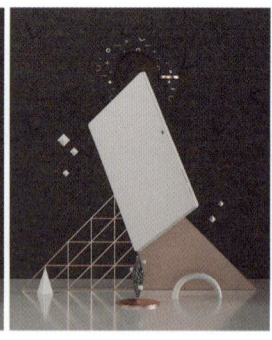

图7-70

给产品赋予材质。产品外壳是银色金属材质，金属材质的创建非常简单。如果使用Octane渲染器4.0以上版本，可以直接创建一个金属材质球；如果使用Octane渲染器4.0以下版本，需要创建光泽度材质球，取消勾选"漫射"通道，将"指数"通道的"指数"调整为1，也就是设置最强反射材质，将"粗糙度"通道的"浮点"增加到0.3，这就是常用的银色金属材质了。把它赋予中心产品，可以看到产品边缘都有着很强烈的光泽感，如果没有光泽感，那么需要调整灯光或天空，旋转角度，把产品照射出光泽感，如图7-71所示。

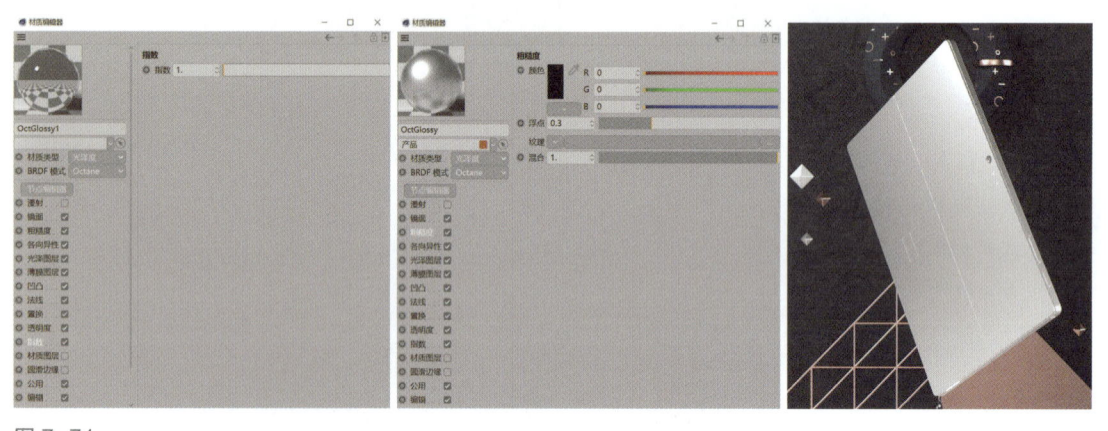

图7-71

一般在产品的Logo处会非常光滑。复制一个银色金属材质球，把粗糙度数值归零，这样就是非常光滑的强反射材质了，也就是镜面效果，把它赋予Logo部分，并单独给它设置一个光照效果。先创建平面对象，设置"宽度"为18cm、"高度"为38cm，把平面对象移动到贴近产品Logo的位置。再创建漫射材质球，勾选"发光"通道，单击"黑体发光"按钮，将"强度"降低到0.6，将漫射材质球赋予平面对象，这样就制作好了一个反光板。再次移动反光板的位置，让它的光泽能够反射到Logo中，如图7-72所示。

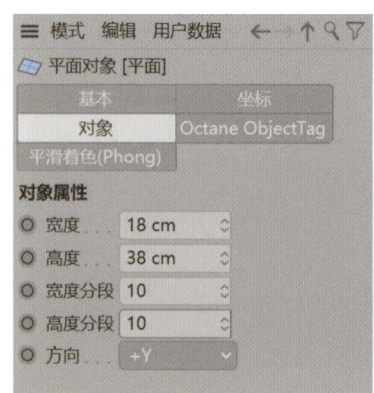

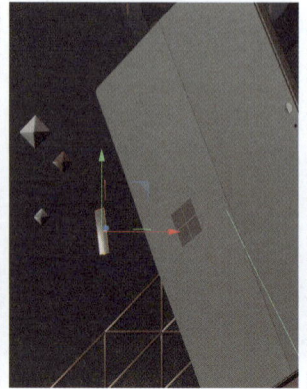

图7-72

选择"C4D Octane 标签"→"Octane 对象标签"命令,在"可视"属性面板中取消勾选"摄像机可见性"和"阴影可见性"复选框,这样在渲染时平面对象就是不可见的,它只参与 Logo 反射,这样做会使产品的光泽度更好,如图 7-73 所示。

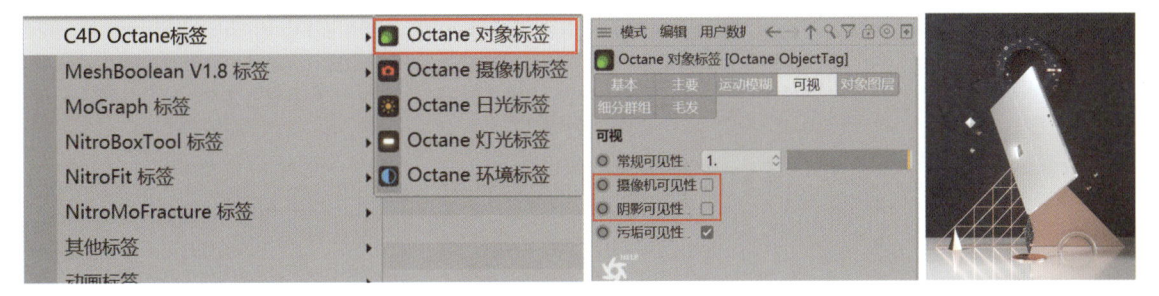

图 7-73

7.2.4 线材类凹凸纹理渲染

模型表面的起伏分为两种,一种是凹凸纹理和法线纹理,看起来有光影起伏,其实模型没有变化;另一种是置换纹理,把图片上面的起伏信息置换到模型上,形成真正的模型起伏和光影变化。如图 7-74 所示,在有凹凸纹理的口红表面看起来有浮雕效果,但观察边缘就能够看到它其实还是平滑的,而应用了置换纹理,在模型表面和边缘都能够看到起伏变化。

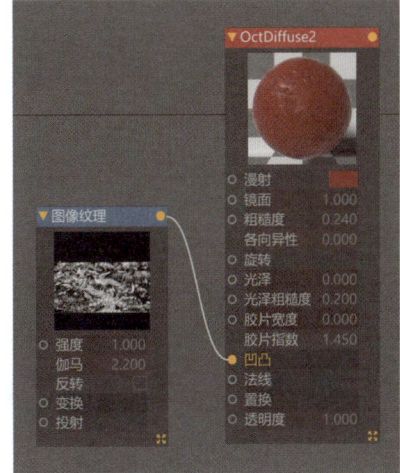

凹凸纹理效果

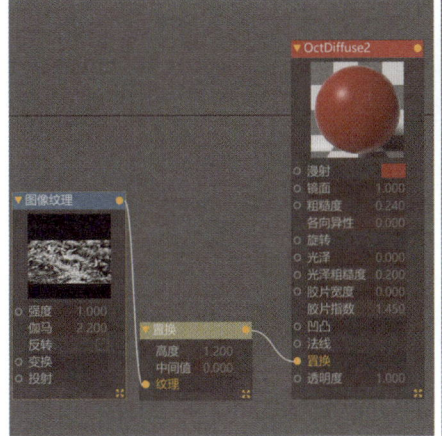

置换纹理效果

图 7-74

一般场景中的背景或远一些的纹理，制作凹凸效果或法线效果就足够了，看起来有凹凸效果即可，但是在制作产品细节时，就需要真正在模型上进行雕琢，或使用置换纹理使模型形成真正的起伏效果。

在渲染线材类凹凸纹理时，这种看起来非常复杂的线材类编制纹理，只需要通过材质球的编辑就能很好地展示出来。

创建圆柱对象，设置"半径"为17cm，"高度"为1000cm，"高度分段"为200，"旋转分段"为24，使圆柱对象表面分段均匀一些，设置"方向"为"+Z"，如图 7-75 所示。

使用画笔工具在场景中根据线材的走向绘制出一条曲线，注意控制点尽量少一些，并将曲线调整得平滑一些，如图 7-76 所示。

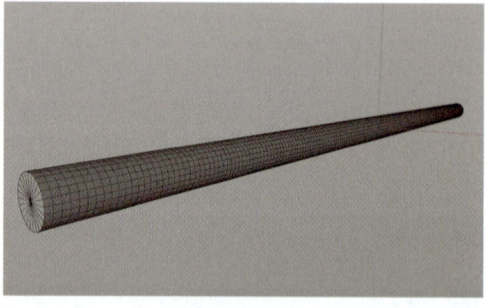

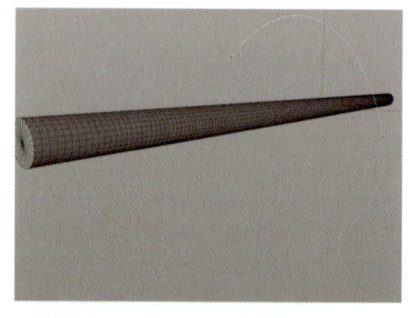

图 7-75

图 7-76

创建样条约束对象，将样条约束对象拖入圆柱对象的子级，在样条约束对象的属性面板中把绘制的样条对象拖入对象面板，将"轴向"调整为和圆柱对象一样的"+Z"，此时就能够看到圆柱对象已经约束到绘制的样条对象上了，如图 7-77 所示。

创建摄像机对象，进入摄像机视角，调整好线材的方向，并且复制一组圆柱对象，制作一些交叉效果，线材的展示模型就制作好了，如图 7-78 所示。

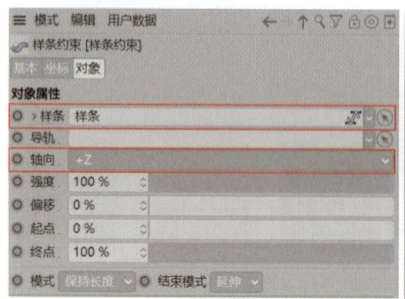

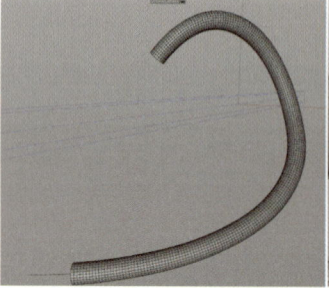

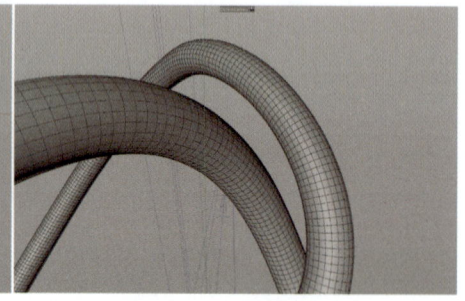

图 7-77

图 7-78

打开 Octane 实时查看窗口，选择预存好的渲染预设，使画面均衡，如图 7-79 所示。

图 7-79

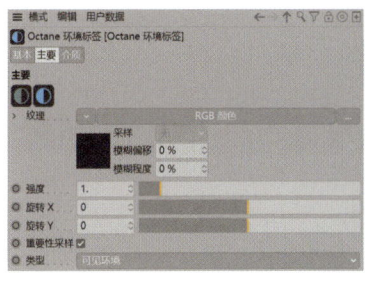

图 7-80

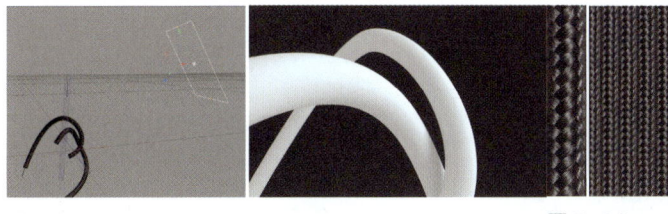

图 7-81　　　　　　图 7-82

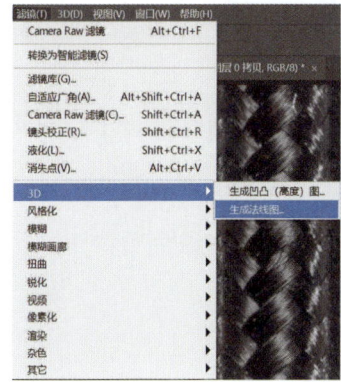

图 7-83

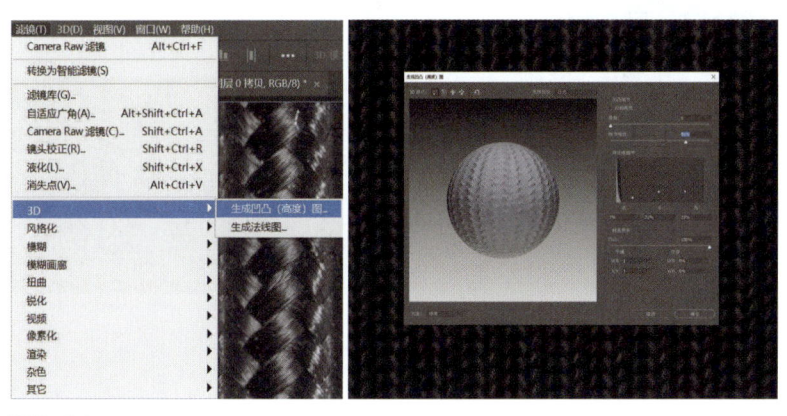

图 7-84

创建 Octane 环境标签，在"纹理"栏添加"RGB 颜色"，将"颜色"设置为黑色，这样就给背景设置成了纯色的深背景，如图 7-80 所示。

创建区域光，将区域光移动到侧面，这样就给场景添加了主光源，可以把线材的体积感表现出来，如图 7-81 所示。

下面开始制作线材材质，在这之前需要处理一下贴图，可以先通过拍摄或绘制，得到线材的一段纹理，然后通过 Photoshop 把纹理平铺成一张 3K 大小的方形贴图，注意尽量使边缘左右和上下方向能够拼合上，形成重复纹理。这就是线材纹理的基础颜色贴图，如图 7-82 所示。

下面制作需要的法线贴图，在 Photoshop 中选择"3D"→"生成法线图"命令，先在弹出的对话框中调整黑白灰滑块，使能够预览到法线的凹凸效果，然后另存一张法线贴图即可，如图 7-83 所示。

同样，也可以制作凹凸或置换贴图。在 Photoshop 中选择"3D"→"生成凹凸（高度）图"命令，先在弹出的对话框中调整黑白灰滑块，使能够预览到凹凸效果，然后另存一张黑白凹凸的法线贴图即可，如图 7-84 所示。

在C4D中创建光泽度材质球，打开"Octane节点编辑器"窗口，将"图像纹理"窗口右上角的输出节点连接到"漫射"通道的节点处，可以发现纹理有点拉伸，这时可以在"图像纹理"窗口添加"变换"节点，通过调整"S.X"选项调整 X 轴方向的纹理尺寸，通过调整"S.Y"选项调整 Y 轴方向的纹理尺寸，直到纹理尺寸合适，如图 7-85 所示。

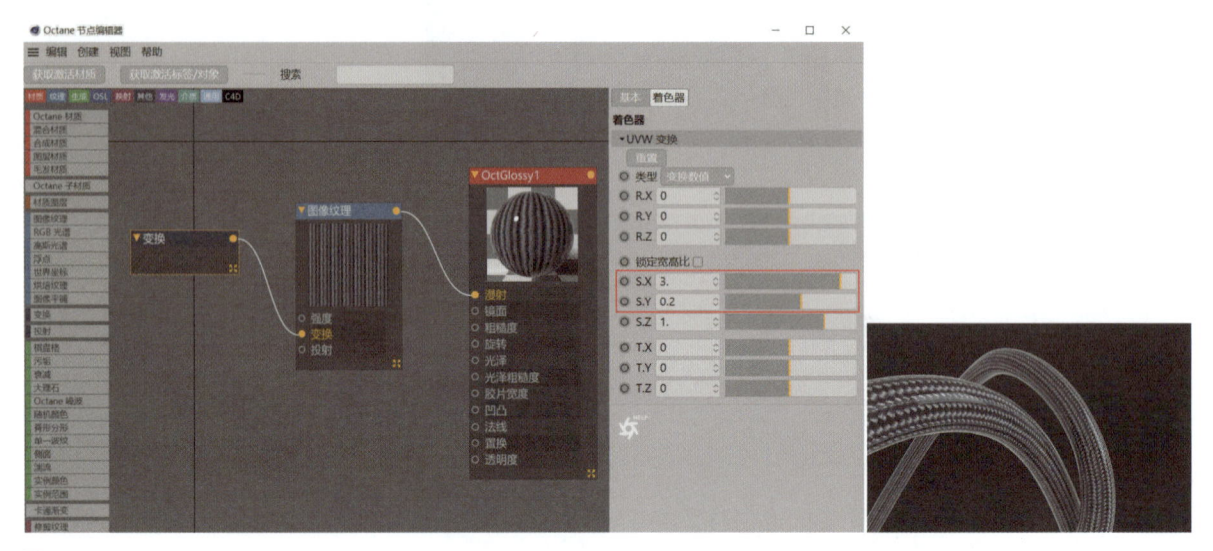

图 7-85

将法线贴图拖入"图像纹理"窗口，把"图像纹理"窗口右上角的输出节点连接到"法线"通道的输入节点处，这样就能够看到模型表面有了凹凸起伏的细节，但是线材边缘还是光滑的。如果线材比较小，不是主要展示的内容，那么这个细节设置到这里应该就可以了，目前处于展示中心，这个程度还需要再细化，如图 7-86 所示。

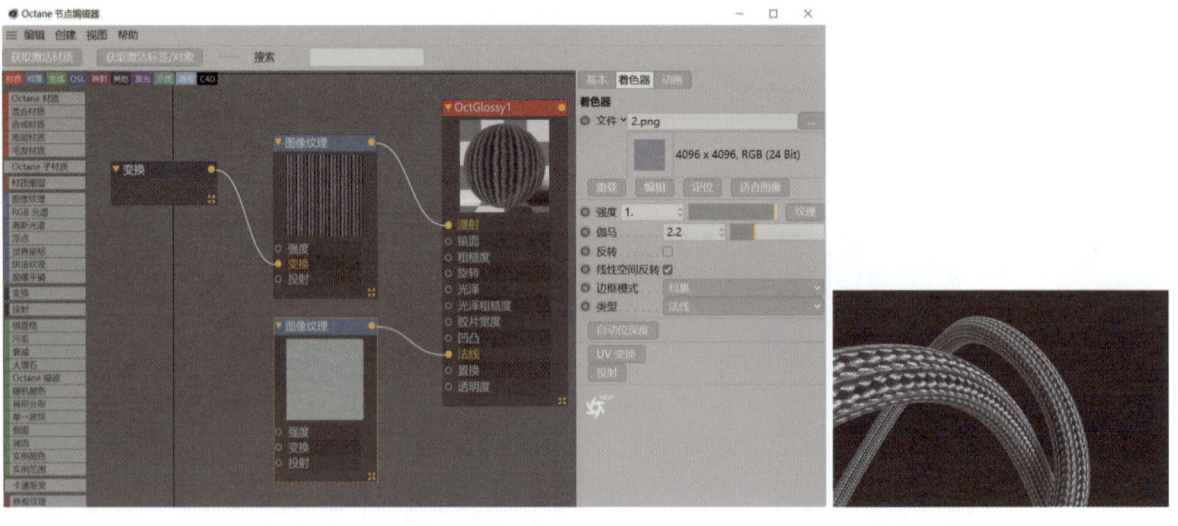

图 7-86

再次将黑白贴图拖入"图像纹理"窗口，并将一个"置换"节点拖入材质窗口，设置"置换"节点的"高度"为2cm，"细节层次"为 4096×4096，先把"图像纹理"窗口右上角的输出节点连接到"置换"节点，再把"置换"窗口中"纹理"通道的输出节点连接到"置换"通道的输入节点处，置换纹理就制作好了，最后把"变换"节点分别连接上 3 个"图像纹理"窗口中"变换"通道的输入节点，使 3 张贴图的尺寸统一。这样材质球的置换细节也出来了，线材的细节就都能够表现好了，如图 7-87 所示。

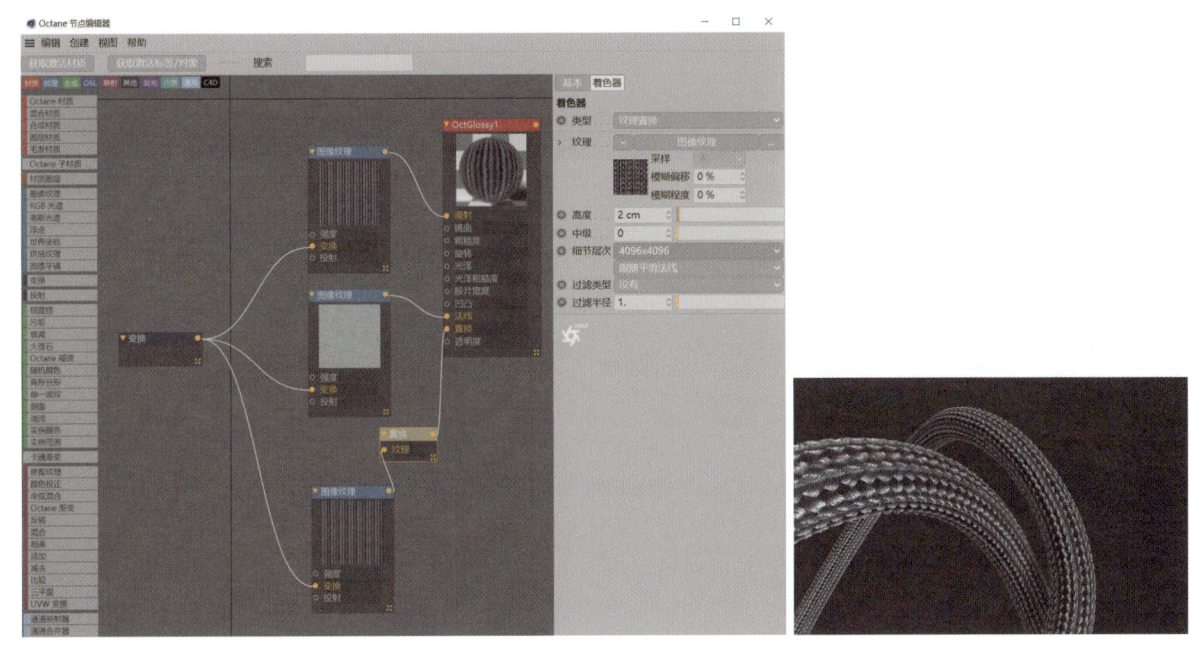

图 7-87

如果线材的颜色需要调整，除了可以在 Photoshop 中调整贴图颜色，还可以直接在"节点编辑器"窗口中添加"色彩校正"节点。把这个节点分别连接到"漫射"通道的节点和"图像纹理"窗口的输出节点上，就能够调整图像的亮度、色相、伽马、对比和曝光等。这里降低了曝光数值，增加了伽马数值。这样调整后线材的颜色更为真实，这样线材的纹理就制作好了，如图 7-88 所示。

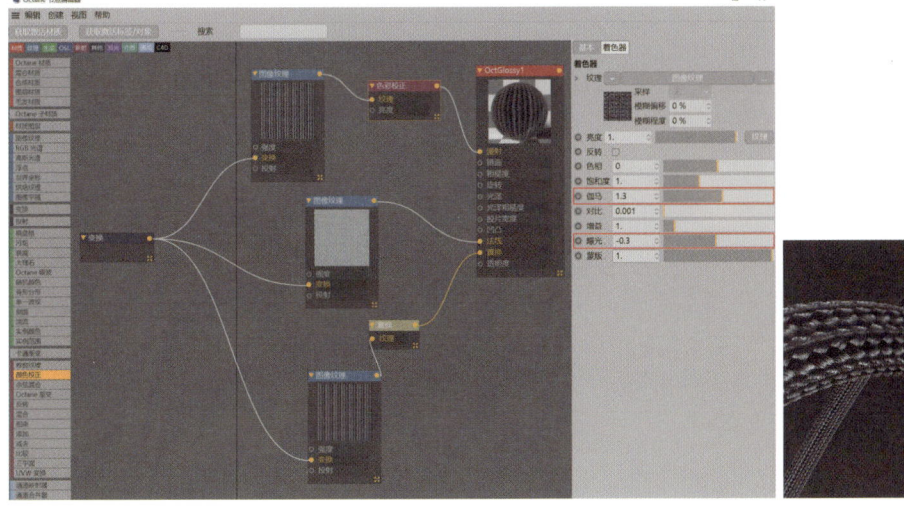

图 7-88

第8章

设计方法论

　　设计不同于纯艺术,设计是服务于大众的,以触动观者的情绪为出发点,有着很强的目的性。如果说艺术是感性的挥发,设计就是理性的表达。无论是平面设计师、电商设计师还是 UI 设计师,无论使用 Photoshop 还是使用 C4D,在设计作品时用到的方法都是相通的。

　　本章会介绍一些通用的设计方法,即构图、配色、亮点表达和对比,有了理论的支撑,就能够让作品有着更好的表现,也就能够改变初学者在自我创作时不知如何下手的窘境。

8.1 不得不知的构图技巧

构图对于一件作品很重要。再强的技法，再美的产品，一旦构图失败，画面的优点都将无法全面发挥出来。

构图技巧多种多样，没有完美的格式，只有适合的形式。本节会介绍几种常用构图方法，有效地利用这些构图方法，快速找到适合画面的构图方式，让设计师的精力更多地放在创作上。

8.1.1 有序表达法

有序表达是作文写作知识的概念，指把作者的中心思想整理归纳，通过一定的顺序表达出来，目的是进行清晰的信息传递。

在进行画面构图时，首先要有明确表达的主题，可以是一个对象，可以是一组产品，也可以是一个材质细节，应从始至终牢记画面想传递的内容，围绕内容选择适合的构图形式，有序地表达出来，如图 8-1 所示。

图 8-1

那么如何做到有序呢？要确立两个要点，一是焦点位置，二是视觉动线。

要确立焦点位置很简单，当明确了画面主题时，焦点位置自然就出现了。它是画面中非常重要的部分，也是非常希望别人仔细观看的地方。细分到电商设计中，焦点位置大部分是产品的位置或活动主题文字的位置。它要占据画面中非常重要的位置，与周围与众不同，吸引最多的视觉关注。

如果画面中全部元素都表现一致，便没有了重点。而如果强调其中一个元素，可以是改变颜色、改变大小，也可以是改变材质，甚至改变光照，都会让它与周围元素有所区别，那么视线就很容易被吸引过去，画面焦点就显而易见了，如图8-2所示。

图8-2

焦点不会单独出现，围绕焦点会有一些烘托元素或次重点对象，可能是配件，也可能是画面装饰。它们是辅助表达主题的重要组成部分，不要散乱地出现。它们存在的目的是把视线引导向焦点，它们的排布路径，被称为视觉动线。

在图8-3中，为画面加入了配饰，调整了背景产品的摆放方式，使得画面的层次感和聚焦中心产品的效果得到了改善。

图8-3

通过配饰的摆放位置和设置虚化效果，可以为散乱的画面添加视觉动线，引导至焦点位置。有了视觉动线，视线就可以规律地移动，从而快速而完整地看完整个画面，如图8-4所示。

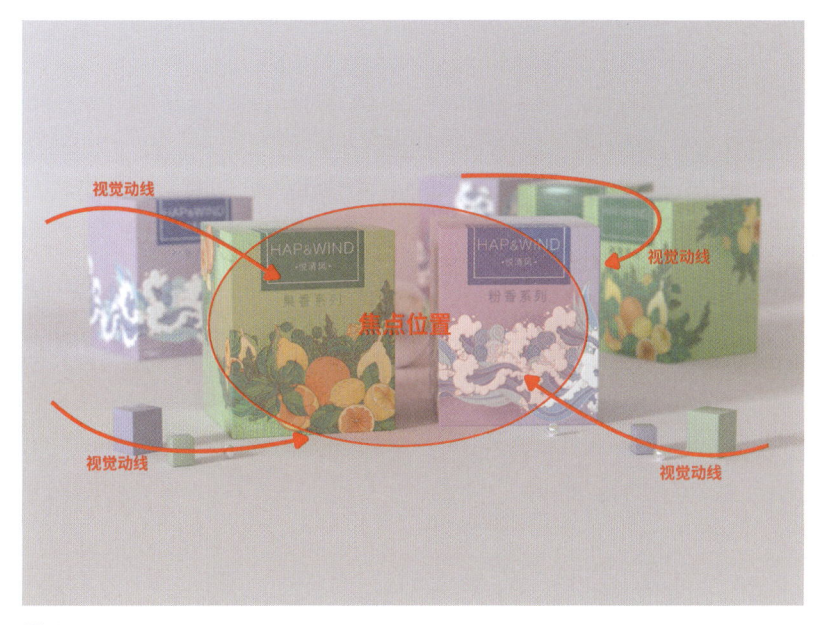

图 8-4

在确定好焦点和视觉动线之后，画面就做到了有序表达，抛去多余的色彩、光影、材质和文字等，找出画面中必须出现的元素。如果每个元素均匀分布，则会看不出重点。如果通过放大中心元素，以及改变周边元素的朝向和组合方式，为画面寻找出焦点中心和视觉动线，作品的信息传达也就更明显了，如图8-5所示。

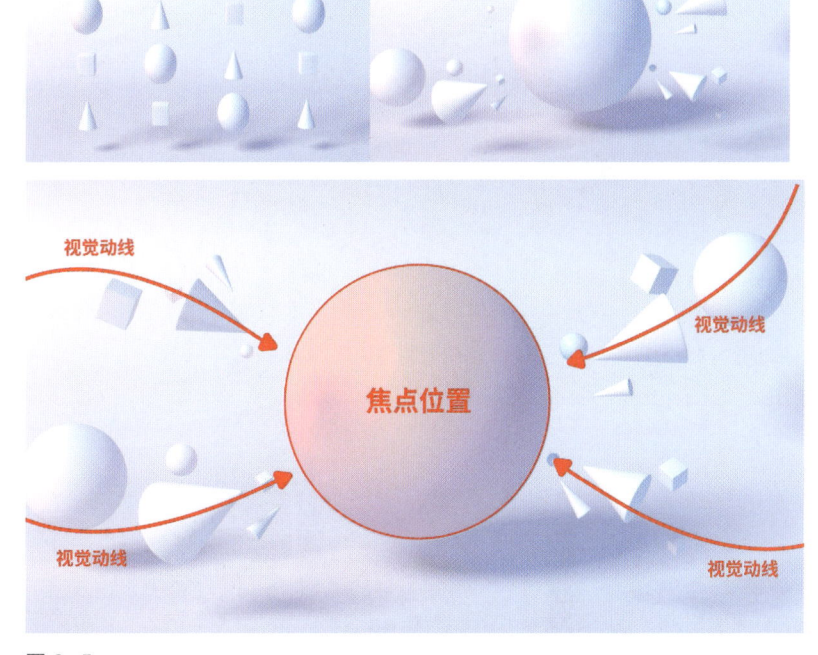

图 8-5

8.1.2 三分法

三分法，有时也称作井字构图法，是一种在摄影、绘画、设计等艺术中经常使用的构图方式。在电商设计中，三分法也是比较常用的构图技巧，比较适合海报的图文排版。

在一个画面中，将主体物放在正中间会显得比较严肃、呆板，将主体物放在过于靠边的位置又容易使画面失衡，而将主体物放在画面三分之一的位置，即一般接近黄金分割的位置，会使画面看起来比较舒服，如图 8-6 所示。

图 8-6

1. 构图技巧

画面横向和纵向都进行三等分，就像画了一个井字，得到 4 个交叉点，每个交叉点两端的距离约等于黄金分割比，视觉在这几个点的位置时画面使人看起来最为舒服，如 8-7 所示。

图 8-7

在 C4D 中摄像机工具也内置了辅助参考线，便于更好地进行构图。其设置方法很简单，创建摄像机对象后，在"合成"属性面板中，勾选"启用"和"网格"复选框，在透视图中就可以看到辅助参考线了，如图 8-8 所示。此外，还有很多如黄金分割和黄金螺旋线等，可以根据需要选择。

图 8-8

2. 使用技巧

在画面三分之一的位置放入产品，另一端由文字占据，这就是电商Banner中常见的左文右图或左图右文排版，如图8-9所示。

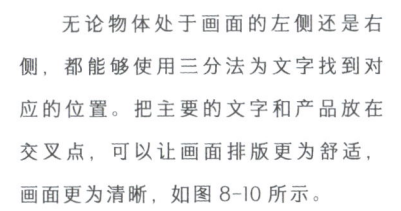

图 8-9

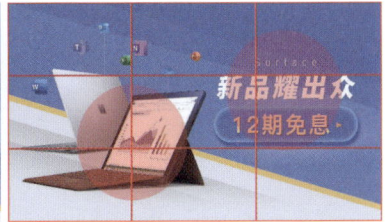

无论物体处于画面的左侧还是右侧，都能够使用三分法为文字找到对应的位置。把主要的文字和产品放在交叉点，可以让画面排版更为舒适，画面更为清晰，如图8-10所示。

图 8-10

不止图文可以使用三分法，画面背景也能使用三分法找到对应的位置。三分之一的位置适用于桌面和背景的分割，或天空与地面的分割，如图8-11所示。

图 8-11

8.1.3 平衡法

平衡法也称作对称法，可以左右平衡，也可以上下平衡，整体画面表现稳定，而文字与主体物会处于同轴向，比较合适视觉引导。

平衡法的构图技巧包括以下4点。

① 两个及两个以上的产品适合排版在两侧，文字居中，让视觉聚焦在画面中心，有增强视觉效果的作用，如图8-12所示。

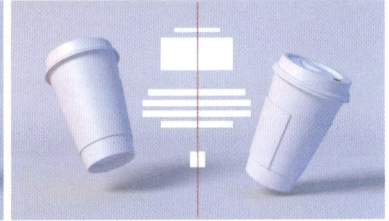

图 8-12

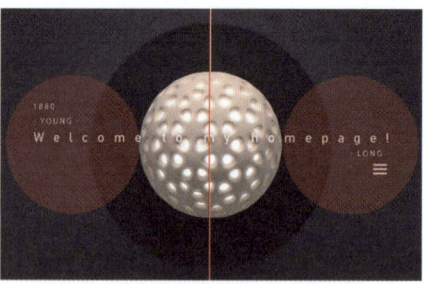

② 单个产品则适合居中，文字平衡在产品两侧，不一定完全对称，做到视觉上的平衡即可，如图 8-13 所示。

图 8-13

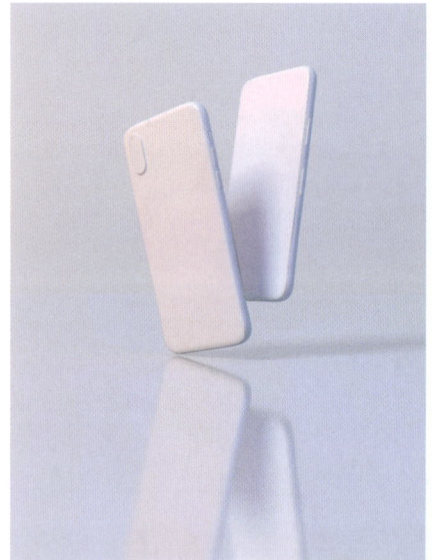

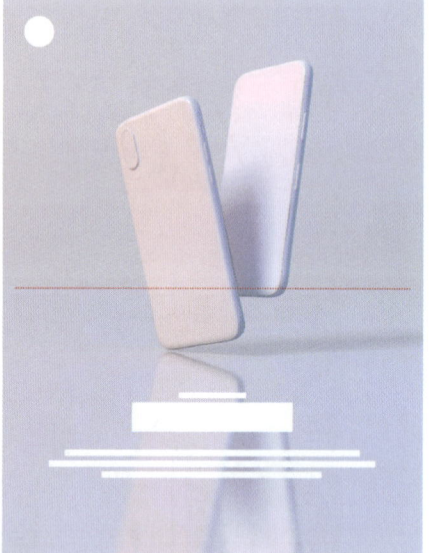

③ 还有一种情况是主体天然对称，常见的是镜面或水面的倒影。这时用对称构图来表达是非常合适的，如上方是产品，下方是倒影及文字，这样在视觉上就做到了上下平衡，如图 8-14 所示。

图 8-14

④ 最后就是产品本身的分割线，如产品图中有明显的分割线，以分割线两侧进行排版，也能使画面达到视觉平衡，如图 8-15 所示。

图 8-15

8.1.4 对角线法

对角线法也是平衡法的一种灵活运用，对角线为中轴分割画面，让对角线两端的物体达到视觉平衡。对比中心对称的构图形式，这种构图的优势在于更有动感，使画面丰富而有张力，更适合两个或多个主题的不同状态和不同颜色。

对角线法的构图技巧包括以下3点。

① 在同时展示产品的正面和背面时，适合使用对角线法。以对角线为分界线，产品错落展示，不会凌乱和单调，如图8-16所示。

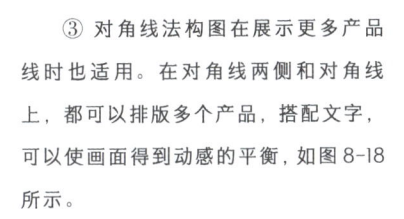

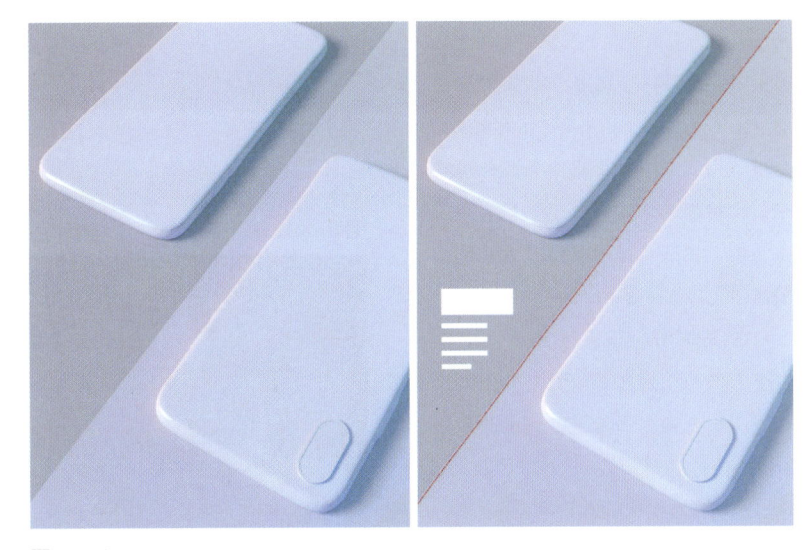

图 8-16

② 使用对角线法构图可以展示产品的不同颜色或摆放方向。这种构图方式更适合比较有动感、有朝气的产品，并在希望打破常规布局时使用。在对角线两边展示对比的配色，更具视觉冲击力，如图8-17所示。

图 8-17

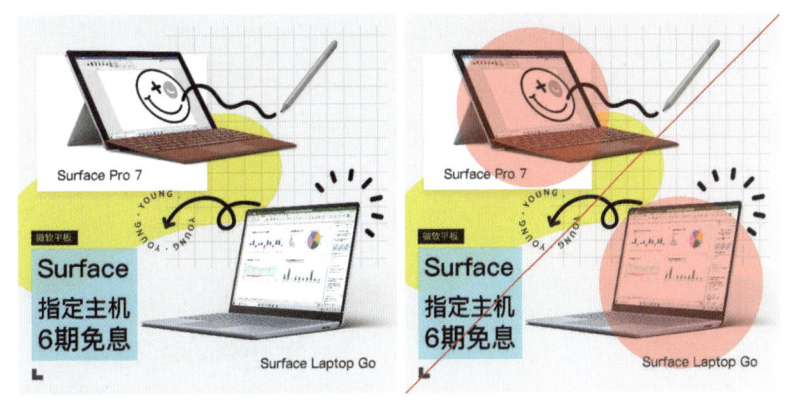

③ 对角线法构图在展示更多产品线时也适用。在对角线两侧和对角线上，都可以排版多个产品，搭配文字，可以使画面得到动感的平衡，如图8-18所示。

图 8-18

8.1.5 三角线法

三角线法指以3个视觉中心为主，在画面中形成一个或多个稳定的三角形。它可以由多个不同视觉元素构成，也可以由元素本身具有的轮廓外形构成。这种构图方式很灵活，包括正三角构图、倒三角构图和斜三角构图，根据画面需要灵活运用。

在场景中的元素特别多时，可以有一个大的主三角布局，同时各个元素之间用小三角串联起来，使画面稳定有序。

三角线法的构图技巧有以下4点。

① 横版倒三角构图，指背景主题和元素位置中心的大三角构图，当向下延展时也更为灵活，如图8-19所示。

② 横版正三角构图，整体会给人画面非常稳定的感觉，在元素多时也不会使人感觉凌乱，如图8-20所示。

③ 竖版三角构图，适合打造出产品飞起或掉落的画面，动感十足，如图8-21所示。

④ 此外，也可以根据画面空间远近制作出空间三角形，近大远小地排列出产品，表现出空间的纵深感，如图8-22所示。

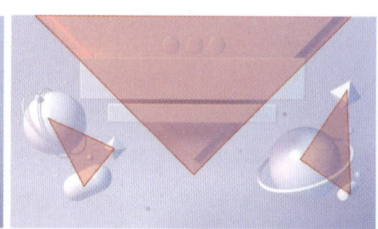

图 8-19

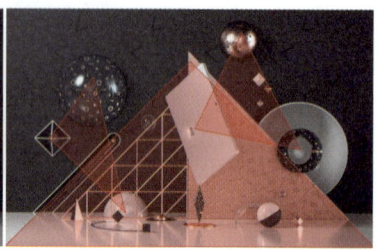

图 8-20

图 8-21

图 8-22

8.2 一学就会的配色知识

提到配色，很多人经常会纯凭感觉去做。这种感觉被初学者称为灵感，昙花一现，被经验丰富者称为审美，经验之谈。很多时候，这种感觉可以经过大量的特意训练和试错后得到，但在没有特意训练时，可以先凭借一些实用的色彩理论，制作出不错的作品，之后反复练习，经过时间的沉积，形成自己的审美。

本节会介绍几种实用的配色技巧，包括单色法、顺色法、撞色法。通过对色彩的不同搭配，从而达到需要表达的画面效果。

8.2.1 单色法

提到颜色就不得不提色环了，先使用三个原色，即红、黄、蓝做基础色相，两两混合过渡，得到二次色，即绿、橙、紫，再混合过渡，得到三次色，就能够形成12色相环，再继续过度，就会形成更多的颜色，这就是色相，如图8-23所示。

把这些颜色调节成不同的明度，在单色相上形成明暗变化。调节不同的纯度，也就是饱和度，在单色相上形成深浅变化，色彩就更丰富了。这些就是色彩的三要素，即色相、饱和度和明度，如图8-24所示。

单色是一种非常简单的颜色搭配方式，只在同一色相上进行纯度和明度的变化，给人协调、统一的美感，如图8-25所示。

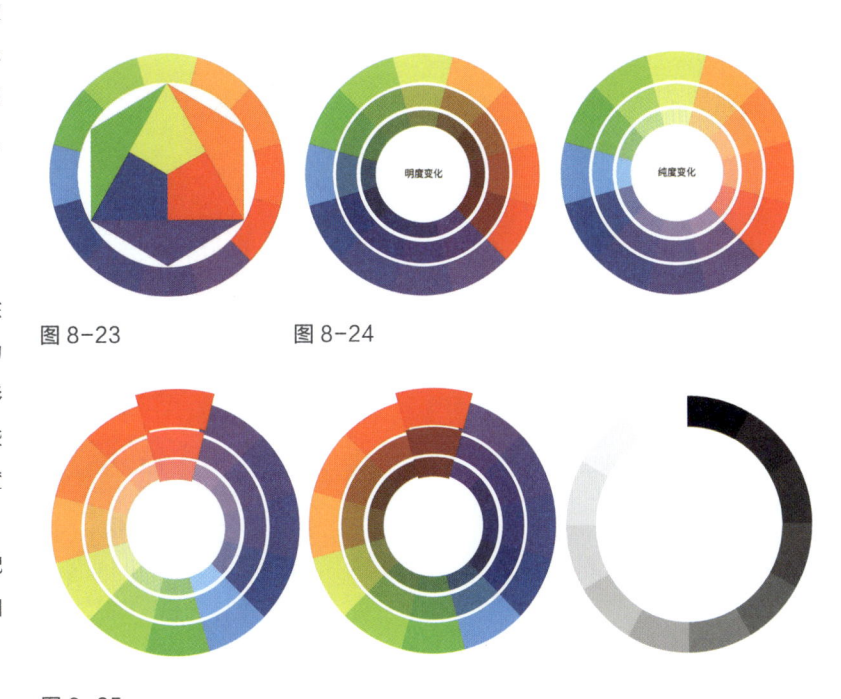

图 8-23　　图 8-24

图 8-25

单色画面非常经典的就是黑白色了，通过明暗对比表达作品的层次，运用得当能够得到非常高级的画面。另一类就是单色的同色系变化，即深浅变化，如产品本身就是单色的，则尽量选取产品本身的颜色搭配场景，从而使画面具有强烈的统一感。

在一组礼盒搭配简单几何体的场景中，以红色系为主，只使用红色的深浅和明暗变化，就可以为场景制作出丰富的变化，如图8-26所示。

图 8-26

8.2.2 顺色法

顺色法指使用同类色或近似色进行搭配，同类色色环角度相距30°以内的颜色，比单色既多了一些变化，又保持了统一、和谐的效果。由于色环接近，所以能够搭配出很和谐的色系感，这种搭配对初学者非常友好。

色环角度相距60°~90°的颜色为近似色，其色彩更为生动，且不失和谐。

顺色搭配是非常好掌握也很常用的搭配，可以组合出多种多样的色彩组合。顺色搭配一般是不会出错的配色方式，如图8-27所示。

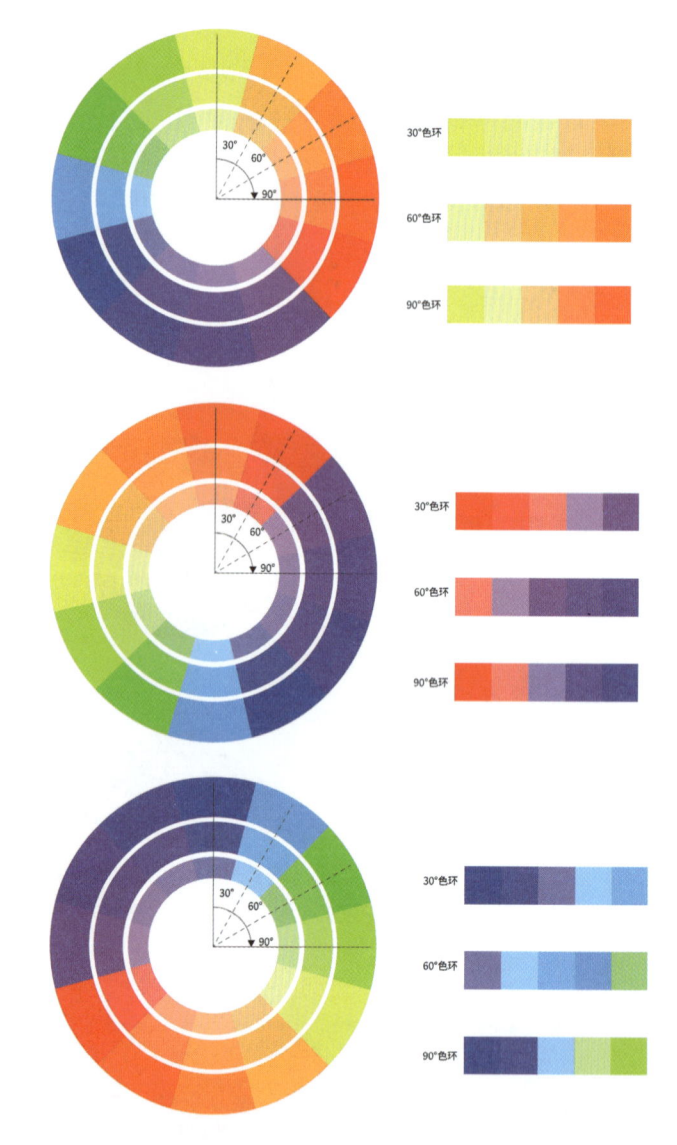

图8-27

在礼盒场景中，在红色系中加入距离色环90°左右的颜色，整体还是以红色系为主，又点缀了橙色和金色，这就使画面在统一中又有了变化，如图8-28所示。

图8-28

8.2.3 撞色法

撞色法是使用对比色甚至互补色搭配的方法。

对比色是色环角度相距120°～180°的颜色。色彩对比的目的是让画面既生动、饱满又突出信息，它有着鲜明、活泼的特点，可以给画面带来较强的视觉冲击感。

色环上相对的颜色，也就是色环相距180°的颜色为互补色。

互补色是色彩对比最为强烈的两个颜色，互补色的运用对技法要求较高。互补色运用不当容易让画面很难看，运用得当也可以创造出大胆、出彩的设计，如图8-29所示。

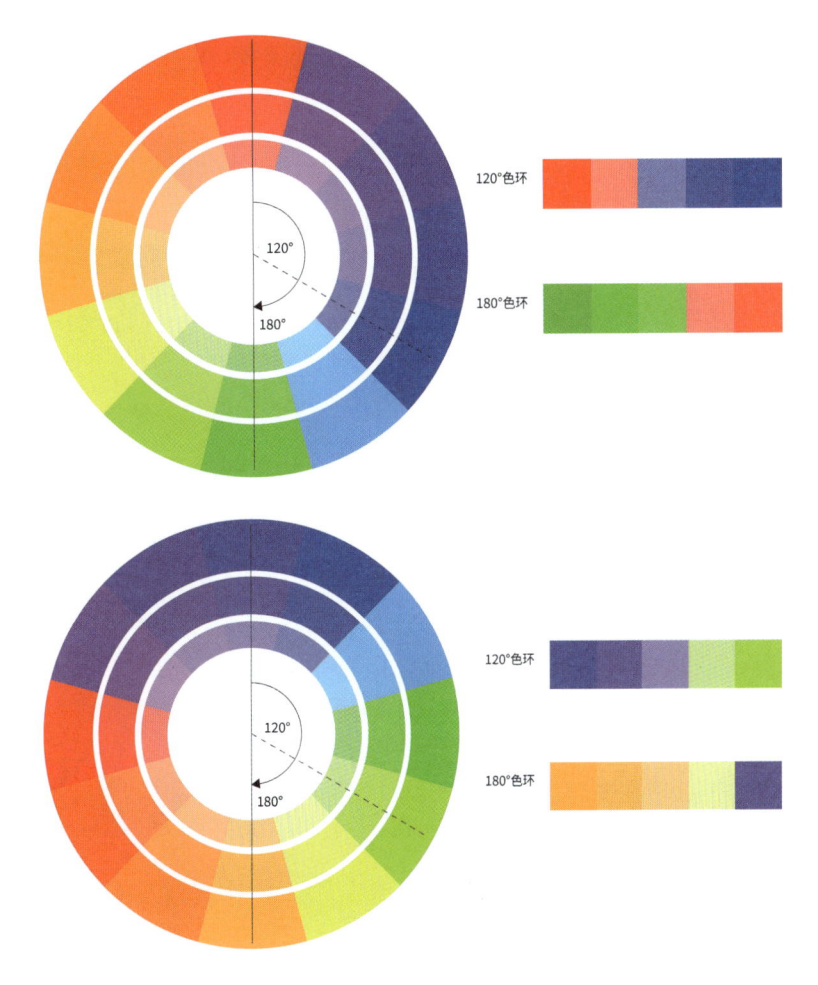

图8-29

在为礼盒场景变化颜色时，只把主体的礼盒保持红色系，配饰和场景搭配色环距红色150°的蓝色系，形成强烈的对比，这样会让主体更为突出，给人的印象更为深刻，如图8-30所示。

图8-30

8.3 一幅图上要有亮点

构图的目的是强调主体，确定焦点位置，用次要元素构成视觉动线，让画面聚焦；配色的目的是用色彩搭配来丰富画面。要想让画面有更好的表现力，一定要有亮点，可以通过构图、配色、光影、材质搭配等，让画面形成抓人眼球的部分，这样有如绘画作品的画龙点睛和平淡人生的高光时刻，能够让人印象深刻。

8.3.1 主体最显眼

好的画面能够让人第一眼就知道这幅图表达的意思。这个需要表现的点要足够显眼，让人能够迅速理解。这在快节奏的电商页面中尤为重要。在消费者滑动页面的几秒钟内，通过图片迅速传递出要表达的内容，是我们的目标。

要想让主体最显眼，可以通过以下几种方式达到。

① 放大是非常直接的办法。适当夸张，能够迅速吸引目光，如放大产品占比或放大单个元素等，如图8-31所示。

图8-31

② 局部使用高对比色，即通过颜色来塑造亮点。在整体比较平衡的画面中，把要突出的重点位置加入少量的对比色，从而达到强调的目的，如图8-32所示。

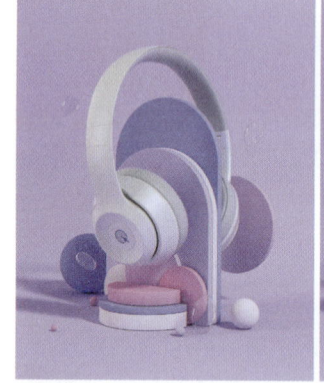

图8-32

③ 光影配合，如舞台效果。在暗色舞台上，当有一束光聚焦到主角身上时，想不显眼都不可能，如图8-33所示。

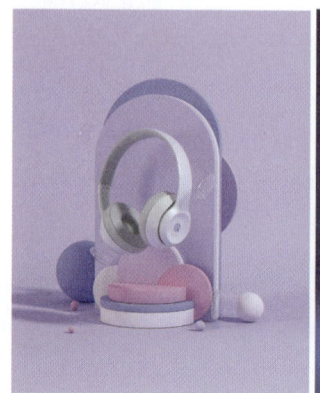

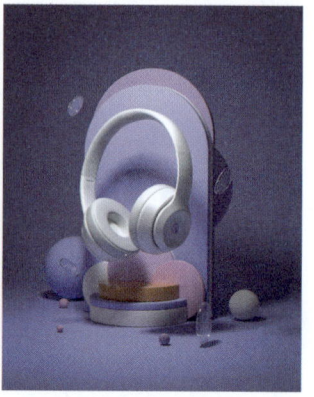

图8-33

8.3.2 最重要的东西最华丽

如果产品本身的磨砂质感是卖点,就把产品本身的质感重点刻画,打光、加深磨砂纹理的感觉,突出这个质感;如果产品本身平淡,但包装有限定的烫金纹样,烫金质感就要重点表达,将重要的东西进行华丽展现。

通常在 C4D 中,可以通过凹凸质感、材质反射、花纹纹理等来表达华丽感。

例如,在表现 Logo 时,如果只是使用金色材质,只在颜色上区别,那么它的华丽感将不是很强;如果加上重点打光和凹凸质感,那么会更有真实感,也会让这个位置更为突出,成为画面的亮点,如图 8-34 所示。

图 8-34

如果画面中产品较多,为了突出产品,在构图上应尽量把产品移动到焦点位置,并减少遮挡,这样承托产品的底座材质也将变得华丽起来,可以加入一些金色或亮色的元素作为点缀,在"凹凸"通道也加入产品身上的同款纹理,增加统一感。此外,大面积的背景材质也需要有一些淡淡的纹理,让画面层次更丰富,这些都能够增加画面的华丽感,形成亮点,如图 8-35 所示。

图 8-35

8.4 常用对比手法

优秀的作品都少不了对比。对比是任何艺术作品中都不可或缺的重要手法,可以加强主体的表现力,增加画面的信息量。本节介绍 4 常用对比手法,分别是大小对比、远近对比、虚实对比和色彩对比。

8.4.1 大小对比

在对画面元素构图时,使用大、小两种形象,以小衬大,以大衬小,形成大与小的对比。想表现大,只把元素放大是不够的,还要有小元素的衬托,反之亦然。这样才能很好地突出主体。

如图 8-36 所示,仅有草莓雪糕略显单调,用大的草莓作为背景,显示用料足,小的草莓作为装饰点缀,整体画面就丰富起来了。

图 8-36

8.4.2 远近对比

距离镜头近的元素,就是近景,相对远处的元素就是远景,远景可以包含更多的元素内容,近景能够更好地展现元素细节。运用好远与近的对比,能够很好地展现出画面的空间纵深感。

要形成远近关系,就要遵循近大远小的透视规律,不要让远景影响到近景的展现。在材质配色上也需要注意,鲜明的色彩会拉近距离,冷灰的色彩会推远距离,应尽量遵循自然规律,画面才会舒服。如图 8-37 所示,只是给画面加入很浅淡的远景,就能够让整体画面的空间感丰富起来。

图 8-37

8.4.3 虚实对比

人眼在看物体时,距离视线越近越清晰,距离视线越远越模糊。在同样的空间中,虚与实的对比能够增加画面的空间感,产生摄影中的虚焦效果,在前景位置也可以加入摄影效果中的虚影,虚化后不会影响焦点视觉,很容易营造出高级感和画面层次。

与图 8-38 中左侧图中的 3 个产品相比,在右侧图中把处于后方的两个产品虚化后,加入了虚化的叶子,整体让视线更集中在中心产品上,画面也有了前、中、远 3 个层次,这样纵深感就出来了。

图 8-38

8.4.4 色彩对比

色相、明度和饱和度的不同调和,互相作用,产生了色彩对比。色彩对比可以加强画面的整体视觉效果。运用之前学过的配色方法,给画面赋予不同程度的对比,如邻近色对比弱,画面舒适高级,而互补色对比强,画面活泼且具有视觉冲击力。这些都能让画面脱颖而出,如图 8-39 所示。

图 8-39

超值实用的附赠资源

83 个教学视频 +254 个素材源文件

83 个教学视频，各个章节案例全覆盖

C4D 源文件

元素源文件

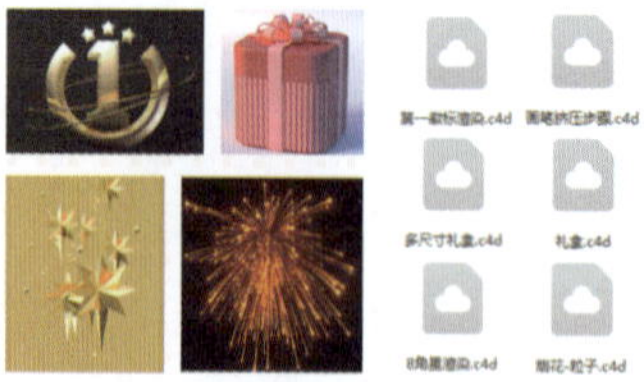

常用场景源文件

电商必备模型源文件

电商产品源文件

数字资源

随书赠送两章内容

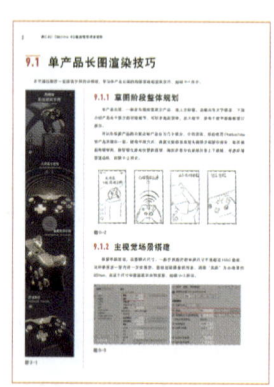

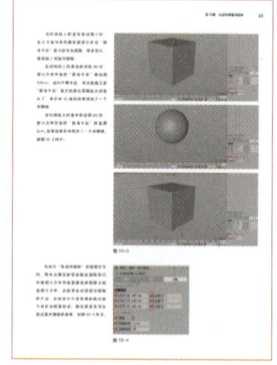

第9章 详情页和三维长图制作技巧

9.1 单产品长图渲染技巧

第10章 让你的作品动起来

读者服务

读者在阅读本书的过程中如果遇到问题，可以关注"有艺"公众号，通过公众号中的"读者反馈"功能与我们取得联系。此外，通过关注"有艺"公众号，您还可以获取艺术教程、艺术素材、新书资讯、书单推荐、优惠活动等相关信息。

资源下载方法： 关注"有艺"公众号，在"有艺学堂"的"资源下载"中获取下载链接。如果遇到无法下载的情况，可以通过以下三种方式与我们取得联系：

1. 关注"有艺"公众号，通过"读者反馈"功能提交相关信息；扫一扫下载随书资源；
2. 请发邮件至 art@phei.com.cn，邮件标题命名方式：资源下载 + 书名；
3. 读者服务热线：（010）88254161~88254167 转 1897。

投稿、团购合作：请发邮件至 art@phei.com.cn。

扫一扫 关注"有艺"

扫一扫观看 全书视频